TRÉSOR

DE NUMISMATIQUE

ET DE GLYPTIQUE.

Imprimerie de BOURGOGNE et MARTINET, Successeurs de Lacrampe,
rue du Colombier, 30.

TRÉSOR

DE NUMISMATIQUE

ET DE GLYPTIQUE,

OU

RECUEIL GÉNÉRAL

DE

MÉDAILLES, MONNAIES, PIERRES GRAVÉES,

BAS-RELIEFS, ETC.,

TANT ANCIENS QUE MODERNES,

LES PLUS INTÉRESSANS SOUS LE RAPPORT DE L'ART ET DE L'HISTOIRE,

GRAVÉ PAR LES PROCÉDÉS DE M. ACHILLE COLLAS.

SOUS LA DIRECTION

DE M. PAUL DELAROCHE, PEINTRE, MEMBRE DE L'INSTITUT;

DE M. HENRIQUEL DUPONT, GRAVEUR;

ET DE M. CHARLES LENORMANT, CONSERVATEUR-ADJOINT DU CABINET DES MÉDAILLES ET ANTIQUES,

DE LA BIBLIOTHÈQUE ROYALE.

SCEAUX

DES ROIS ET REINES DE FRANCE.

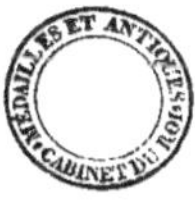

A PARIS,

AU BUREAU DU TRÉSOR DE NUMISMATIQUE ET DE GLYPTIQUE,

RUE DU COLOMBIER, N° 30.

CHEZ RITTNER ET GOUPIL, ÉDITEURS MARCHANDS D'ESTAMPES,

BOULEVART MONTMARTRE, N° 9.

—

1834.

SCEAUX

DES

ROIS ET REINES DE FRANCE.

INTRODUCTION.

Le mot sceau (*sigillum*) désigne également l'empreinte à laquelle on attribue une autorité publique ou privée, et l'instrument au moyen duquel on produit cette empreinte.

L'usage des empreintes, obtenues au moyen d'instrumens de matière plus ou moins résistante, gravés en creux ou en relief, remonte à la plus haute antiquité, et reçut dès l'origine les applications les plus diverses. La plus importante est, sans contredit, celle qui assure le secret et la conservation d'une lettre ou d'un dépôt quelconque, par l'apposition d'une empreinte dont le brisement atteste la violation du dépôt ou du secret. De là, l'usage universel, dans l'antiquité, d'imprimer un sceau de cire, de craie, ou d'autre matière soit glutineuse, soit susceptible de se convertir en un mortier qui durcisse à l'air; et cela, sur toutes les pièces destinées à parcourir un espace donné ou à demeurer fermées pendant un laps de temps plus ou moins long. Il en résulta que pour toutes les pièces qui se rapportaient à un intérêt général, le brisement du sceau ne dut se faire qu'avec une certaine solennité; de là aussi le caractère d'authenticité et de durée attribué à l'emploi des sceaux.

On pouvait, suivant la destination et le volume des choses, les sceller par un procédé plus ou moins compliqué : soit en appliquant sur l'objet même, en travers de l'ouverture, la matière destinée à recevoir l'empreinte; soit en enveloppant, dans la matière glutineuse, les deux bouts du lien qui contenaient l'objet fermé, avant que cette matière ne fût imprimée du signe convenu; soit enfin en formant une *bulle* pendante de la portion de matière glutineuse dans laquelle les deux bouts du lien étaient engagés.

Dans les deux premiers cas, le sceau ne pouvait présenter qu'une face; dans le troisième, il offrait naturellement une face et un revers. Pour obtenir les deux premières espèces d'empreinte, il suffisait de la pierre enchâssée dans un anneau, ou même de la gravure incise au chaton même de l'anneau que portaient communément les anciens, nobles et plébéiens, princes, citoyens et esclaves; le troisième usage nécessitait l'emploi d'un coin à peu près semblable à celui du monnayage, avec lequel on frappait à la fois les deux côtés de la bulle, ou dans lequel on introduisait la matière en fusion.

Une fois qu'il fut admis que l'empreinte du sceau des princes était un signe visible de leur autorité, on a distingué parmi les actes auxquels on appliquait cette empreinte, ceux dont les prescriptions avaient quelque chose de général et de durable, de ceux qui n'avaient qu'une action particulière et momentanée. Cette distinction, qui dut s'établir dès l'origine, a subsisté jusqu'à ce jour dans la nature des sceaux et leur emploi. Dans le moyen âge, on appela *lettres-patentes* (*litteræ patentes* ou *apertæ*) les actes d'un caractère public, et qui, devant être communiqués, à toujours ou pendant un long espace de temps, à un grand nombre de personnes, se présentaient ouvertes et développées : l'apposition du sceau à ces actes, comme aux traités et autres contrats synallagmatiques d'un caractère public, n'avait pas d'autre objet que d'assurer l'authenticité des signatures. Pour accroître d'autant cette authenticité, l'usage des bulles, ou sceaux à deux faces, soit encastrés dans la pièce, soit pendans au parchemin par un plus ou moins grand nombre de *queues* ou de lanières, fut affecté aux *lettres-patentes* : pour les *lettres-closes*, c'est-à-dire les actes destinés à une personne déterminée, et d'un intérêt privé, on fit usage d'un sceau plus petit, à une seule face, que l'on appela *sceau secret*, et dont l'emploi répond à la simple application de la gemme antique sur le rouleau dont les lettres étaient formées.

Il s'en faut, au moins, et surtout dans les temps anciens, que cette distinction ait été aussi précise. Le témoignage des auteurs classiques nous démontre que les premiers empereurs se contentaient d'appliquer leurs anneaux sur leurs décrets les plus importans : de plus, on ne connaît pas de charte des rois mérovingiens, quelque public et général qu'en soit le caractère, qui porte une autre empreinte que celle d'un chaton annulaire. Il est à présumer, d'après le petit nombre de monumens qui nous sont parvenus, et dans le silence des témoignages historiques, que l'emploi des bulles s'établit peu à peu dans l'opinion comme le signe capital de l'autorité suprême. A des actes d'une destination durable, on dut songer à appliquer des sceaux d'une matière durable. De là, la substitution, dans les bulles pendantes, du plomb ou d'autres métaux plus précieux à la cire et à la craie. Parmi les plombs antiques publiés par Piaaroni (1), ceux de Trajan, d'Adrien, d'Antonin et de Lucius Verus ont été trouvés encastrés dans des blocs de marbre, ou sous le fût de colonnes précieuses : on doit donc les considérer comme des marques publiques du règne sous lequel ces marbres ont été exploités ou envoyés en Italie : en revanche les sceaux de *craie* (2), publiés par cet auteur, dans lesquels

---

(1) *Piombi antichi*. Tav. I et II. — (2) *Ibid.* Tav. III.

on remarque le trou destiné au fil qui les tenait suspendus, rentrent positivement dans la classe ordinaire des sceaux usités pendant le moyen âge; le plus ancien de ces sceaux offre le portrait d'Antinoüs. Le grand sceau de *plomb doré*, avec le nom de Justinien (1), publié également par Ficoroni, peut être considéré comme le plus ancien de ceux qui nous sont parvenus après avoir été appendus à des actes publics.

Quoi qu'il en soit, nous voyons Charlemagne, imitateur ou rénovateur exact des usages particuliers aux empereurs d'occident, attacher à la *bulle d'or*, c'est-à-dire au sceau pendant à deux faces et coulé en or, l'idée représentative de son autorité souveraine. L'emploi des bulles pendantes de métal demeure le privilége du prince qui prétend à la suprématie sur tous les autres, et c'est pour cette raison que les papes choisissent la bulle comme le signe de leur suprématie spirituelle. Seulement, et d'accord avec la modestie affectée de leur protocole, la *bulle de plomb* devient l'appendice obligé de *l'anneau du Pêcheur*.

Il est naturel que pendant la durée des deux premières races, et au commencement de la troisième, ceux de nos rois qui ne portaient pas le titre d'empereur et qui, par conséquent, reconnaissaient tacitement la suprématie impériale, n'aient pas osé se permettre l'emploi des bulles, non seulement d'or, mais même de plomb. La superstition envers la bulle était encore universelle en Europe au xiv⁴ siècle : « De quel honneur, écrit Pétrarque à l'empereur Charles IV, de quel rare privilége vous m'avez comblé! » Non seulement vous m'avez créé Comte de votre palais, mais encore vous avez ajouté au diplôme le signe de l'empire, la grande » bulle d'or; celle dont l'aspect seul inspire à ceux qui la contemplent une idée immense de majesté et de gloire, et rappelle à » notre respect la domination universelle, l'ancienne Rome, et la mémoire de l'âge d'or. » (*Lettres famil.*, liv. xii, 2.)

Le premier de nos rois qui se soit affranchi sérieusement de la suprématie impériale, Louis-le-Gros, est aussi le premier dont on rencontre des *bulles* ou sceaux pendans. Le premier aussi, son aïeul Henri avait osé imiter le sceau *de majesté* des empereurs, en se faisant représenter sur ses diplômes, assis sur son trône, et portant les signes de l'autorité suprême.

Louis VII, fils et successeur de Louis-le-Gros, est le seul qui ait risqué une véritable *bulle*, un sceau à deux faces(2). Philippe-Auguste, fils de Louis VII, introduisit un tempérament qui devint constant pour le reste de la monarchie. Au-devant on appliquait l'empreinte du grand sceau; derrière on imprimait le sceau des lettres closes, le sceau secret, qui, dans ce cas, prenait le nom de *contre-scel*. Cet emploi simultané des deux sceaux s'est perpétué jusqu'à la fin de la monarchie.

Les sceaux de métal de nos rois non empereurs sont de la plus grande rareté; on peut presque affirmer qu'il n'en existe pas avant Louis XII, dont le sceau, conservé à la Bibliothèque du Roi, présente au revers l'empreinte du contre-scel.

La cire fut la matière le plus ordinairement employée aux sceaux de nos princes. La plupart des sceaux des rois Mérovingiens, Carlovingiens, et des premiers Capétiens sont en cire blanche : le temps seul les a rembrunis.

Ce que nous avons dit plus haut de l'idée superstitieuse attachée à la bulle d'or explique l'importance que nos rois attachèrent à l'emploi de la cire jaune, évidemment comme représentant l'or, et en tenant lieu. Louis XI, en 1468, crut accorder un grand privilége à son oncle René d'Anjou, roi de Sicile, en lui permettant, ainsi qu'à sa postérité en ligne directe, de sceller en cire jaune, tant en France qu'en Sicile.

Les sceaux de nos rois de la première et de la deuxième race sont fréquemment de cire rouge pâle ou rembrunie; sous la troisième on a d'abord employé la cire rouge ordinaire.

La cire verte était à Constantinople le signe de l'autorité spirituelle; l'usage de cette cire, en France, ne paraît pas monter au-delà du xii⁴ siècle. Philippe-Auguste est probablement le premier de nos rois qui s'en soit servi; ses successeurs l'ont employée aussi, mais jamais constamment.

On trouve beaucoup de sceaux composés de cire de diverses couleurs; quelquefois c'est la bordure de l'empreinte qui est d'une autre couleur que le fond. On en trouve de semblables des empereurs Carlovingiens; quelquefois le sceau est d'une couleur et le contre-sceau d'une autre.

Nous rappellerons, à mesure de la publication, les principales révolutions qui se sont opérées dans la forme et la dimension des sceaux des rois de France.

(1) *Piombi antichi.* Tav. XI.

(2) Encore le revers de ce sceau est-il destiné à exprimer la souveraineté de ce roi sur l'Aquitaine.

SCEAUX DES ROIS ET REINES

DE FRANCE.

PLANCHE I.

ROIS MÉROVINGIENS.

N° 1.

SCEAU DE DAGOBERT Iᵉʳ.

Ce sceau, par sa dimension inusitée, le caractère du travail et des symboles, offre tous les caractères de la plus évidente falsification. Nous ne l'avons publié que pour prémunir les amateurs peu initiés à la science des chartes contre les surprises de cette espèce. Déjà les Bénédictins (*Nouveau traité de diplomatique*, tom. IV, p. 102) avaient signalé la non-authenticité de ce sceau, que l'on conserve encore à la Bibliothèque Royale, appendu à la charte apocryphe (1) des priviléges de l'abbaye de Saint-Maximin de Trèves. Il a été publié par Montfaucon (*Mon. de la mon. franç.*, tom. I, pl. XII, 6).

N° 2.

THIERRY III (*Theode-rik*).

On distingue à la partie supérieure la trace d'une légende, ainsi qu'à la partie inférieure ; au milieu, on découvre une figure de face, avec de longs cheveux.

Thierry III, troisième fils de Clovis II, succéda en 670 à Clotaire III, son frère, qui régnait sur la Neustrie et la Bourgogne ; bientôt détrôné par les chefs des Francs et enfermé à Saint-Denis, il en sortit en 675 ; vaincu en 687 par Pepin de Heristal, qui ne lui conserva que le titre de roi. Il mourut en 691, et fut enterré à Saint-Vaast d'Arras. Thierry III porta le nom de roi pendant vingt-et-un ans ; il eut deux femmes, nommées, la première, Clotilde, et la seconde, Doda.

N° 3.

CLOVIS III (*Hlodo-Wig*).

Ce sceau présente une figure de face, avec de longs cheveux ; à la partie inférieure, on lit : OVIVS · REX.

Clovis III, fils de Thierry, lui succéda l'an 691 ; il mourut en 695, et ne régna que de nom. Norbert, maire de son palais, et qui avait exercé à sa place l'autorité suprême, mourut la même année.

N° 4.

PEPIN DE HERISTAL (*Peppin*), MAIRE DU PALAIS.

On découvre sur ce sceau une figure de profil, tournée à droite.

Après la mort de Dagobert II, roi d'Austrasie, arrivée en 679, et celle du maire Vulfoald, le duc Martin et Pepin de Heristal se rendirent maîtres du royaume ; le duc Martin ayant été mis à mort à Esquehéries, Pepin demeura seul maître de l'Austrasie.

Pepin vainquit, en 687, Thierry III, roi de Neustrie et de Bourgogne, et dès lors il commença à gouverner toute la France. Vers 688 il épousa Alpaïde, qui lui donna Charles Martel, et répudia Plectrude, fille d'Hugobert, sa femme légitime, que saint Lambert, évêque de Maestricht, s'efforça en vain de lui faire reprendre. Pepin mourut le 16 décembre 714, laissant deux fils d'Alpaïde, Charles Martel et Hildebrand, qui fut la tige de la race capétienne. Pepin était maître de l'Austrasie depuis trente-quatre ans, et gouverna la France entière pendant vingt-sept ans, sous quatre rois.

(1) Cont. Mabillon, *De re diplomat.*, III, l. 2.

N° 5.

CHILDEBERT III (*Hilde-Bert*).

Ce sceau présente une figure de face avec de longs cheveux ; de chaque côté est une croix. Le sceau semble avoir été posé deux fois sur la cire : on lit sur le côté gauche : X · FRACORU ; à la suite, mais plus haut : CORUM. Le côté droit est illisible.

Childebert III succéda en 695 à son frère Clovis III, roi de Neustrie et de Bourgogne : il eut pour maire de son palais Grimoald, le plus jeune des fils de Pepin, et mourut le 14 avril 711. On ignore le nom de la femme dont il eut Dagobert III.

N° 6.

CHILPERIC II (*Hilpe-Rik*).

Le sceau de ce prince représente une figure de face, avec de longs cheveux. La partie droite est informe, mais la gauche est très distincte ; on y voit une portion de légende : REX · FRANC. Cette légende est rétrograde.

(Il est à remarquer que tous les sceaux des Mérovingiens sont orbiculaires, excepté ceux de Childéric I et de Childéric III.)

Chilpéric II, fils de Childéric II, appelé auparavant Daniel, fut tiré en 715 du monastère dans lequel il vivait, par Ragenfroi, et placé sur le trône de Neustrie ; il avait alors quarante-cinq ans. En 720 il fut livré à Charles Martel par Eudes, duc d'Aquitaine, son allié, et mourut peu de temps après à Attigny, laissant un fils qui fut Childéric III. On l'inhuma à Noyon.

CARLOVINGIENS.

N° 7.

CARLOMAN, FRÈRE DE CHARLEMAGNE (*Karle-Man*).

On voit sur ce sceau une figure de profil, tournée à gauche. C'est probablement l'empreinte d'une pierre antique. On ne distingue aucune trace d'inscription.

Carloman, fils de Charles Martel et de Plectrude, succéda en Austrasie à son père, l'an 741. Après une suite de victoires sur les Allemands, il revint en Aquitaine en 747 ; là, il remit son royaume et son fils entre les mains de son frère, et partit pour Rome, y reçut l'habit clérical des mains du pape, et se retira au mont Cassin.

N° 8.

CHARLES, DIT CHARLEMAGNE (*Karle*).

La tête barbue, laurée, et tournée à droite, que l'on voit sur ce sceau, est gravée avec un soin remarquable pour le temps, et doit être considérée comme une imitation des médailles romaines. On voit sur l'inscription : XPE · PROT. · CAROLVM · REGE. F . . . COR

Charles, fils aîné de Pepin-le-Bref, né le 26 février 742, fut sacré à Saint-Denis par le pape Étienne II, le 28 juillet 754, et nommé patrice de Rome. En 768, il partagea avec son frère Carloman les états de son père, et obtint pour sa part la Neustrie, la Bourgogne et la Provence.

Charles épousa Désiderate ou Ermengarde, fille de Didier, roi des Lombards, qu'il répudia l'année suivante pour épouser Hildegarde, qui descendait de Godefroi duc des Allemands.

Carloman étant mort en 771, Charles devint maître de toute la monarchie et fut couronné empereur à Rome, l'an 800, le 25 décembre. Charlemagne mourut à Aix-la-Chapelle le 28 janvier 814, à l'âge de soixante-onze ans, après avoir régné glorieusement quatorze ans comme empereur d'Occident, et quarante-six comme roi de France.

Charlemagne eut cinq femmes : 1° Himiltrude, qui ne fut que sa concubine; 2° Ermengarde; 3° Hildegarde; 4° Fastrude, et 5° Liutgarde.

N° 9.

AUTRE SCEAU DE CHARLEMAGNE.

Ce cachet représente un buste de Sérapis, tourné à gauche, et probablement n'est que l'empreinte d'une pierre antique. Il ne présente pas de légende.

N° 10.

LOUIS Ier, DIT LE DÉBONNAIRE (*Hlodo-Wig* ou *Lode-Wig*).

On remarque sur ce sceau une figure de profil, tournée à droite. Autour, on lit cette légende : XPE · PROTEGE · HLV....CVM · IMPERATORE ·

N° 11.

Ce sceau est du même Louis; il présente une légende moins visible, mais la figure est plus distincte que dans le précédent. La tête est laurée, et le manteau attaché sur l'épaule par une fibule.

Louis-le-Débonnaire, fils de Charlemagne et d'Hildegarde, nommé roi d'Aquitaine à sa naissance en 778, fut sacré à Rome le jour de Pâques en 781, et associé à l'empire l'an 813; il succéda à son père le 28 janvier 814; il était marié depuis 798 avec Ermengarde, fille d'Ingeramne; il mourut en 840 dans une île du Rhin, vis-à-vis le château d'Ingelheim, à l'âge de soixante-trois ans; il avait régné vingt-six ans.

N° 12.

LOTHAIRE, FILS DE LOUIS-LE-DÉBONNAIRE (*Lother*).

Ce sceau offre une figure de profil, probablement une pierre antique offrant le portrait de Caracalla ou d'Alexandre Sévère. L'inscription ne présente clairement que les lettres JUVA · HLOTHARI ·

Lothaire, fils aîné de Louis-le-Débonnaire, associé à l'empire le 31 juillet 817, couronné empereur par le pape Pascal Ier, le jour de Pâques de l'an 823, succéda à son père dans l'empire, le 20 juin 840. Par le traité de Verdun, qui eut lieu en 843 entre lui et ses deux frères, Lothaire eut l'empire, l'Italie et la ville de Rome, avec les provinces situées entre le Rhin, le Rhône, la Saône, la Meuse et l'Escaut. En 849 il associa à l'empire Louis, dit le Germanique, son fils aîné; il mourut en 855 à l'abbaye de Prum en Ardennes, où depuis huit jours il avait pris l'habit monastique; il avait régné quinze ans depuis la mort de son père; il eut pour femme Ermengarde, fille de Hugues, comte d'Alsace.

PLANCHE II.

N° 1.

CHARLES II, DIT LE CHAUVE.

Ce sceau présente une figure tournée à droite. On ne distingue de la légende que les lettres EX à la partie supérieure gauche.

Charles-le-Chauve, né à Francfort, le 15 mai 823, fils de Louis-le-Débonnaire et de Judith, fut nommé roi d'Aquitaine par son père, en 838, après la mort de Pepin, son frère; il succéda au royaume de France, le 20 juin 840.

L'empereur Louis II étant mort en 875, Charles se rendit à Rome, où il reçut la couronne impériale des mains du pape Jean VIII, le jour de Noël; il mourut à Brios, village en-deçà du mont Cenis, le 6 octobre 877, à l'âge de cinquante-quatre ans, et fut inhumé à Nantua; il avait régné trente-sept ans. Il eut pour femmes, 1° Hermentrude, fille d'Eudes, comte d'Orléans, dont il eut Louis-le-Bègue, Charles, roi d'Aquitaine, et Lothaire dit le Boiteux; 2° Ritchilde, sœur de Richard, duc de Bourgogne, et de Boson, qui fut roi d'Arles.

N° 2.

LOUIS II, DIT LE BÈGUE.

Ce sceau offre une figure de profil tournée à droite. La légende n'est pas lisible.

Louis-le-Bègue, fils de Charles-le-Chauve et d'Ermentrude, roi d'Aquitaine depuis l'an 867, succéda à son père le 6 octobre 877, et fut couronné à Compiègne le 8 décembre suivant par Hincmar, archevêque de Reims; il le fut de nouveau par le pape Jean VIII, le 7 septembre 878, au concile de Troyes. Il était alors marié pour la seconde fois, son père l'ayant forcé de répudier Ansgarde, sœur d'Odon, comte bourguignon, qu'il avait épousée à son insu, pour l'unir à Adélaïde ou Judith; le pape refusa de couronner cette seconde femme qu'il regardait comme illégitime. Louis mourut à Compiègne, l'an 879, le 10 avril, et y fut inhumé; il laissa Adélaïde enceinte d'un fils, qui fut Charles-le-Simple.

N° 3.

CHARLES III, DIT LE SIMPLE.

Ce sceau présente une figure de profil tournée à droite avec une couronne sur la tête. On découvre à l'entour cette légende : KAROLVS · GRATIA · DI · REX ·

Charles-le-Simple, fils posthume de Louis-le-Bègue, né l'an 879, fut reconnu roi de France au commencement de l'année 893; il fut couronné le 28 janvier par Foulques, archevêque de Reims; mais, à l'approche d'Eudes, il se retira en Germanie; l'an 896 il fit avec Eudes un traité par lequel il devint maître des pays situés entre la Seine et le Rhin. Eudes étant mort en 898, il fut reconnu seul et unique souverain de France par les seigneurs assemblés à Reims, et couronné une seconde fois par l'archevêque. Il mourut à Péronne le 7 octobre 929, laissant de la reine Odgive, sa troisième femme, un fils qui fut Louis d'Outremer.

CAPÉTIENS.

N° 4.

ROBERT (*Rod-Bert*).

Il est le seul des rois de la troisième race dont le sceau soit ovale; il y est représenté en buste; il porte sur la tête une couronne ornée de trois fleurs-de-lis; de la main droite il tient une fleur-de-lis, et de la gauche une boule. On distingue autour les lettres : ROTBERTUS G. . . . . ANCORV · REX · Le sceau de Robert est le premier où l'on trouve la fleur-de-lis.

Ce prince, fils de Hugues Capet et d'Adélaïde, né à Orléans vers 970, succéda à son père l'an 996. Il était marié depuis l'an 995 avec Berthe, veuve d'Eudes, comte de Blois, sa cousine issue de germain, qui, de plus, avait tenu avec lui un enfant sur les fonts de baptême. Sur la déclaration d'Abbon, abbé de Fleury, Grégoire V annula le mariage de Robert, dans un concile tenu à Rome en 998; le roi ayant refusé de se soumettre à cette décision, il fut excommunié et son royaume mis en interdit. Abandonné de tout le monde, il fut obligé de répudier Berthe. Bientôt après il épousa Constance, fille de Guillaume Taillefer, comte de Toulouse.

Robert mourut à Paris le 20 juillet 1031, et fut enterré à Saint-Denis; il laissa de Constance trois fils, Henri Ier, Robert, et Eudes.

N° 5.

Voyez l'explication de la planche III, n° 3.

N° 6.

HENRI Ier.

Le sceau de ce prince est rond. Il le représente assis sur son trône, vêtu d'une robe et d'un manteau; il porte sur la tête une couronne, dans la main droite un sceptre, et dans la gauche une haste. Autour, on lit : HENRIC.. · DI · GRA · FRANCORV · REX ·

Henri Iᵉʳ, né en 1005, de Robert et de Constance, sacré à Reims le 14 mai 1027, du vivant de son père, lui succéda le 20 juillet 1031.

Henri Iᵉʳ mourut le 29 août 1060, dans la trentième année de son règne. Il avait épousé, en 1051, Anne, fille de Jaroslaw duc de Russie, et dont il eut Philippe Iᵉʳ et Hugues, qui devint comte de Vermandois. Il fut enterré à Saint-Denis.

Nᵒ 7.

PHILIPPE Iᵉʳ.

Ce sceau le représente assis et couvert d'une robe et d'un manteau; il a une couronne sur la tête, dans la main droite un sceptre, et dans la gauche une haste. On lit à l'entour : .HILIP. DI · GRA · FRANCORV · REX ·

Philippe Iᵉʳ, fils de Henri Iᵉʳ et d'Anne, succéda à son père en 1060; il avait été sacré à Reims l'année précédente. Il gouverna d'abord sous la régence de sa mère jusqu'en 1062. A cette époque, la reine ayant abandonné la régence, Baudouin V, comte de Flandres, fut tuteur du roi et régent jusqu'au 1ᵉʳ septembre 1067, où il mourut. Alors le roi commença à régner par lui-même, quoiqu'il n'eût que quinze ans.

Philippe mourut à Melun le 29 juillet 1108; il fut inhumé à Saint-Benoît-sur-Loire.

Il eut deux femmes : Berthe fille de Robert-le-Frison, comte de Hollande, qu'il répudia, et Bertrade qu'il avait enlevée à Foulques-le-Rechin, comte d'Anjou, son mari. Ce second mariage lui attira plusieurs excommunications. Sa première femme lui donna Louis-le-Gros, qui fut son successeur.

PLANCHE III.

Nᵒ 1.

LOUIS VI, DIT LE GROS.

Le sceau de ce prince le représente assis sur un trône orné de têtes et de pieds de lions. Il tient de la main droite un sceptre, dont la fleur-de-lis ressemble à un trident; dans la main gauche il tient une haste surmontée d'une fleur-de-lis. Sur le côté droit du champ on voit une croix. Légende : LVDOVICVS · DI · GRA · FRANCORVM · REX ·

Louis-le-Gros, fils de Philippe Iᵉʳ et de la reine Berthe, comte de Vexin en 1092, associé à la royauté en 1098, succéda à son père en 1108, et fut sacré à Orléans par Daïmbert, archevêque de Sens. Il mourut le 1ᵉʳ août 1137, laissant d'Adélaïde sa femme, six fils et une fille.

Nᵒ 2.

SCEAU DE LOUIS VII, DIT LE JEUNE.

Le roi assis, avec de longs cheveux, et portant sur la tête une couronne; de la main droite il tient une fleur-de-lis, et de la gauche une haste, surmontée d'une petite fleur-de-lis encadrée dans un carré posé diagonalement. Légende : LVDOVICVS · DI · GRA · FRANCORVM · REX ·

Ce roi est le premier qui se soit servi constamment d'un sceau suspendu. Son père s'en servit aussi, mais rarement; il est aussi le premier roi de France qui ait fait usage d'un sceau avec un revers.

Nᵒ 3.

REVERS DU SCEAU DE LOUIS VII.

Il représente un cavalier couvert d'un haubert; tenant son écu de la main gauche, et de la droite une épée; le cheval est au galop. Autour on lit : ET · DVX · AQVITANORVM ·

Louis-le-Jeune, fils de Louis-le-Gros, né l'an 1120, sacré à Reims le 25 octobre 1131, par Innocent II, succéda à son père le 1ᵉʳ août 1137. Il fut couronné roi d'Aquitaine à Poitiers, et roi de France à Bourges. Il mourut le 18 septembre 1180, âgé de 60 ans, après en avoir régné 43. On l'enterra à l'abbaye de Barbeaux au-dessus de Melun. Louis le jeune eut trois femmes : Eléonore, qu'il répudia; Constance, fille d'Alphonse, roi de Castille; et Alix, fille de Thibaut le grand comte de Champagne. On a un diplôme de ce roi, où il prend le titre de roi de France au lieu de roi des Français, comme s'étaient qualifiés ses prédécesseurs.

(C'est ici que doit trouver place l'explication de la figure 5 de la planche précédente, nᵒ II.)

Le sceau qu'elle représente est celui de la reine CONSTANCE, seconde femme de Louis-le-Jeune. Il existe en original à la Bibliothèque Royale, dans laquelle il a été déposé, après avoir été découvert dans le tombeau de cette reine à Saint-Denis, lors de la violation des tombes royales. En voici la description : la reine, vêtue d'une longue robe serrée par une ceinture à trois rangs, un manteau posé droit sur les épaules et attaché par-devant, la tête ceinte d'un diadème; de chaque main elle tient une fleur-de-lis à cinq branches, dont les trois branches supérieures se terminent par des globules ou anneaux. Légende : SIGILLUM · REGINE · CONSTANCIE · Ce sceau est de la forme dite *vessie de poisson*, affectée de préférence aux femmes et aux ecclésiastiques.

Constance, fille d'Alphonse III roi de Castille, épousa Louis VII en 1154. Elle eut, de ce prince, Marguerite, femme d'Henri *au court mantel*, fils de Henri II roi d'Angleterre, puis de Béla, roi de Hongrie. Sa fille Alix, morte jeune, ne doit pas être confondue avec un autre Alix, également fille de Louis VII, mais de sa troisième femme, et accordée à Richard roi d'Angleterre.

Constance mourut le 4 octobre 1160, et fut inhumée à Saint-Denis.

Nᵒ 4.

ALIX OU ADÈLE, FEMME DE LOUIS VII.

Ce sceau, en forme de vessie de poisson, représente une femme debout, vêtue d'une longue robe et d'un manteau; elle tient une fleur-de-lis de la main droite, et appuie la gauche sur sa hanche. Autour on découvre les lettres : SIGI . . . . ADE . E · DEI · GRA · RE . . . . R . M.

Alix ou Adèle, fille de Thibaut-le-Grand, comte de Champagne et de Mahaut, fille d'Engilbert, duc de Carinthie, épousa Louis VII l'an 1160; elle mourut le 4 juin 1206, et fut enterrée à Pontigny. Elle eut de son mari Philippe II, Alix mentionnée plus haut, et Agnès consécutivement femme des empereurs grecs, Alexis-le-Jeune et Andronic Comnène, puis mariée en troisièmes noces à Théodore Brancas, un Grec d'Andrinople.

N. 5.

PHILIPPE II, DIT AUGUSTE.

Le roi, assis sur un siége orné de têtes et de pieds de lions, a de longs cheveux, et la couronne sur la tête; de la main droite il tient une fleur-de-lis, et de la gauche, qu'il appuie sur sa cuisse, une haste surmontée d'une petite fleur-de-lis encadrée. Autour on lit : PHILIPVS · DI · GRA · FRANCORVM REX.

Le contre-sceau représente une fleur-de-lis pourvue de deux étamines. Ce prince est le premier qui ait fait usage d'un contre-sceau.

Philippe II, fils de Louis VII et d'Alix, né le 21 août 1165, d'où lui vient le nom d'Auguste, fut sacré à Reims le 1ᵉʳ novembre 1179, et couronné de nouveau à Saint-Denis avec la reine Isabelle sa femme, le 29 mai 1180; il succéda à son père le 18 septembre suivant.

Philippe-Auguste mourut à Mantes, l'an 1223 le 14 juillet; il avait 57 ans et en avait régné 42; il fut inhumé à Saint-Denis. Il eut trois femmes : Isabelle dont il eut Louis VIII, Ingerburge, et Agnès de Méranie.

PLANCHE IV.

N. 1.

LOUIS VIII, DIT LE LION.

Le roi, sur un trône orné de têtes et de pieds de lions, est vêtu et armé comme les deux rois précédens; la fleur-de-lis qu'il porte dans la main gauche a cinq branches, dont les trois supérieures se rejoignent à leur sommet. On lit autour : LVDOVICVS · DI · GRA · FRANCORVM · REX.

Le contre-sceau présente un écusson semé de fleurs-de-lis sans nombre.

Louis VIII, dit le Lion, né en 1187 de Philippe-Auguste et d'Isabelle de Hainaut, sa première femme, succéda à son père le 14 juillet 1223; il fut sacré à Reims avec Blanche sa femme, le mois suivant. C'est le premier roi qui n'ait pas été sacré du vivant de son père.

Il mourut à Montpensier en Auvergne, le 8 novembre 1226, dans la 39ᵉ année de son âge, après un règne de trois ans et quatre mois, laissant de sa femme Blanche de Castille, Louis IX, Robert comte d'Artois, Alphonse comte de Poitou, Charles comte d'Anjou, Jean qui mourut bientôt, et Isabelle.

N. 2.

LOUIS IX, DIT SAINT LOUIS.

Le roi, assis sur un trône orné de têtes et de pieds de lions, a les cheveux plus courts que les rois précédens; son manteau est garni d'une large bordure fleurdelisée.

Le contre-sceau représente une fleur-de-lis pourvue de deux étamines.

Louis IX, né à Poissy, le 25 avril 1215, succéda le 8 novembre 1226 à son père Louis VII. Blanche sa mère fut sa tutrice et régente du royaume. Le 29 novembre suivant, Louis fut sacré à Reims par Jacques Basoche, évêque de Soissons. Il mourut à Tunis le 25 août 1270 à l'âge de 55 ans. Son corps fut ramené en France et inhumé à Saint-Denis; il avait eu onze enfans de la reine Marguerite de Provence, qu'il avait épousée en 1234. Ce prince fut canonisé par Boniface VIII.

N. 3.

AUTRE SCEAU DE LOUIS IX, AVEC LA MÊME LÉGENDE, MAIS UN PEU MOINS GRAND QUE LE PRÉCÉDENT.

La fleur-de-lis que ce prince tient dans la main droite, offre une barre que l'on ne remarque pas dans l'autre.

La fleur-de-lis que l'on voit sur le contre-sceau n'a pas d'étamines.

Nᵒ 4.

SCEAU DE LOUIS IX, PENDANT LA CROISADE DE 1269.

Il offre une couronne à trois fleurs-de-lis encadrée dans une rosace à huit feuilles; autour est la légende suivante : ✻ S · LVDOVICI · DEI · GRA · REG . FRANCOR · IN · PARTIBVS · TRANSMARINIS · AGENTIS.

PLANCHE V.

N° 1.

PHILIPPE III, dit LE HARDI.

Le roi, assis sur un trône à têtes et pieds de lions, la couronne en tête, portant de la main gauche un sceptre surmonté d'une fleur-de-lis garnie de deux étamines, et de la droite une fleur-de-lis simple. Autour, on lit : + PHILIPPVS · DEI · GRACIA · FRANCORVM · REX ·

N° 2.

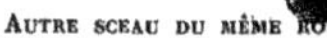

AUTRE SCEAU DU MÊME ROI.

Ce prince est ici revêtu d'un riche manteau fleurdelisé. Un tapis est développé sous ses pieds.

Le contre-scel, commun aux deux sceaux, offre, sur des rinceaux, l'écu semé de fleurs-de-lis sans nombre.

Philippe III, dit le Hardi, avait vingt-cinq ans et quelques mois lors de la mort du roi saint Louis, son père. De Tunis où il l'avait accompagné, il revint en France, et rentra dans Paris le 21 mai 1271. Son sacre eut lieu à Reims, le 15 août suivant.

Alphonse, comte de Toulouse, et sa femme étant morts sans enfans, ce même mois, Philippe hérita de ce comté. Le pape lui réclama le comtat Venaissin ; ce prince le lui laissa en 1274, en se réservant seulement la moitié d'Avignon.

L'an 1285, Philippe se mit en marche pour aller faire la guerre à Pierre III d'Aragon. Après avoir assiégé Gironne pendant sept mois, il prend cette ville, repasse les Pyrénées et revient tomber malade à Perpignan. Il y mourut le 5 octobre 1285, à l'âge de quarante ans : il avait régné quinze ans. Il eut deux femmes : 1° Isabelle, fille de Jacques Ier, roi d'Aragon, qui mourut en Calabre d'une chute de cheval et dont il eut Philippe-le-Bel et Charles de Valois, qui forma la première branche des Valois ; 2° Marie, fille de Henri III, duc de Brabant.

C'est sous le règne de ce prince que l'on voit les premières lettres d'anoblissement.

N° 3.

MARIE DE BRABANT, femme de Philippe-le-Hardi.

La reine, debout, couronnée, dans une niche à ogive, et vêtue d'une robe traînante ; elle tient de la main droite un sceptre fleurdelisé, et appuie la gauche sur sa poitrine. Le champ est semé de fleurs-de-lis. Autour, on lit : S. MARIE · DEI · GRATIA · FRANCORVM · REGINE ·

Marie, fille de Henri III, duc de Brabant, fut la seconde femme de Philippe-le-Hardi, qu'elle épousa au mois d'août 1274. Elle fut mère de Louis, comte d'Evreux, souche des comtes d'Evreux, rois de Navarre ; de Marguerite, femme d'Edouard Ier, roi d'Angleterre, et de Blanche, mariée à Rodolphe, duc d'Autriche, fils de l'empereur Albert.

La reine Marie mourut à Murel, près Meulan, le 12 janvier 1321, et fut enterrée aux Cordeliers de Paris.

N° 4.

PHILIPPE IV, dit LE BEL.

Le roi, assis sur un trône à têtes et pieds de lions, couronné, et vêtu d'un manteau bordé de fleurs-de-lis ; il tient une fleur-de-lis de la main droite, et le sceptre de la main gauche. Autour, on lit : PHILIPPVS · DEI · GRATIA + FRANCORVM · REX.

Au contre-scel, un écusson semé de fleurs-de-lis sans nombre sur un champ orné de rinceaux.

Philippe-le-Bel, fils de Philippe-le-Hardi et d'Isabelle d'Aragon, naquit l'an 1268. Il était roi de Navarre du chef de sa femme ; il succéda à son père le 16 octobre 1285, et fut sacré à Reims, le 6 janvier de l'année suivante, avec la reine, sa femme.

Par un traité fait en 1303, Philippe rendit la Guienne au roi d'Angleterre.

Philippe mourut à Fontainebleau, le 29 novembre 1314, des suites d'une chute de cheval ; il avait quarante-cinq ans, et en avait régné vingt-neuf ; on l'enterra à Saint-Denis.

Il avait épousé Jeanne de Navarre, dont il eut Louis-le-Hutin, Philippe-le-Long, Charles-le-Bel, et Isabelle, qui, par son mariage avec Edouard II, roi d'Angleterre, donna à Edouard III le prétexte d'usurper le titre et les armes des rois de France.

N° 5.

JEANNE DE NAVARRE, femme de Philippe-le-Bel.

La reine, debout, sous une niche à ogive, couronnée, vêtue d'une robe traînante, et tenant un sceptre dans sa main droite. A sa droite, l'écu semé de fleurs-de-lis sans nombre ; à sa gauche, un autre écu avec l'escarboucle de Navarre. Autour, on lit : S. IOHANE · DI · GRA · FRANCOR · Z · NAVA · REGINE · CĀDAN · Z · BE · CŌITISSE · PALAT · *Sceau de Jeanne, par la grâce de Dieu, reine de France et de Navarre, comtesse palatine de Champagne et de Brie.*

Jeanne, fille de Henri Ier, dit le Gras, roi de Navarre, et de Blanche d'Artois, née l'an 1270, succéda au trône de son père, l'an 1274. Son père l'avait fait reconnaître pour héritière de sa couronne malgré l'opposition des Etats, qui prétendaient que la Navarre était soumise à la loi salique. Elle épousa Philippe-le-Bel, roi de France, le 6 août 1284. C'est elle qui fit bâtir la ville de Puente la Reyna, l'an 1305, et fonda les collèges de Navarre et de Champagne dans l'université de Paris.

Jeanne mourut au château de Vincennes, le 2 avril 1305, à l'âge d'environ trente-deux ans ; elle fut enterrée aux Cordeliers de Paris.

PLANCHE VI.

N° 1.

LOUIS X.

Le roi, assis sur un trône orné de têtes et de pieds de lions, couvert d'une tunique et d'un manteau ; de la main droite il tient un long sceptre, et de la gauche une main de justice. (C'est la première que l'on rencontre.) Autour, on lit : LVDOVICVS · DEI · GRATIA · FRANCORVM · ET · NAVARRE · REX ·

Au contre-scel, l'écu semé de fleurs-de-lis sans nombre sur une rose à huit feuilles, portant l'escarboucle de Navarre.

Louis X, dit le Hutin, succéda le 29 novembre 1314, à Philippe-le-Bel, son père. Il était déjà roi de Navarre depuis l'an 1304, époque de la mort de la reine Jeanne, sa mère, et s'était fait sacrer à Pampelune, l'an 1307.

2ᵉ LIVRAISON.

Louis avait épousé, en 1305, Marguerite, fille de Robert II, duc de Bourgogne. Cette princesse fut renfermée en 1314 au château Gaillard, et étranglée l'année suivante.

Louis épousa en secondes noces Clémence, fille de Charles Martel, roi de Hongrie, avec laquelle il fut sacré à Reims, le 5 août 1315. Il mourut le 5 ou le 8 juin 1316, laissant sa seconde femme enceinte. Il avait eu de Marguerite une fille nommée Jeanne, qui hérita du royaume de Navarre, et épousa Philippe, comte d'Evreux.

N° 2.

SCEAU DU MÊME LOUIS X.

Il est d'une dimension un peu plus grande que le précédent ; la main gauche est ramenée sur la cuisse au lieu d'être étendue comme dans le sceau précédent.

Le contre-scel est presque semblable au précédent, mais plus petit.

N° 3.

CLÉMENCE, SECONDE FEMME DE LOUIS X.

La reine représente une femme debout, dans une niche à ogive, et vêtue d'une robe traînante avec des manches longues, ouvertes à moitié du bras; elle porte une couronne sur la tête, et un sceptre de la main droite. A sa droite est l'écu semé de fleurs-de-lis, et à gauche un autre écu aux armes de Hongrie. On lit autour : S. CLEMENCIA · DEI · GR . . . . . AVARRE ·

Clémence, fille de Charles Martel, roi de Hongrie, et de Clémence, fille de l'empereur Rodolphe, épousa Louis X en 1315; elle fut sacrée avec lui à Reims, le 3 août de la même année. Elle était enceinte quand mourut le roi son époux, et donna le jour à un enfant qui fut nommé Jean; il vécut si peu de temps que plusieurs historiens ne le comptent pas parmi les rois de France.

PLANCHE VII.

N° 1.

PHILIPPE V.

Le roi, assis sur un trône couvert d'une draperie et orné de têtes de lions; il porte une couronne sur la tête, un sceptre dans la main droite, et une main de justice dans la gauche. Sur le fond est étendu le pavillon royal fleurdelisé. Autour on lit : PHILIPPVS · DEI · GRACIA · FRANCORVM · ET · NAVARRE · REX ·

Philippe V, dit le Long, second fils de Philippe-le-Bel, né en l'an 1294, fut nommé régent de Navarre, et aussi de France, jusqu'à ce que le prince qui pouvait naître de Clémence eût atteint l'âge de vingt-quatre ans : des chroniques disent dix-huit, et même quatorze ans; l'enfant étant mort cinq jours après sa naissance, Philippe alla se faire couronner à Reims le 6 janvier 1317; dans cette cérémonie on vit Mahaut, comtesse d'Artois, faire les fonctions de pair. Charles, comte de la Marche, et Eudes IV, duc de Bourgogne, n'y vinrent pas, prétendant que le royaume devait appartenir à Jeanne, fille de Louis X; les trois ordres de l'État ayant été assemblés, déclarèrent que les lois et coutumes, invariablement observées par les Français, excluaient les filles de la couronne.

Philippe V mourut la nuit du 2 au 3 janvier 1322; il avait environ vingt-huit ans, et en avait régné cinq. Sa femme, Jeanne, fille d'Otton IV, comte de Bourgogne, lui donna un fils, qui mourut en bas âge, et quatre filles.

N° 2.

CHARLES IV, DIT LE BEL.

Ce sceau est à peu près semblable au précédent; seulement le pavillon fleurdelisé manque. On lit autour : KAROLVS · DEI · GRATIA · FRANCORVM · ET · NAVARRE · REX ·

Au contre-scel est [•] semé de fleurs-de-lis sans nombre.

Charles, comte de la Marche, troisième fils de Philippe-le-Bel, succéda à son frère, Philippe V, le 3 janvier 1322; il s'était déclaré pour le droit de Jeanne à la couronne, mais il se soumit à la décision du 2 février 1317, qui fut ensuite cause que le royaume lui revint.

En 1323, il fit sommer le roi Édouard d'Angleterre de venir lui rendre hommage; Isabelle, sœur de Charles-le-Bel, et femme d'Édouard, passa en France pour concilier les deux rois; un traité de paix fut conclu le 31 mai 1325, mais la guerre recommença bientôt.

Charles-le-Bel mourut à Vincennes, le 1er février 1328; il avait trente-quatre ans; il fut inhumé à Saint-Denis. Il eut trois femmes; 1° Blanche, fille d'Otton IV, comte de Bourgogne, qu'il répudia pour cause d'adultère, en prétextant leur commune parenté; 2° Marie, fille de l'empereur Henri VII, qui mourut des suites d'une fausse couche, et 3° Jeanne, fille de Louis de France, comte d'Évreux, dont il eut plusieurs filles.

N. 3.

JEANNE, TROISIÈME FEMME DE CHARLES IV.

La reine, debout, dans une niche à ogive, couronnée, et tenant un sceptre dans la main droite; elle est vêtue d'une longue robe. A la droite l'écu de France, et à la gauche celui d'Évreux. On lit autour : S. IOHANNE · DEI · GRACI · . . . .

Jeanne, fille de Louis de France, comte d'Évreux, et de Marguerite d'Artois, épousa Charles IV, le 5 juillet 1324. Elle lui donna Jeanne, morte en bas âge; Marie, décédée sans alliance, le 6 octobre 1341; et Blanche, née après la mort de son père, le 1er avril 1328, et mariée le 18 janvier 1345 à Philippe de France, duc d'Orléans.

Cette reine mourut à Brie-comte-Robert, le 4 mars 1371; elle fut enterrée à Saint-Denis.

PLANCHE VIII.

N° 1.

PHILIPPE VI.

Le roi, assis sur un trône couvert d'une draperie et orné de têtes de lions; derrière est étendu le pavillon royal fleurdelisé. Le roi tient de la main droite un long sceptre, et de la gauche une main de justice. On lit autour : PHILIPPVS · DEI · GRACIA · FRANCORVM · REX ·

Philippe VI, dit de Valois, premier roi de la branche collatérale des Valois, fils de Charles, comte de Valois, troisième fils de Philippe-le-Hardi, naquit l'an 1293. Après la mort de Charles IV, son cousin, il fut déclaré régent du royaume, en attendant les couches de la reine, à l'exclusion d'Édouard III, roi d'Angleterre, qui prétendait hériter du trône comme neveu du roi défunt par sa mère Isabelle. La reine ayant mis au jour une fille, Philippe succéda sans aucune opposition; il fut sacré à Reims avec sa femme le 29 mai 1328.

L'an 1329, le roi d'Angleterre vint rendre hommage de la Guienne à Philippe, qui l'en avait sommé.

En 1339, Édouard prit le titre de roi de France; c'est de ce temps que datent les fleurs-de-lis dans les armes d'Angleterre.

L'an 1349, après la mort de la reine Jeanne, fille de Robert II, duc de Bourgogne et d'Agnès de France, Philippe épousa, en secondes noces, Blanche, fille de Philippe d'Évreux, roi de Navarre. Cette même année il acquit le Dauphiné, dont Humbert II, dauphin de Viennois, investit Charles, fils de Jean, duc de Normandie, et petit-fils de Philippe de Valois : depuis ce temps, les fils aînés des rois de France ont porté le nom et les armes de Dauphin par le traité du 30 mars. Philippe acquit aussi Montpellier, que don Jayme II, roi de Majorque, lui vendit 120 mille écus d'or.

Philippe mourut à Nogent-le-Roi, près Chartres, le 22 août 1350, dans la cinquante-septième année de son âge, et la vingt-troisième de son règne. Il avait eu de sa première femme cinq fils et une fille. Son corps fut porté à Saint-Denis, ses entrailles aux Dominicains de Saint-Jacques, et son cœur aux Chartreux de Bourg-Fontaine, en Valois.

N° 2.

JEANNE, PREMIÈRE FEMME DE PHILIPPE VI.

Ce sceau est rond et aussi grand que ceux des rois. On y voit la reine, debout, vêtue d'une longue robe, et relevant sur son bras gauche les plis de son vêtement; elle est couronnée, et tient un sceptre de la main droite. A droite est un écusson fleurdelisé, et à gauche un autre aux armes de Bourgogne. Le fond est tendu d'une draperie fleurdelisée et encadré dans une grande rose, dont les feuilles supérieures se terminent en ogives et forment un riche baldaquin; sous les pieds de la reine on remarque deux lions et une tête; dans chacune des feuilles latérales, des figures dont les poses sont variées. On lit autour, en lettres gothiques : IOHANNA · DEI · GRACIA · FRANCORVM · REGINA ·

Jeanne, fille de Robert II, duc de Bourgogne, et d'Agnès fille de saint Louis, épousa Philippe de Valois au mois de juillet 1313; elle mourut de la peste le 12 septembre 1348, et fut inhumée à Saint-Denis.

De ses cinq enfans, deux fils moururent en bas âge, les autres furent Jean II, Philippe, duc d'Orléans, et Marie, femme de Jean de Brabant, duc de Limbourg.

N° 3.

BLANCHE D'ÉVREUX.

Ce sceau, en forme de vessie de poisson, représente la reine, sous un riche baldaquin gothique, debout, couronnée, et vêtue d'une robe à longues manches, et portant un sceptre; à sa droite, l'écu de France semé de fleurs-de-lis sans nombre; à sa gauche, l'écu d'Évreux, fleurdelisé et barré. Autour, on lit : BLANCHA · DEI · GRACIA · REGINA · FRANCE ·

Blanche, fille de Philippe d'Évreux, roi de Navarre, et de Jeanne, fille de Louis X, épousa Philippe de Valois le 29 janvier 1349. Elle était enceinte quand ce prince mourut, et donna le jour à une fille du même nom qu'elle, qui mourut en bas âge. Ses qualités lui valurent le surnom de la Belle-Sagesse. Elle mourut le 5 octobre 1398.

N° 4.

JEAN II, DIT LE BON.

Le roi, assis sur un trône couvert d'une draperie et orné de deux aigles : ses pieds reposent sur deux lions; il est vêtu d'une longue tunique et d'un manteau; il porte une couronne sur la tête, un sceptre dans la main droite, et une main de justice dans la gauche. Autour, on lit : IOHANN · · · · CIA · · · · · RVM · REX ·

Jean, duc de Normandie, né le 26 avril 1319, succéda, le 22 août 1350, à Philippe de Valois son père, et fut sacré à Reims le 26 septembre suivant. Le roi et Philippe son fils, ayant été faits prisonniers à la bataille de Poitiers, le dauphin s'échappa, et prit le gouvernement sous le nom de lieutenant du royaume. Jean ne recouvra la liberté qu'en cédant à l'Angleterre le Poitou, la Saintonge, l'Agénois, le Périgord, le Limousin, le Quercy, le pays de Tarbes, l'Angoumois, le Rouergue, Montreuil, le Ponthieu, plusieurs autres lieux et les îles adjacentes à la France, sans compter une rançon de trois millions d'écus d'or. Les états refusèrent de ratifier ce traité. La guerre s'étant rallumée, se termina par le traité de Bretigny, près de Chartres, conclu le 8 mai 1360; l'Angleterre y gagna le duché d'Aquitaine, le Ponthieu et la ville de Calais. Le 8 juillet, Jean débarqua en France.

L'an 1364, le roi ayant appris que le duc d'Anjou son fils s'était échappé de Londres, où il restait en otage pour son père, repassa lui-même en Angleterre, et y mourut, le 8 avril, âgé de quarante-cinq ans moins dix-huit jours, dans la quatorzième année de son règne. Son corps fut ramené en France, et inhumé à Saint-Denis. Il avait eu deux femmes : Bonne, fille de Jean de Luxembourg, roi de Bohême, et Jeanne, fille de Guillaume XII, comte d'Auvergne: la première lui donna Charles V; Louis, tige des ducs d'Anjou; Jean, duc de Berry, Philippe le Hardi, duc de Bourgogne; et quatre filles; la seconde fut mère d'Isabelle, mariée à Jean Galéaz, premier duc de Milan.

N° 5.

SCEAU DES EXÉCUTIONS DE JEANNE, COMTESSE DE BOURGOGNE ET FEMME DE PHILIPPE V, DIT LE LONG.

Il présente un écu mi-partie de France et du comté de Bourgogne, qui porte d'azur au lion d'or, le champ semé de billettes de même. Dans le champ on remarque ces trois lettres P · T · O · c'est-à-dire *per tempus omne*. Autour on lit : + S · EXEQVN-COIS (*sic*) DNE · REGINE · IOHE · BVRGON · DIE · *Sceau d'exécution de madame la reine Jeanne de Bourgogne.*

(C'est par erreur que ce sceau a été porté à cette planche; il devait figurer sur la précédente. La reine Jeanne, à laquelle il appartient, n'est point la Jeanne de Bourgogne fille de Robert II, duc de Bourgogne, et première femme de Philippe VI de Valois, laquelle n'a jamais exercé de son chef les droits de la souveraineté dans le duché de Bourgogne, mais bien Jeanne, femme de Philippe V, dit le Long, qui hérita le comté de Bourgogne, d'Otton V, son père, et l'Artois, de Mahaut, sa mère.)

N° 6.

CONTRE-SCEL DU ROI JEAN.

Il offre un écu semé de fleurs-de-lis, surmonté d'un couronne, avec le sceptre et la main de justice de chaque côté; il est entouré d'un cercle qui forme le milieu d'un quatre-feuilles. Dans le cintre, à droite, est un ange qui déroule un phylactère dont l'inscription est illisible; dans celui de gauche, un lion en haut, un aigle, et en bas un taureau. Ces trois animaux sont aussi accompagnés de phylactères.

(On sait que les quatre animaux de la vision de Daniel ont été postérieurement attribués aux quatre évangélistes; on a indiqué ici le nom du roi Jean en donnant la place principale au cimier de l'écu à l'aigle, attribut de l'évangéliste saint Jean.)

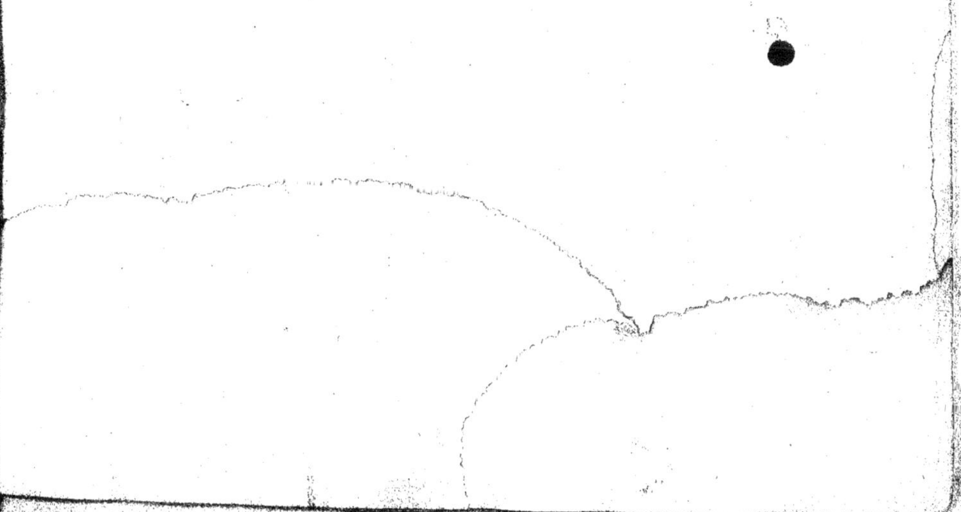

PLANCHE IX.

N° 1.

SCEAU D'ÉDOUARD III, ROI D'ANGLETERRE, COMME ROI DE FRANCE.

Edouard III, assis sur un trône placé sous un dais, tenant d'une main un sceptre et de l'autre le globe du monde; de chaque côté du trône, un léopard assis, et un écusson aux armes de France et d'Angleterre. On lit autour : EDWARDVS · DEI · GRATIA · REX · FRANCIE · ET · ANGLIE · DNS · (*dominus*) HYBERNIE · ET · DVX · AQVITANIE · *Edouard, par la grâce de Dieu, roi de France et d'Angleterre, seigneur d'Irlande, et duc de Guyenne.*

℟. Edouard III, le casque en tête, la grille fermée, couvert de son armure, tenant d'une main son épée et de l'autre un écu à ses armes, sur un cheval courant à droite. Le champ est semé de fleurs-de-lis. La légende est semblable à celle du sceau.

Edouard, III, roi de ce nom depuis la conquête, et le VI° en comptant les rois prédécesseurs de Guillaume, naquit le 13 novembre 1312, d'Edouard II et d'Isabelle de France, fille de Philippe-le-Bel. Il fut proclamé roi le 24 janvier 1327, après la déposition de son père,

et couronné le 2 février. Il épousa à York, en 1328, Philippe de Hainaut fille du comte Guillaume I°. Cette même année, les pairs et hauts barons de France le déboutèrent de ses prétentions à la couronne, comme héritier, par sa mère, de son aïeul Philippe-le-Bel; il en était effectivement plus proche parent que son compétiteur Philippe-de-Valois; mais celui-ci fut préféré, comme descendant de Philippe-le-Bel par les mâles. Edouard fit hommage, en 1329, de ses fiefs de France entre les mains de Philippe VI.

L'an 1337, Edouard déclara la guerre à Philippe VI, pour soutenir ses prétentions au trône, et en 1339 prit le titre de roi de France, d'après ses conventions avec Jacques Artevelle qu'il était allé secourir dans sa révolte contre Louis de Mâle, comte de Flandres.

L'an 1343, Edouard donna le titre de prince de Galles à son fils Edouard, si célèbre sous le nom de Prince-Noir, et en 1362 le duché de Guyenne, qu'il venait d'ériger en principauté d'Aquitaine. C'est sous son règne que l'on commença à se servir de la langue anglaise dans les actes publics au lieu de la française, qui était en usage depuis Guillaume-le-Conquérant.

Edouard III mourut le 22 juin 1377, laissant sept fils et cinq filles. Richard II, fils du prince de Galles, l'aîné des enfans d'Edouard; lui succéda.

PLANCHE X.

N° 1.

SCEAU DE CHARLES V, DIT LE SAGE.

Le roi, couronné et assis sur un trône orné de deux têtes de dragons. Ses pieds reposent sur deux lions; il tient de la main droite un sceptre et de la gauche une main de justice. Sur la fibule de son manteau on remarque une fleur-de-lis. On lit autour : KAROLVS · DEI · GRACIA · FRANCORVM · REX · *Charles, par la grâce de Dieu, roi des Français.*

Charles V, fils aîné du roi Jean, duc de Normandie et premier dauphin de France, né à Vincennes le 21 janvier 1337, succéda à son père le 8 avril 1364, et fut sacré à Reims le 19 mai suivant.

Il mourut, le 16 septembre 1380, des suites du poison que le roi de Navarre lui avait donné vingt ans auparavant; il était dans la quarante-quatrième année de son âge, et la dix-septième de son règne. Il avait épousé, le 8 août 1350, Jeanne, fille de Pierre I°, duc de Bourbon: il laissa d'elle Charles VI; Louis, duc d'Orléans, tige de la branche d'Orléans et de Valois; et Catherine, qui épousa Jean de Berri, comte de Montpensier.

Ce fut Charles V qui fonda la Bastille de Paris; la Bibliothèque Royale lui doit aussi son existence. Le contre-sceau de ce prince présente un écusson semé de fleur-de-lis et surmonté d'une couronne. A droite est un sceptre, et à gauche une main de justice.

N° 2.

SCEAU DU MÊME ROI, EN L'ABSENCE DU GRAND-SCEAU.

Écusson portant trois fleurs-de-lis, encadré dans une rosace, au dessus, une figure en buste couronnée et appuyant ses deux mains sur l'écusson; elle tient de la main droite un sceptre et de la gauche une main de justice. A droite et à gauche de l'écusson, des dauphins. Autour, cette légende, précédée d'une croix ; + SIGILLVM · KAROLI · DEI · GRACIA · FRANCORVM · REGIS · IN · ABSENCIA · MAGNI · *Sceau de Charles, par la grâce de Dieu, roi des Français, en l'absence du grand.*

N° 3.

JEANNE D'ÉVREUX, FEMME DE CHARLES IV.

La similitude des deux écussons avait fait penser que ce sceau était celui de Jeanne de Bourbon, femme de Charles V; mais le titre de reine de Navarre que porte la légende, IOHANNA. : DEI . GRACIA · REGINA · FRANCIE · ET · NAVARRE, prouve évidemment que ce sceau est celui de Jeanne d'Évreux, femme de Charles IV. (Voyez page 8.)

N. 4.

SCEAU DE CHARLES VI.

Le roi, la couronne en tête, assis sur un trône orné de deux tiges qui supportent des fleurs-de-lis, ayant un sceptre dans la main droite et une main de justice dans la gauche; ses pieds reposent sur deux lions. Autour, cette légende, précédée d'une croix : + KAROLVS · DEI · GRACIA · FRANCORVM · REX · *Charles, par la grâce de Dieu, roi des Français.*

Le contre-sceau présente l'écusson à trois fleurs-de-lis, porté par un génie ailé, qui tient de la main droite un sceptre et de la gauche une main de justice.

Charles VI, né le 3 décembre 1368, succéda, le 16 septembre 1380, à son père Charles V. Les ducs de Berri, d'Anjou et de Bourgogne se disputèrent la régence, et assemblèrent un conseil d'arbitres qui déclara le roi majeur, le 4 novembre de la même année, quoiqu'il n'eût que douze ans.

Le 17 juillet 1385, Charles épousa Isabelle, fille d'Etienne, duc de Bavière-Ingolstadt. Il fit à Troyes, le 21 mai 1420, avec le roi d'Angleterre Henri V, un traité par lequel il lui donna sa fille en mariage, et le nomma régent du royaume pendant sa vie, et héritier à sa mort; ce traité fut enregistré le 30 mai par le parlement, et juré par les quatre facultés.

Charles VI mourut le 22 octobre 1422; il était dans la quarante-troisième année de son règne et la cinquante-quatrième de son âge. Après son inhumation, le duc de Bedfort fit crier par un héraut : « Vive Henri de Lancastre, roi d'Angleterre et de France. » Charles eut de son mariage avec Isabelle de Bavière, entre autres enfans, Louis dauphin duc de Guyenne, mort le 18 décembre; Jean, dauphin après son frère, mort le 4 avril 1417, et Charles qui lui succéda sous le nom de Charles VII.

4

PLANCHE XI.

N° 1.

SCEAU DE CHARLES VI, EN L'ABSENCE DU GRAND SCEAU (1408).

Buste du roi, la couronne en tête, et portant d'une main le sceptre et de l'autre la main de justice. Il s'appuie sur l'écu de France qui est placé devant lui, et qui repose sur deux lions. Autour, cette légende : SIGILLVM · REGIVM · IN · ABSENCIA · MAGNI · ORDINATVM · *Sceau royal ordonné en l'absence du grand.*

Pour contre-sceau un écusson semé de fleurs-de-lis et encadré dans une petite rosace.

N° 2.

PETIT SCEAU D'ISABELLE, FEMME DE CHARLES VI.

Il présente un écusson en losange, parti, au premier de France, et au second de Bavière. Cet écusson est encadré dans un quatre-feuilles.

Isabelle, ou Isabeau, fille d'Etienne, duc de Bavière-Ingolstadt, et de Thadée Visconti, épousa Charles VI, le 17 juillet 1385.

Les désordres de cette princesse lui firent donner par le peuple le nom de *la grande Gaure.* En 1417, le roi la fit conduire à Tours, où elle fut gardée à vue; ayant été délivrée quelque temps après par le duc de Bourgogne, elle prit le titre de régente du royaume, et établit sa cour à Troyes.

Cette princesse contribua beaucoup aux malheurs qui accablèrent la France sous Charles VI. Elle mourut à Paris le 30 septembre 1435.

N° 3.

SCEAU DE HENRI VI, ROI D'ANGLETERRE, COMME ROI DE FRANCE.

Il représente ce prince assis, et revêtu de tous les insignes royaux; ses pieds reposent sur deux lions. De chaque côté est un écusson, surmonté d'une couronne à trois fleurons; celui de droite, aux armes de France, et celui de gauche à celles de France et d'Angleterre.

Henri VI, fils de Henri V, roi d'Angleterre, et de Catherine de France, né le 6 décembre 1421, proclamé à l'âge d'environ dix mois roi d'Angleterre, à Londres, lorsqu'on y apprit la mort de son père, et roi de France à Paris après le décès de Charles VI, régna en Angleterre sous la régence du duc de Glocester, et en France sous celle du duc de Bedford, ses deux oncles. Il fut couronné à Londres, le 6 novembre 1429, et à Paris le 17 décembre 1431.

Henri épousa, en 1444, Marguerite d'Anjou, fille de René, comte de Provence, et roi titulaire de Naples et de Sicile.

Il mourut massacré à la Tour de Londres, en 1472.

PLANCHE XII.

N° 1.

SCEAU DE CHARLES VII.

Le roi, assis sur un trône orné de quatre têtes d'animaux barbus et surmonté d'un petit dôme gothique; ses pieds reposent sur des lions. Il a la couronne en tête, et tient le sceptre et la main de justice. Autour, cette légende : KAROLVS · DEI · GRACIA · FRANCORVM · REX · *Charles, par la grâce de Dieu, roi des Français.*

Le contre-sceau offre l'écusson de France, supporté par deux anges agenouillés, qui tiennent derrière le sceptre et la main de justice.

Les supports ordinaires des armes de France sont deux anges debout, et portant chacun une bannière aux trois fleurs-de-lis.

Charles VII, dit le Victorieux, né le 22 février 1403, ayant appris la mort de son père, Charles VI, arrivée le 22 octobre 1422, vint se faire couronner à Poitiers. Dans le même temps, le duc de Bedford, régent de France pour le roi d'Angleterre, faisait reconnaître son neveu Henri VI. On commença le 9 novembre 1422 à sceller à la chancellerie au nom de ce jeune prince.

Le 8 mai 1429, Jeanne d'Arc ayant forcé les Anglais à lever le siège d'Orléans, conduisit le roi à Reims, où il fut sacré le 17 juillet par Renaud, archevêque de Chartres.

Charles mourut le 22 juillet 1461, à Mehun-sur-Yèvre, dans la cinquante-sixième année de son âge et la trente-neuvième de son règne; il fut inhumé à Saint-Denis.

Il avait épousé, l'an 1422, Marie, fille de Louis II d'Anjou, roi de Sicile, qui lui donna douze enfans, entre autres Louis, son successeur, et Charles, duc de Berri et de Guyenne.

N° 2.

SCEAU DU MÊME ROI, EN L'ABSENCE DU GRAND.

Le roi, la couronne en tête, assis sous un dais, tenant le sceptre et la main de justice. Le champ est semé de fleurs-de-lis. Autour, cette légende : SIGILLVM · KAROLI · DEI · GRACIA · FRANCORVM · REGIS · IN · ABSENCIA · MAGNI · ORDINATVM · *Sceau de Charles, par la grâce de Dieu, roi des Français, ordonné en l'absence du grand.*

Le contre-sceau présente neuf fleurs-de-lis, entourées d'une légende gothique trop confuse pour être lue.

PLANCHE XIII.

N° 1.

SCEAU DE LOUIS XI.

Le roi, assis, la couronne en tête; il a les deux bras tendus le long du corps, et tient le sceptre et la main de justice; ses pieds sont posés sur deux lions. Le champ est semé de fleurs-de-lis. Autour, on lit : LVDOVICVS · DEI · GRACIA · FRANCORVM · REX · *Louis, par la grâce de Dieu, roi des Français.*

Contre-sceau : l'écusson de France, surmonté de la couronne royale, et soutenu par deux anges agenouillés.

Louis XI, fils du roi Charles VII, né le 3 juillet 1423 à Bourges, succéda, le 22 juillet 1461, à son père, et fut sacré à Reims, le 15 août 1461.

Le duc de Bourgogne, Charles-le-Téméraire, ayant été tué au siége de Nancy, le 5 janvier 1477, Louis s'empara de la partie de ses États qui était située en France. Le reste passa à la maison d'Autriche.

Louis XI mourut le 30 avril 1483, dans la soixantième année de son âge, et la vingt-troisième de son règne. Son corps fut transporté, selon son désir, à Notre-Dame de Cléry.

Il avait eu deux femmes : Marguerite, fille de Jacques Ier, roi d'Écosse, qui mourut à vingt-six ans, et Charlotte, fille de Louis, duc de Savoie, dont il eut trois fils et trois filles. Charles, son successeur; Anne, mariée à Pierre de Bourbon, sire de Beaujeu; et Jeanne, femme de Louis, duc d'Orléans, depuis Louis XII, sont les seuls qui lui survécurent.

N° 2.

SCEAU DE CHARLES VIII.

Le roi, assis, la couronne en tête, tenant le sceptre de la main droite, et la main de justice de la gauche; son bras droit est ployé, et le gauche tendu. Deux anges soutiennent le manteau royal fleurdelisé qui couvre le fond. Autour, on lit : KAROLVS · DEI · GRAcia · FRANCORVM · REX · *Charles, par la grâce de Dieu, roi des Français.*

Contre-sceau : l'écusson de France, surmonté de la couronne royale, et supporté par deux anges agenouillés, le tout posé sur un fond semé de fleurs-de-lis.

Charles VIII, né le 30 juin 1470, succéda à son père Louis XI, le 30 août 1483. Anne de Beaujeu, sa sœur, avait été chargée par son père de la tutelle et du gouvernement.

L'an 1484, les états assemblés à Tours par la régente déclarèrent Charles majeur.

Le 28 juillet 1491, il épousa Anne, duchesse de Bretagne. On renvoya alors la fille de l'empereur Maximilien, qui était promise au roi, et qu'on élevait en France. L'empereur s'allia avec le roi d'Angleterre pour venger cette injure, et déclara la guerre à la France.

Charles VIII mourut au château d'Amboise, d'un coup qu'il se donna en passant par une porte trop basse le 7 avril 1498. Il avait eu trois fils et une fille d'Anne de Bretagne; mais ils moururent tous avant lui.

PLANCHE XIV.

N° 1.

SCEAU DE LOUIS XII.

Le sceau de ce prince est absolument semblable à celui de Charles VIII qui le précède; la légende seule est différente. On y lit : LVDOVICVS · DEI · GRATIA · FRANCORVM · REX · DVODECIMVS · *Louis XII, par la grâce de Dieu, roi des Français.*

Contre-sceau : l'écusson à trois fleurs-de-lis, couronné, et soutenu par deux anges agenouillés.

Louis XII, dit le Père du Peuple, né à Blois le 27 juillet 1462, fils de Charles, duc d'Orléans, et de Marie de Clèves, descendant de Charles V par Louis d'Orléans, son aïeul, assassiné en 1407, succéda, le 7 avril 1498, à Charles VIII, mort sans postérité, et fut sacré à Reims le 27 mai suivant.

Forcé par Louis XI, en 1476, d'épouser Jeanne sa fille, il fit annuler son mariage en 1498, et le 7 janvier 1499 il épousa Anne de Bretagne, veuve de Charles VIII. Cette princesse mourut le 9 janvier 1514, et le 9 octobre de la même année Louis XII épousa Marie d'Angleterre, sœur du roi Henri VIII.

Louis XII mourut le 1er janvier 1515; il était dans la cinquante-troisième année de son âge et la dix-septième de son règne. Il ne laissa que deux filles qu'il avait eues d'Anne de Bretagne, Claude, qui épousa François Ier, et Renée, qui fut mariée au duc de Ferrare.

N° 2.

AUTRE SCEAU DU MÊME ROI.

· LVDOVICVS · DEI · GRATIA · FRANCORVM · NEAPOLIS · ET · HIERVSALEM · REX · DVX MEDIOLANI · *Louis, par la grâce de Dieu, roi des Français, de Naples et de Jérusalem, duc*

de Milan. Le roi, la couronne en tête, assis sur son trône, vêtu d'un manteau royal brodé aux armes de France, de Naples et de Jérusalem, portant au cou le collier de l'ordre de Saint-Michel, et tenant d'une main le sceptre et de l'autre le globe du monde. Dans le champ de la médaille, d'un côté, les fleurs-de-lis de France, et de l'autre les fleurs-de-lis au lambel de gueules pour Naples, et la croix de Jérusalem.

CONTRE-SCEAU.

Au milieu d'un disque d'où partent des rayons, deux écussons surmontés chacun d'une couronne royale non fermée. Celui de droite, qui porte les trois fleurs-de-lis de France, est entouré du collier de Saint-Michel; celui de gauche porte au premier et au troisième quartier les armes de Naples, et au deuxième et au quatrième celles de Jérusalem. Au-dessous de ce dernier, un croissant sur lequel on lit : LOS EN CROISSANt. C'est la devise de l'ordre du Croissant, fondé, en 1448, par René d'Anjou, comte de Provence, roi de Naples et de Jérusalem, si connu sous le nom populaire du *bon roi René.* Ce beau sceau est en or.

Charlemagne passe généralement pour être le premier qui ait fait mettre des bulles d'or aux chartes commémoratives d'évènemens importans. Ses successeurs l'imitèrent, et les rois de Naples et de Sicile paraissent avoir adopté de bonne heure cet usage, qui se répandit ensuite parmi presque tous les souverains de l'Europe.

Le titre de roi de Naples et de Jérusalem que prend ici Louis XII, et les armoiries de ces deux royaumes qui paraissent dans le champ, et sur le contre-sceau, font supposer qu'il a pu être fondu pour être appendu à une charte relative au partage qu'il fit, en 1501, du royaume de Naples et de Sicile avec Ferdinand, roi de Castille.

PLANCHE XV.

N° 1.

SCEAU DE FRANÇOIS Ier.

Le roi, assis, la couronne en tête; ses pieds reposent sur deux lions; il tient le sceptre et la main de justice; son bras droit est ployé et le gauche tendu. Deux anges soutiennent le dôme

et le manteau royal fleurdelisé qui ornent le champ. Légende : FRACISCVS · DEI · GRACIA · FRAnCORvm · REX · PRIMVS · *François Ier, par la grâce de Dieu, roi des Français.*

Pour contre-sceau, l'écusson à trois fleurs-de-lis, surmonté de la couronne royale, et supporté par deux anges agenouillés.

François Iᵉʳ, comte d'Angoulême et duc de Valois, fils de Charles d'Orléans, comte d'Angoulême, et de Louise de Savoie, né le 12 septembre 1494, à Cognac, monta sur le trône le 1ᵉʳ janvier 1515, et fut sacré le 25 à Reims, par l'archevêque Robert de Lénoncourt.

A la mort de Maximilien, François Iᵉʳ brigua l'Empire ; mais Charles-Quint l'emporta sur lui.

Fait prisonnier à la bataille de Pavie, en 1525, il fit à Madrid un traité par lequel il céda à l'empereur le duché de Bourgogne avec d'autres possessions moins importantes, et renonça à ses prétentions sur l'Italie.

François Iᵉʳ mourut le 31 janvier 1547, dans la cinquante-troisième année de son âge et la trente-troisième de son règne ; il fut inhumé à Saint-Denis.

Il eut de sa première femme, Claude, fille aînée de Louis XII, trois fils et deux filles. Éléonore d'Autriche, sa seconde femme, ne lui donna pas d'enfans.

N° 2.

SCEAU DU CONCORDAT FAIT ENTRE FRANÇOIS Iᵉʳ ET LÉON X.

Ce sceau, en forme de vessie de poisson, offre une croix plantée dans le sol ; deux clous sont fichés aux extrémités des bras, et un troisième vers le milieu de l'arbre ; en haut une traverse sur laquelle est écrit : I · N · R · I ; abréviation ordinaire de IESVS NAZARENVS REX IVDEORVM. *Jésus de Nazareth, roi des Juifs.* Sur le champ on lit : IN · HOC · SIGNO · VINCES · *Tu vaincras par ce signe.* Au pied de la croix, de chaque côté, un écusson ; celui de droite aux armes de France, celui de gauche à celles de la maison de Médicis, dont était le pape Léon X. Celui du pape est surmonté de la tiare, et celui du roi de la couronne fermée, qui paraît ici pour la première fois. Légende : LEO · DECIMVS · PONTIFEX · MAXIMVS ⁝ ET · FRANCISCVS · PRIMVS · FRANCORVM · REX ⁝ *Léon X, souverain pontife, et François Iᵉʳ, roi des Français.*

Le pape Léon X (Jean de Médicis) signa le concordat avec François Iᵉʳ le 14 décembre 1515.

N° 3.

AUTRE SCEAU DU CONCORDAT.

Il ne présente que peu de différence avec le précédent.

PLANCHE XVI.

N° 1.

SCEAU DE HENRI II.

Le roi, assis, la couronne en tête, les pieds appuyés sur deux lions ; il tient le sceptre et la main de justice. A ses côtés, deux anges soutiennent la draperie qui orne le fond. Le vêtement du roi est semé de fleurs-de-lis. Légende : HENRICVS · DEI · GRATIA · FRANCORVM · REX · SECVNDVS · *Henri II, par la grâce de Dieu, roi des Français.*
Contre-sceau : l'écusson à trois fleurs-de-lis, soutenu par deux anges.

Henri II, fils de François Iᵉʳ et de la reine Claude, né le 31 mars 1519, à Saint-Germain-en-Laye, succéda, le 31 mars 1547, à son père, et fut sacré à Reims, le 28 juillet de la même année, par le cardinal de Lorraine.

Le 26 juin 1559, dans un tournoi donné à l'occasion du mariage d'Élisabeth sa fille avec Philippe II, le roi joutant avec le comte de Montgommery, reçut une blessure au-dessus de l'œil gauche, dont il mourut le 10 juillet au palais des Tournelles, à l'âge de quarante ans ; il en avait régné douze. Il fut inhumé à Saint-Denis.

Il laissa de Catherine de Médicis, qu'il avait épousée en 1533, François II, qui lui succéda ; Édouard-Alexandre, depuis Henri III ; Maximilien, depuis Charles IX ; Hercules, nommé depuis François, duc d'Alençon ; et trois filles.

N° 2.

SCEAU DE CATHERINE DE MÉDICIS.

Dans le champ, un écusson surmonté de la couronne royale. Cet écusson, mi-parti aux armes de France et à celles particulières de la reine, qui écartelait de celles des Médicis et de La Tour d'Auvergne, est entouré d'une guirlande formée par des branches de vigne. Légende : CATHERINE · PAR · LA · GRACE · DE · DIEV · ROYNE · DE · FRANCE.

Catherine de Médicis, comtesse d'Auvergne et de Lauraguais, dame de La Tour, etc., naquit le 13 avril 1519, de Laurent II de Médicis, chef de la république florentine et duc d'Urbin, et de Madeleine de La Tour, fille de Jean III, comte d'Auvergne et de Boulogne.

Son oncle, le pape Clément VII, l'amena à Marseille, où, par ses intrigues, il réussit à lui faire épouser le 28 octobre 1533, Henri, duc d'Orléans, second fils de François Iᵉʳ, et depuis roi de France sous le nom de Henri II. Après la mort de ce prince, arrivée le 10 juillet 1559, Catherine gouverna la France sous le nom de ses trois fils, qui se succédèrent au trône. Elle mourut le 5 janvier 1589, au château de Blois, quelques jours après l'assassinat du duc et du cardinal de Guise.

N° 3.

SCEAU DE FRANÇOIS II ET DE MARIE STUART.

François et Marie, assis sous un dais royal ; leurs pieds reposent sur des coussins ; ils portent tous deux la couronne fermée et tiennent chacun le sceptre et la main de justice. Le roi, revêtu d'un manteau fleurdelisé, porte au cou le collier de l'ordre de Saint-Michel. Légende : FRANCISCVS · ET · MARIA · DEI · GRATIA · R · R · (*reges*) FRANCORVM · SCOTIae · ANGLIae · ET · HYBERniae · *François et Marie, par la grâce de Dieu, roi et reine des Français, d'Écosse, d'Angleterre et d'Irlande.*

François II, roi de France et d'Écosse, né le 20 janvier 1544, au château de Fontainebleau, succéda, le 10 juillet 1559, à Henri II son père, et fut sacré le 18 septembre suivant à Reims. Il était déjà roi d'Écosse par son mariage avec Marie Stuart, célébré le 24 avril 1558.

Il mourut, le 5 décembre 1560, d'un abcès à la tête, à l'âge de dix-sept ans. Ce prince ne régna que seize mois et vingt-quatre jours, et ne laissa pas d'enfans.

Marie, fille de Jacques V et de Marie de Lorraine, naquit le 5 décembre 1542, et hérita du trône d'Écosse le 13 du même mois ; elle fut envoyée en France à l'âge de six ans, par sa mère régente du royaume ; en 1558, elle épousa François II, alors dauphin ; à la mort de ce prince, elle partit pour l'Écosse, où elle épousa successivement Henri Stuart de Darnley, et Jacques, comte de Bothwell. Elle fut décapitée le 18 février 1587, à l'âge de 45 ans, par ordre d'Élisabeth, qui depuis long-temps la retenait en prison. Depuis, elle fut inhumée dans la cathédrale de Peterborough ; son fils, Jacques Iᵉʳ, fit plus tard transférer son corps à Westminster.

N° 4.

SCEAU DE CHARLES IX.

Le roi, assis, la couronne en tête ; ses pieds reposent sur deux lions ; il porte au cou le collier de Saint-Michel, et tient le sceptre et la main de justice ; deux anges soutiennent la draperie fleurdelisée du dais sous lequel il est placé. Légende : CAROLVS · NONVS · DEI · GRATIA · FRANCORVM · REX · *Charles IX, par la grâce de Dieu, roi des Français.*
Contre-sceau : l'écu de France, soutenu par deux anges, et surmonté de la couronne royale.

Charles IX, fils de Henri II et de Catherine de Médicis, né le 27 juin 1550, à Saint-Germain-en-Laye, succéda, le 5 décembre 1560, à François II, son frère. Ce prince fut d'abord appelé du même nom que son parrain, l'empereur Maximilien II ; mais quand il reçut la confirmation, on lui donna celui de Charles. La reine mère eut l'administration du royaume pendant la minorité du roi, et le roi de Navarre, Antoine de Bourbon, en fut déclaré lieutenant-général.

L'an 1563, le roi fut déclaré majeur. Le 26 novembre 1570, il épousa Élisabeth, fille de l'empereur Maximilien II.

Le dimanche 24 août 1572, eut lieu le massacre de la Saint-Barthélemy.

La guerre civile durait encore, quand le roi mourut à Vincennes, le 30 mai 1574, après un règne de 13 ans et demi ; il avait vingt-quatre ans moins huit jours. Il ne laissa d'enfant légitime qu'une fille née le 27 octobre 1572, qui mourut à cinq ans et demi. Il fut inhumé à Saint-Denis.

PLANCHE XVII.

N° 1.

SCEAU DE HENRI III.

Il est presque semblable à celui de Charles IX, qui le précède ; la seule différence sensible est la fraise qui entoure le cou de Henri III. Plusieurs parties de ce sceau sont confuses ; la légende est illisible.

Contre-sceau : l'écu de France, soutenu par deux anges et surmonté de la couronne royale.

Henri III, troisième fils de Henri II et de Catherine de Médicis, né le 19 septembre 1551, duc d'Anjou, puis roi de Pologne, parvint à la couronne à la mort de Charles IX, son frère. Jusqu'en 1533, il avait été nommé Edouard-Alexandre ; à cette époque, il fut confirmé et reçut le nom de Henri, qu'il garda par ordre du roi.

Elu roi de Pologne en 1573, il quitta furtivement ce royaume, à la nouvelle de la mort de son frère, et fut sacré à Reims, le 13 février 1575, par le cardinal de Guise. Le lendemain, il épousa Louise, fille de Nicolas, comte de Vaudemont, et le 27 du même mois, fit son entrée à Paris.

En 1576, le roi accorda aux huguenots une pacification avantageuse, mais la reine mère et plusieurs seigneurs, fervens catholiques, n'y voulurent pas consentir, et formèrent une association qui fut le commencement de la Ligue.

Henri fut assassiné le 1ᵉʳ août 1589, par un fanatique nommé Jacques Clément. Il mourut le lendemain, à l'âge de trente-sept ans dix mois et quatre jours. Il avait régné quatorze ans et demi. Il n'eut pas d'enfans de la reine sa femme.

N° 2.

SCEAU DE CHARLES X (CARDINAL DE BOURBON).

· CAROLVS · X · DEI · GRATIA · FRANCORVM · REX · *Charles X, par la grâce de Dieu, roi des Français.* Le cardinal de Bourbon, revêtu du manteau royal, tenant d'une main le sceptre et de l'autre la main de justice. Deux anges soutiennent le dais fleurdelisé sous lequel est placé le trône. La tête manque totalement ; il ne reste plus qu'une fleur-de-lis de la couronne royale. En bas : 1589.

Charles de Bourbon, cardinal, archevêque de Rouen et légat d'Avignon, naquit le 22 décembre 1523, de Charles Iᵉʳ, duc de Vendôme, et de Françoise d'Alençon. A la mort de Henri III, le duc de Mayenne, chef de la ligue, le fit proclamer roi sous le nom de Charles X le 21 novembre 1590 ; il était alors prisonnier à Fontenai-le-Comte. On battit monnaie au nom de ce prétendu roi, qui fit passer à Henri IV une lettre dans laquelle il le reconnaissait pour son souverain légitime. Il mourut prisonnier à Fontenai, le 9 mai 1590, à l'âge de 67 ans.

PLANCHE XVIII.

N° 1.

SCEAU DE HENRI IV.

Le roi, sur son trône, la couronne en tête, tenant d'une main le sceptre et de l'autre la main de justice. Deux anges soutiennent le dais fleurdelisé sous lequel est placé le trône. Le roi porte la fraise et les colliers de ses ordres.

Contre-sceau : l'écu de France, couronné et soutenu par deux anges.

Henri IV, dit *le Grand*, né le 13 décembre 1553, au château de Pau en Béarn, d'Antoine de Bourbon, roi de Navarre et duc de Vendôme, et de Jeanne d'Albret, descendant par son père de Robert de France, comte de Clermont, cinquième fils de saint Louis, monta sur le trône de Navarre le 9 juin 1572, et sur celui de France le 2 août 1589. Après les célèbres victoires de Coutras en 1587, d'Arques en 1589, et d'Ivry en 1590, il fit le siége de Paris, et y fit son entrée par capitulation le 22 mars 1594. Il avait embrassé le catholicisme le 25 juillet 1593.

Ce prince eut deux femmes, Marguerite de Valois, sœur de Charles IX, qu'il épousa au mois d'août 1572 ; et Marie de Médicis, fille de François de Médicis, duc de Florence. Cette cérémonie eut lieu à Lyon le 10 décembre de l'an 1600. La reine fut couronnée à Saint-Denis le 13 mai 1610, et le lendemain le roi fut assassiné dans son carrosse par Ravaillac.

Il ne laissa pas d'enfans de Marguerite de Valois sa première femme ; de Marie de Médicis il eut Louis XIII, Gaston duc d'Orléans, et trois filles.

N° 2.

SCEAU DE LOUIS XIII.

Ce sceau, presque semblable au précédent, n'en diffère que par la forme de la fraise et la position des anges. La légende est illisible.

Contre-sceau : l'écu de France, couronné et soutenu par deux anges.

Louis XIII, dit le Juste, fils de Henri IV et de Marie de Médicis, né le 27 septembre 1601, succéda, le 14 mai 1610, à son père, sous la tutelle de sa mère, régente du royaume.

Il fut déclaré majeur le 2 octobre 1614, et épousa, le 25 octobre 1615, à Bordeaux, Anne d'Autriche infante d'Espagne.

En 1621, les huguenots avaient formé un projet de république, le roi eut à les combattre, ainsi que les Anglais qui prirent leur défense. Sous son règne, l'Académie française fut fondée par le cardinal de Richelieu.

Louis XIII mourut à Saint-Germain-en-Laye le 14 mai 1643, à l'âge de quarante-deux ans, il en avait régné trente-trois.

Il laissa d'Anne d'Autriche, deux fils, Louis, depuis Louis XIV, et Philippe, duc d'Orléans.

PLANCHE XIX.

N° 1.

SCEAU DE LOUIS XIV.

Le roi, assis sur son trône, la couronne en tête, tenant d'une main le sceptre et de l'autre la main de justice ; ses pieds reposent sur deux lions. Il porte un collet rabattu au lieu de la fraise. Deux anges soutiennent le dais fleurdelisé sous lequel est placé le trône. Légende : LOUIS XIIII PAR LA GRACE DE DIEU ROY DE FRANCE ET DE NAVARRE. En bas, le millésime 1645.

5ᵉ LIVRAISON.

Contre-sceau : l'écu de France, sommé d'une couronne fermée à cinq fleurs-de-lis, et soutenu par deux anges.

Louis XIV, fils de Louis XIII et d'Anne d'Autriche, né à Saint-Germain-en-Laye, le 5 septembre 1638, succéda au trône le 14 mai 1643. Le 18 du même mois, il tint un lit de justice où la régence fut déférée à la reine.

Le 9 juin 1660, il épousa, à Saint-Jean-de-Luz, l'infante Marie-Thérèse, fille aînée du roi d'Espagne, Philippe IV.

Le règne de Louis-le-Grand, l'un des plus glorieux de l'histoire de France, fut aussi un des plus longs. Il dura soixante-douze ans trois mois et dix-huit jours. Il mourut le 1er septembre 1715, au château de Versailles, à l'âge de soixante-dix-sept ans, moins trois jours. Ce prince eut trois fils et trois filles, auxquels il survécut. Louis, dauphin de France, né le 1er novembre 1661, mort le 14 avril 1711; Philippe de France, duc d'Anjou, né le 2 août 1668, mort le 18 juillet 1671; Louis-François de France, duc d'Anjou, né le 14 juin 1672, mort le 4 novembre suivant; Anne-Élisabeth, née le 10 novembre 1662, morte le 30 décembre suivant; Marie-Anne de France, née le 16 novembre 1664, morte le 26 décembre suivant; Marie-Thérèse de France, née le 2 janvier 1667, morte le 1er mars 1672. Ce prince eut en outre un grand nombre d'enfans naturels qu'il fit légitimer.

N° 2.

Sceau de LOUIS XV.

Ce sceau est semblable au précédent. La légende et le millésime ont seuls été changés. Sa mauvaise conservation ne permet pas de les lire.

Contre-sceau : l'écu de France, couronné et soutenu par deux anges.

Louis XV, troisième fils de Louis de France, duc de Bourgogne, puis dauphin, et de Marie-Adélaïde de Savoie, né à Versailles le 15 février 1710, succéda, le 1er septembre 1715, à Louis XIV, son bisaïeul, sous la régence de Philippe d'Orléans, neveu du feu roi. Il fut sacré à Reims le 25 octobre 1722, et déclaré majeur le 22 février 1723.

Le 4 septembre 1725, il épousa Marie-Charlotte-Sophie-Félicité Leczinska, fille unique de Nicolas-Stanislas Leczinski, roi de Pologne, et de Catherine, comtesse de Bnin-Opalinska.

Ce prince mourut le 10 mai 1774, dans sa soixante-cinquième année; il en avait régné cinquante-huit, et fut inhumé sans pompe à Saint-Denis.

Il avait eu de la reine dix enfans; trois filles seulement lui survécurent.

PLANCHE XX.

N° 1.

Sceau de MARIE LECZINSKA, reine de France.

MARIE PAR LA GRACE DE DIEU · REINE DE FRANCE ET DE NAVARRE. La reine, la couronne en tête, revêtue du manteau royal, assise sur le trône, sous un dais fleurdelisé, tenant le sceptre de la main droite. A ses pieds, deux amours supportant chacun un cartouche : sur celui de droite, l'écu de France; sur celui de gauche, les écussons accolés du roi et de la reine; celui de la reine porte au premier et au quatrième quartier les armes du royaume de Pologne, au deuxième et au troisième celles du grand-duché de Lithuanie, et brochant sur le tout celles de la maison de Leczinski.

Contre-sceau : Deux écussons accolés, surmontés de la couronne royale; celui de droite aux armes de France, celui de gauche à celles de Pologne, de Lithuanie et de Leczinski.

Marie Leczinska naquit le 13 juin 1703. Elle était retirée avec son père et sa mère à Weissembourg, en Alsace, lorsqu'elle apprit que Louis XV la demandait en mariage. Cette cérémonie eut lieu à Fontainebleau le 5 septembre 1725. Elle mourut, le 24 juin 1768, de la douleur que lui causèrent les morts successives du dauphin son fils, et de son père.

PLANCHE XXI.

N° 1.

SCEAU DE LOUIS XVI.

Ce sceau, très mal conservé, est semblable au précédent. Légende : LOUIS XVI PAR LA GRACE DE DIEU ROY DE FRANCE ET DE NAVARRE. On ne distingue pas le millésime.

Contre-sceau : Dans un cartouche, tenu par deux anges, l'écu de France, entouré des colliers des ordres du roi.

Louis XVI, né à Versailles, le 23 août 1754, de Louis, Dauphin, et de Marie-Josèphe de Saxe, sa seconde femme, fille de Frédéric-Auguste II, roi de Pologne, parvint au trône le 10 mai 1774, et fut sacré le 11 juin 1775.

Il avait épousé, le 16 mai 1770, Marie-Antoinette-Josèphe-Jeanne de Lorraine, archiduchesse d'Autriche, fille de l'empereur François Ier et de Marie-Thérèse.

Louis XVI périt sur l'échafaud révolutionnaire, le 21 janvier 1793. Le 16 octobre suivant, la reine subit le même sort.

Louis XVI avait eu de la reine, sa femme, Louis-Joseph-Xavier-François, Dauphin, mort à Meudon, le 4 juin 1789 ; Charles-Louis, Dauphin, mort en prison au Temple, le 9 juin 1795 ; et Marie-Thérèse-Charlotte de France, Madame, née le 19 décembre 1778, mariée le 10 juin 1799 à Louis-Antoine d'Artois, duc d'Angoulême.

N° 2.

SCEAU DE LOUIS XVI, APRÈS LA CONSTITUTION.

Il n'y a de changé sur ce sceau que la légende : LOUIS XVI, PAR LA GRACE DE DIEU ET LA LOI CONSTITUTIONNELLE DE L'ETAT, ROI DES FRANÇOIS. Le millésime 1774 est resté le même.

Contre-sceau : Le roi, assis sur un fauteuil, revêtu du manteau royal, tenant le sceptre et la main de justice ; deux anges debout, soutiennent un dais au-dessus de sa tête. Légende : LOUIS XVI · PAR LA GRACE DE DIEU · ET LA LOI CONSTITUTIONNELLE DE L'ETAT, ROI DES FRANÇOIS.

PLANCHE XXII.

N° 1.

SCEAU DE LOUIS XVIII PENDANT L'ÉMIGRATION.

Le roi, assis sous un arceau soutenu par deux pilastres ; il porte la couronne et les colliers de ses ordres, et tient d'une main le sceptre, et de l'autre la main de justice. A ses côtés, deux anges ; celui de droite tient une banderole, qui passe au-dessus de la tête du roi, et celui de gauche un livre ouvert.

Ce sceau, qui n'offre ni légende ni millésime, a sans doute été fait à la hâte à l'époque de la mort du Dauphin (Louis XVII) ; à moins que ce ne soit quelque ancien sceau restauré par un ouvrier peu habile.

Contre-sceau : Un écusson rond à trois fleurs-de-lis, surmonté de la couronne, et entouré des colliers des ordres.

Louis XVIII, deuxième fils du Dauphin, fils de Louis XV et de Marie-Josèphe de Saxe, naquit à Versailles, le 17 novembre 1755, et reçut en naissant le titre de comte de Provence. Il épousa, le 14 mai 1771, Marie-Joséphine de Savoie, dont il n'eut pas d'enfans. A l'avènement de son frère au trône, ce prince prit le titre de MONSIEUR. Il quitta Paris en même temps que le roi, dans la nuit du 20 au 21 juin 1791, mais, plus heureux, il arriva à Coblentz. Il fut proclamé roi par les princes, à la mort du jeune Louis XVII.

(Voir, pour la suite de la biographie, le *sceau royal*, planche XXV.)

N° 2.

SCEAU DE LA RÉPUBLIQUE.

La Liberté, debout, tenant d'une main une pique surmontée du bonnet phrygien, et de l'autre un faisceau. A ses pieds, un gouvernail. Légende : AU NOM DE LA REPUBLIQUE FRANÇAISE. Autour, un cordon d'étoiles.

La république fut proclamée le 21 septembre 1792, et le 18 mai 1804, l'empire fut déféré à Napoléon Bonaparte.

N° 3.

SCEAU DU CONSULAT.

Même sujet que le sceau précédent, mais beaucoup plus petit. Légende : AU NOM DU PEUPLE FRANÇAIS BONAPARTE 1er CONSUL. Exergue : ANDRIEU ET SUSSE. FecerunT. *Andrieu et Susse ont fait.*

PLANCHE XXIII.

N° 1.

SCEAU DE L'EMPIRE.

Napoléon, vêtu à l'antique, la tête ceinte de laurier, portant une épée courte au côté, et tenant d'une main le sceptre et de l'autre la main de justice ; il est assis sur un trône, derrière lequel se trouve une draperie, surmontée de la couronne impériale. Légende : NAPOLEON EMPEREUR DES FRANÇAIS. En bas, à gauche : BRENET FECIT. *Brenet a fait* ; à droite ; DENON DIREXIT : *Denon a dirigé.*

Contre-sceau : L'aigle impérial, portant le foudre, dans un écusson rond, entouré du grand collier de la Légion-d'Honneur ; derrière, le sceptre et la main de justice en sautoir ; le tout placé sur le manteau impérial, semé d'abeilles d'or, et surmonté d'un casque ouvert, sommé de la couronne. Légende : NAPOLEON EMPEREUR · DES FRANÇAIS ROI D'ITALIE PROTECTEUR DE LA CONFÉDÉRATION DU RHIN. En haut : SCEAU IMP^{al} (*impérial*) DES TITRES.

Napoléon Buonaparte ou Bonaparte, fils de Charles de Buonaparte, député de la noblesse de Corse, et de Letizia Ramolino, né le 15 août 1769, à Ajaccio en Corse.

Consul, avec Cambacérès et Lebrun, en décembre 1800, il fut déclaré consul à vie, le 2 août 1802, élevé à la couronne impériale, le 18 mai 1804, et sacré à Notre-Dame de Paris, le 2 décembre de la même année, par le pape Pie VII.

Le 26 mai 1805, il fut sacré roi d'Italie à Milan.

Le 8 avril 1814, le sénat prononça sa déchéance ; il abdiqua à Fontainebleau, le 5 avril 1814, et se retira à l'île d'Elbe, dont la souveraineté lui fut garantie par les traités avec les souverains alliés.

PLANCHE XXIV.

N° 1.

SCEAU DE L'EMPIRE, PENDANT LES CENT-JOURS.

Napoléon, vêtu à l'antique, la tête ceinte de laurier, tenant d'une main le sceptre et de l'autre la main de justice, assis sur un trône placé de profil et tourné à gauche. Légende : NAPOLEON EMPEREUR DES FRANÇAIS.

La rapidité des évènemens ne laissa pas le temps de terminer ce sceau, que nous donnons dans son état d'imperfection.

A la fin de février 1815, Napoléon quitte l'île d'Elbe pour rentrer en France à la tête des troupes qu'il avait avec lui ; il arrive à Paris le 20 mars. Les souverains alliés s'étant de nouveau réunis contre lui, il essaya de résister ; mais la perte de la bataille de Waterloo ayant anéanti ses espérances, il abdiqua une seconde fois, en juin 1815.

Relégué par les alliés à l'île Sainte-Hélène, il y mourut le 5 mai 1821.

Il avait épousé, le 8 mars 1796, Joséphine Tascher de La Pagerie, veuve du général Beauharnais. Le 6 décembre 1809, il fit prononcer son divorce, et le 11 mars 1810 il épousa Marie-Louise, archiduchesse d'Autriche, qui lui donna l'année suivante un fils, qui reçut en naissant le nom de Roi de Rome.

PLANCHE XXV.

N° 1.

Sceau de LOUIS XVIII.

Le roi, assis sur le trône, revêtu du manteau royal, et tenant le sceptre et la main de justice ; il porte la couronne et les colliers de ses ordres. Le champ est semé de fleurs-de-lis. Exergue : M · DCC · XCV · 1795. Au-dessous : TIOLIER · Sculpsit. *Tiolier a fait.* Autour, un cordon de fleurs-de-lis et de couronnes.

Contre-sceau : Un écusson écartelé de France et de Navarre, surmonté de la couronne royale, et entouré des colliers des ordres. Derrière, le sceptre et la main de justice en sautoir. Légende : LOUIS · XVIII · ROI · DE · FRANCE · ET · DE · NAVARRE.

Louis XVIII, rentré à Paris le 3 mai 1814, donna la Charte constitutionnelle le 4 juin de la même année.

Le retour de Napoléon le força de quitter Paris le 20 mars 1815 ; il y rentra de nouveau, après la bataille de Waterloo, le 8 juillet de la même année. Il mourut à Paris le 16 septembre 1824.

PLANCHE XXVI.

N° 1.

Sceau de CHARLES X.

Le roi, assis sur le trône, revêtu des habits royaux, la couronne en tête, tenant d'une main le sceptre et de l'autre la main de justice. Il est vu de trois quarts. Exergue : M · DCCC · XXIV. 1824. Au-dessous : F. GÉRARD · D^{r.} N · TIOLIER · S^r. *F. Gérard a dirigé. N. Tiolier a fait.* Le champ est semé de fleurs-de-lis.

Le contre-sceau est le même que celui de Louis XVIII ; la légende seule est changée : CHARLES · X · ROI · DE · FRANCE · ET · DE · NAVARRE.

Charles-Philippe de France, né à Versailles, le 29 octobre 1757, fils de Louis, Dauphin, et de Marie-Josèphe de Saxe, fut d'abord comte d'Artois, et prit le titre de Monsieur à la mort de Louis XVII. Il succéda à Louis XVIII son frère, le 16 septembre 1824, et fut sacré à Reims le 29 mai 1825.

Charles X abdiqua, le 3 août 1830, par suite des évènemens de la révolution de juillet.

Il avait épousé, le 16 novembre 1773, Marie-Thérèse de Savoie, qui mourut le 2 juin 1805. Il en eut Louis-Antoine d'Artois, duc d'Angoulème, et Charles-Ferdinand d'Artois, duc de Berry, mort assassiné, le 13 mars 1820.

PLANCHE XXVII.

N° 1.

Sceau de LOUIS-PHILIPPE Ier.

· LOUIS · PHILIPPE · Ier · ROI · DES · FRANÇAIS · Buste à gauche de Louis-Philippe Ier, la tête nue. Sous le cou du roi : N J TIOLIER.

Contre-sceau : LOUIS · PHILIPPE · Ier · ROI · DES · FRANÇAIS · 1830. Les armes de la maison d'Orléans, surmontées de la couronne royale ; derrière, le sceptre, la main de justice et deux faisceaux de drapeaux tricolores.

Louis-Philippe d'Orléans, roi des Français, naquit à Paris, le 6 octobre 1773. Il était fils de Louis-Philippe-Joseph d'Orléans, alors duc de Chartres, et de Louise-Marie-Adélaïde de Bourbon-Penthièvre. Ce prince porta successivement les titres de duc de Valois, de duc de Chartres et de duc d'Orléans.

Il épousa à Palerme, le 25 novembre 1809, Marie-Amélie, fille de Ferdinand IV, roi des Deux-Siciles, et de Marie-Caroline d'Autriche, née le 26 avril 1782.

Le 9 août 1830, il fut nommé roi des Français par la Chambre des députés.

PLANCHE XXVIII.

N° 1.

Autre sceau de LOUIS-PHILIPPE Ier.

Ce sceau est le même que le précédent, à l'exception du contre-sceau, sur lequel les armes d'Orléans sont remplacées par un

écusson d'azur portant un livre ouvert, sur lequel ces mots : CHARTE DE 1830.

La couronne et la tête du sceptre fleurdelisées sont aussi changées ; la légende est la même.

L'ordonnance royale pour ce changement dans le sceau de l'État est du 16 février 1831.

FIN DES SCEAUX DES ROIS ET REINES DE FRANCE.

SUPPLÉMENT.

SCEAUX DES ROIS ET REINES DE FRANCE.

PLANCHE XXI bis.

N° 1.

Sceau de LOUIS XVI, ordonné pour le duché de Bretagne.

Sigillvm · LVDOVICI · XVI · DEI · GRAtia · FRANcIAE · Et · NAVArrae · REGIS · IN · DVCATV · BRITANIAE · ORDINATVM · *Sceau de Louis XVI, par la grâce de Dieu, roi de France et de Navarre, ordonné pour le duché de Bretagne.* L'écu des armes de France, surmonté de la couronne royale; de chaque côté, une queue d'hermine, insigne de la province de Bretagne.

Le contre-sceau offre le même type que le sceau, mais d'un module plus petit.

N° 2.

Sceau de MARIE-ANTOINETTE.

· MARIE ANTOINETTE D'AUTRICHE REINE DE FRANCE · 1774. La reine, assise sur son trône, tenant le sceptre de la main droite; un ange porté sur un nuage lui présente un cartouche sur lequel on voit les écussons réunis des maisons de France et d'Autriche; ce cartouche est soutenu par un autre ange. Exergue : LORTHIOR · INvenit · ET · SCvlpsit · *Lorthior inventa et grava.*

Marie-Antoinette-Josèphe-Anne d'Autriche, reine de France, fille de l'empereur François Ier, et de la célèbre Marie-Thérèse, épousa, le 16 mai 1770, Louis-Auguste, duc de Berry, depuis Louis XVI.

Reine de France en 1774, à la mort de Louis XV, elle périt sur l'échafaud le 16 octobre 1793.

Elle eut trois enfans : Louis-Joseph-Xavier-François, né à Versailles le 22 octobre 1781, et mort le 4 juin 1789; Louis-Charles, mort au Temple en 1795; et Marie-Thérèse-Charlotte, Madame, duchesse d'Angoulême.

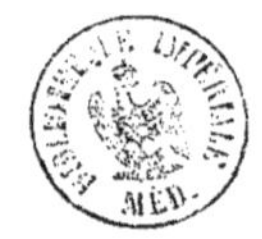

TABLE

SCEAUX DES ROIS ET REINES DE FRANCE.

Les chiffres romains indiquent les planches; les chiffres arabes indiquent les pages.

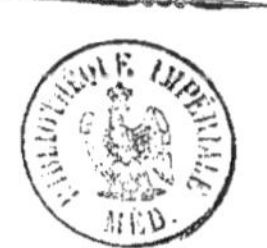

ERRATA.

Introduction, page 2, ligne 25, *au lieu de :* n'a qu'une face et ne présente pas au revers... *lisez :* présente au revers, etc.

Page 6, colonne 2, ligne 4, *au lieu de :* à son père Louis VII... *lisez :* à son père Louis VIII.

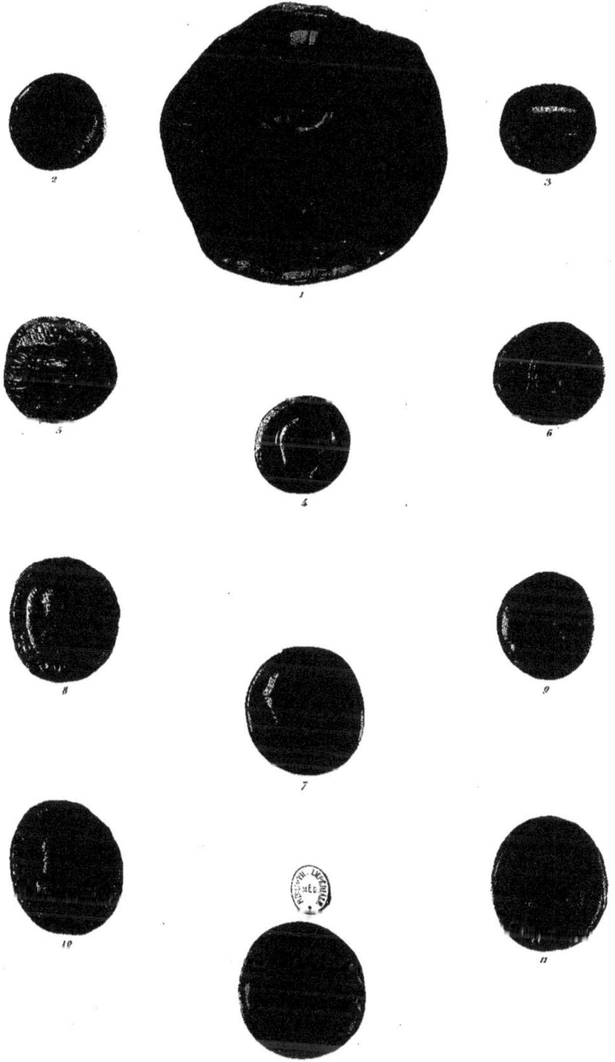

gravé à N.lle

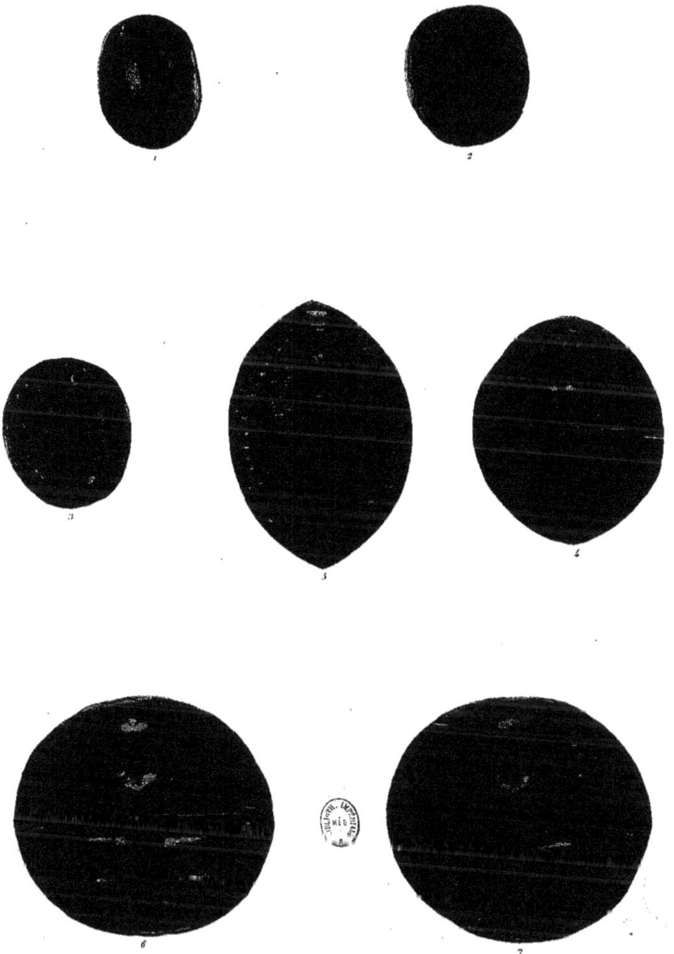

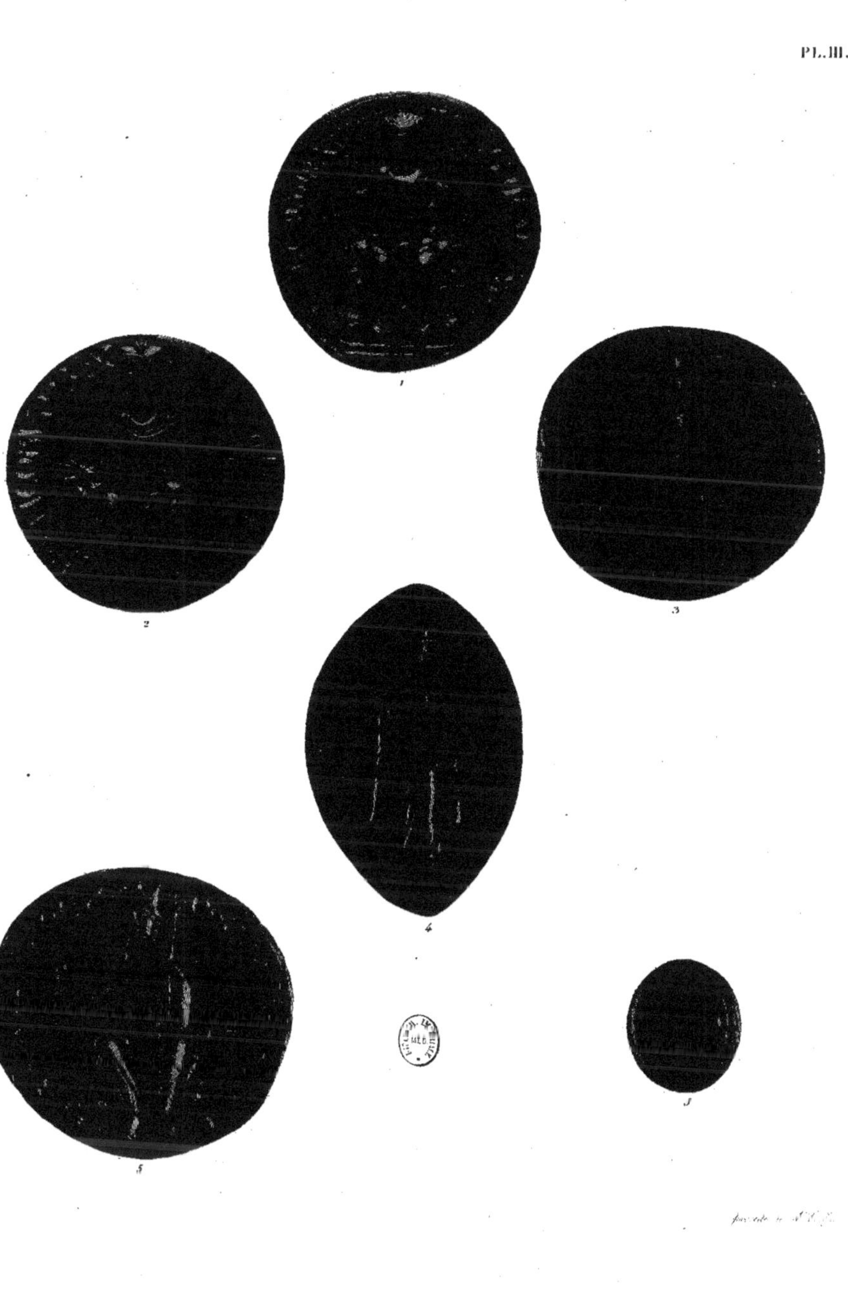

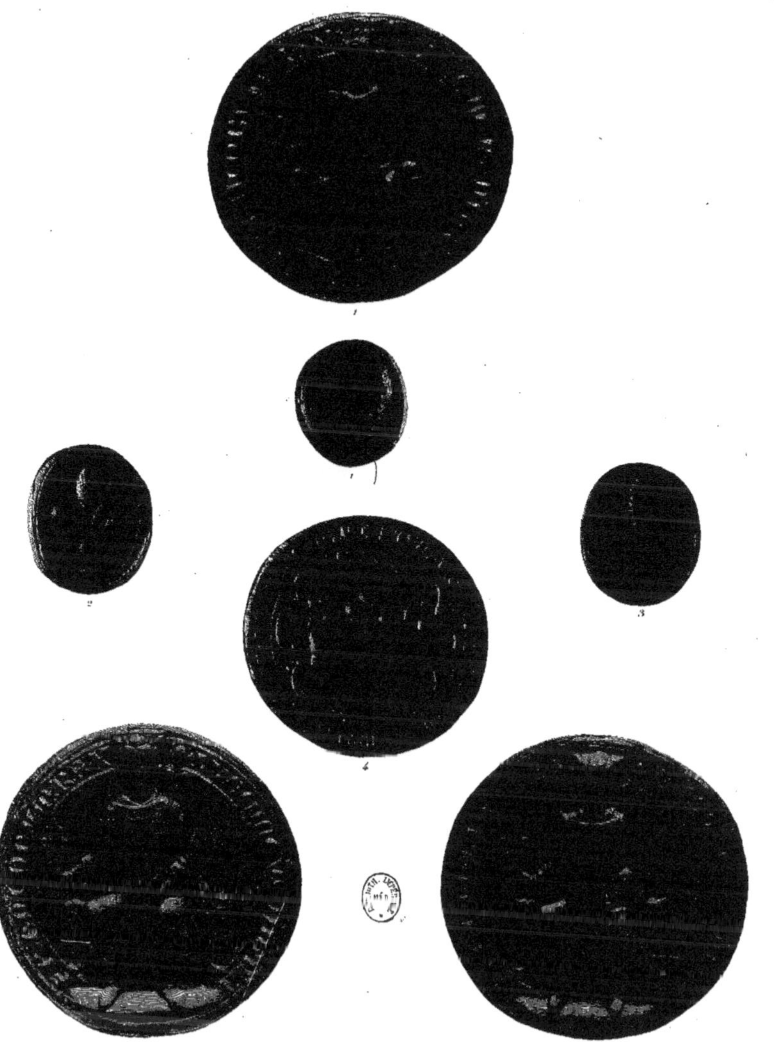

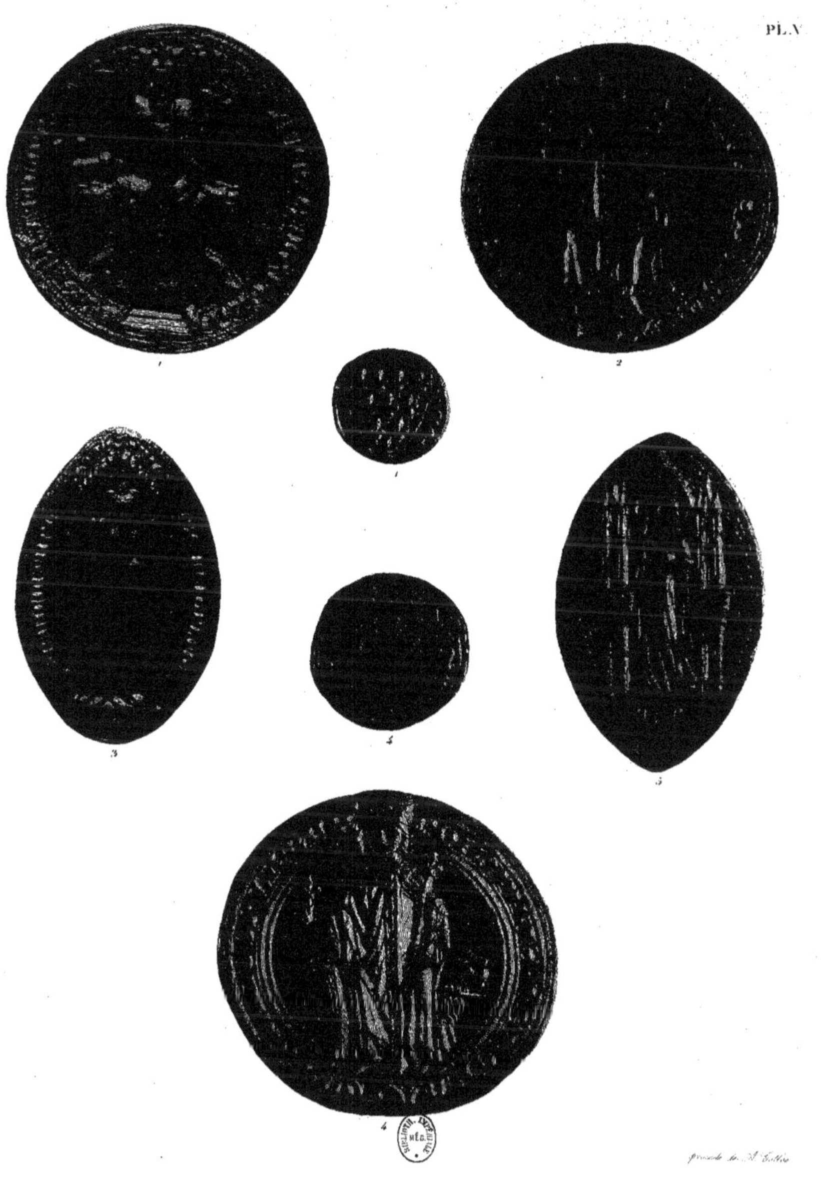

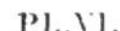

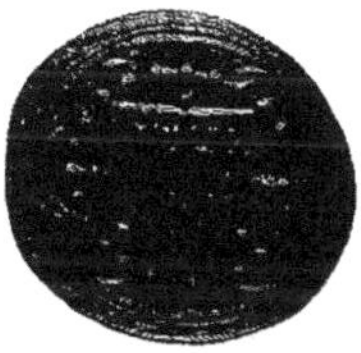

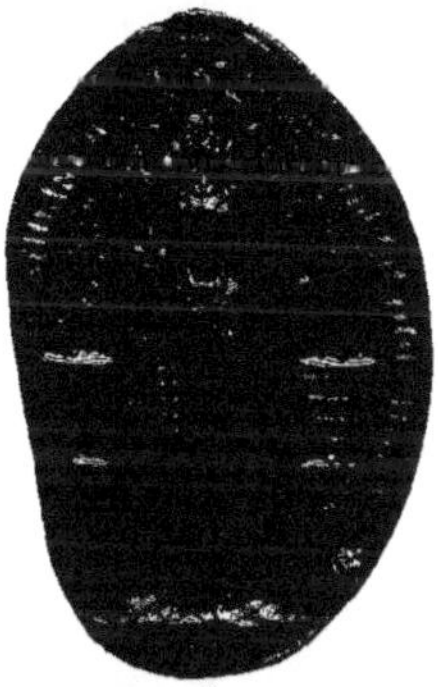

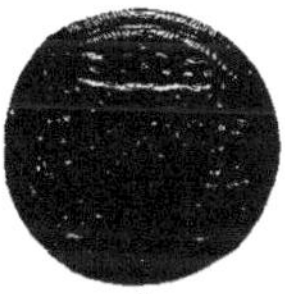

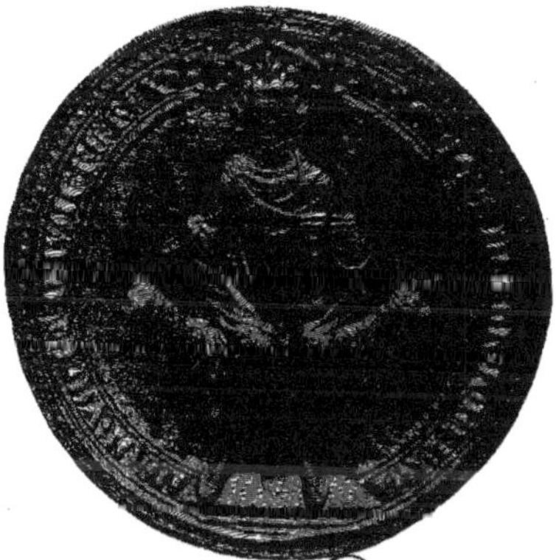

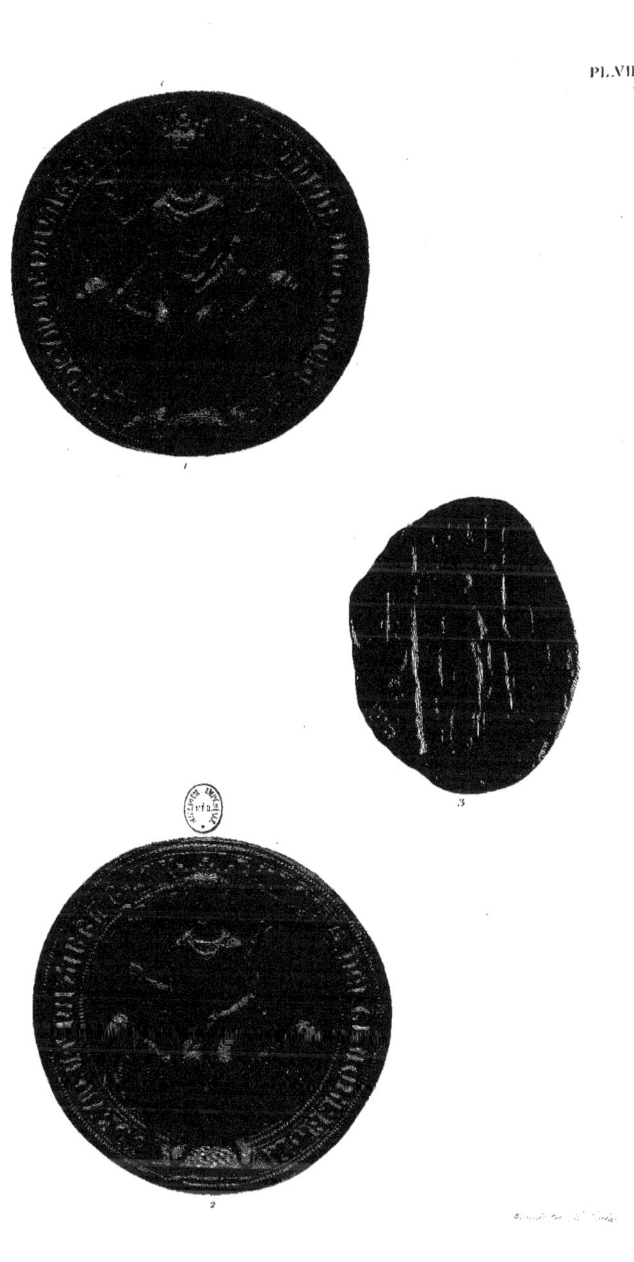

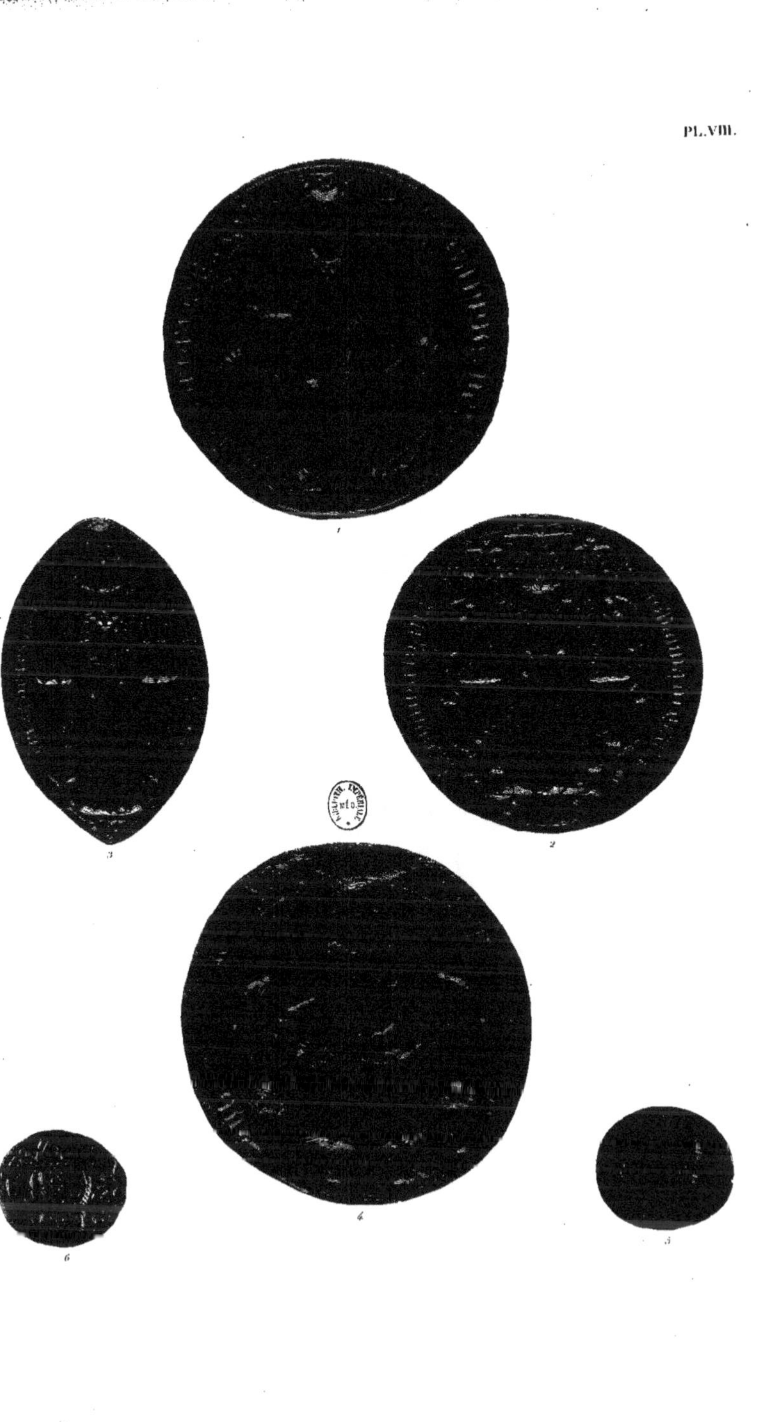

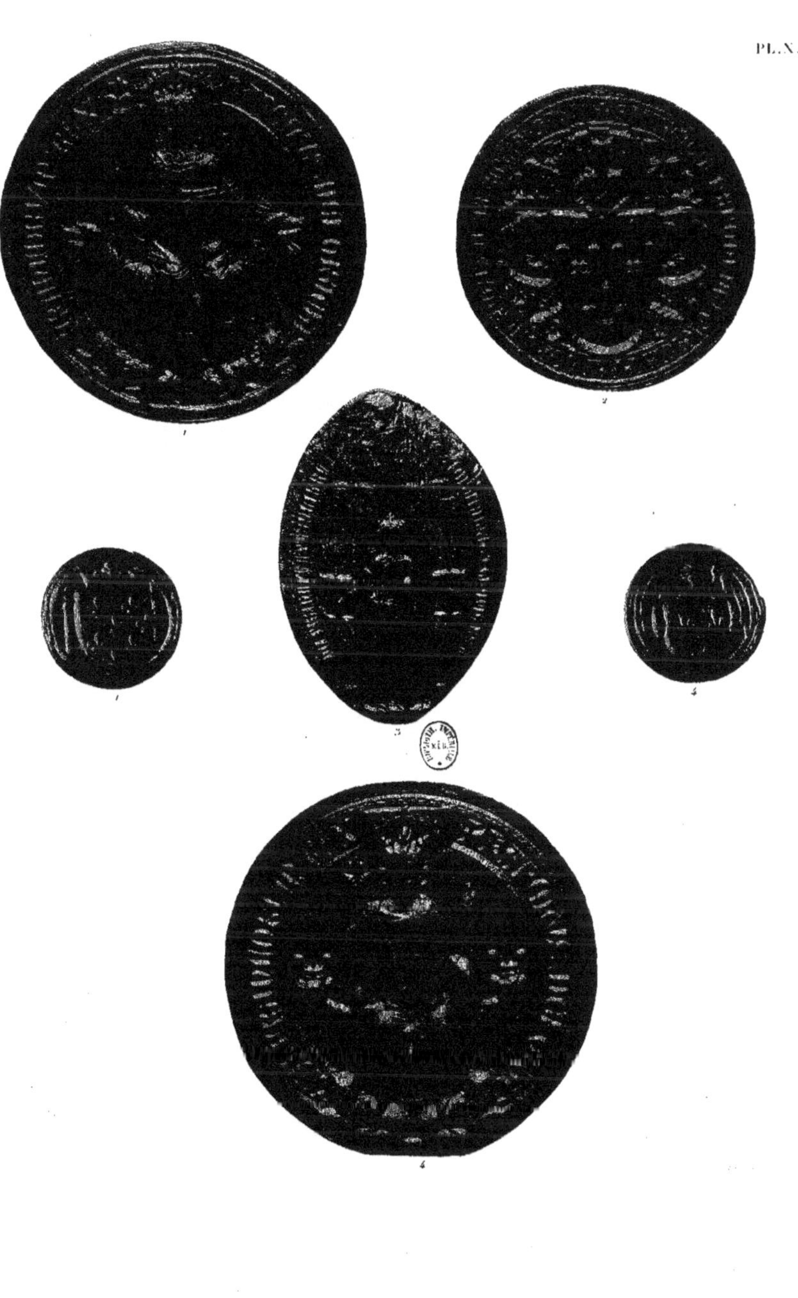

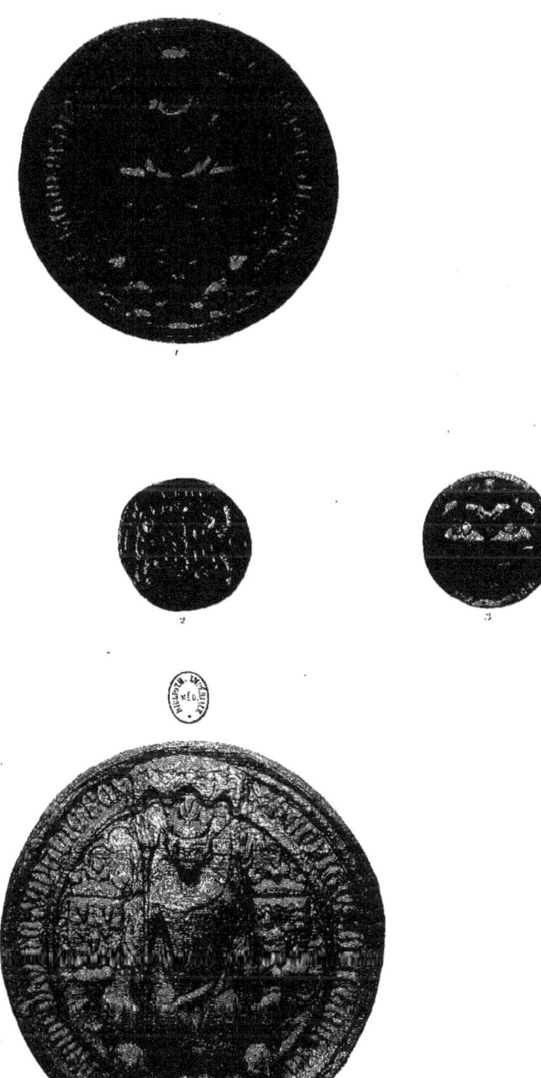

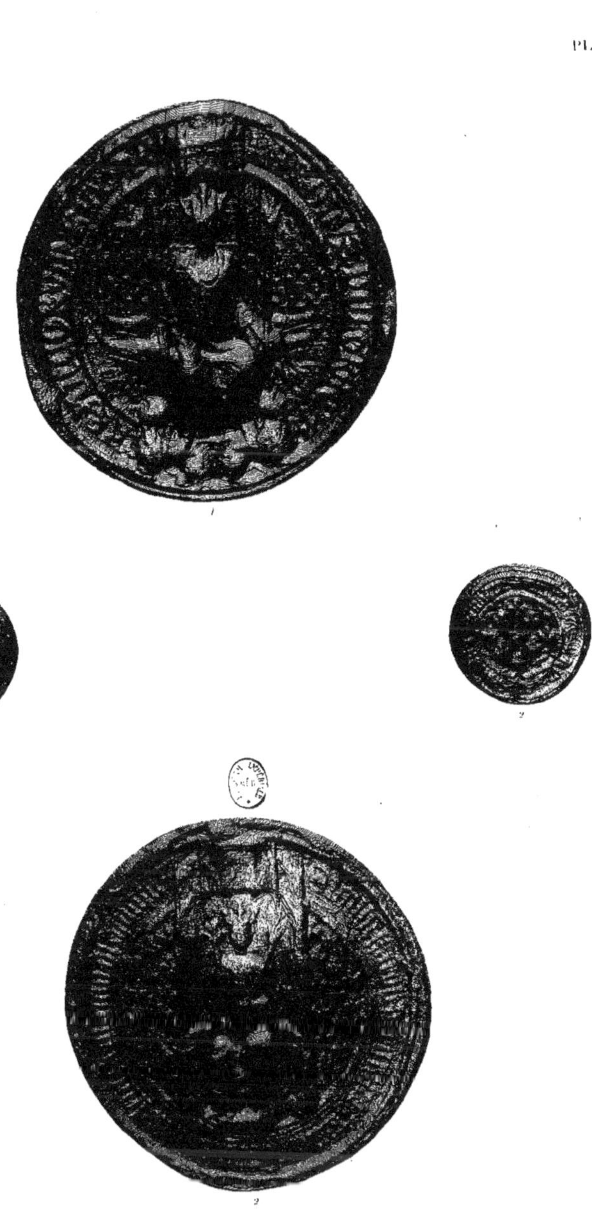

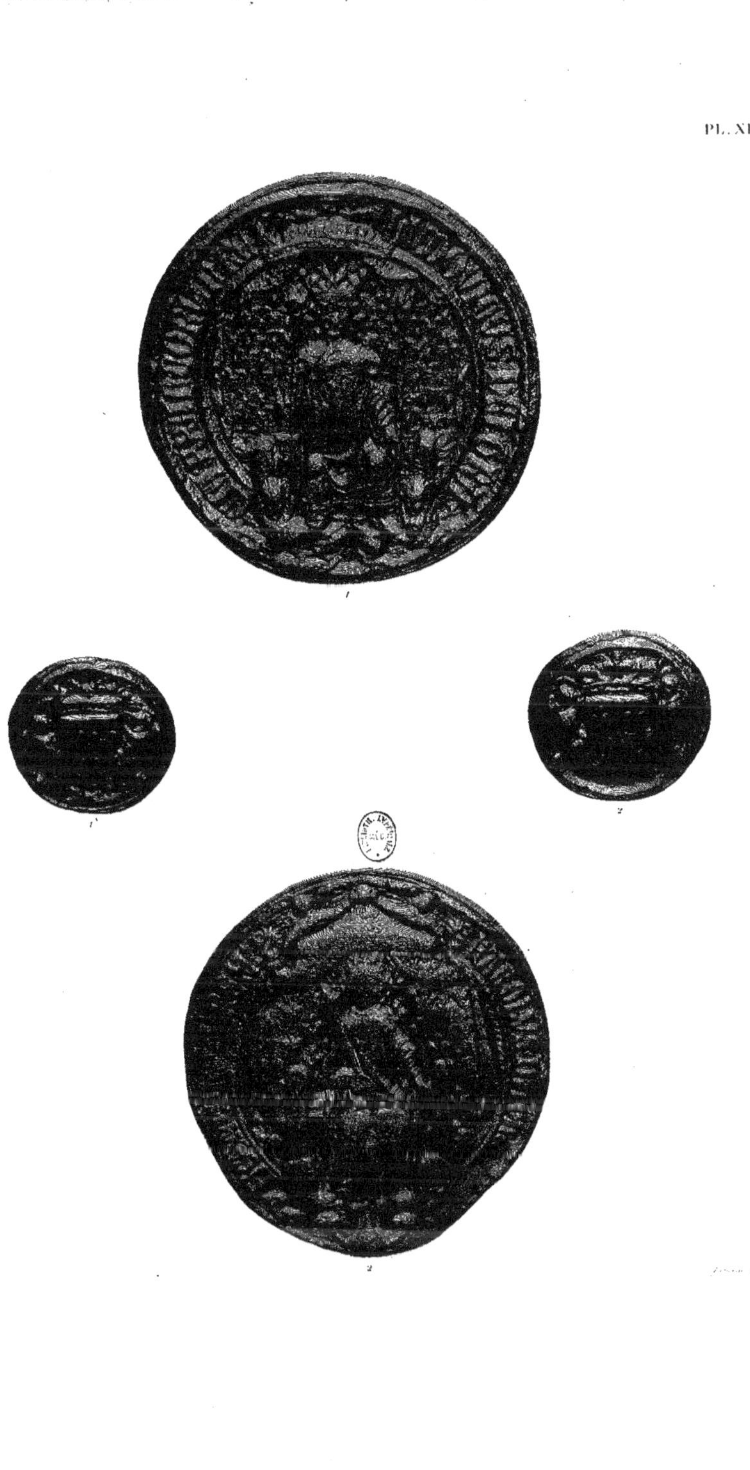

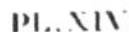

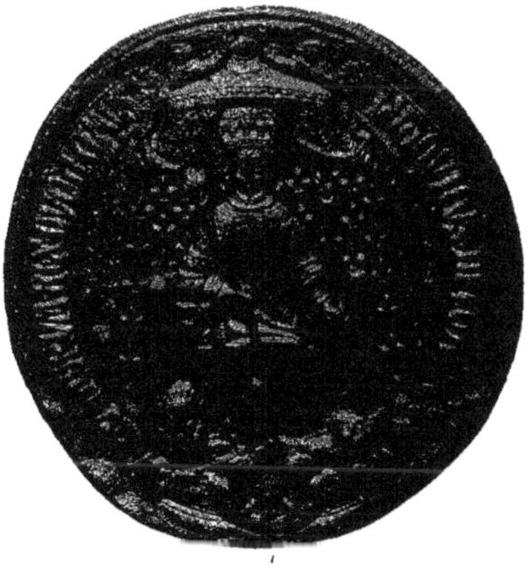

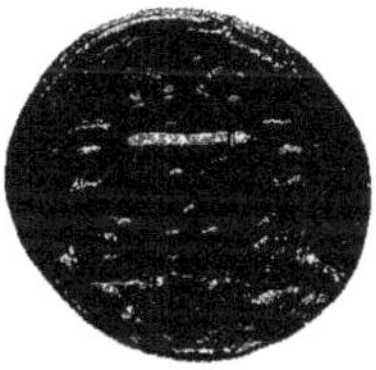

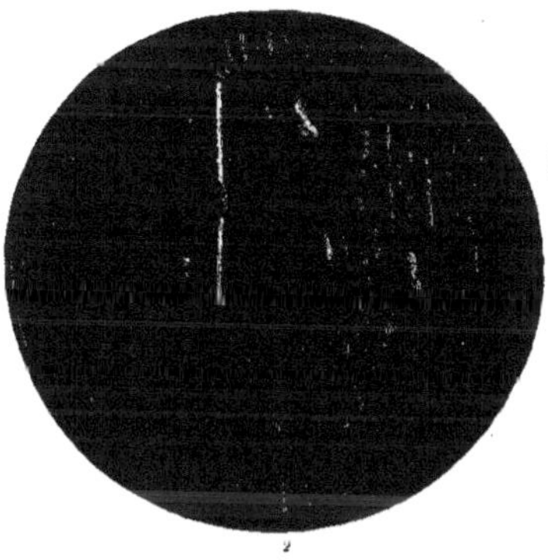

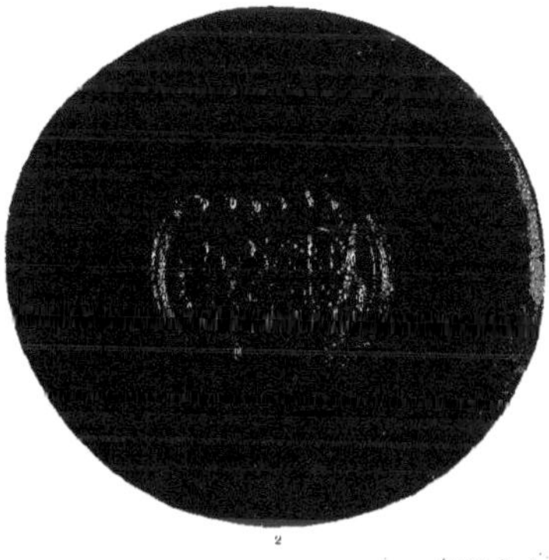

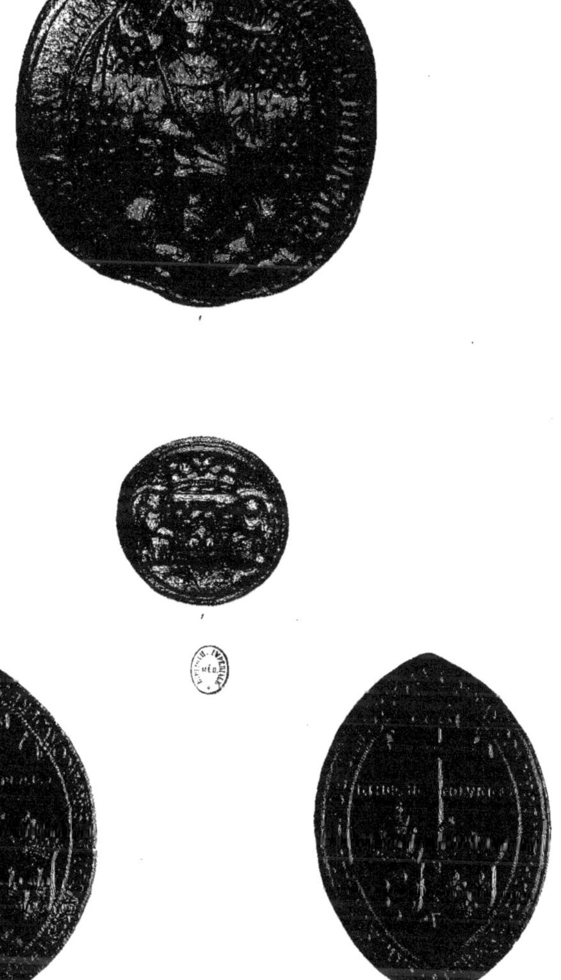

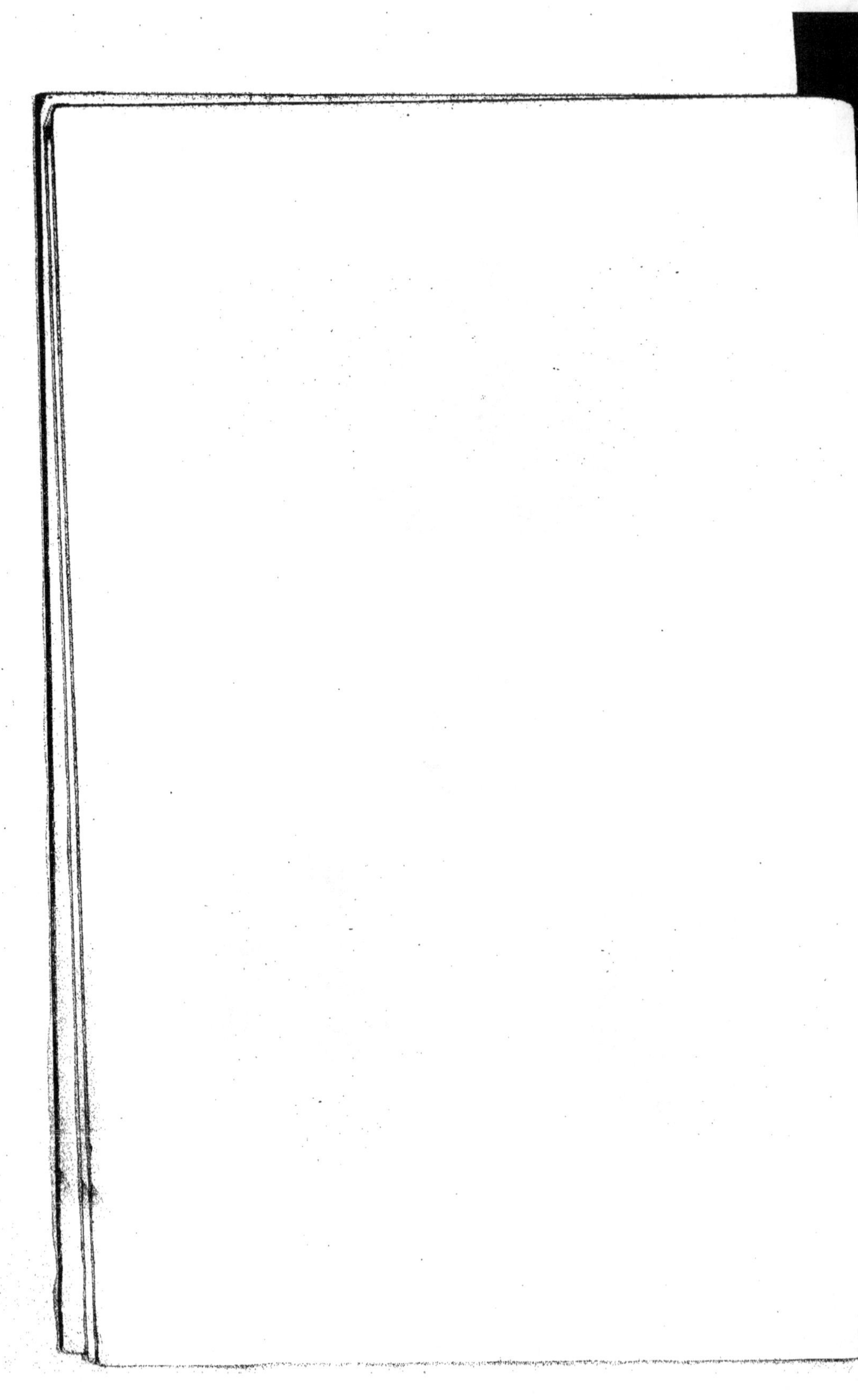

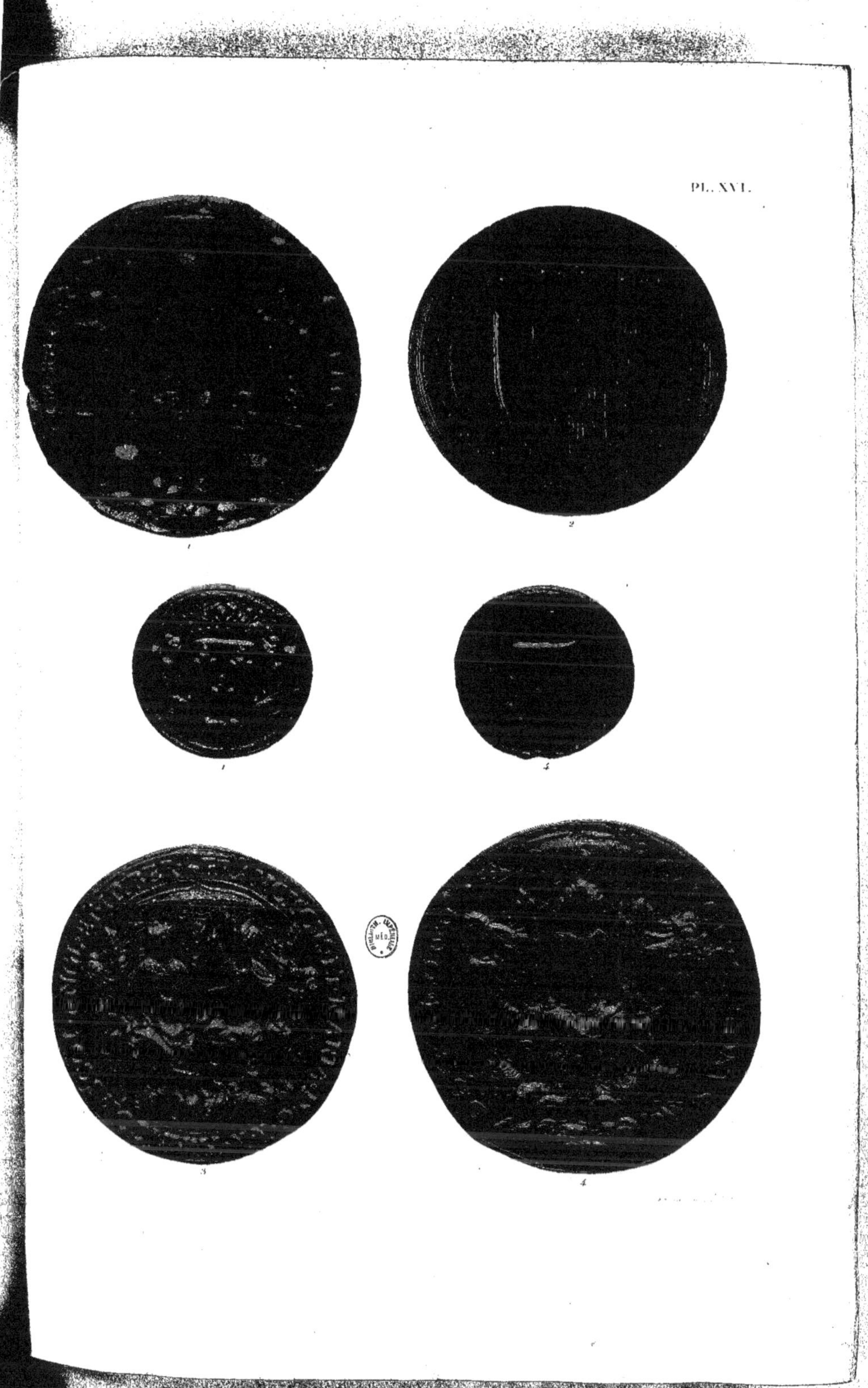

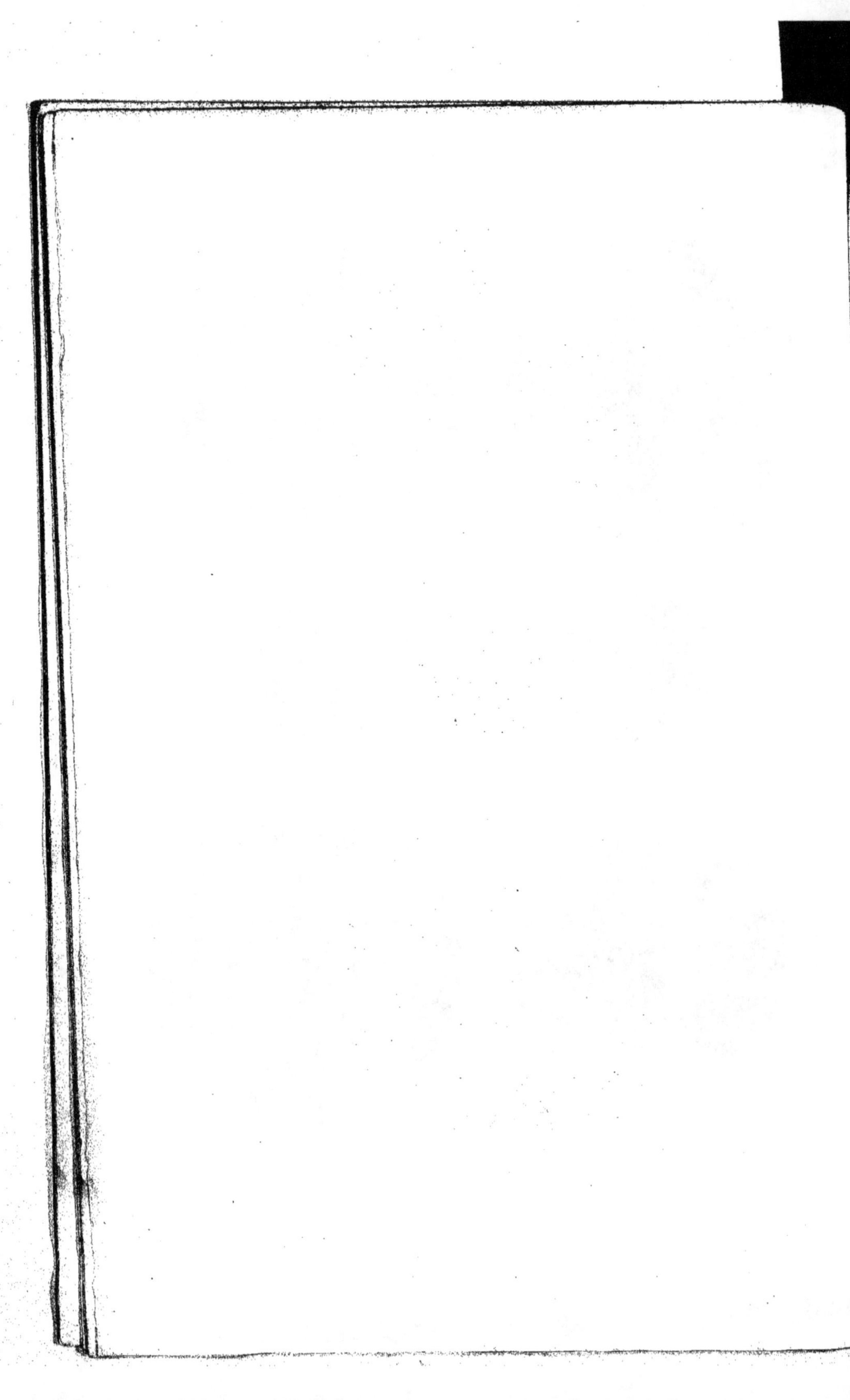

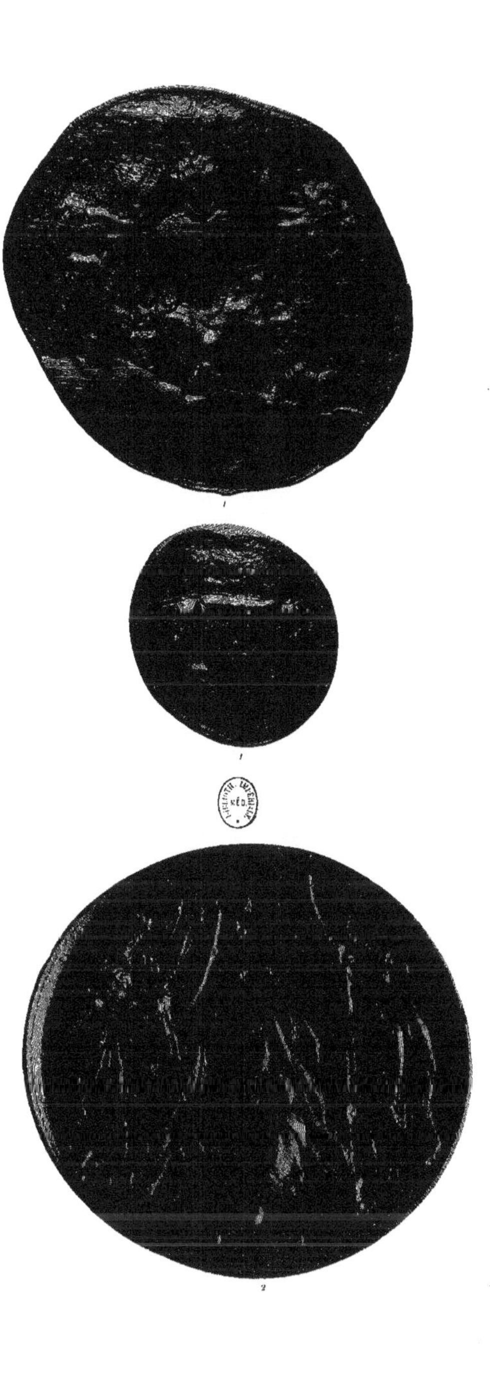

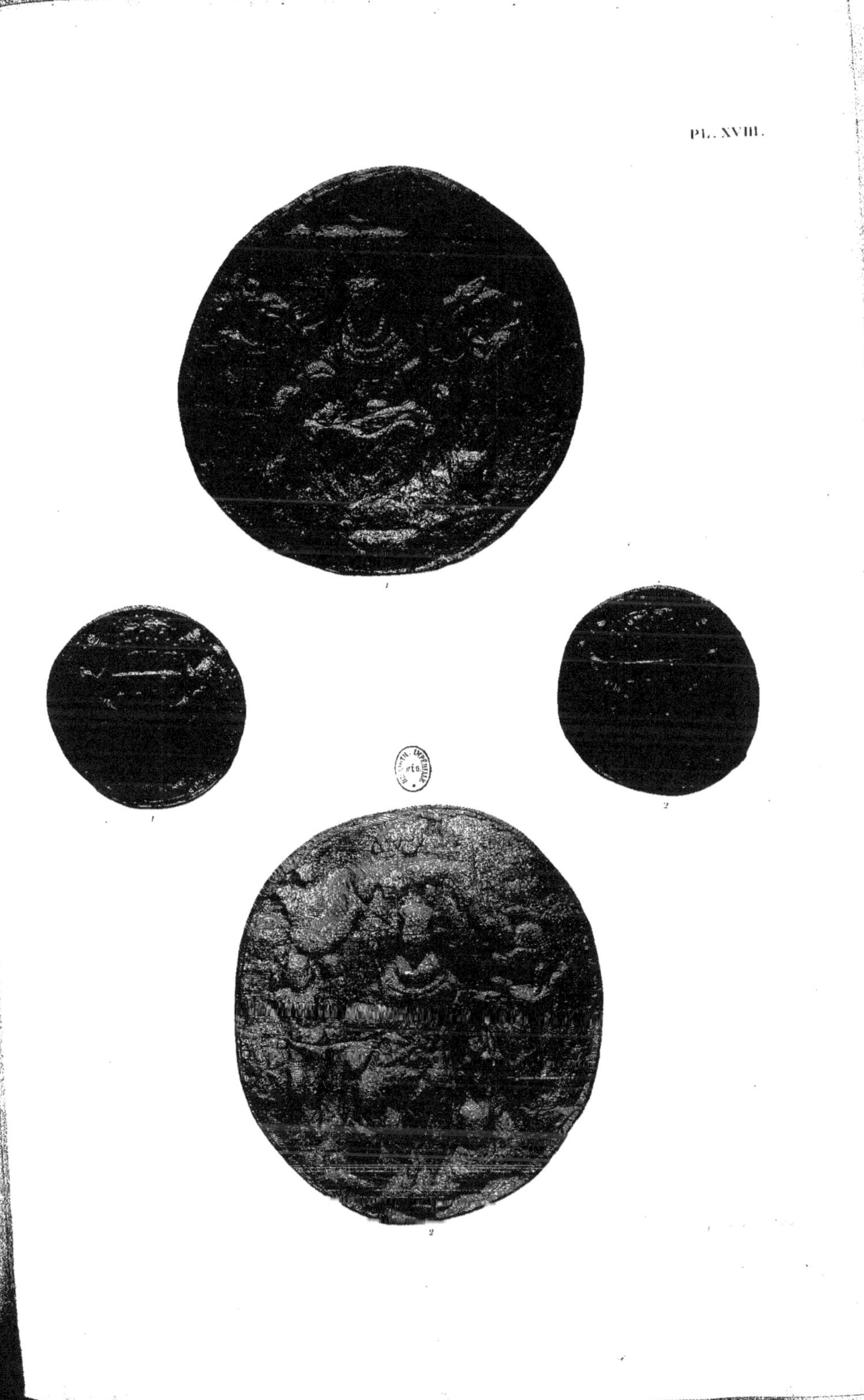

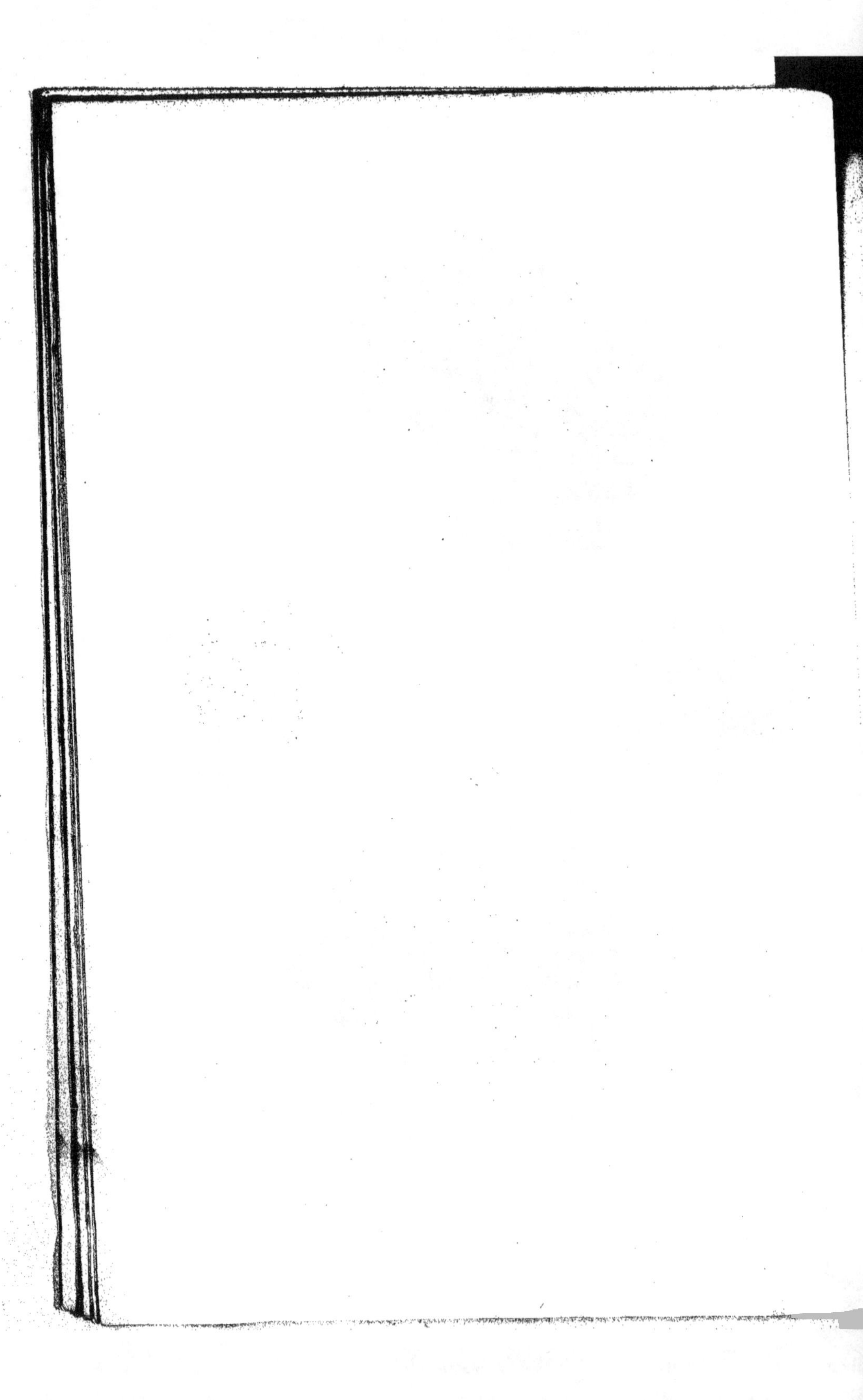

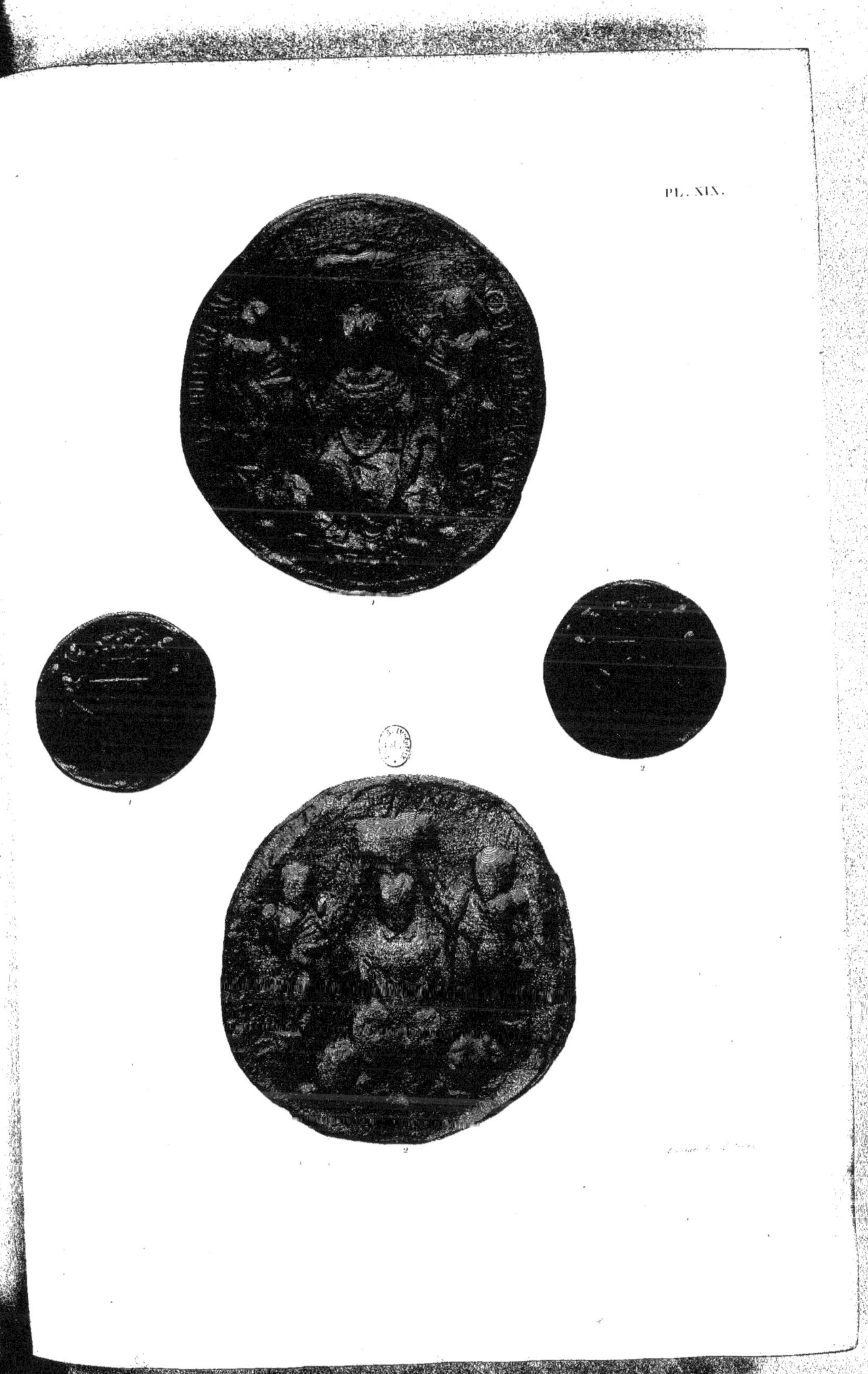

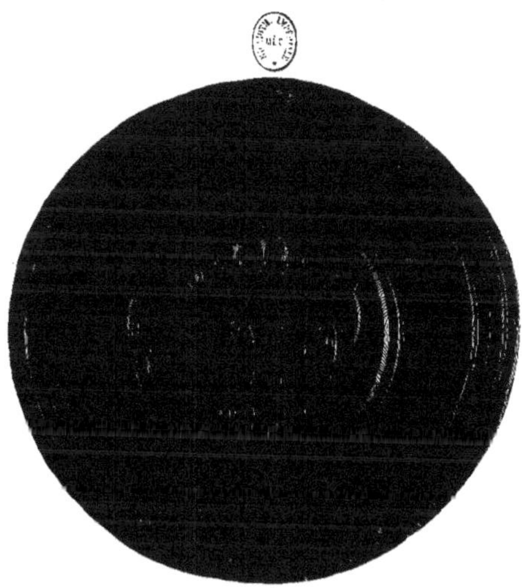

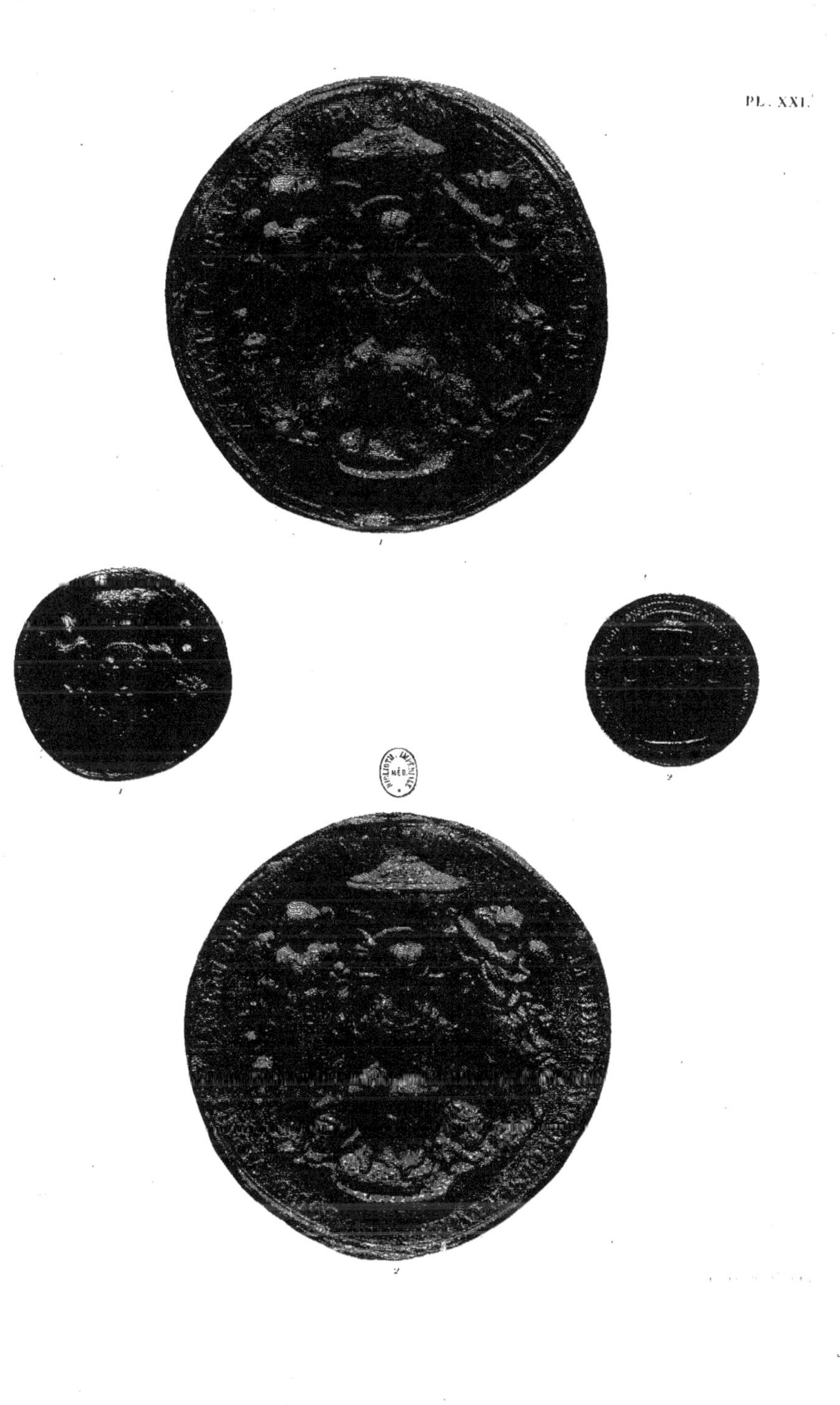

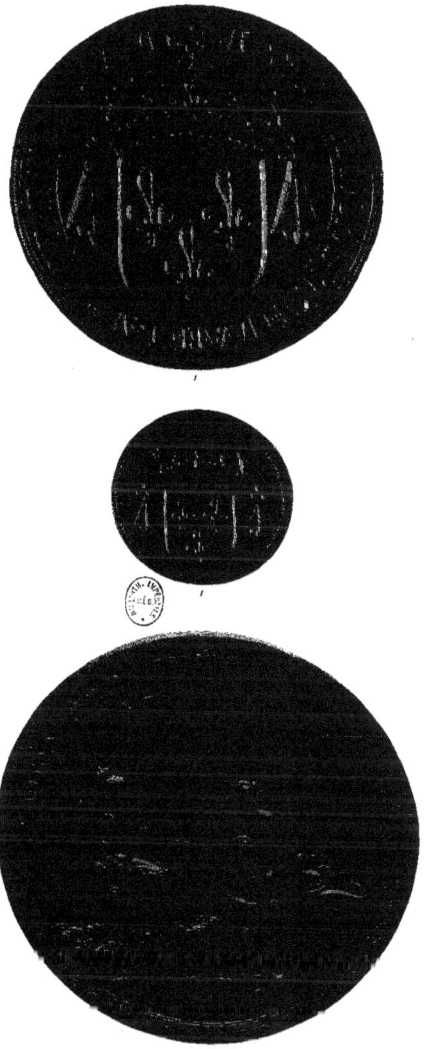

1

1

2

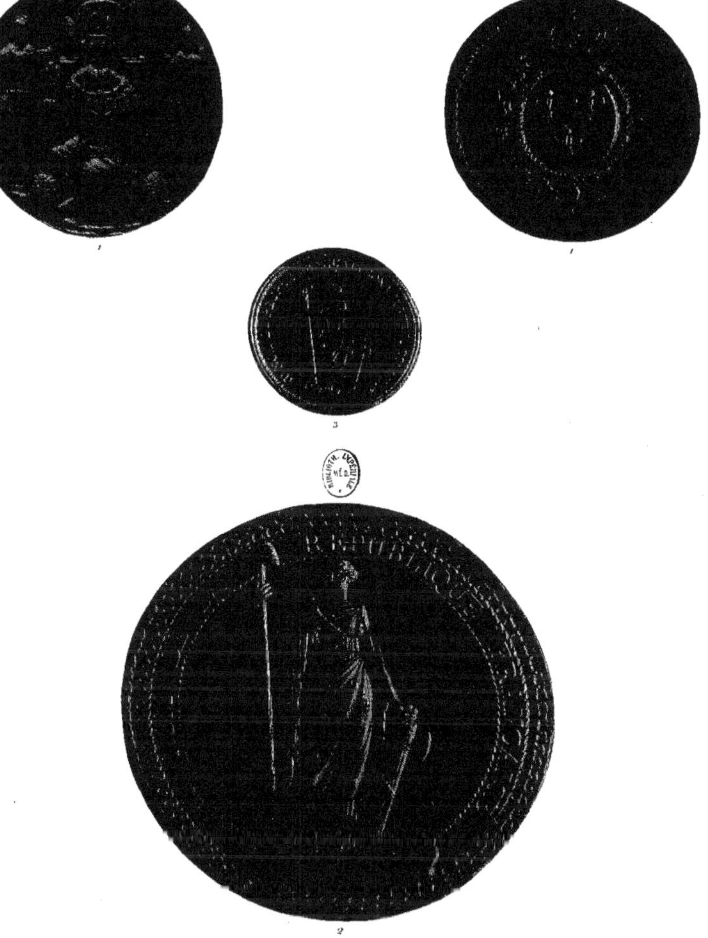

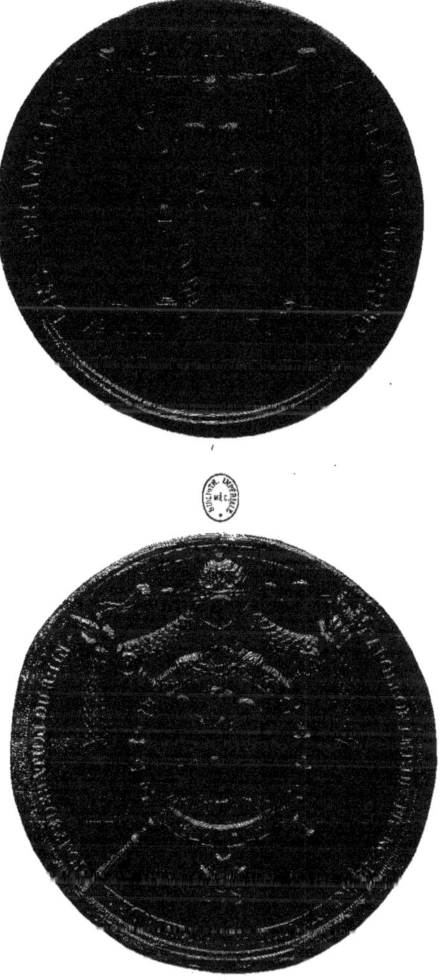

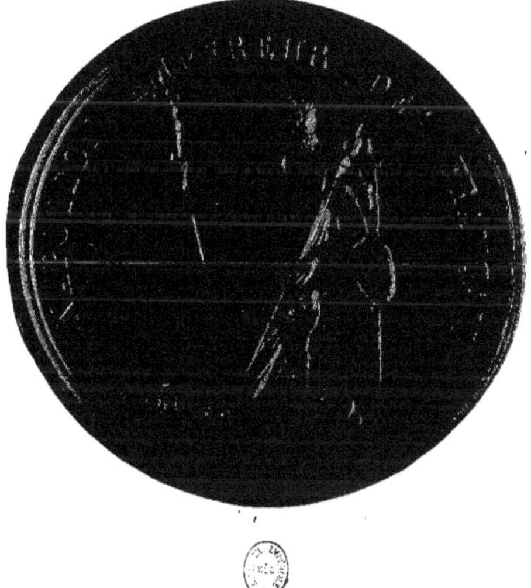

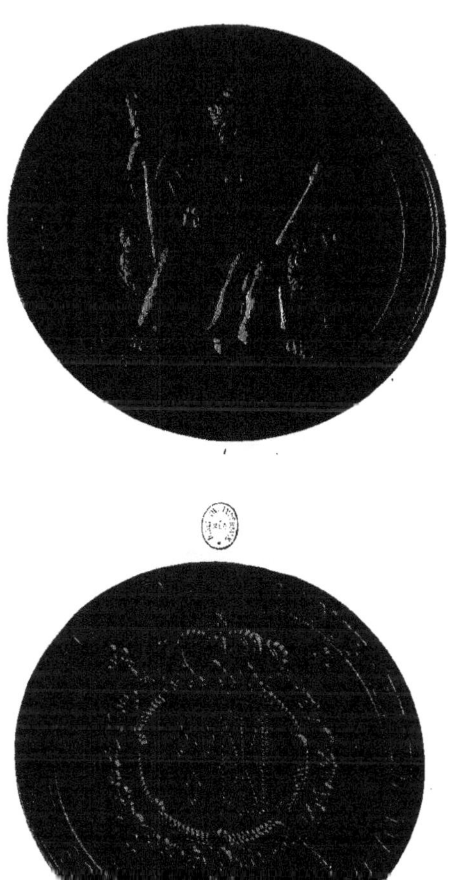

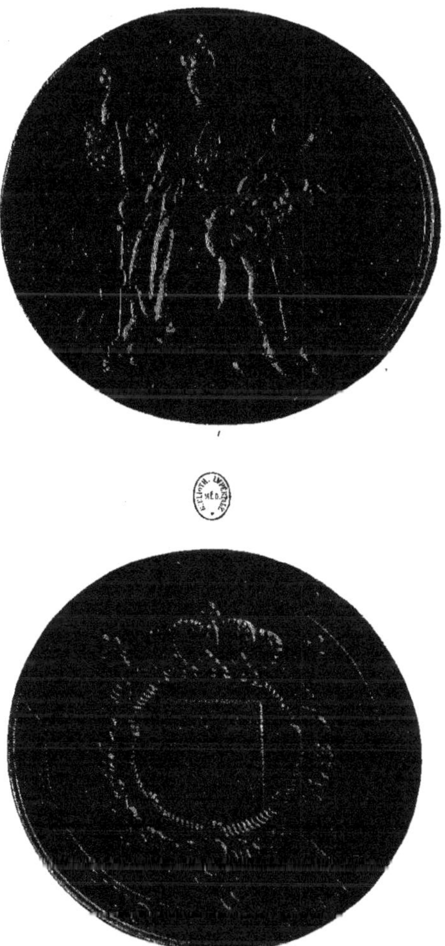

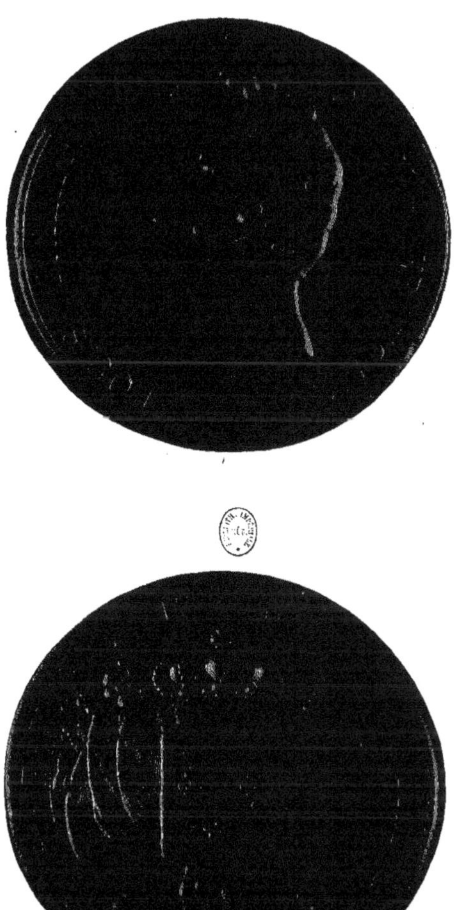

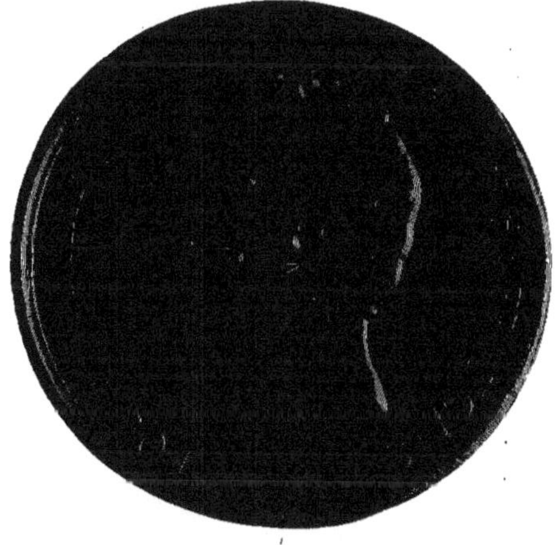

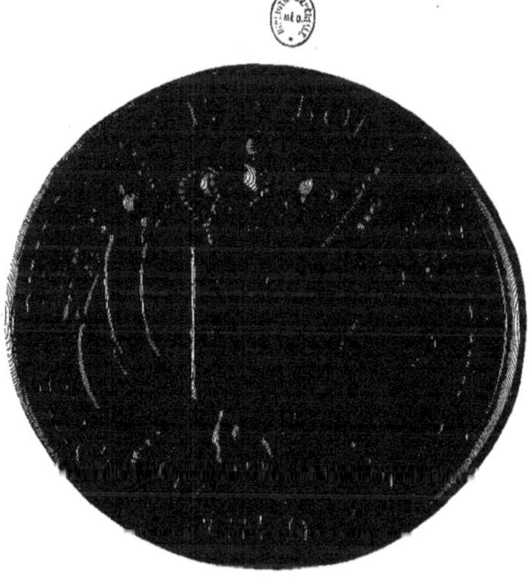

TRÉSOR

DE NUMISMATIQUE

ET DE GLYPTIQUE.

Imprimerie de BOURGOGNE et MARTINET
rue du Colombier, 30.

TRÉSOR

DE NUMISMATIQUE

ET DE GLYPTIQUE,

OU

RECUEIL GÉNÉRAL

DE

MÉDAILLES, MONNAIES, PIERRES GRAVÉES,

BAS-RELIEFS, ETC.,

TANT ANCIENS QUE MODERNES,

LES PLUS INTÉRESSANS SOUS LE RAPPORT DE L'ART ET DE L'HISTOIRE,

GRAVÉ PAR LES PROCÉDÉS DE M. ACHILLE COLLAS.

SOUS LA DIRECTION

DE M. PAUL DELAROCHE, PEINTRE, MEMBRE DE L'INSTITUT;

DE M. HENRIQUEL DUPONT, GRAVEUR;

ET DE M. CHARLES LENORMANT, CONSERVATEUR-ADJOINT DU CABINET DES MÉDAILLES ET ANTIQUES

DE LA BIBLIOTHÈQUE ROYALE, PROFESSEUR-ADJOINT A LA FACULTÉ DES LETTRES.

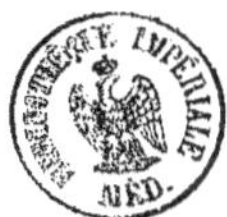

SCEAUX

DES

GRANDS FEUDATAIRES DE LA COURONNE DE FRANCE.

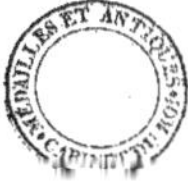

A PARIS,

AU BUREAU DU TRÉSOR DE NUMISMATIQUE ET DE GLYPTIQUE,

RUE DU COLOMBIER, N° 30.

CHEZ RITTNER ET GOUPIL, ÉDITEURS MARCHANDS D'ESTAMPES,

BOULEVART MONTMARTRE, N° 15.

—

1836.

SCEAUX

DES GRANDS FEUDATAIRES

DE LA

COURONNE DE FRANCE.

INTRODUCTION.

Nous publions cette série des *sceaux des grands feudataires*, complément indispensable de la collection des *sceaux des rois et reines* de France. On y verra figurer d'abord les membres les plus proches de la lignée royale, puis les branches plus éloignées, enfin ceux des feudataires qui, bien qu'étrangers aux familles royales, relevaient immédiatement de la couronne.

Ce choix, qui fait passer en revue presque toutes les provinces de France, et rappelle les noms d'un grand nombre de princes dont la puissance effaça souvent celle de la couronne, ne pouvait en aucun cas être complet. Ce dont nous pouvons nous flatter seulement, c'est de n'avoir rien admis qui ne présentât de l'intérêt sous le rapport de l'art ou sous celui de l'histoire.

Les sceaux des princes admettent en France une plus grande variété de sujets et d'attributs que ceux des rois : il semble même qu'à mesure que l'importance des personnages diminue, celle de la composition augmente. Nous retrouverons le même intérêt de diversité dans les sceaux des évêques, abbayes, communes, moindres fiefs et particuliers, dont nous publierons un choix, quand la série des grands feudataires sera épuisée.

Dans la disposition de nos matériaux, nous n'avons pu nous astreindre à un ordre systématique : cet ordre sera rétabli dans les tables qui termineront l'ouvrage. L'une de ces tables contiendra les fiefs par ordre de rang et de pairie : l'autre donnera les époques de leur institution et de leur retour à la couronne.

PLANCHE I.

FILS DE FRANCE.

N° 1.

SIGILLVM · LVDOVICI · FILII · REGIS · FRANCIE · *Sceau de Louis, fils du roi de France.* Louis de France, armé de toutes pièces, tenant de la main droite une épée nue, et portant au bras gauche un écu aux armes de France, monté sur un cheval galopant à droite.

Louis, fils de Philippe II et d'Isabelle de Hainaut, né le 3 septembre 1187, fait chevalier par son père, à Compiègne, avec cent jeunes seigneurs, en 1209, le suivit en Flandre, et y resta à la tête d'un corps considérable de cavalerie avec lequel il saccagea et brûla Courtrai en 1213.

Opposé au roi d'Angleterre en Anjou, en 1214, il gagna une bataille contre ce prince le jour même où son père triomphait à Bovines. En 1215, il se croisa contre les Albigeois.

Appelé par les barons anglais, révoltés contre Jean Sans-Terre, il fut couronné à Londres au mois de mai de l'année 1216. Après quelques mois de guerre, il perdit la bataille de Lincoln, et fut forcé de retourner en France.

Il succéda à Philippe II son père, en 1223, sous le nom de Louis VIII, et mourut en 1226.

N° 2.

SIGILLVM · PHILIPPI · DNI (*Domini*) REGIS FRANCORVM PRIMOGENITI · *Sceau de Philippe, fils aîné de monseigneur le Roi des Français.* Philippe, armé de toutes pièces, tenant de la main droite une épée nue, et portant au bras gauche un écu aux armes de France, monté sur un cheval galopant à droite, dont le caparaçon est semé de fleurs-de-lis.

Philippe, fils de Louis IX et de Marguerite de Provence, naquit le 1ᵉʳ mai 1245, jour de Saint-Jacques et Saint-Philippe, selon la chronique de Guillaume de Nangis. Il fut fait chevalier avec Robert II, comte d'Artois, son cousin, par le roi saint Louis son père, le 5 juin 1267, et l'accompagna en Afrique, où il assista au siége du Tunis en 1270. Le roi étant mort cette année, il revint en France, et fit son entrée à Paris le 21 mai 1271.

Il fut sacré le 15 août de la même année, par Miles de Bazoche, évêque de Soissons, et régna sous le nom de Philippe III.

N° 3.

SIGILLVM · KAROLI · FILII · REGIS · FRANC . . . . S AC DNI (*Domini*) CRICIACI · *Sceau de Charles, fils du Roi des Français . . . . et Seigneur de Crécy* (?) Charles, armé de toutes pièces, la tête couverte d'un casque, dont le cimier est un sagittaire, tenant de la main droite une épée nue, et portant au bras gauche l'écu de France, monté sur un cheval galopant à droite, dont le caparaçon est brodé de fleurs-de-lis.

Charles, fils de Philippe IV et de Jeanne de Navarre, né en 1294, fut fait chevalier avec ses frères Louis-le-Hutin et Philippe-le-Bel. Il eut pour apanage le comté de la Marche, qui fut érigé en pairie par lettres du mois de mars 1316.

Il succéda au roi son père, le 3 janvier 1322, sous le nom de Charles IV.

DAUPHINS DE VIENNOIS.

N° 4.

SIGILLVM · KAROLI · DEI · GRACIA · FRANCORVM · REGIS · ET · DALPHINI · VIENENSIS · *Sceau de Charles, par la grâce de Dieu, Roi des Français et Dauphin de Viennois.* Un écusson, écartelé de France et de Dauphiné, placé dans une rose à huit feuilles, surmonté d'un aigle et soutenu par des anges et des griffons. Les armes de Dauphiné sont d'or au dauphin d'azur, cresté et oreillé de gueules.

Charles, fils de Jean-le-Bon et de Bonne de Luxembourg, naquit à Vincennes le 21 janvier 1337, et fut baptisé à Saint-Pierre-de-Montreuil.

Il fut fait chevalier avec ses frères Louis, duc d'Anjou, Jean, duc de Berry et Philippe dit le Hardy, duc de Bourgogne, au sacre du roi leur père en 1350, où il représenta le grand-sénéchal du royaume. Charles fut le premier des enfans de France qui ait porté le titre et les armes de Dauphin de Viennois. Cette province devint l'apanage de l'un des fils du roi par cession de Humbert deuxième du nom, qui en avait fait donation à Philippe, duc d'Orléans, second fils de Philippe de Valois, en l'année 1343. Tous les actes de cette donation furent rédigés, et elle n'eut pourtant point lieu. Ce ne fut qu'en 1349 que Humbert se dessaisit définitivement de tous ses États par une donation irrévocable en faveur de Charles, fils aîné de Jean, duc de Normandie, ne se réservant que les châteaux de Beauvoir, de la Baleur et de Quirieu pour sa vie, et deux mille trois cents livres viennoises de rente à perpétuité. Ce traité fut signé à Lyon le 16 juillet 1349, et porte que le Dauphin Humbert II *s'y dessaisit et devestit réellement, corporellement, et de fait, desdits Dalphiné et de toutes ses autres terres, et en saisit et vestit réellement, corporellement, et de fait, ledit Charles, fils aîné de monsieur Jehan, duc de Normandie, présent et acceptant pour li et ses hoirs et successeurs, et en signe desdites saisine et dessaisine baille audit Charles l'espée ancienne du Dalphiné et la bannière Saint-George, qui sont anciennes des Dalphins de Viennois, et un ceptre et un anel.....* Par suite de cette donation et cession, Philippe, duc d'Orléans, oncle de Charles, renonça, par acte passé à Maubuisson, en septembre 1349, aux droits qu'il avait sur le Dauphiné, en vertu du premier acte de transport qui avait été fait en sa faveur.

Le Dauphin prit le titre de lieutenant du roi en 1356. Lorsque celui-ci fut fait prisonnier par le prince Noir à la bataille de Poitiers, il le changea en celui de régent aux États tenus à Compiègne en 1357.

Le roi son père étant mort en Angleterre, en 1364, il monta sur le trône, sous le nom de Charles V, et conserva sur le trône de France le titre de dauphin de Viennois jusqu'à la naissance de son fils.

N° 5.

PETIT SCEAU DE CHARLES, DAUPHIN DE VIENNOIS.

Même légende que sur le précédent, en très mauvais état. Un écusson rond, écartelé des armes de France et de Dauphiné.

PLANCHE II.

N° 1.

SIGILLVM · KAROLI · PRIMOGENITI · PRIMOGENITI · FRANCORVM · REGIS · DELPHINI · VIENNENSIS · *Sceau de Charles, fils aîné du Roi des Français, Dauphin de Viennois.* Le Dauphin, armé de toutes pièces, la tête couverte d'un casque, dont le cimier est une fleur-de-lis; il tient de la main droite une épée nue enchaînée à son armure, et porte au bras gauche un écusson écartelé de France et de Dauphiné; il est monté sur un cheval galopant à droite, dont le caparaçon est brodé à ses armes.

(*Le mot primogeniti a été répété deux fois dans la légende, par une erreur dont on trouve d'autres exemples.*)

CONTRA SIGILLVM · KAROLI · DE · FRANCIA · DALPHINI · VIENNENSIS · *Contre-sceau de Charles de France, Dauphin de Viennois.* Au milieu d'une rosace, un écusson écartelé des armes de France et de Dauphiné. A droite, un oiseau.

(*Bien que ce sceau soit d'une date antérieure à celui que nous avons donné planche I, n° 4, nous plaçons l'autre le premier à cause de la qualité de roi que porte la légende.*)

Voyez planche I, n° 4.

N° 2.

SIGILLVM · LVDIVICI · (*sic*) PGENITI · (*primogeniti*) FRANCORVM · REGIS · DVCIS · ACQVITANIE · DALPHINI · VIENNENSIS · *Sceau de Louis, fils aîné du roi des Français, duc d'Aquitaine, dauphin de Viennois.* Le dauphin, armé de toutes pièces, ayant la tête couverte d'un casque dont le cimier est une fleur-de-lis, tenant de la main droite une épée nue et portant au bras gauche un écu écartelé de France et de Dauphiné; il est monté sur un cheval galopant à droite, dont le caparaçon est semé de fleurs-de-lis.

Contre-sceau : Un ange agenouillé, les ailes déployées, supportant un écu écartelé de France et de Dauphiné.

Louis, dauphin de Viennois, fils de Charles VII et de Marie d'Anjou, naquit à Bourges au palais archiépiscopal, le 3 juillet 1423. En 1440, il se fit chef de la faction dite la *Praguerie,* contre le roi son père avec lequel il fit son accommodement quelque temps après. Il se trouva à la levée du siège de Tartas le 23 juin 1442, et fit abandonner celui de Dieppe aux Anglais le 14 août 1443. Il passa l'année suivante en Alsace, où il prit Montbéliard, et défit six mille Suisses près de la ville de Bâle.

Le roi son père l'envoya en 1446 en Guyenne, où il s'empara du comte d'Armagnac et de sa femme. Ayant de nouveau dirigé quelques intrigues contre son père, il se retira en Dauphiné, où, ne se trouvant pas en sûreté, il passa en Flandre en 1456, et y demeura jusqu'à la mort de Charles VII, auquel il succéda sous le nom de Louis XI, en 1461.

PLANCHE III.

NORMANDIE.

N° 1.

SIGILLVM · IOHIS · (*Iohannis*) PRIMOGENITI · REGIS · FRANCORVM · DVCIS · NORMANORVM · COMITIS · ANDEGAVIE · ET · CENOMANI · *Sceau de Jean, fils aîné du roi des Français, duc des Normands, comte d'Anjou et du Maine.* Le duc de Normandie, la tête couverte d'un casque dont un sphinx forme le cimier, tenant une épée nue à la main droite, et un écu fleurdelisé au bras gauche, monté sur un cheval galopant à droite, dont le caparaçon est semé de fleurs-de-lis.

Contre-sceau : CONTRA SIGILLVM · IOHIS · (*Iohannis*) DVCIS · NORMANORVM · (*sic*) COMITIS · ANDEGAVIE · ET · CENOMANI · *Sceau de Jean, duc des Normands, comte d'Anjou et du Maine.* L'écu de France dans une rosace.

Jean, fils de Philippe VI et de Jeanne de Bourgogne, duc de Normandie et de Guyenne, comte d'Anjou et du Maine, naquit au château du Gué de Mauny, le 26 avril 1319. Le roi son père lui ayant donné le commandement des armées royales contre Jean de Bretagne, comte de Montfort, il battit ce prince et le fit prisonnier en 1341.

Le 22 août 1350 il succéda à la couronne sous le nom de Jean II.

N° 2.

Sigillvm · KAROLI · PRIMOGENITI · REGIS · FRANCIE · DVCIS NORMANIE · (*sic*) DELPHINI · VIENNENSIS · *Sceau de Charles, fils aîné du roi de France, duc de Normandie, dauphin de Viennois.* Charles, la tête couverte d'un casque surmonté d'une couronne ducale, et une fleur-de-lis en cimier, tenant de la main droite une épée nue, et portant au bras gauche un écu écartelé de France et de Dauphiné. Il est monté sur un cheval galopant à droite, dont le caparaçon est brodé de fleurs-de-lis et de dauphins.

Charles, duc de Normandie. (Voyez planche I, n° 4.)

ORLÉANS.

N° 3.

Sigillvm · PHILIPPI · FILII · REGIS · FRANCORVM · DVCIS · AVRELIANENSIS · COMITIS · VALESIE · ET · BELLIMONTIS · *Sceau de Philippe, fils du roi des Français, duc d'Orléans, comte de Valois et de Beaumont.* Philippe d'Orléans, le casque en tête, tenant de la main droite une épée nue, et portant au bras gauche l'écu des armes d'Orléans, semé de France au lambel d'argent, monté sur un cheval galopant à droite, dont le caparaçon est brodé aux armes d'Orléans.

Contre-sceau : CONtra Sigillvm · PHILIPPI · FILII · REGIS · FRANCORVM · DVCIS · AVRELIANENSIS . . . . *Contre-sceau de Philippe, fils du roi des Français, duc d'Orléans, comte de Valois et de Beaumont.* L'écu des armes d'Orléans dans une rosace.

(La fin de la légende de ce sceau est illisible; mais il est facile de suppléer ce qui manque, les légendes du contre-sceau n'étant généralement que la répétition de celles du sceau.)

Philippe, fils de Philippe VI, duc d'Orléans et de Touraine, comte de Valois, pair de France, naquit au château de Vincennes le 1er juillet 1336. Il fut fait chevalier par le roi son père le 26 septembre 1350, se trouva à la bataille de Poitiers en 1356 et transigea avec le roi Charles V son neveu, au sujet de son apanage à Paris en janvier 1366.

Ce prince épousa, le 13 janvier 1344, Blanche de France, fille posthume de Charles IV, dit le Bel, roi de France, et de Jeanne d'Évreux sa troisième femme. La duchesse d'Orléans mourut le 8 février 1392, et fut enterrée à Saint-Denis. Le duc d'Orléans était mort le 1er septembre 1375 sans laisser d'enfans légitimes. Il fut enterré dans l'église de Sainte-Croix d'Orléans.

N° 4.

Sigillvm · BLANCHE · FILIE · REGIS . FRANCIE & NAVARRE · DVCISSE · AVRELIANENSIS · COMITISSE VALESIE & BELLIMONTIS. *Sceau de Blanche, fille du roi de France et de Navarre, duchesse d'Orléans, comtesse de Valois et de Beaumont.* La duchesse d'Orléans, debout sous une niche gothique. A droite et à gauche, sous deux petites niches, deux anges tenant chacun un écusson : celui de gauche, aux armes de France; celui de droite à celles d'Orléans.

Blanche, duchesse d'Orléans. (Voir l'article précédent.)

N° 5.

Sigillvm LVDOVICI REGIS FRANCORVM FILII DVCIS AVRELIANEnsis COMITIS VALESIE ET BELLIMONTIS SVPER YSARAM. *Sceau de Louis, fils du roi des Français, duc d'Orléans, comte de Valois et de Beaumont-sur-Oise.* Louis d'Orléans, armé de toutes pièces, la tête couverte d'un casque dont le cimier est une fleur-de-lis, tenant de la main droite une épée nue, et portant au bras gauche un écu aux armes d'Orléans; il est monté sur un cheval galopant à droite, dont le caparaçon est semé de fleurs-de-lis.

Louis de France, duc d'Orléans, pair de France, comte de Valois, d'Ast, de Blois, de Dunois, etc., etc., second fils de Charles V, roi de France, et de Jeanne de Bourbon, naquit en l'hôtel Saint-Paul à Paris, le samedi 13 mars 1371.

Ce prince ne portait encore que le titre de comte de Valois, lorsqu'il se trouva avec le roi Charles VI son frère à la bataille de Rosebecque, gagnée sur les Flamands le 27 novembre 1382. Il obtint en 1390 le duché de Touraine qu'il rendit en 1392 pour celui d'Orléans. Son apanage fut augmenté en divers temps des comtés d'Angoulême, de Périgord, de Dreux et de plusieurs autres fiefs.

Le duc d'Orléans épousa au mois de septembre 1389, Valentine, fille de Jean Galeaz, duc de Milan, dont il eut Charles d'Orléans, père de Louis XII et aïeul de François Ier.

Les fréquens accès de démence de Charles VI, laissant le champ libre à l'ambition des princes du sang, une rivalité funeste pour la France s'éleva entre les deux maisons de Bourgogne et d'Orléans. A la mort du duc de Bourgogne, en 1404, son fils Jean Sans-Peur lui succéda, et l'inimitié des deux familles ne fit que s'accroître. Enfin, le 23 novembre 1407, le duc d'Orléans revenant de chez la reine Isabelle de Bavière fut assassiné près de la porte Barbette à Paris, par des gens apostés par le duc de Bourgogne et commandés par Raoul d'Anquetonville, écuyer de l'écurie du roi. Il fut enterré dans l'église des Célestins à Paris, en la chapelle d'Orléans qu'il avait fondée, et où Louis XII son petit-fils lui fit élever un mausolée de marbre blanc. Ce prince eut de Marie d'Enghien, dame de Cany, le célèbre comte de Dunois, dit le *Bâtard d'Orléans.*

PLANCHE IV.

BERRY.

N° 1.

SIGILLVM · IOHIS (*Iohannis*) · FILII · REGIS · PARIS · FRANCIE · DVCIS · BITHVRICENSIS · ET · ALVERNIE · COMITIS · PICTAVENSIS · *Sceau de Jean, fils du Roi, Pair de France, Duc de Berry et d'Auvergne, Comte de Poitou.* Jean de Berry, la tête nue, les cheveux attachés par un bandeau, et revêtu d'un long manteau, tenant un sceptre de la main droite, il est debout sous un dais gothique; à droite, sous une niche, un ours assis, coiffé du casque du duc, dont le cimier est une fleur-de-lis, à gauche, en pendant, un cygne, portant suspendu au cou un écu semé de France à la bordure engrelée de gueules, armes du duc de Berry.

(Le corps de l'ours a dans ce sceau la forme du corps d'un lion, mais on ne peut douter que l'intention du graveur n'ait été de faire un ours, ainsi qu'on le voit sur tous les autres sceaux, écus et emblèmes de ce prince, dont la devise était : *Oursine* (Ours-Cygne) *le tems venra.*

Jean de France, duc de Berry et d'Auvergne, comte de Poitou, d'Étampes et de Boulogne, pair de France, fils du roi Jean et de Bonne de Luxembourg, naquit au château de Vincennes le 30 novembre 1340. Ce prince porta d'abord le titre de comte de Poitiers et de Mâcon, et se trouva en cette qualité à la bataille de Poitiers en 1356; ce ne fut qu'en 1360 qu'il fut créé duc de Berry et d'Auvergne par le roi son père. En 1381 il assista au sacre du roi Charles VI son neveu, qui le fit l'année suivante gouverneur de Guyenne et de Languedoc.

Après la mort du duc d'Orléans, assassiné rue Barbette, le royaume s'étant divisé en factions d'Orléans et de Bourgogne, il se joignit à celle d'Orléans, quitta la cour et s'enferma dans la ville de Bourges, en 1412. Le roi et le duc de Bourgogne l'y ayant assiégé, il s'accommoda avec eux.

Ce prince se retira à l'hôtel de Nesle à Paris, et y mourut le 15 juin 1416. Il fut enterré dans le chœur de la Sainte-Chapelle de Bourges qu'il avait fait bâtir et avait richement dotée. Il avait été marié deux fois : d'abord à Jeanne d'Armagnac, fille de Jean Iᵉʳ, comte d'Armagnac, dont il eut plusieurs enfans ; puis à Jeanne, comtesse d'Auvergne et de Boulogne, qui mourut en 1461.

Jean de Berry a plus fait pour les lettres et les arts que le roi Charles V lui-même. Sa bibliothèque, composée de riches manuscrits, et dont un grand nombre a été exécuté sous ses yeux, va être reproduite dans le magnifique ouvrage que publie en ce moment sur le moyen âge M. le comte Auguste de Bastard, sous le nom de *Librairie de Jean de France, premier duc de Berry.*

VALOIS.

N° 2.

Sɪɢɪʟʟᴠᴍ · KAROLI · REGIS · FRANCIE · FILII · COMITIS · VALESIE · ET · ANDEGAVIE · *Sceau de Charles, fils du Roi de France, Comte de Valois et d'Anjou.* Charles de Valois, armé de toutes pièces, et portant pour cimier un animal fantastique ; le prince tient de la main droite son épée nue, et porte au bras gauche un écu semé de France ; il est monté sur un cheval galopant à droite, dont le caparaçon est brodé de fleurs-de-lis.

Charles de France, comte de Valois, d'Alençon, du Perche, d'Anjou et du Maine, pair de France, fils puîné de Philippe III, roi de France, et d'Isabelle d'Aragon sa première femme, naquit en 1270. C'est de ce prince que les rois de France, successeurs de Philippe VI son fils, ont pris le nom de Valois.

Le pape Martin IV l'investit du royaume d'Aragon en 1283, et il en prit le titre ; mais il l'abandonna en 1291 pour maintenir la paix entre les royaumes de France et d'Aragon. Il fit la guerre aux Anglais en Guyenne, en 1295, et aux Flamands en 1299. Dans cette dernière expédition, il fit prisonnier le comte de Flandre et ses deux fils. Ce prince ayant pris le titre d'empereur de Constantinople, des droits de Catherine de Courtenay, sa seconde femme, entreprit aussi de se faire reconnaître empereur d'Occident, avec l'aide du pape Urbain VIII. Il passa en Italie au secours du parti Guelfe, et Urbain le nomma vicaire et défenseur de l'Eglise, comte de la Romagne et pacificateur de la Toscane ; mais le pape ayant reconnu plus tard Albert, duc d'Autriche, comme empereur d'Occident, le comte de Valois se retira mécontent, et rentra en France en 1302. La guerre avec les Anglais s'étant rallumée en 1324, le roi Charles-le-Bel fit passer le comte de Valois en Guyenne, où il se saisit de tout le pays entre la Garonne et la Dordogne, et obligea le roi d'Angleterre à envoyer sa femme Isabelle et son fils Édouard, prince de Galles, faire hommage au roi et traiter de la paix.

Le comte de Valois mourut de paralysie à Nogent-le-Roi, le 16 décembre 1325. C'est de ce prince que l'on a dit qu'il fut fils, frère, père, oncle, gendre, beau-père de roi, et jamais roi. Il fut enterré dans le chœur de l'église des Jacobins de Paris.

Le comte de Valois eut trois femmes : Marguerite de Sicile, Catherine de Courtenay et Mahaut de Châtillon. (Voir *même planche,* les nᵒˢ 4, 5 et 6.)

N° 3.

Sɪɢɪʟʟᴠᴍ · KAROLI · REGIS · FRANCIE · FILII · COMITIS · VALESIE · ET · ALENSONIS (*sic*) · *Sceau de Charles, fils du Roi de France, Comte de Valois et d'Alençon.* Charles de Valois, armé de toutes pièces, tenant de la main droite une épée nue, et portant au bras gauche un écu aux armes de France,

monté sur un cheval galopant à droite, dont le caparaçon est semé de fleurs-de-lis.

Charles de Valois. (*Voyez* l'article précédent.)

N° 4.

Sɪɢɪʟʟᴠᴍ · MARGARɪᴛᴇ · REGɪs · SICILIÆ · FILIA · ALENCoɴɪ · ET · ANDEGᴀᴠɪᴇɴsɪs · COMITISSE · *Sceau de Marguerite, fille du Roi de Sicile, Comtesse d'Alençon et d'Anjou.* Marguerite d'Anjou, debout sous une niche gothique : à chacune des deux colonnettes qui la supportent, est appendu un écusson ; celui de droite aux armes de Charles de Valois, semé de France à la bordure de gueules, celui de gauche à celles d'Anjou-Sicile, semé de France au lambel de trois pendans de gueules.

Marguerite d'Anjou-Sicile, fille aînée de Charles II, roi de Naples et de Sicile, et de Marie de Hongrie, épousa, le 16 août 1290, Charles comte de Valois. Elle fut mère de Philippe, qui régna sous le nom de Philippe VI, dit de Valois, et de Charles de Valois, tige des comtes d'Alençon : elle eut en outre Isabelle de Valois, qui épousa, par dispense du pape, Jean de Bretagne, troisième du nom, alors âgé de dix ans ; Jeanne de Valois, mariée à Guillaume Iᵉʳ, comte de Hainaut et de Hollande, Marguerite de Valois, mariée à Guy de Châtillon, premier du nom, comte de Blois, et Catherine de Valois, morte en bas âge.

Marguerite d'Anjou mourut le 31 décembre 1299.

N° 5.

Sɪɢɪʟʟᴠᴍ · CATHERINAE · DEI · GRACIA . . . . COMITISSE VALESɪɪ · *Sceau de Catherine, par la grâce de Dieu. . . . . comtesse de Valois.* Catherine de Courtenay, la couronne en tête, tenant un sceptre de la main droite, en sa qualité d'impératrice de Constantinople ; à chacune des colonnettes qui supportent la niche, est appendu un écusson ; celui de droite aux armes de Charles de Valois, celui de gauche à celles de Courtenay, de gueules à la croix d'or, cantonnée de quatre besans ou tourteaux, chargés d'une croix et accompagnés de quatre croisettes d'or.

(La légende de ce sceau est presque entièrement effacée : le *Dei gracia* indique qu'elle devait contenir le titre d'*impératrice.*)

Catherine de Courtenay, impératrice de Constantinople et dame de Courtenay, fille unique de Philippe de Courtenay, empereur de Constantinople, et de Béatrix de Sicile, épousa, le 8 février 1300, Charles, comte de Valois. Cette princesse mourut le 2 janvier, selon les uns, et selon les autres, le 8 octobre 1307, laissant de son mariage :

Jean, comte de Chartres, mort jeune ;

Catherine de Valois, qui hérita de sa mère le titre d'impératrice de Constantinople, mariée à Philippe de Sicile, prince de Tarente ;

Jeanne de Valois, mariée à Robert d'Artois, troisième du nom, comte de Beaumont-le-Roger, et Isabelle de Valois, religieuse et prieure de Poissy.

N° 6.

Sɪɢɪʟʟᴠᴍ · MATHILDIS · COMITISSE · VALESIE CA . . . . *Sceau de Mahaud, Comtesse de Valois.* . . . . Mahaut de Châtillon, debout, sous une niche gothique, tenant de la main gauche un rameau ; à chacune des colonnettes qui supportent la niche est appendu un écusson : celui de droite aux armes de France, celui de gauche à celles de Châtillon-Saint-Paul, de gueules à trois pals de vair, au chef d'or, chargé d'un lambel d'azur de trois pièces.

Mahaut de Châtillon, dite de Saint-Paul, fille aînée de Guy de Châtillon, troisième du nom, comte de Saint-Paul, et de Marie de Bretagne, épousa Charles, comte de Valois, au mois de juin 1308, et mourut le 3 décembre 1358, laissant quatre enfans :

Louis de Valois, comte d'Alençon et de Chartres ;

Marie de Valois, deuxième femme de Charles de Sicile, duc de Calabre ;

Isabelle de Valois, mariée à Pierre Iᵉʳ, duc de Bourbon ;

Et Blanche-Marguerite de Valois, qui épousa l'empereur Charles IV.

PLANCHE V.

N° 1.

SIGILLVM · PHILLIPPI · PRIMOGENITI · DNI · (*Domini*) . KAROLI · COMITIS · VALESIE · & ANDIGAVIE · MILITIS · *Sceau de Philippe, fils aîné de monseigneur Charles, comte de Valois et d'Anjou, chevalier.* Philippe de Valois, armé de toutes pièces et portant un cimier orné de lambrequins, tenant de la main droite une épée enchaînée à son armure, et portant au bras gauche un écu aux armes de Valois. Il est monté sur un cheval, galopant à droite, dont le caparaçon est brodé de fleurs-de-lis ; la tête de son cheval est surmontée d'une figure d'animal fantastique.

Philippe dit de Valois, fils aîné de Charles, comte de Valois, et de Marguerite de Sicile, naquit en 1293. Il porta le titre de comte de Valois après la mort de son père, et devint roi de France à la mort de Charles IV, dit le Bel, son cousin, le 2 avril 1327, sous le nom de Philippe VI.

N° 2.

SIGILLVM · KAROLI · FILII DNI · (*Domini*). CAROLI · COMITIS · VALESIE · ET CARNOTENSIS · MILITIS · *Sceau de Charles, fils de monseigneur Charles, comte de Valois et de Chartres, chevalier.* Charles de Valois, armé de toutes pièces, portant pour cimier une sorte de petite bannière flottante, tenant de la main droite une épée nue enchaînée à son armure, et portant au bras gauche un écu aux armes d'Alençon : semé de France, à la bordure de gueules, chargée de huit besans d'argent. Il est monté sur un cheval galopant à droite, dont le caparaçon est brodé de fleurs-de-lis.

Ce sceau est celui dont se servait Charles de Valois, avant d'être comte d'Alençon : aussi la légende ne porte-t-elle que le titre de chevalier.

Voir pour la biographie de ce prince, même planche, n° 4.

ALENÇON.

N° 3.

SIGILLVM · ELE · VXORIS · ROBERTI · FILII · ERNEVVIS · *Sceau d'Hele, femme de Robert, fils d'Ernez.* Sceau d'Hela ou Hele d'Alençon, debout.

Hèle ou Alix, fille de Robert III, comte d'Alençon, épousa en premières noces Robert Malet, sire de Graville, fils d'Ernez Malet, et ensuite Aimery, vicomte de Châtelleraut ; en janvier 1220, de concert avec son mari et son fils Robert Malet, elle fit don au roi Philippe-Auguste du comté d'Alençon, qu'elle avait hérité de son père.

Ce comté, possédé d'abord par les seigneurs de Bellesme, entra au xɪᵉ siècle dans la maison de Montgommery, par le mariage de Mabille, héritière de ce comté, avec Roger de Montgommery, vicomte d'Hiesmes.

N° 4.

SIGILLVM · KAROLI · VALESIE · COMITIS · ALANCONIE · · · · · · · · · · *Sceau de Charles de Valois, comte d'Alençon* · · · · · Charles de Valois, armé de toutes pièces, tenant de la main droite une épée nue enchaînée à son armure, et portant au bras gauche un écu à ses armes, monté sur un cheval galopant à droite, dont le caparaçon est brodé de fleurs-de-lis, et la tête surmontée d'une figure d'animal fantastique. Le champ est entouré d'une dentelure de fleurs-de-lis.

Charles de Valois, II° du nom, comte d'Alençon, de Chartres, du Perche, etc., pair de France, second fils de Charles de France, comte de Valois et de Marguerite de Sicile, assista, en 1328, au sacre de Philippe de Valois, son frère aîné, et quelque temps après fut dangereusement blessé à la bataille de Mont-Cassel contre les Flamands. Opposé aux Anglais en Guyenne, il prit Saintes et fit une trève d'un an avec l'ennemi. La guerre s'étant rallumée de nouveau, il fut tué le 26 août 1346 à la bataille de Crécy, à la tête de l'armée dont il commandait l'avant-garde.

Charles de Valois eut deux femmes ; Jeanne, comtesse de Joigny, morte sans enfans en 1336, et Marie d'Espagne, veuve de Charles d'Evreux, comte d'Etampes, qui lui donna plusieurs enfans et mourut en 1379.

N° 5.

SIGILLVM · PETRI FILII · REGIS FRANCORVM · COMITIS ALENCONIS · ET CARNOTENSIS . *Sceau de Pierre, fils du roi des Français, comte d'Alençon et de Chartres.* Pierre de France armé de toutes pièces, tenant de la main droite une épée nue, et portant au bras gauche un écu à ses armes : de France, à la bordure de gueules. Il est monté sur un cheval lancé au galop, dont le caparaçon est brodé de fleurs-de-lis.

Pierre, comte d'Alençon, de Blois et de Chartres, fils de Louis IX et de Marguerite de Provence, accompagna le roi son père en Afrique, et se trouva au siége de Tunis.

Ce prince mourut à Salerne, le 6 avril 1283. Il avait épousé, en 1272, Jeanne de Châtillon, fille et héritière de Jean de Châtillon et d'Alix de Bretagne, morte en 1291 sans postérité.

N° 6.

SIGILLVM · IOHANNE · COMITISSE · ALENCONIS · ET CARNOTENSIS · *Sceau de Jeanne, comtesse d'Alençon et de Chartres.* Jeanne de Châtillon, debout sous un dais gothique, tenant une fleur-de-lis de la main droite, et de la main gauche retenant les lacs qui attachent le long manteau fourré de vair dont elle est couverte. On distingue à son cou un collier orné d'un joyau. Sur la colonnette de droite, l'écu des armes de son mari ; sur celle de gauche, celui des armes de la maison de Châtillon : de gueules, à trois pals de vair, au chef d'or.

N 7.

SIGILLVM · IOHANNE · ALENCONIS · BLNS (*Blesensis*) · COMITISSE · DNE · (*Domine*) DE AVESNIS · *Sceau de Jeanne comtesse d'Alençon et de Blois, dame d'Avesnes.* Jeanne de Châtillon, debout sous un dais gothique, tenant une fleur-de-lis de la main droite, et retenant de l'autre son manteau. Sur les colonnettes on voit les mêmes armoiries qu'au n° précédent.

Contresceau · CONTRA · SIGILLVM · IOHANNE · COMITISSE · ALES (*Alenconis*). BLENS · (*Blesensis*). — *Contre-sceau de Jeanne, comtesse d'Alençon et de Blois.* Un écusson mi parti aux armes de Pierre de France et de Jeanne de Châtillon.

Voir l'article de Pierre d'Alençon, même planche, n° 5.

PLANCHE VI.

N° 1.

SIGILLVM · PETRI · · · · · ALENCONIS · · · · PERCHE · · · · *Sceau de Pierre, comte d'Alençon et du Perche.* Pierre d'Alençon sous un pavillon chargé d'inscriptions, la tête nue, revêtu d'un long manteau brodé à ses armes, tenant d'une main une épée nue, et soutenant de l'autre l'écu des armes d'Alençon. A droite un lion coiffé du casque de.Pierre d'Alençon. Le cimier est un oiseau entre deux longues cornes.

Pierre II, pair de France, comte d'Alençon et du Perche, fils de Charles de Valois, II° du nom, fut armé chevalier le 26 septembre 1350. Ce prince servit d'otage au roi Jean II, en Angleterre, en 1360. A son retour en France, il fit la guerre en Bretagne, et fut blessé au siége d'Hennebon. Ce prince assista, avec les hauts barons du royaume, à la promulgation de la célèbre ordonnance de Charles V, sur l'époque de la majorité des rois de France.

Le comte d'Alençon épousa, en 1371, Marie, vicomtesse de Beaumont, et mourut en 1404, laissant, entre autres enfans, Jean, qui lui succéda.

ARTOIS.

N° 2.

SIGILLVm · MATILDIS · COMITISSE · ATREBATENsis · *Sceau de Mahaud ou Mathilde, comtesse d'Artois.* Mahaud de Brabant, debout, tenant une fleur-de-lis de la main droite; de chaque côté, un lion rampant. Les armes de Brabant sont de sable au lion d'or, armé et lampassé de gueules.

Mahaut de Brabant, fille de Henri II, duc de Brabant, et de Marie de Souabe, épousa, en 1237, Robert, I° du nom, comte d'Artois. Après la mort de ce prince, en 1249, elle se remaria à Guy de Châtillon, comte de Saint-Paul, et mourut au mois de septembre 1288.

N° 3.

SIGILLVM · ROBERTI · COMITIS · ATTREBATENSIS (*sic*). *Sceau de Robert, comte d'Artois.* Robert, armé de toutes pièces, tenant une épée nue de la main droite, et portant au bras gauche l'écu des armes d'Artois ancien (semé de France, au lambel de quatre pendans de gueules, chaque pendant chargé de trois châteaux d'or); il est monté sur un cheval lancé au galop, dont le caparaçon est brodé aux armes d'Artois.

Robert II, comte d'Artois, pair de France, fils posthume de Robert I°, comte d'Artois, et de Mahaut de Brabant, naquit en 1250. Il fut fait chevalier par le roi saint Louis, son oncle, le 5 juin 1267, et le suivit en Afrique trois ans après. A son retour, en 1271, il représenta le connétable de France, au sacre du roi Philippe-le-Hardi. En 1284, il fut nommé régent du royaume, qu'il gouverna pendant plusieurs années.

Ce prince fut tué dans une bataille contre les Flamands, en 1302, près de Courtray; son corps avait été percé de trente coups de pique; il avait épousé,en 1262, Amicie de Courtenay, dame de Conches, fille de Pierre de Courtenay.

ANJOU.

N° 4.

SIGILLVm · KAROLI · FILII · REGIS · FRANCorvm · COMITIS ·

ANDEGAvensis · *Sceau de Charles, fils du roi des Français, comte d'Anjou.* Charles, armé de toutes pièces, tenant d'une main son épée nue, et portant au bras gauche l'écu de ses armes: semé de France, au lambel de trois pendans de gueules; il est monté sur un cheval lancé au galop, dont le caparaçon est brodé de fleurs-de-lis.

Charles de France, I°° du nom, comte apanagiste d'Anjou et du Maine, roi de Naples et de Sicile en vertu du testament de Jeanne de Naples, comte de Provence et de Forcalquier par son mariage avec Béatrix de Provence, était fils de Louis VIII, roi de France, et de Blanche de Castille. Ce prince, né en 1220, accompagna le roi Louis IX, son frère, dans son premier voyage d'outre-mer, et fut fait prisonnier par les Infidèles, le 5 avril 1250.

En 1264, le pape Urbain IV lui donna l'investiture des royaumes de Sicile et de Naples. L'année suivante, le 5 janvier, Charles d'Anjou fut couronné à Rome, dans l'église de Saint-Jean-de-Latran. En 1277, ce prince ayant acquis de Marie, princesse d'Antioche, ses droits au trône de Jérusalem, se fit couronner roi en cette qualité à Rome, et ajouta ce titre à ceux que nous avons énumérés plus haut. En 1282, ce prince perdit la Sicile par la révolte et le massacre des Français connus sous le nom de Vêpres siciliennes.

Charles mourut au château de Foggia, le dimanche 7 janvier 1295.

Ce prince épousa, en 1245, Béatrix, comtesse de Provence et de Forcalquier, morte en 1267, laissant huit enfans, entre autres Charles, qui succéda à son père.

En 1272, Charles épousa en secondes noces Marguerite de Bourgogne, dont il n'eut pas d'enfans.

N° 5.

SIGILLvm · LVDOVICI · FILII · REGIS · ET · PARis · · · · FRANCIE · · · · · · · · · · ET · DNI · (*Domini*). DE · GV · · · · · *Sceau de Louis, fils du roi des Français, et pair de France* · · · · · · · · · *et seigneur de Guise?* Louis d'Anjou, armé de toutes pièces, et portant pour cimier une fleur-de-lis; il tient d'une main son épée nue, et porte au bras gauche un écu semé de France. Le prince est monté sur un cheval lancé au galop, dont le caparaçon est brodé de fleurs-de-lis. Dans le champ, des ornemens.

Louis de France, I°° du nom, roi de Naples, de Sicile et de Jérusalem, duc d'Anjou et de Touraine, comte du Maine, de Provence, etc., second fils de Jean, roi de France et de Bonne de Luxembourg, naquit au château de Vincennes, le 23 juillet 1339. Ce prince assista à la bataille de Poitiers, où le roi son père fut fait prisonnier, et lui servit d'otage en Angleterre.

La reine Jeanne de Naples, ayant déclaré ce prince son héritier au trône dès 1380, il passa en Italie, et mourut de la peste, à Biselia, près de Bari, dans la Pouille, le 20 septembre 1384.

Il avait épousé, en 1360, Marie de Châtillon, dite de Blois, dont il eut entre autres enfans, Louis, qui lui succéda.

PLANCHE VII.

LA MARCHE ET ANGOULÊME.

N° 1.

SIGILLvm · HVGONIS · DE · LEZINIACO · COMITIS · MARCHIE · ET ENGOLISME · *Sceau de Hugues de Lusignan, comte de la Marche et d'Angoulême.* Hugues de Lusignan, monté sur un cheval lancé au galop, tenant un chien en croupe; il porte au cou un *olifant.*

Contresceau : SIGILLvm · HVGONIS · DE · LEZINIACO · COMITIS · MARCHIE · Un écusson burelé d'argent et d'azur, armes de la maison de Lusignan, entouré de rinceaux.

Hugues X° du nom, seigneur de Lesignem ou Lusignan, comte de la Marche et d'Angoulême, fils de Hugues IX et de Mathilde d'Angoulême,

fit le voyage de Terre-Sainte, et assista, en 1219, à la prise de Damiette. De retour en France, il se joignit aux seigneurs révoltés contre Louis IX, avec lequel il fit son accommodement en 1230. En 1242, il prit une seconde fois les armes contre le roi; mais après la bataille de Taillebourg, il vint se jeter à ses pieds et implorer son pardon.

Ce prince avait épousé Isabelle, comtesse d'Angoulême, et veuve de Jean-sans-Terre, roi d'Angleterre, dont il eut plusieurs enfans, auxquels il partagea ses États.

Hugues de Lusignan mourut en 1249.

Les comtés de la Marche et d'Angoulême étaient passés en la possession des seigneurs de Lusignan, par le mariage de Hugues IX avec Mathilde, fille unique de Wlgrin, dit Taillefer III, comte de la Marche et d'Angoulême.

N° 2.

SIGILLvm · HVGONIS · DE · LEZIGNEn · COMITIS · MARCHIE ·

ET · ENGOLISME · *Sceau de Hugues de Lusignan, comte de la Marche et d'Angoulême.* Hugues de Lusignan, la tête nue, monté sur un cheval marchant à droite ; il tient un chien en croupe. Dans le champ, un *olifant.*

Hugues de Lusignan. (Voir le n° précédent.)

N° 3.

SIGILLVM · YOLENDIS · VXORIS · DNI · (*Domini*). HVGONIS · BRVNI · *Sceau de Yolande, femme de monseigneur Hugues le Brun.* Yolande, debout, tenant un oiseau de la main gauche.

Sceau secret : SECRETVM · DNE · (*Dominæ*) YOLENDIS · *Secret de madame Yolande.* Un écusson burelé d'argent et d'azur, chargé de six lions brochant sur le tout, posés trois, deux et un.

Hugues-le-Brun ajouta ces six lions aux armes de la maison de Lusignan.

Yolande de Dreux, dite de Bretagne, dame de Fère en Tardenois, comtesse de Porhoet, par don de son frère, Jean de Dreux, premier duc de Bretagne, épousa, en 1238, Hugues, IX° du nom, dit le Brun, sire de Lusignan et comte de la Marche et d'Angoulême. Elle fut mère de Hugues X, et mourut à Bouteville, le 10 octobre 1272.

N° 4.

SCEAU · YOLENT · DE · LESICNIEN · COMTESSE · DE · LA · MARCHE · ET · DENGOULÊME · DAME · DE · FOV-GIERES (Pour : *Sceau de Yolande, etc., etc.*) Yolande de Lusignan, revêtue d'un long manteau, portant l'oiseau sur la main gauche ; à gauche dans le champ, un écu aux armes de Lusignan ; à droite, un écu à celles de Fougères.

Yolande n'est pas mentionnée dans les généalogies de la maison de Lusignan ; d'après la date de la charte à laquelle est appendu ce sceau (1308), ce ne peut être que la femme de Guy de Lusignan, dit Guyard, sire de Couché, de Peyrac et de Frontenay, qui prit le titre de comte de la Marche et d'Angoulême, bien que, par le testament de son frère Hugues XIII, ces comtés aient été cédés au roi de France.

N° 5.

Le sceau de Jean de Bourbon, comte de la Marche, étant complètement effacé, et n'offrant plus qu'une boule informe de cire, nous ne donnons que le contre-sceau qui est assez bien conservé et précieux sous le rapport de l'art ; il offre l'écu de Bourbon, surmonté d'un casque couronné, dont le cimier est un bouquet de plumes ; deux saints supportent l'écusson. La légende est entièrement détruite.

Jean de Bourbon, Ier du nom, comte de la Marche, de Vendôme, etc., accompagna le connétable Bertrand du Guesclin en Espagne en 1366, prit plusieurs places sur Pierre-le-Cruel, et contribua à mettre sur le trône Henri de Transtamare.

De retour en France, il se joignit à Jean, duc de Berry, pour faire la guerre aux Anglais en Guyenne, et se trouva à la bataille de Rosebecque, en 1382, et au siége de Taillebourg, en 1384. Jean de Bourbon mourut le 11 juin 1391.

Ce prince avait épousé, en 1364, Catherine de Vendôme, morte en 1411, laissant entre autres enfans, Jacques, qui succéda à son père, et Louis, qui fut la tige des comtes de Vendôme, ancêtres de Henri IV.

N° 6.

SIGILLVM . IOHANNIS · AVRELIANENSIS · COMITIS · ENGOLISMENSIS · *Sceau de Jean d'Orléans, comte d'Angoulême.* L'écu des armes d'Orléans ; chaque pièce du lambel est chargée, pour brisure, d'un croissant d'azur ; l'écu est surmonté d'un casque dont le cimier est une fleur-de-lis ; pour supports, deux cigognes.

Jean d'Orléans, comte d'Angoulême et de Périgord, fils puîné de Louis, duc d'Orléans, frère de Charles VI, et de Valentine Visconti, naquit le 26 juin 1401.

En 1412, ce prince fut envoyé par son frère aîné, Charles d'Orléans, comme otage en Angleterre, pour sûreté d'une somme de 100,000 écus empruntée par la maison d'Orléans, pour soutenir la guerre contre celle de Bourgogne ; il n'en revint qu'en 1444.

Jean d'Orléans aida le roi à faire la conquête de la Guyenne, et au sacre de Louis XI représenta le duc et pair de Guyenne.

Il mourut au château de Cognac, le 30 avril 1467, et fut enterré dans la cathédrale d'Angoulême.

PLANCHE VIII.

FLANDRES.

N° 1.

SIGILLVM · FERNANDI · COMITIS · FLANDRIE . *Sceau de Ferdinand, comte de Flandres.* Ferdinand de Portugal, armé de toutes pièces, tenant de la main droite une épée nue ; il est monté sur un cheval lancé au galop, et porte sur la poitrine un écusson, sur lequel on remarque le lion de Flandres. Les armes des comtes de Flandres étaient d'or au lion de sable, armé et lampassé de gueules.

Contresceau : ET · COMES · HAINOIE · *Et comte de Hainaut.* La légende du contre-sceau fait suite à celle du sceau. L'écu des armes de Hainaut ancien, chevronné d'or et de sable de six pièces.

Ferdinand, Fernand ou Ferrand, second fils de Sanche Ier, roi de Portugal et de Doulce de Barcelone, naquit en 1186. Comte de Flandres par son mariage avec Jeanne, fille et héritière de Baudouin IX, il prêta foi et hommage en 1211, à Philippe II, dit Auguste.

Le comte de Flandres, étant entré dans la ligue formée contre le roi de France, par les Anglais et les Impériaux, se trouva à la bataille de Bovines, où il fut fait prisonnier avec le comte de Boulogne.

Ferdinand rendu à la liberté en 1227, mourut à Noyon en 1233, sans laisser de postérité.

N° 2.

SIGILLVM · MARGARETE · COMITIS · FLANDRIE · HAINOIE · *Sceau de Marguerite, comtesse de Flandres et de Hainaut.* Marguerite, debout, tenant une fleur-de-lis de la main droite et retenant son manteau de la main gauche ; de chaque côté, un lion, armes du comté de Flandres.

Marguerite II, pair de France, comtesse de Flandres et de Hainaut, naquit à Valenciennes en 1202. Elle épousa son tuteur, Bouchard d'Avesnes, alors archidiacre de Laon ; ce mariage ayant été contracté sans dispense, fut déclaré nul par les papes Honoré VIII et Grégoire IX.

En 1223, Marguerite épousa Guillaume, seigneur de Dampierre.

En 1244, elle succéda à sa sœur Jeanne, et fit hommage du comté de Flandres au roi Louis IX, en 1245 ; conjointement avec Guillaume de Dampierre, fils aîné de son second mariage. Cette princesse mourut à Gand, le 10 février 1270, à l'âge de 78 ans.

N° 3.

SIGILLVM · MARGAR............. MITISSE · FLANDRIENSIS · *Sceau de Marguerite, comtesse de Flandres.* Marguerite, tenant d'une main la bride de son cheval, qui marche à gauche, et de l'autre un oiseau.

Marguerite de Flandres. (Voir le n° précédent.)

N° 4.

SIGILLVM · IOHANNE · COMITISSE · FLANDRIE · ET · HAI-

NONIE · *Sceau de Jeanne, comtesse de Flandres et de Hainaut.* Jeanne, montée sur un cheval marchant à gauche ; elle tient d'une main un faucon, et de l'autre retient son manteau.

Jeanne, pair de France, comtesse de Flandres et de Hainaut, fille de Baudouin IX, et de Marie de Champagne, naquit à Valenciennes en 1188 ; cette princesse épousa, en 1210, Ferdinand de Portugal, et gouverna elle-même ses états pendant la longue captivité de son mari ; celui-ci étant mort en 1233, elle se remaria en 1236 à Thomas de Savoie, IIe du nom, comte de Maurienne, et mourut sans postérité en 1244.

N° 5.

SigiLLvm · IOHIS · *(Iohanis).* DE · AVESNIS · FILII · FLANDRIE · ET · HAINOIE . COMITISSE · *Sceau de Jean d'A- vesnes, fils de la comtesse de Flandres et de Hainaut.* Jean d'Avesnes, armé de toutes pièces, tenant d'une main une épée nue et portant au bras gauche un écusson aux armes de Flandres. Il est monté sur un cheval galopant à droite, dont le caparaçon est brodé aux armes de Flandres.

Jean d'Avesnes, comte de Hainaut, fils de Bouchard d'Avesnes, archidiacre de Laon, et de Marguerite, comtesse de Flandres. Quoique le mariage de sa mère eût été déclaré nul par la cour de Rome, cependant, le pape reconnut, en 1250, la légitimité de sa naissance, et Louis IX déclara, en 1246, qu'aussitôt après la mort de la mère, il serait mis en possession des comtés de Hainaut et de Valenciennes ; mais il ne jouit pas de cette investiture, étant mort en 1257, avant la comtesse sa mère. Ce prince avait quitté les armes de la maison d'Avesnes pour prendre celles de Flandres.

N° 6.

SigiLLvm · GVIDONIS · COMITIS · FLANDRIE · ET · MARCHIONIS · NAMVRCENsis · *Sceau de Guy, comte de Flandres et marquis de Namur.* Guy de Dampierre, armé de toutes pièces, tenant d'une main son épée nue, et portant au bras gauche un écu aux armes de Flandres ; il est monté sur un cheval courant à droite, dont le caparaçon est brodé aux armes de Flandres.

Sceau secret de Guy de Dampierre. SECRETVm · GVIDONis . COMITIS · FLANDRIE · *Secret de Guy, comte de Flandres.* L'écu des armes du comte de Flandres.

Guy de Dampierre, comte de Flandres, fils de Guillaume et de Marguerite, comtesse de Flandres, ne porta d'abord que le titre de fils de la comtesse Marguerite, puis celui d'Avoué d'Arras. Ce prince, né en 1225, prit, à la mort de son frère aîné, le titre de comte de Flandres, et fit hommage de cette pairie au roi Louis IX, et ajouta à ses autres titres celui de marquis de Namur. Sa mère lui céda, en 1278, la jouissance du comté de Flandres, dont il renouvela l'hommage, après sa mort, au roi Philippe-le-Hardi. Ce prince épousa, en 1245, Mahaud de Béthune, dont il eut entre autres enfans, Robert, qui lui succéda.

Guy de Dampierre mourut à Pontoise, le 7 mars 1305, âgé de 80 ans.

PLANCHE IX.

N° 1.

La légende de ce sceau est presque entièrement détruite. Louis, comte de Nevers, armé de toutes pièces, tenant de la main droite une épée nue enchaînée à son armure, et portant au bras gauche un écu aux armes de Flandres, brisé d'un lambel; il est monté sur un cheval galopant à droite dont le caparaçon est brodé aux armes de Flandres.

Louis, deuxième du nom, surnommé de Crécy, comte de Flandres, de Nevers et de Rethel, pair de France, était fils de Louis de Flandres et de Jeanne de Rethel.

Son père étant mort avant le comte Robert III, son aïeul, il se mit en possession des États de Flandres, que lui disputait Robert de Flandres, seigneur de Cassel, frère de son père, fut maintenu dans ses États par arrêt des pairs de France, du 29 janvier 1322, et fit aussitôt après hommage du comté au roi de France. Il fut fait chevalier par le roi Philippe de Valois, la veille de son sacre, et remplit à cette cérémonie les fonctions de pair de France.

Les communes de Bruges et de Gand, excitées par Jacques Artevelle, s'étant soulevées, le firent prisonnier. S'étant échappé, il se réfugia à la cour de France et accompagna le roi dans ses guerres contre les Anglais. Il fut tué à la bataille de Crécy, le 26 août 1346.

Il avait épousé Marguerite de France, fille de Philippe V, dont il eut Louis, troisième du nom, qui lui succéda. Cette princesse ne mourut qu'en 1382, trente-six ans après son mari.

Le comte de Flandres eut, en outre, neuf enfans naturels.

N° 2.

Sigillvm · LVDOVICI · COMITIS · FLANDRIE · ET · NIVER-NENsis. *Sceau de Louis, comte de Flandres et de Nevers.* Le comte de Flandres, armé de toutes pièces, portant pour cimier un animal fantastique entre deux cornes, tenant de la main droite une épée nue et portant au bras gauche un écu aux armes de Flandres; il est monté sur un cheval galopant à droite. Le caparaçon du cheval est brodé aux armes de Flandres.

Contre-sceau : CONT ra · Sigillvm · LVDOVICI · COÏT (*comitis*) FLANDRIE ET NEVERNEN sis. *Contre-sceau de Louis, comte de Flandres et de Nevers.* Dans une rosace, un écusson aux armes de Flandres.

Louis, comte de Flandres. (Voyez l'article ci-dessus.)

NAMUR.

N° 3.

SIGILLVM · IOHAN . . . .
. . . . . La légende est presque entièrement effacée. Le comte de Namur, armé de toutes pièces, ayant pour cimier un animal fantastique entre deux cornes, tenant de la main droite une épée nue enchaînée à son armure, et portant au bras gauche un écu aux armes de Namur; le prince est monté sur un cheval galopant à droite, dont la tête est surmontée d'un animal semblable à celui qui sert de cimier; le caparaçon est brodé aux armes de Namur. Les comtes de Namur, issus des comtes de Flandres, portaient pour armes le lion de Flandres, brisé d'un bâton de gueules péri en bande.

Jean de Flandres, premier comte de Namur de ce nom, était fils aîné du second lit de Guy de Dampierre, comte de Flandres, et d'Isabelle de Luxembourg, comtesse de Namur. Il fit la guerre contre la France,

en 1302, gagna à Courtray une bataille contre le comte d'Artois, qui commandait les troupes royales.

En 1328, il combattit vaillamment à la bataille de Mont-Cassel, où il défendait les intérêts du comte de Flandres, son neveu, contre ses sujets révoltés. Il mourut au mois de janvier 1350. Ce prince épousa d'abord Marguerite de Clermont, morte en 1309, sans enfans, puis Marie d'Artois, dont il eut Jean, deuxième du nom, qui lui succéda et mourut en 1335; Guy de Namur, qui succéda à son frère et mourut en 1337; Guillaume, comte de Namur et Robert de Namur.

N° 4.

Une croix. — PHILIPPVS MARCHIO NAMVCI (*Namvrci*). Le marquis de Namur, armé de toutes pièces, tenant de la main droite une lance en arrêt, et portant un écu aux armes de Hainaut ancien : chevronné d'or et de sable de six pièces; il est monté sur un cheval galopant à droite.

Philippe de Flandres, marquis de Namur, fils de Baudouin VII, comte de Flandres, et de Marguerite d'Alsace, dite de Flandres, naquit en 1174. Il fut fait chevalier par l'empereur Henri VI, le jour de son sacre, en 1184. L'empereur érigea en marquisat le comté de Namur que lui avait donné son père.

Il mourut le 9 décembre 1212, sans laisser d'enfans de sa femme, Marie de France, fille de Philippe-Auguste.

N° 5

Sigillvm · ELYSABETHe · COMITISSE · NAMVRENSIS · *Sceau d'Elisabeth ou Isabelle, comtesse de Namur.* Elisabeth de Luxembourg, debout, revêtue d'un long manteau doublé de vair, et tenant de la main droite une fleur-de-lis. Dans le champ, à droite, un écusson aux armes de Flandre; à gauche un écusson à celles de Luxembourg : d'argent au lion de gueules, la queue fourchue, nouée et passée en sautoir.

Sceau secret. SECRETvm Elysabethe · COMITISSE · NAMVCI · (*Namvrci*). *secret d'Elisabeth, comtesse de Namur.* Un écusson aux armes de Flandres.

Élisabeth ou Isabelle de Luxembourg, seconde fille d'Henri, comte de Luxembourg, et de Marguerite de Bar, épousa, en 1165, Guy de Dampierre, comte de Flandres, pair de France, etc. Elle lui apporta en mariage la cession de tous les droits de son père sur le comté de Namur.

Cette princesse mourut le 25 septembre 1295, et fut enterrée en l'église du monastère de Sainte-Claire, fondé par elle à Pettinghen, près d'Oudenarde.

Elle eut de Guy de Dampierre, Jean de Flandres, comte de Namur, tige de la branche des comtes de ce nom; Guy de Flandres, comte de Zélande; deux enfans morts en bas âge, et Henri de Flandres, comte de Lodi, dans le Milanais.

BRABANT.

N° 6.

Sigillvm · HENRICI · SENIORIS · FILII · DVCIS · BRABANTIE · *Sceau de Henri, second fils du duc de Brabant.* Dans une rosace, un écusson écartelé des armes de Flandres et de Brabant; les armes de Brabant sont de sable au lion d'or.

Henri de Brabant, duc de Limbourg, seigneur de Malines, fils puîné de Jean III, duc de Brabant et de Marie d'Evreux, épousa, en 1347, Jeanne, fille aînée de Jean, duc de Normandie, depuis roi de France, et mourut sans enfans, le 29 novembre 1349. Sa veuve se remaria à Charles d'Evreux, deuxième du nom, roi de Navarre.

N° 7.

SIGILLVM . . . . DVCIS BRABANTIE JVNIORIS
*Sceau de . . . . le plus jeune fils du duc
de Brabant.* Dans une rosace, un écusson écartelé aux armes
de Flandres et de Brabant brisé d'un lambel.

Godefroy de Brabant, seigneur d'Arschot, puis duc de Limbourg,
après la mort de son père Henri, était fils de Jean, troisième du nom,
duc de Brabant et de Marie d'Évreux.

Il épousa, en 1350, Bonne de Bourbon, fille de Pierre, duc de Bourbon, et mourut la même année sans postérité. Sa veuve se remaria à
Amé, comte de Savoie.

PLANCHE X.

DREUX.

N° 1.

SIGILLVM · COMITIS · ROBERTI · DROCENSIS. *Sceau du comte
Robert de Dreux.* Robert, armé de toutes pièces, tenant de la
main droite une épée nue et portant au bras gauche un écu
aux armes de Dreux : échiqueté d'or et d'azur à la bordure de
gueules ; il est monté sur un cheval galopant à droite.

Robert, deuxième du nom, dit le Jeune, comte de Dreux, fils de Robert de France, comte de Dreux, et de sa troisième femme, Aguès de
Baudement, dame de Braine, suivit le roi Philippe-Auguste à la troisième
croisade, et assista à la prise de Saint-Jean-d'Acre, en 1191. Il revint de
la Terre-Sainte avec ce prince, et le servit dans la guerre que celui-ci fit
aux Anglais en Normandie. En 1214, il assista à la bataille de Bovines,
et mourut le 28 décembre 1218. Robert eut deux femmes : Mahaud
de Bourgogne, dont il fut séparé pour cause de consanguinité, et Yolande
de Coucy, dont il eut douze enfans.

N° 2.

S IGILLVM · ROBERTI · COMITIS · DROCensis · DNI · (*domini*)
SCI (*sancti*) WALERIE. *Sceau de Robert, comte de Dreux,
seigneur de Saint-Valery.* Le comte de Dreux, armé de toutes
pièces, tenant de la main droite une épée nue, et portant au
bras gauche un écu aux armes de Dreux ; il est monté sur un
cheval galopant à droite.

Contre-sceau : un écusson aux armes de Dreux.

Robert, troisième du nom, comte de Dreux et de Braine, fils de Robert, deuxième du nom, et d'Yolande de Coucy, fut fait chevalier,
le 17 mai 1209, par le roi Philippe-Auguste. Il assista, en 1213, à l'assemblée tenue à Soissons, pour résoudre la guerre contre les Anglais,
se jeta dans la ville de Nantes, la défendit contre le roi Jean-sans-
Terre et le força à lever le siège ; mais, surpris dans une embuscade,
il fut fait prisonnier, et rendu à la liberté en 1214.

Il accompagna en Angleterre Louis de France, depuis roi de France,
sous le nom de Louis VIII, qui était appelé à la couronne par les Anglais. Il mourut en 1233, et fut enterré dans le chœur de l'église de Saint-
Yves de Braine. Robert de Dreux avait épousé, en 1510, Ænor de
Saint-Valery, dont il eut Jean, premier du nom, qui lui succéda, Robert
de Dreux, seigneur de Beu, Pierre de Dreux et Yolande de Dreux,
première femme de Hugues IV, duc de Bourgogne.

N° 3.

SIGL (*sigillvm*) · PETRI · FILII · COMITIS . ROB . . . .
Sceau de Pierre, fils du comte Robert. Pierre de Dreux, armé
de toutes pièces, tenant de la main droite une épée nue, et
portant au bras gauche un écu aux armes de Dreux, brisées
d'un quartier d'hermines ; il est monté sur un cheval galopant
à gauche.

Pierre de Dreux, surnommé *Mauclerc*, duc et comte de Bretagne,
fils de Robert, deuxième du nom, comte de Dreux, et d'Yolande de
Coucy, sa seconde femme, fut armé chevalier à Compiègne, en 1209,
par le roi Philippe-Auguste.

Il épousa, en 1213, Alix, fille aînée et héritière de Guy de Thouars

et de Bretagne, et défendit vaillamment, la même année, avec son frère
Robert, la ville de Nantes assiégée par les Anglais.

Sa femme étant morte en 1221, il eut de grands démêlés avec les nobles bretons, contre lesquels il remporta une bataille mémorable, près
de Châteaubriand.

Il refusa de se trouver au sacre de saint Louis, et prit parti contre la
reine Blanche. En 1229, il ravagea les terres du comte de Champagne ;
mais le roi ayant marché contre lui, il s'enfuit en Angleterre et fit un traité
avec Henri III. Le roi saint Louis le cita à comparaître devant lui, et
le duc ayant refusé, le roi s'empara de toutes les places qu'il lui avait
données dans l'Anjou, et le déclara déchu de la régence de Bretagne,
dont tous les barons firent hommage au roi. Pierre de Dreux demanda
et obtint une trève, et rendit hommage au roi dans l'année 1234. Dès
que son fils eut atteint sa majorité, il lui remit ses États, et quitta les
titres de duc et de comte de Bretagne, pour suivre le roi saint Louis à
la Terre-Sainte, où il fut blessé et fait prisonnier avec lui. Ayant été délivré, il s'embarqua pour revenir en France, et mourut dans la traversée,
l'année 1250.

N° 4.

SIGL (*sigillvm*) · ROB . . . . ILII · COMITIS · ROBTI
(*Roberti*) . . . . . BE . . . *Sceau de Robert, fils du
comte Robert seigneur de Beu.* Robert de Dreux, armé de
toutes pièces, tenant de la main droite une épée nue, et portant au bras gauche un écu aux armes de Dreux, brisé d'une
bordure engrelée de gueules.

Robert de Dreux, Ier du nom de la branche des seigneurs de Beu,
vicomte de Châteaudun, seigneur de Beu, en Beauce, etc., était le second fils de Robert III, comte de Dreux, et d'Ænor de Saint-Valery. Il
épousa, en 1253, Clémence, fille de Geoffroy V, comte de Châteaudun,
et, en 1263, Isabelle de Villebeau, veuve de Mathieu, seigneur de Montmirail. Il mourut en 1264, au moment de son départ pour la Terre-
Sainte, laissant de sa première femme deux enfans, Alix et Clémence
de Dreux, et de la seconde, Robert de Dreux, qui lui succéda, et Isabelle de Beu. La date du mariage de Robert de Dreux et celle de sa
mort donnent à penser que ces deux enfans étaient jumeaux, ou que du
moins l'un d'eux était posthume.

N° 5.

. . . L ROBERT CONTE DE DREVES . . . . . VIEL . .
. . . . Dans une rosace, un écusson aux armes
de Dreux.

Robert V, comte de Dreux, fils de Jean II et de Jeanne de Beaujeu,
dame de Montpensier, épousa Marie d'Enghien, fille de Gauthier,
deuxième du nom, dont il n'eut que des filles mortes en bas âge. Il mourut le 22 mars 1329.

N° 6.

SIGILLVM MAGnvm IOHanne COÏTISSE (*comitisse*) DROCensis .
DNE (*domine*) SANCTI : WALERICI. *Grand sceau de Jeanne,
comtesse de Dreux, dame de Saint-Valery.* Jeanne de Dreux,
debout, tenant une fleur-de-lis de la main droite, et retenant
de la gauche le long manteau dont elle est revêtue.

Jeanne, deuxième du nom, comtesse de Dreux, dame de Saint-Valery,
fille de Jean II, comte de Dreux, et de Perrenelle de Sully, épousa Louis
de la Tremouille, vicomte de Thouars, et mourut sans enfans vers 1355.

PLANCHE XI.

BLOIS.

N° 1.

SIGILLVm : WALTERI DOMINI : DE : AVESNIS : COMITIS : BLE-SENSIS. *Sceau de Gauthier, seigneur d'Avesnes, comte de Blois.* Le comte de Blois, armé de toutes pièces, tenant de la main droite une épée nue, et portant au bras gauche un écu aux armes d'Avesnes : bandé d'or et de gueules de six pièces; il est monté sur un cheval galopant à droite.

Gauthier d'Avesnes, deuxième du nom, seigneur d'Avesnes, de Guise, de Leuze et de Condé, etc., épousa Marguerite de Champagne, fille et héritière de Thibaut de Champagne, comte de Blois; déjà veuve de Hugues d'Oisy, châtelain de Cambray, et d'Othon, comte palatin de Bourgogne.

Marie, fille unique de Gauthier, porta tous ses domaines à son mari, Hugues de Châtillon.

N° 2.

SIGILLVM · MARGARETE · COMITISSE · BLESENSI . . . . *Sceau de Marguerite, comtesse de Blois.* La comtesse Marguerite, debout, revêtue d'un long manteau, les mains croisées sur la poitrine.

Marguerite de Blois, fille de Thibaut de Champagne, premier du nom, comte de Blois, et d'Alix de France, fille de Louis VII, fut mariée trois fois, 1° avec Hugues d'Oisy, troisième du nom, seigneur de Montmirail; 2° avec Othon, comte de Bourgogne, 3° et enfin avec Gauthier, deuxième du nom, seigneur d'Avesnes, dont elle eut Marie d'Avesnes, comtesse de Blois, qui épousa Hugues de Châtillon, comte de Saint-Paul. Marguerite de Blois mourut en 1230.

N° 3.

SIGILLVM · IOHIS (*Ioannis*) · DE CASTELLIONE · COMITIS BLESENSIS · DNI (*domini*) · D'AVENIS. *Sceau de Jean de Châtillon, comte de Blois, seigneur d'Avesnes.* Jean de Châtillon, armé de toutes pièces, tenant de la main droite une épée nue et portant au bras gauche un écu aux armes de Châtillon : de gueules à trois pals de vair, au chef d'or; il est monté sur un cheval galopant à droite, couvert d'un caparaçon à ses armes.

Sceau secret de Jean de Châtillon. SIGILLVM · SECRETI · MEI. *Sceau de mon secret.* Un écusson chargé d'une bande et de croisettes.

Jean de Châtillon, comte de Blois, de Chartres et de Dunois, seigneur d'Avesnes, fut nommé, en 1271, par le roi Philippe-le-Hardi, *tuteur défenseur et garde du royaume et de ses enfans,* en cas que le comte d'Alençon vînt à mourir.

Il épousa Alix de Bretagne, fille de Jean Ier, duc de Bretagne, dont il eut Jeanne de Châtillon, qui épousa Pierre, fils puîné du roi saint Louis.

Jean de Châtillon mourut le 28 juin 1279, et Alix, sa femme, le 2 août 1288.

N° 4.

SIGILLVM · ALICIs : COMITISSE · BLESĒNI (*Blesensis*) · DNE DE AVĒNS (*Avenis*). *Sceau d'Alix, comtesse de Blois, dame d'Avesnes.* Alix de Bretagne, revêtue d'un long manteau doublé de vair, tenant d'une main une fleur-de-lis. Dans le champ, à droite, un écusson aux armes de Châtillon.

Alix de Bretagne, fille de Jean, premier du nom, comte de Bretagne, et de Blanche de Champagne, naquit le 6 juin 1243.

En 1254, elle épousa Jean de Châtillon, premier du nom, comte de

Blois, mort en 1279. Elle fit le voyage de la Terre-Sainte, en 1287, et mourut à son retour le 2 août 1288. De son mariage naquit Jeanne de Châtillon, mariée à Pierre, comte d'Alençon, fils de saint Louis.

N° 5.

SIGILLVM · HVGONIS · DE · CASTELL . . . . . *Sceau de Hugues de Châtillon.* Hugues de Châtillon, armé de toutes pièces, ayant pour cimier un animal fantastique, tenant de la main droite une épée nue enchaînée à son armure, et portant au bras gauche un écu aux armes de Châtillon; il est monté sur un cheval galopant à droite, couvert d'un caparaçon à ses armes; sur la tête du cheval, un ornement en forme d'éventail.

Hugues de Châtillon, comte de Blois et de Dunois, seigneur d'Avesnes, fils de Guy de Châtillon, comte de Blois, et de Mahaud de Brabant, succéda au comté de Blois à Jeanne de Châtillon, sa cousine, et mourut vers l'an 1303, laissant de Béatrix de Flandres, sa femme, deux enfans : Guy de Châtillon, qui lui succéda, et Jean de Châtillon, seigneur de Château-Renaud.

N° 6.

La légende de ce sceau manque entièrement. Guy de Châtillon, armé de toutes pièces, tenant de la main droite une épée nue enchaînée à son armure, et portant au bras gauche un écu aux armes de Châtillon, il est monté sur un cheval galopant à droite.

Guy de Châtillon, comte de Blois, de Dunois, seigneur d'Avesnes, fils de Hugues de Châtillon et de Béatrix de Flandres, fut fait chevalier par le roi Philippe-le-Bel le jour de la Pentecôte 1313. Il suivit le roi Philippe de Valois, son beau-frère, dans la guerre contre l'Angleterre, en 1338, et mourut en 1342.

Il avait épousé Marguerite de Valois, sœur de Philippe VI, dont il eut Louis de Châtillon, qui lui succéda; Charles de Blois, duc de Bretagne, et Marie de Châtillon, dite de Blois, qui épousa 1° Raoul, comte de Lorraine; 2° Frédéric, comte de Linange.

N° 7.

La légende de ce sceau est entièrement effacée. Marguerite de Valois, revêtue d'un long manteau doublé de vair, tenant de la main droite une branche de rosier. Elle est placée sous un dais gothique; aux colonnettes sont appendus deux écussons; celui de droite, aux armes de Châtillon; celui de gauche, aux armes de Valois : semé de France à la bordure de gueules.

Marguerite de Valois. (Voir l'article précédent.)

N° 8.

SIGILLVm · KAROLI · AVRELIANENSIS · & · VALESII . DVCIS · ASTENsis . BLESENSIS · BELLIMONTis YSarae · CO-MITIS AC DNI (*domini*) COVCIACI &. *Sceau de Charles, duc d'Orléans et de Valois, comte d'Ast, de Blois, de Beaumont-Oise, et sire de Coucy, etc.* Le duc d'Orléans, *Comte de Blois,* armé de toutes pièces, tenant de la main droite une épée nue, et portant au bras gauche un écu aux armes d'Orléans : de France, au lambel d'argent; il porte pour cimier une grande fleur-de-lis, et est monté sur un cheval lancé au galop dont le caparaçon est brodé à ses armes; dans le champ, à gauche, une couronne.

Charles, duc d'Orléans, de Milan et de Valois, pair de France, comte de Blois, etc., naquit à Paris, le 26 mai 1391. Il était fils de Louis, duc d'Orléans, et de Valentine de Milan. Il fit avec sa mère diverses poursuites contre le duc de Bourgogne, qui était son parrain, pour venger la mort de son père; mais ses démarches ayant été sans succès, il se ligua avec les autres princes contre le duc de Bourgogne, qui envahissait toute l'autorité.

Il se trouva, en 1415, à la bataille d'Azincourt, où il fut fait prisonnier par les Anglais, qui le gardèrent 25 ans. Il ne sortit de prison qu'en 1440, par l'entremise de Philippe-le-Bon, duc de Bourgogne, avec lequel il se réconcilia.

Ce prince se livra avec succès à la poésie, et ses œuvres ont été recueillies et publiées plusieurs fois.

Il mourut à Amboise, le 4 janvier 1504. Il eut pour femmes : 1° Isabelle de France, veuve de Richard, roi d'Angleterre, dont il eut Jeanne d'Orléans, mariée à Jean, duc d'Alençon ;

2° Bonne d'Armagnac, morte sans enfans ;

3° Marie de Clèves, dont il eut Louis, qui fut Louis XII, roi de France; Marie d'Orléans, mariée à Jean de Foix, comte d'Étampes, après avoir été fiancée à Pierre de Bourbon, seigneur de Beaujeu, et Anne d'Orléans, abbesse de Fontevrault.

PLANCHE XII.

NEVERS.

N° 1.

Sigillvm · ROBERTI · PRIMOGENITI · COMITIS . FLANDRIE · COMITIS · NIVERNENsis. *Sceau de Robert, fils aîné du comte de Flandres, comte de Nevers.* Le comte de Nevers, armé de toutes pièces, tenant de la main droite une épée nue et portant au bras gauche un écu aux armes de Flandres chargé d'un lambel ; il est monté sur un cheval galopant à droite, couvert d'un caparaçon à ses armes.

Robert, dit de Béthune, troisième comte de Flandres de ce nom, fils aîné de Guy de Dampierre et de Mahaud de Béthune, eut pour première femme Blanche d'Anjou, fille de Charles Ier, roi de Naples.

Cette princesse étant morte en 1271, il épousa Yolande de Bourgogne, comtesse de Nevers, qui lui apporta en dot ce comté, dont il porta le titre jusqu'à la mort de son père, arrivée en 1305.

En 1312, Robert III céda au roi de France, Philippe-le-Bel, les villes de Douai, de Lille et de Béthune, et lui fit hommage de ses États. Il mourut à Ypres, le 17 septembre 1322.

Ce prince eut cinq enfans de sa seconde femme, entre autres Louis, comte de Nevers, dont le fils, nommé aussi Louis, succéda à Robert III, dans le comté de Flandres.

N° 2.

Sigillvm · LVDOVICI · PRIMOGENITI · COIT (*comitis*) · FLANDrie · COIT (*comitis*) · NIVN (*Nivernensis*) · REGIS · THES. . . . . . *Sceau de Louis, fils aîné du comte de Flandres, comte de Nevers, trésorier du roi.* Le comte de Nevers, ayant pour cimier un animal fantastique, tenant de la main droite une épée nue enchaînée à son armure, et portant au bras gauche un écu aux armes de Flandres-Nevers; il est monté sur un cheval galopant à droite, couvert d'un caparaçon à ses armes.

Contre-sceau : CONTRA SIGILLVM · COMITIS · NIVERNENsis . *Contre-sceau de Louis, comte de Nevers.* Dans une rosace, un écusson aux armes de Flandres-Nevers.

Louis de Flandres, comte de Nevers, fils de Robert III, comte de Flandres et d'Yolande de Bourgogne, comtesse de Nevers, ne fut point comte de Flandres, étant mort avant son père. Il épousa Jeanne, comtesse de Rethel, dont il eut Louis, deuxième du nom, qui succéda à son aïeul, et Jeanne de Flandres, mariée à Jean IV, duc de Bretagne. Le comte de Nevers mourut à Paris, le 12 juillet 1322.

N° 3.

Sigillvm · YOLANDIS · NIVERNENSIS · *Sceau de Yolande, comtesse de Nevers.* La comtesse de Nevers, debout, sous une arcade gothique, revêtue d'un manteau doublé de vair ; à droite et à gauche, trois fleurs-de-lis, placées perpendiculairement.

Contre-sceau : dans une rose, un écusson aux armes de Bourgogne ancien, brisé d'une bordure engrelée de gueules.

Yolande de Bourgogne, comtesse de Nevers, fille de Eudes de Bourgogne et de Mahaut de Bourbon, comtesse de Nevers, mariée d'abord à Jean de France, comte de Valois, épousa, en 1271, Robert III, comte

de Flandres, dont elle eut Louis et Robert de Flandres qui précèdent. Elle mourut le 2 juin 1280.

VENDOME.

N° 4.

SIGILLVM · IOHNIS (*Iohannis*) · COMITIS · VINDOCINI · *Sceau de Jean, comte de Vendôme.* Le comte de Vendôme, armé de toutes pièces, tenant de la main droite une épée nue, et portant sur la poitrine un écusson aux armes de Vendôme : d'argent au chef de gueules, au lion d'azur, armé, couronné et lampassé d'or, brochant sur le tout.

Contre-sceau : I . . . COMES · VINDOCINI . . . *Jean, comte de Vendôme.* La légende de ce contre-sceau a été ajoutée sur le bord d'une pierre gravée, qui paraît être d'un travail byzantin.

Jean de Bourbon, deuxième du nom, comte de Vendôme, fils de Louis de Bourbon, comte de Vendôme, et de Jeanne de Laval, fit ses premières armes sous le célèbre Dunois, bâtard d'Orléans. Il fut créé chevalier au siége de Fronsac, en 1451, et représenta le comte de Champagne au sacre de Louis XI. Il assista à la bataille de Montlhéry, en 1465, et mourut au château de Lavardin, près Vendôme, le 6 janvier 1477. Jean avait épousé Isabelle de Beauvau, dont il eut François de Bourbon, qui lui succéda, et sept autres enfans.

FOIX ET BÉARN.

N° 5.

Sigillvm · ROGERVS · COMES . . . . . *Sceau de Roger, comte de Foix.* Dans une rosace, un écusson écartelé aux premier et quatrième quartiers de Foix, aux deuxième et troisième de Béarn ; les armes du comté de Foix sont d'or à trois pals de gueules. Celles de la vicomté de Béarn sont d'or, à deux vaches de gueules, accornées, accolées et clarinées d'azur.

Roger Bernard, troisième du nom, comte de Foix et vicomte de Castelbon, était fils du comte Roger IV, et de Brunissende de Cardonne.

En 1272, Philippe-le-Hardi, roi de France, s'empara des États du comte de Foix, qui avait refusé de venir le joindre, et le retint prisonnier pendant un an à Beaucaire. Depuis, Roger servit le roi Philippe-le-Bel contre les Anglais, et eut pour récompense le gouvernement d'une partie de la Gascogne. Il mourut en 1301, à Tarascon.

Roger avait épousé Marguerite de Moncade, vicomtesse de Béarn, aux droits de laquelle il prétendit à cette vicomté. Elle lui donna, entre autres enfans, Gaston, qui lui succéda.

Les comtes de Foix de la première race, dont était Roger Bernard, descendaient des anciens comtes de Carcassonne; aussi les historiens locaux appellent-ils ces comtes les Carcassovingiens.

N° 6.

Sigillvm · GASTONIS· COITIS (*comitis*)· FVXI · *Sceau de Gaston, comte de Foix*. Dans une rosace, un écusson écartelé aux armes de Foix et de Béarn.

Gaston, deuxième du nom, comte de Foix et vicomte de Béarn, était fils de Gaston Ier et de Jeanne d'Artois, fille de Philippe d'Artois, seigneur de Conches. Ce prince prit sur les Anglais le château de Tartas, qu'il réduisit à l'obéissance du roi, ainsi que quelques places des environs. Il accompagna dans la campagne de Flandres Philippe de Valois, qui le récompensa de ses services en lui donnant la vicomté de Lautrec. Le comte de Foix étant passé en Espagne pour servir Alphonse XI, roi de Castille, contre les Maures, mourut à Séville, au mois de septembre 1343.

Il avait épousé Éléonore de Comminges, dont il eut Gaston Phœbus, son successeur.

N° 7.

. . . . . HEM . . . . COMITIS · FVXI . . . . . .
. . . *Sceau d'Archambaud, comte de Foix* . . . . . .
. Un écusson tiercé en pal, écartelé aux deux premiers tiers, de Foix et de Béarn, et au troisième de Grailly, qui portait : d'or, à la croix de sable chargée de cinq coquilles d'argent. Cet écusson est surmonté d'un casque dont le cimier est une tête et col de vache, des armes de Béarn, aílée d'un vol banneret de Foix.

Archambaud de Grailly, comte de Foix, captal de Buch, et fils de Pierre, deuxième du nom, seigneur de Grailly, vicomte de Benauges,

et de Rosemburge de Périgord, parvint au comté de Foix par son mariage avec l'héritière de ce comté, Isabelle de Foix, fille de Roger Bernard.

Archambaud de Grailly se trouva à la bataille de Cocherel, où il fut fait prisonnier avec son frère aîné et son neveu, le captal de Buch. Archambaud mourut en 1413, laissant, entre autres enfans, Jean, qui lui succéda aux comtés de Foix et de Bigorre, ainsi qu'à la vicomté de Béarn ; et Gaston de Foix, captal de Buch, qui a fait la tige des comtes de Candale.

Archambaud de Grailly est la tige des comtes de Foix de la deuxième race.

N° 8.

SIGILLVM . . . . . ISAB . . . COM · F . . . . . .
Scean d'Isabelle, comtesse de Foix. Dans une rosace, un écusson aux mêmes armes que le précédent.

Isabelle de Foix. (Voir l'article précédent.)

N° 9.

. . . . GASTOIS *Gastonis)* DEI · GRATIA · VICECOÏTIS BEAR . . . DNI . . . . . *Sceau de Gaston, par la grâce de Dieu, vicomte de Béarn, seigneur de* . . . . Un écusson aux armes de Béarn ; au-dessous, un château ; à droite et à gauche, trois besans posés perpendiculairement.

PLANCHE XIII.

BOURGOGNE.

Trois maisons de Bourgogne figurent avec éclat dans l'histoire ; elles sont connues sous les noms de comté de Bourgogne ou Franche-Comté, première et seconde maison ducale de Bourgogne.

A la mort du roi de France Raoul, Hugues-le-Noir, son frère, hérita de lui la duché de Bourgogne. Il eut pour successeur, Gislebert, son beau-frère, auquel succéda son gendre Othon, frère du roi Hugues Capet. Ce dernier duc étant mort sans enfans, son frère Eudes, dit Henri, s'empara du duché ; mais n'ayant pas laissé lui-même de postérité, Robert, son neveu, roi de France, se saisit, en 1001, du duché de Bourgogne sur Otto-Guillaume, fils d'Adalbert, duc de Lombardie, et de Gerberge de Dijon, qui prétendait avoir des droits au duché, parce que le second mari de sa mère, Henri, duc de Bourgogne, l'avait adopté et déclaré son successeur. Le roi s'étant rendu maître de la province, le força de se contenter des comtés de Bourgogne et de Dijon. C'est à cet Otto-Guillaume que commencent les comtes de la Haute-Bourgogne ou d'Outre-Saône ; ils finissent à Othon ou Othelin IV, mort en 1302, ne laissant que des filles de Mahaud d'Artois sa seconde femme. L'aînée de ces filles, Jeanne de Bourgogne, épousa, en 1306, Philippe V, roi de France, et la seconde, Blanche, Charles IV, aussi roi de France. Ces deux mariages firent passer la comté de Bourgogne dans la maison de France ; elle en sortit par le mariage d'Eudes IV, duc de Bourgogne, avec Jeanne, fille de Philippe V, comtesse de la Haute-Bourgogne des droits de sa mère.

Les comtes de la Haute-Bourgogne portaient d'azur semé de billettes d'or, au lion de même.

La première maison ducale de Bourgogne a pour chef Robert, troisième fils de Robert, roi de France, créé duc de Bourgogne en 1031. Cette branche eut douze générations et finit à Philippe de Rouvre, mort en 1361, sans enfans.

Le roi Jean hérita la duché de Bourgogne, comme étant le plus proche parent de Philippe de Rouvre, par Jeanne, sa mère, sœur de Eudes IV, et aïeule de Philippe. La comté de Bourgogne échut à Marguerite, veuve de Philippe de Rouvre.

Les ducs de cette maison avaient pour armes : un écu bandé d'or et d'azur de six pièces à la bordure de gueules.

La seconde maison ducale de Bourgogne commence à Philippe-le-Hardi, fils du roi Jean, qui reçut la duché de Bourgogne en apanage en 1363, et qui réunit les deux Bourgognes en 1369, par son mariage avec Marguerite, veuve de Philippe de Rouvre. Elle fournit quatre ducs et finit en 1476, à la mort de Charles-le-Téméraire, dernier duc de cette maison, dont la fille unique, Marie de Bourgogne, épousa Maximilien, archiduc d'Autriche, et lui porta la comté de Bourgogne, qui ne revint à la France que par conquête sous Louis XIV ; la duché était rentrée à la couronne de France par reversion à la mort de Charles-le-Téméraire.

Les ducs de cette maison portaient : de France sans nombre à la bordure componée d'argent et de gueules.

COMTÉ DE BOURGOGNE OU FRANCHE-COMTÉ.

N° 1.

SIGILLVM · IHIS · *(Iohannis)* COMITIS . . . . . GVNDIE ET DÑI *(domini)* SALENSIS · *Sceau de Jean, comte de Bourgogne et seigneur de Salins*. Le comte de Bourgogne, armé de toutes pièces, portant au bras gauche un écu aux anciennes allures du comté de Bourgogne : de gueules à la bande d'or, et tenant de la main droite une lance ornée d'une banderole à ses armes que l'on retrouve aussi sur le caparaçon de son cheval. Le cheval galope à gauche.

Contre-sceau : SIGILLVM · IHIS · *(Iohannis)* COMITIS · BVRGVDIE · & DÑI *(domini)* SALESIS. *Sceau de Jean, comte de Bourgogne et seigneur de Salins*. Le comte de Bourgogne, armé de toutes pièces, tenant de la main droite une épée nue, et portant au bras gauche un écusson à ses armes ; il est monté sur un cheval galopant à droite.

Jean Ier du nom, comte de Châlon et de Bourgogne, seigneur de Salins, surnommé le Sage, était fils d'Étienne III, comte de Bourgogne, et de

Béatrix, comtesse de Châlon. Il eut trois femmes : Mahaud, fille de Hugues III, duc de Bourgogne, dont il eut Hugues, qui lui succéda, et plusieurs autres enfans ; Isabeau de Courtenay, veuve de Renaud de Montfaucon, dont il eut Jean, qui fut la tige des comtes d'Auxerre, et d'autres enfans ; et enfin Laure de Commercy, dont il eut Jean de Châlon, seigneur d'Arlay, tige des princes d'Orange.

Jean Iᵉʳ mourut le 30 septembre 1267.

N° 2.

SIGILLVM · OTHONIS · COMITIS · PALATINI · BVRGVNDIE · DOMINI · SALINENSIS · *Sceau d'Othon, comte palatin de Bourgogne, seigneur de Salins.* Le comte de Bourgogne, armé de toutes pièces, tenant de la main droite une épée nue, et portant au bras gauche un écu aux secondes armes de Bourgogne-Comté : d'azur semé de billettes d'or au lion de même. Il est monté sur un cheval galopant à gauche, dont le caparaçon est brodé à ses armes.

Contre-sceau : CONTRASigillvm · OTHONIS · COMITIS · PALATINI. . . . V̄DIE · *Contre-sceau d'Othon, comte palatin de Bourgogne.* Un écusson aux armes de Bourgogne-Comté.

Othon, dit Othelin, IVᵉ du nom, comte palatin de Bourgogne, sire de Salins, fils de Hugues, comte de Bourgogne, et d'Alix de Méranie, eut deux femmes : Philippe de Bar, fille de Thibaut Iᵉʳ, comte de Bar, dont il n'eut qu'une fille ; et Mahaud d'Artois, qui lui donna Robert, mort à seize ans, Jeanne de Bourgogne, qui épousa Philippe V, et Blanche de Bourgogne, première femme de Charles IV, roi de France.

La Haute-Bourgogne entra dans la maison de France par ees deux mariages des filles d'Othon IV, et n'en sortit qu'à l'époque du mariage de Marie, fille de Charles-le-Téméraire, dernier duc de la seconde maison de Bourgogne, avec Maximilien d'Autriche.

Othon mourut à Melun le 17 mars 1302.

N° 3.

SIGILLVM · SECRETI · OTHONIS . . . . . . ITIS · BVRGVNDIE · *Sceau du secret d'Othon, comte de Bourgogne.* Dans une rosace, un écu aux armes de Bourgogne-Comté.

N° 4.

SIGILLVM · MATIL . . . . IT COÏTISSE · BVRGV̄DIE PALATINE · AC · DNE · (*dominæ*) SALIN . . . *Sceau de Mathilde, . . . comtesse de Bourgogne, comtesse palatine et dame de Salins.* Mathilde d'Artois, debout sous un dais gothique, revêtue d'un long manteau doublé de vair. Dans le champ, à droite et à gauche, un écusson : celui de droite, aux armes du comté de Bourgogne ; celui de gauche, à celles d'Artois, semé de France au lambel de quatre pendans de gueules, chaque pendant chargé de trois châteaux d'or.

Mahaud ou *Mathilde d'Artois,* fille de Robert II, comte d'Artois, et d'Amicie de Courtenay, épousa, en 1291, Othon IV, duc de Bourgogne (voyez même pl., n° 2). Restée veuve en 1302, elle plaida contre son neveu, qui revendiquait le comté d'Artois par droit de représentation. Ce comté lui ayant été adjugé par arrêt du roi Philippe-le-Bel, elle assista en qualité de *pair* de France au jugement rendu contre Robert, comte de Flandres, en 1315, et au sacre de Philippe V, le 6 janvier 1316.

Mahaud mourut à Paris, le 27 octobre 1329.

PREMIÈRE MAISON DUCALE DE BOURGOGNE.

N° 5.

SIGILLVM · HVGONIS · DVCIS · BVRGVNDIE. *Sceau de Hugues, duc de Bourgogne.* Le duc de Bourgogne, armé de toutes pièces, tenant une épée nue de la main droite et portant au bras gauche un écu aux armes de Bourgogne-Ancien : bandé d'or et d'azur de six pièces à la bordure de gueules. Il est monté sur un cheval galopant à droite.

Hugues IV, duc de Bourgogne, fils de Eudes III, neuvième duc propriétaire de Bourgogne, et d'Alix de Vergy, eut deux femmes : Iolande de Dreux, fille de Robert III, et Béatrix de Champagne, fille puînée de Thibaut VI. Il eut de sa première femme, Eudes, comte de Nevers et sire de Bourbon (voir même planche, n° 6), et Jean, comte de Charolais et aussi sire de Bourbon, tous deux morts avant lui ; Robert, qui lui succéda ; Alix, mariée à Henri III, duc de Brabant, et Marguerite, femme de Guy IV, vicomte de Limoges. Sa seconde femme lui donna Hugues de Bourgogne, seigneur d'Avallon, et trois filles.

Hugues fit en 1265 un traité avec Baudoin de Courtenay, IIᵉ du nom, empereur de Constantinople, qui lui donna le royaume de Thessalonique. En 1272, il émancipa son fils Robert en lui cédant sa duché, et mourut la même année.

N° 6.

SIGILLVM · ODONIS . . . . BONI · FILII · HVGONIS · DVCIS · BVRGVNDIE · *Sceau de Eudes, sire de Bourbon, fils de Hugues, duc de Bourgogne.* Le sire de Bourbon, revêtu de son armure, la tête nue, tenant de la main droite une épée, et portant au bras gauche un écu à ses armes, qui étaient : de Bourgogne-Ancien, brisé d'une bordure engrêlée de gueules. Il est monté sur un cheval galopant à gauche.

Eudes de Bourgogne, comte de Nevers, d'Auxerre et de Tonnerre, des droits de sa femme, Mahaud de Bourbon, fille d'Archambaud IX, sire de Bourbon, était fils de Hugues IV, duc de Bourgogne et de Iolande de Dreux. Il mourut à Acre, en Palestine, dans l'année 1269, ne laissant que des filles.

N° 7.

SIGILLVM · ROBERTI · DVCIS · BVRGVNDIE · *Sceau de Robert, duc de Bourgogne.* Le duc de Bourgogne, armé de toutes pièces, tenant de la main droite une épée nue, et de l'autre un écu aux armes de Bourgogne-Ancien ; il est monté sur un cheval galopant à droite, dont le caparaçon est brodé à ses armes.

Robert, IIᵉ du nom, duc de Bourgogne, chambrier de France, roi titulaire de Thessalonique, était fils de Hugues IV, et de Iolande de Dreux, sa première femme ; il épousa en 1272, Agnès de France, fille puînée de saint Louis, dont il eut neuf enfans : Jean de Bourgogne, mort avant lui ; Hugues, Vᵉ du nom, qui lui succéda ; Eudes de Bourgogne (voyez planche XIV, n° 1) ; Louis de Bourgogne, auquel son père Hugues céda ses droits sur le royaume de Thessalonique ; Robert de Bourgogne, comte de Tonnerre par sa femme ; Blanche de Bourgogne, mariée à Edouard, comte de Savoie ; Marguerite de Bourgogne, première femme de Louis X ; Jeanne de Bourgogne, première femme de Philippe VI, et enfin Marie de Bourgogne, qui épousa Edouard Iᵉʳ, comte de Bar.

Robert II fit la guerre contre les Flamands, et mourut en 1305, âgé d'environ 56 ans.

PLANCHE XIV.

N° 1.

SIGILLVM · ODON · · · · · IS · BVRGVNDIE · *Sceau de Eudes, duc de Bourgogne.* Le duc de Bourgogne, armé de toutes pièces, portant sur son casque un cimier en forme d'éventail ; il tient de la main droite une épée nue, enchaînée à son armure, et porte au bras gauche un écu à ses armes ; il est monté sur un cheval galopant à droite, dont le caparaçon est brodé à ses armes, et qui porte sur la tête le même ornement que le duc sur son casque.

Eudes IV, duc et comte de Bourgogne, comte palatin, d'Artois et de Châlon, sire de Salins et roi titulaire de Thessalonique, succéda à son frère Hugues au duché de Bourgogne. Il avait épousé en 1308, Jeanne de France, fille aînée de Philippe V, qui lui apporta, des droits de sa mère, le comté d'Artois. Robert d'Artois, IIIe du nom, le lui disputa; mais le roi Philippe VI, par lettres de l'année 1330, donna à celui-ci le comté de Beaumont-le-Roger, et conserva Eudes dans la possession du comté d'Artois. Après avoir fait la guerre en Guyenne et en Flandres, Eudes mourut à Sens, en 1349.

Il avait eu de sa femme : Philippe de Bourgogne, qui lui succéda, et Jean de Bourgogne, mort en bas âge.

N° 2.

Sigillvm · IOHANNE · FILIAE · REGis · FRĀCIE · DVCISSE · BVR-GV̄DIE · *Sceau de Jeanne, fille du roi de France, duchesse de Bourgogne.* Jeanne de France, debout sous un dais gothique, tenant à la main droite une branche de lis, et retenant son manteau de la main gauche. Aux colonnettes sont appendus deux écussons : celui de droite aux armes de Jeanne de France, d'azur semé de fleurs-de-lis d'or, sans nombre; celui de gauche, à celles de Bourgogne-Ancien.

Jeanne de France, femme de Eudes IV (voyez l'article précédent).

SECONDE MAISON DUCALE DE BOURGOGNE.

N° 3.

Sigillvm · PHIlippi · FILII · REGIS · FRANCIE · DVCIS · BVRGŌ-DIE · COĪTis · FLĀDRIE · ARTESII · & BVRGŌDIE · PALATINI · DNI · (*domini*) SALINIS · COĪTis · REGITESTENsis · & DNI · (*domini*) MASCLIE · *Sceau de Philippe, fils du roi de France, duc de Bourgogne, comte de Flandres, d'Artois et de Bourgogne, comte palatin, seigneur de Salins, comte de Rethel et seigneur de Malines.* Philippe-le-Hardi, armé de toutes pièces, portant sur son casque une grande fleur-de-lis pour cimier, tenant une épée nue de la main droite, et portant au bras gauche un écu à ses armes, écartelé de Bourgogne-Ancien et de Bourgogne-Moderne. (Bourgogne-Moderne portait de France à la bordure componée d'argent et de gueules.) Il est monté sur un cheval galopant à droite, dont le caparaçon est brodé à ses armes, et qui porte sur la tête une grande fleur-de-lis, semblable à celle qui sert de cimier au duc. Le champ est occupé par des lozanges, contenant alternativement les armes des divers états de ce prince. A gauche sont placés trois écussons : Artois, Flandres et Brabant. Près de la tête du cheval se trouve un autre écusson aux armes de Réthel : de gueules, à trois râteaux d'or, posés deux et un. On remarquera que les lions aux armes de Flandres et de Brabant sont placés à contre-sens, et que les armes de Réthel ne portent que deux râteaux.

Contre-sceau : Chiffres de Philippe et de Marguerite de Flandres, répétée trois fois et placés ainsi : P · M   M · P — P M L'écusson des armes du duc, écartelé de Bourgogne-Ancien et de Bourgogne-Moderne, surmonté d'un casque timbré de la couronne ducale. Dans le champ, quatre écussons placés régulièrement aux armes de Réthel, de Flandres, de Brabant et d'Artois.

Philippe de France, duc et comte de Bourgogne, pair de France, comte de Flandres, d'Artois, de Nevers, surnommé le Hardi, quatrième fils de Jean, roi de France, naquit à Pontoise, le 15 janvier 1341. Il combattit vaillamment à la bataille de Poitiers, en 1356, et y fut blessé à côté du roi, son père, et fait prisonnier avec lui. Il avait eu d'abord pour apanage, la comté de Touraine, érigée pour lui en duché; et en 1307, il reçut en échange la duché de Bourgogne, avec le titre de

premier pair de France. En 1382, il combattit avec le roi Charles VI, son neveu, à la bataille de Rosebecque, contre les Flamands. Pendant la maladie du roi, il gouverna le royaume avec le duc de Berry, son frère, à l'exclusion du duc d'Orléans, son neveu, frère du roi, qui prétendait diriger les affaires. C'est de cette époque que date l'inimitié des maisons de Bourgogne et d'Orléans, qui causa tant de troubles en France.

Philippe avait épousé, en 1369, Marguerite, comtesse de Flandres et d'Artois, veuve de Philippe de Rouvre, dernier duc de la branche des anciens ducs de Bourgogne, et fille de Louis III, comte de Flandres. Il en eut :

Jean-Sans-Peur, qui lui succéda;

Antoine de Bourgogne, tige des ducs de Brabant;

Philippe de Bourgogne, tige des comtes de Nevers;

Marguerite de Bourgogne, mariée à Guillaume IV, comte de Hainaut;

Marie de Bourgogne, mariée à Aimé VIII, duc de Savoie;

Catherine de Bourgogne, mariée à Léopold III, duc d'Autriche;

Et Bonne de Bourgogne, accordée à Jean, fils de Louis II, duc de Bourbon, qu'elle n'épousa pas.

Philippe-le-Hardi mourut à Hall, en Brabant, le 27 avril 1404.

N° 4.

Sigillvm · PHIlippi · REGIS · FRANCORV̄ · FILII · DVCIS · BVR-GV̄DIE · COMITIS · FLANDRIE · ARTHESII · & BVRGVNDIE · PALATINI. . . . . *Sceau de Philippe, fils du roi de France, duc de Bourgogne, comte de Flandres, d'Artois et de Bourgogne, Comte-palatin, ...* Le duc de Bourgogne, armé de toutes pièces, ayant pour cimier une grande fleur-de-lis, tenant une épée nue de la main droite et portant au bras gauche un écu à ses armes : écartelé de Bourgogne-Ancien et de Bourgogne-Moderne; il est monté sur un cheval galopant à droite, dont le caparaçon est brodé à ses armes. Dans le champ, sous le bras du duc, trois écussons; celui de droite, aux armes de Flandres; celui de gauche, à celles de Bourgogne-Comté; et celui du milieu, à celles d'Artois. Dans le champ, deux fleurs et le chiffre du duc : P, répété deux fois. Sous le cheval, on voit des arbrisseaux et des moutons.

Philippe-le-Hardi, duc de Bourgogne. (Voyez l'article précédent.)

N° 5.

Sigillvm PHIlippi · FILII REGis & PARIS · FRĀCIE · DVCIS · BVR-GŌDIE COĪTIS FLĀDRIE ARTESII & BVRGĀDIE PALATINI DNI (*domini*) DE SALINIS · COĪTIS · REGITESTENsis & DNI (*domini*) DE MALINIS : *Sceau de Philippe, fils du roi de France, pair de France, duc de Bourgogne, comte de Flandres, d'Artois et de Bourgogne, comte palatin, seigneur de Salins, comte de Rethel et seigneur de Malines.* Philippe-le-Hardi, armé de toutes pièces, et ayant pour cimier de son casque une grande fleur-de-lis, portant au bras gauche un écu écartelé de Bourgogne-Ancien et de Bourgogne-Moderne, et tenant de la main droite une épée nue; il est monté sur un cheval galopant à droite, dont le caparaçon est brodé à ses armes, et dont la tête est ornée d'une grande fleur-de-lis semblable à celle du casque du duc, mais dont la mauvaise conservation ne permet de voir que le commencement. Dans le champ, à gauche, deux écussons, dont l'un est aux armes de Flandres, et l'autre à celles d'Artois; sous la tête du cheval, un écusson aux armes de la comté de Bourgogne; en bas, un autre à celles de la comté de Rethel. Le fond du champ est occupé par des losanges, dans lesquels sont des têtes de chiens. Archives du département du Nord, à Lille.

Philippe-le-Hardi, duc de Bourgogne. (Voy. même planche, n° 3.)

N° 6.

Sigillvm · PHIlippi · FILII · REGIS · FRANCIE · DVCIS · BVRGV̄DIE : COĪTIS · FLANDRIE · ARTHESII : BVRGV̄DIE · PALATINI · DNI · (*domini*) DE SALINIS · COITIS · REGITESTENSIS · AC · DNI (*domini*) MACHLINIE · *Sceau de Philippe, fils du roi de France, duc de Bourgogne, comte de Flandres, d'Artois et de Bourgogne, comte palatin, seigneur de Salins, comte de Rethel et seigneur de Malines.* Le duc de Bourgogne, armé de toutes pièces, ayant pour cimier de son casque une grande fleurs-de-lis, portant au bras gauche un écu écartelé aux armes de Bourgogne-Ancien et de Bourgogne-Moderne, et tenant de la main droite une épée nue; il est monté sur un cheval galopant à droite, dont le caparaçon est brodé à ses armes. Dans le champ, à gauche, quatre écussons aux armes de Flandres, d'Artois, de Bourgogne-Comté et de Rethel. Archives du département du Nord, à Lille.

N° 7.

Sigillvm · SECRETI · PHILIPPI · FILII · REGIS · FRANCORvm · DVCIS · BVRGVNDIE · *Sceau du secret de Philippe, fils du roi des Français, duc de Bourgogne.* L'écu des armes du duc, surmonté d'un casque dont le cimier est une fleur-de-lis. Les supports de l'écu sont des griffons.

PLANCHE XV.

N° 1.

SIGILLVM · IOHANNIS · DVCIS · BVRGVNDIE · COMITIS · NIVERNENSIS · & BARONIS · DONZIACI. *Sceau de Jean, duc de Bourgogne, comte de Nevers, et baron de Donzy.* Le duc, armé de toutes pièces, ayant pour cimier une grande fleur-de-lis, tenant de la main droite une épée nue, et portant au bras gauche un écu à ses armes, écartelé de Bourgogne-Ancien et de Bourgogne-Moderne, à l'écu de Flandres brochant sur le tout. Il est monté sur un cheval galopant à droite, dont le caparaçon est brodé à ses armes. Dans le champ, à droite et à gauche, une fleur-de-lis. Le terrain est occupé par des marguerites, placées ici, dit de Vré, dans son ouvrage intitulé : *Sigilla comitum Flandriæ,* « pour l'amour de sa femme, Mar- » guerite de Bavière, de sa mère, Marguerite de Flandres, de » sa grand'mère, Marguerite de Brabant, et de sa bisaïeule, » Marguerite de France. »

Jean, duc de Bourgogne, comte de Flandres, d'Artois et de Bourgogne surnommé Sans-Peur, naquit à Dijon, le 28 mai 1371. Il porta d'abord le titre de comte de Nevers du vivant de son père; fait prisonnier par les Turcs à la bataille de Nicopolis, en 1396, il ne fut mis en liberté qu'après avoir payé une forte rançon. Son père étant mort en 1404, il fit hommage au roi de son comté et de sa pairie; s'étant déclaré contre le duc d'Orléans, il le fit assassiner à Paris, le 23 novembre 1407, et se réfugia en Flandres. A la suite des troubles civils que son ambition suscita, il fut tué par Tanneguy Duchâtel, dans l'entrevue qu'il eut avec le dauphin, sur le pont de Montereau, le 10 septembre 1419. Jean-Sans-Peur avait épousé Marguerite de Bavière, fille d'Albert de Bavière, comte de Hainaut, dont il eut Philippe-le-Bon qui lui succéda, et sept filles. Il eut en outre plusieurs enfans naturels.

N° 2.

Sigillvm IOHIS · (*Johannis*) DVCIS · BVRGVNDIE · COMITIS : FLANDRIE : ARTHESII : & BVRGVDIE · PALATINVS (*sic*) DNS (*dominus*) DE SALINIS & MACHLINIS. *Sceau de Jean, duc de Bourgogne, comte de Flandres, d'Artois, de Bourgogne, comte palatin, seigneur de Salins et de Malines.* Le duc de Bourgogne, armé de toutes pièces, tenant de la main droite une épée nue, et portant au bras gauche un écu à ses armes, écartelé de Bourgogne-Ancien et de Bourgogne-Moderne à l'écu de Flandres brochant sur le tout. Il est monté sur un cheval galopant à droite, dont le caparaçon est brodé à ses armes. Dans le champ, à gauche, deux écussons, l'un aux armes d'Artois, l'autre à celles de la comté de Bourgogne. La légende est disposée sur une banderole. Archives du département du Nord, à Lille.

Jean-Sans-Peur, duc de Bourgogne. (Voyez l'article précédent.)

N° 3.

Sigillvm · PHILIPPI · DVCIS · BVRGVNDIE COMITIS FLANDRIE ARTHESII ET BVRGVNDIE PALATINI · DNI (*domini*) DE SALINIS ET DE MACHLINIE · *Sceau de Philippe, duc de Bourgogne, comte de Flandres, d'Artois, et de Bourgogne, comte palatin, seigneur de Salins et de Malines.* Le duc de Bourgogne, armé de toutes pièces, ayant pour cimier une grande fleur-de-lis, tenant une épée nue de la main gauche, et portant au bras droit un écusson écartelé comme celui du n° 2; il est monté sur un cheval, galopant à droite, dont le caparaçon est brodé aux armes de Bourgogne. Dans le champ, à gauche, les mêmes écussons qu'au n° 2. La légende de ce sceau est disposée sur une banderole. Archives du département du Nord, à Lille.

Philippe, III° du nom, surnommé le Bon, duc et comte de Bourgogne, palatin, duc de Brabant, comte de Flandres, d'Artois, de Hainaut, etc., etc., premier pair de France, naquit à Dijon, le 30 juin 1396, de Jean-Sans-Peur, duc de Bourgogne, et de Marguerite de Bavière. Il hérita de son père le duché de Bourgogne en 1419, et se joignit aux troupes de Henri V, roi d'Angleterre, pour venger la mort de son père. Il fit la guerre à Jacqueline de Bavière, comtesse de Hainaut, Hollande et Zélande, et la força à la reconnaître pour héritier de toutes ses comtés. En 1428, il acheta les comtés de Namur et de Zutphen; et ayant hérité, en 1430, de son cousin, Philippe de Bourgogne, les duchés de Lothier, Brabant et Limbourg, il prit le titre de *Duc par la grâce de Dieu.* Le roi Charles VII voulut s'opposer à cette prétention; mais Philippe déclara que son intention n'était pas d'étendre ces termes aux pays et seigneuries qu'il avait en France, pour lesquelles il reconnaissait que le roi était son souverain seigneur. En 1456, il donna asile au dauphin, depuis Louis XI; et après la mort de Charles VII, il assista au sacre de Louis comme doyen des pairs de France, et le fit chevalier.

Philippe mourut à Baugé, le 15 juin 1467. En 1430 il avait institué dans cette ville l'ordre de la Toison-d'Or. Il avait été marié trois fois : 1° à Michelle de France, fille de Charles VI, morte sans enfans, en 1422; 2° à Bonne d'Artois, veuve du comte d'Artois, qui mourut aussi sans postérité en 1425; et 3° à Isabelle de Portugal, dont il eut Charles, qui lui succéda, et deux enfans morts en bas âge. Philippe eut en outre plusieurs enfans naturels, entre autres Antoine, surnommé le grand Bâtard de Bourgogne.

N° 4.

Sigillvm · PHILIPPI · DEI · GRACIA · BVRGVNDIE · LOTHARINGIE · BRABANCIE · ET · LIMBVRGIE · DVCIS · FLANDRIE · ARTHESII · BVRGVNDIE · PALATINI · HOLLANDIE · ZELLANDIE ET NAMVRCI · COMITIS · SACRI IMPERII · MARCHIONIS · AC DNI (*domini*) FRISIE · DE · SALINIS · & MACHLINIE · *Sceau de Philippe, par la grâce de Dieu, duc de Bourgogne, de Lothier, de Brabant et de Limbourg, comte de Flandres, d'Artois, de Bourgogne, palatin, de Hollande, de Zélande et de Namur, marquis du Saint-Empire et seigneur de Frise, de Salins et de Malines.* Le duc de Bourgogne, armé de toutes pièces, portant un casque dont le cimier est une grande fleur-de-lis, et dont pend une espèce de banderole fleurdelisée, appelée alors *voile*; il tient de la main droite une épée nue, et porte de la main gauche un écusson écartelé aux premier et quatrième quartiers de Bourgogne-Moderne; au deuxième, parti de Bourgogne-Ancien et de sable au lion d'or, qui est Brabant; au troisième, parti de Bourgogne-Ancien et d'argent au lion de gueules, la queue fourchue et passée en sautoir, armé, lampassé et couronné d'or qui est Luxembourg; et sur le tout, de Flandres. Le prince est monté sur un cheval galopant à droite dont le caparaçon est brodé à ses armes. Dans le champ, à gauche, et au-dessus du cheval, trois écussons aux armes d'Artois, Bourgogne-Comté et Flandres; dessous le cheval et devant lui, des briquets et des cailloux, semblables à ceux qui, entremêlés avec des flammes, forment le collier de l'ordre de la Toison-d'Or, institué par ce prince.

Philippe-le-Bon, duc de Bourgogne. (Voyez l'article précédent.)

N° 5.

SIGILLVM · PHILIPPI · DVCIS · BVRGONDIE · COMITIS · FLANDRIE · ARTESII ET BVRGONDIE · *Sceau de Philippe de Bourgogne, comte de Flandres, d'Artois et de Bourgogne.* Un écusson aux armes du duc, écartelé de Bourgogne-Ancien et de Bourgogne-Moderne, à l'écu de Flandres brochant sur le tout. Cet écusson est surmonté d'un casque dont le cimier est une grande fleur-de-lis. Les supports sont des lions.

N° 6.

SIGILLVM · ELIS. . . . . *Sceau d'Isabelle* . . . . La légende de ce sceau est illisible. — Un ange, tenant dans ses mains un écusson en losange, mi-parti aux armes du duc de Bourgogne et à celles d'Isabelle de Portugal : d'argent à cinq écussons d'azur mis en croix, chacun chargé de cinq besans d'argent en sautoir, un point de sable au milieu de chacun, à la bordure chargée de sept châteaux d'or, qui est Portugal-Moderne.

Isabelle de Portugal, fille de Jean Ier, roi de Portugal et de Philippe de Lancastre, épousa, le 10 janvier 1429, Philippe-le-Bon, duc de Bourgogne (voir l'article précédent), et mourut le 17 décembre 1472.

PLANCHE XVI.

N° 1.

SIGILLVM · KAROLI · DEI · GRACIA · BVRGVNDIE · LOTHARINGIE · BRABANCIE · LIMBVRGIE · ET · LVCEMBVRGIE · DVCIS · FLANDRIE · ARTESII · BVRGVNDIE · PALATINI · HANNONIE · HOLLANDIE · ZELANDIE · ET NAMVRCI · COMITIS · SACRI · IMPERII · MARCHIONIS · DNI · FRISIE · DE · SALINIS ET · DE · MACHLINIE · *Sceau de Charles, par la grâce de Dieu, duc de Bourgogne, de Lothier, de Brabant, de Limbourg et de Luxembourg, comte de Flandres, d'Artois, de Bourgogne, Palatin, de Hainaut, de Hollande, de Zélande et de Namur, marquis du Saint-Empire, seigneur de Frise, de Salins et de Malines.* Charles-le-Téméraire, couvert de son armure sur laquelle on distingue les fleurs-de-lis et le lion de Flandres, portant sur son casque, qui est ouvert et laisse reconnaître ses traits, une grande fleur-de-lis pour cimier; il tient de la main droite une épée nue et porte au bras gauche un écu aux mêmes armes que celui du n° 4. Il est monté sur un cheval galopant à droite, dont la tête est ornée d'un panache et dont le caparaçon est brodé à ses armes. Dans le champ, des briquets, des cailloux, des fleurs et des lapins qui fuient.
Archives du département du Nord, à Lille.

Charles, duc de Bourgogne, de Brabant, de Lothier, de Luxembourg, de Limbourg et de Gueldres, comte de Flandres, d'Artois, de Bourgogne, palatin, comte de Hainaut, de Hollande, de Zélande, de Namur, de Zutphen, de Châlons, d'Auxerre et de Charollais, etc., etc., doyen des pairs de France, surnommé *le Hardi* ou *le Téméraire*, naquit à Dijon, le 10 novembre 1433. Il était fils de Philippe-le-Bon, duc de Bourgogne, et d'Isabelle de Portugal. Ce prince porta d'abord le titre de comte de Charollais, sous lequel il fit ses premières armes. Charles succéda à son père en 1467; il fut continuellement en guerre avec Louis XI, auquel il causa beaucoup d'embarras, et avec les Flamands, plusieurs fois révoltés contre son autorité. Il fit aussi la guerre aux Suisses, et perdit contre eux les batailles de Grandson et de Morat, et celle de Nancy, où il fut tué, le 5 janvier 1476. Ce prince avait épousé, en 1439, Catherine de France, fille du roi Charles VII, morte en 1446, sans laisser d'enfans; il se remaria en 1454 à Isabelle de Bourbon, fille de Charles Ier, duc de Bourbon, dont il eut Marie qui lui succéda. La princesse Isabelle étant morte en 1465, le duc de Bourgogne épousa en troisième noces Marguerite, sœur d'Édouard IV, roi d'Angleterre, qui lui survécut et mourut en 1503, sans laisser de postérité.

N° 2.

SIGILLVM · SECRETVM · KAROLI · DVCIS · BVRGVNDIE · LOTHARINGIE · BRABANCIE · LIMBVRGIE · LVCEMBVRGIE · COITIS · FLADRIE · *Sceau secret de Charles, duc de Bourgogne, de Lorraine, de Brabant, de Limbourg et de Luxembourg, comte de Flandres.* Cette légende est disposée sur une banderole. Un écusson écartelé: aux premier et quatrième quartiers

de Bourgogne-Moderne, au deuxième, parti de Bourgogne-Ancien et de sable au lion d'or, qui est Brabant; au troisième, parti de Bourgogne-Ancien et de Luxembourg; et sur le tout, de Flandres. L'écusson est entouré du collier de la Toison-d'Or, et surmonté d'un casque grillé de face, dont le cimier est formé par une grande fleur-de-lis. Les supports sont des lions. Dans le champ, des fusils ou briquets, semblables à ceux qui forment le collier de la Toison-d'Or.
Sceau d'or communiqué par M. le colonel May (de Berne).

N° 3.

. . . . LLVM · MARGARETE · DVCISSE · BVRGVNDIE · ET · BRABANCIE · COMITISSE · FLANDRIE · ARTES . . . . *Sceau de Marguerite, duchesse de Bourgogne et de Brabant, comtesse de Flandres, d'Artois.........* Un écusson en losange, mi-parti des armes de Charles-le-Téméraire et de celles de Marguerite d'Angleterre : écartelé de France, et de gueules aux trois léopards ou lions léopardés d'or. Autour de l'écusson, les initiales gothiques de Charles et de Marguerite, enlacées et répétées quatre fois.
Archives du département du Nord, à Lille.

Marguerite d'York, sœur d'Édouard IV, roi d'Angleterre, et fille de Richard, duc d'York et de Cécile Nevil, fut mariée, le 16 février 1467, à Charles-le-Téméraire, duc de Bourgogne; elle survécut à ce prince et mourut à Malines, en 1503, sans avoir eu d'enfans de son mariage.

N° 4.

SIGILLVM · MARIE · DEI · GRATIA · BVRGVNDIE · LOTHARINGIE · BRABANCIE · LIMBVRGIE · LVCEMBVRGIE · ET · G . . . · DVCISSE · FLANDRIE · ARTESII · BVRGVNDIE · PALATINE · HANONIE · HOLLANDIE · ZELLANDIE · NAMVRCI · & ZVTPHENI · COMITISSE · SACRI · IMPERII · MARCHIONIsse · DOMINE · FRISIE · SALINARVM · AC · MACHLINIE · 1476 · *Sceau de Marie, par la grâce de Dieu, duchesse de Bourgogne, de Lothier, de Brabant, de Limbourg, de Luxembourg, et de Gueldres, comtesse de Flandres, d'Artois, de Bourgogne, Palatine, de Hainaut, de Hollande, de Zélande, de Namur et de Zutphen, marquise du Saint-Empire, dame souveraine de Frise, de Salins et de Malines.* 1476. Entre le commencement et la fin de cette légende qui est disposée sur une banderole, se trouvent trois écussons aux armes de Flandres, de Bourgogne-Comté et d'Artois. — Marie de Bourgogne, vêtue d'une robe à fourrures, tenant de la main gauche un faucon, et de la main droite la bride du palefroi sur lequel elle est assise : le cheval marche à gauche, sur un terrain parsemé de fleurs; il est couvert d'un caparaçon aux armes de Marie de Bourgogne. Sous le cheval, un chien.

Contre-sceau. Sur une banderole : CONTRA SIGILLVM. *Contre-sceau*. Un ange soutenant d'une main un écusson écartelé des grands quartiers de Bourgogne, comme au n° 4 de la pl. XV, et tenant par des liens ceux de Brabant, d'Artois et de Bourgogne-Comté.

Archives du département du Nord, à Lille.

Marie de Bourgogne, duchesse de Brabant, de Lothier, comtesse de Flandres, etc., etc., fille unique et héritière de Charles duc de Bourgogne, naquit à Bruxelles, le 13 février 1457. Elle succéda aux fiefs non masculins de son père en 1476, et mourut à Bruges des suites d'une chute de cheval qu'elle fit à la chasse, le 27 mars 1481. Elle avait épousé, en 1477, Maximilien, archiduc d'Autriche, depuis empereur. Les Pays-Bas et la Bourgogne-Comté passèrent alors dans la maison d'Autriche. Marie eut de son mariage avec Maximilien, Philippe IV, dit le Beau, père de Charles-Quint, et Marguerite d'Autriche.

N° 5.

Sigillvm · MARGARETE · ARCHIDVCISse · AVSTRIE · DVCISse BVR . . NDIE · BRABANCIE · LIMBVRGII · &. *Sceau de Marguerite, archiduchesse d'Autriche, duchesse de Bourgogne, de Brabant, de Limbourg, etc.* Un écu en losange, mi-parti des armes de Savoie et de Marguerite d'Autriche. La maison de Savoie portait : de gueules à la croix d'argent ; Marguerite d'Autriche portait : écartelé, au premier, de gueules à la fasce d'argent, qui est Autriche ; au deuxième, de Bourgogne-Moderne ; au troisième, de Bourgogne-Ancien ; au quatrième, de Brabant ; et brochant sur le tout, de Flandres.

Archives du département du Nord, à Lille.

Marguerite d'Autriche, fille de Maximilien Ier, empereur, et de Marie de Bourgogne, naquit à Gand en 1480. Elle fut d'abord fiancée, en 1483, au dauphin, depuis Charles VIII, qui la renvoya à son père en 1491, pour épouser Anne de Bretagne.

Marguerite épousa, en 1497, Jean, infant d'Espagne, qui mourut l'année suivante. En 1501, elle se remaria à Philibert le Beau, duc de Savoie, mort sans enfans en 1505. L'empereur Maximilien, tuteur de Charles-Quint, son petit-fils, donna le gouvernement des Pays-Bas à Marguerite ; elle mourut en 1530 sans laisser de postérité.

Marguerite d'Autriche appartient à la France, non seulement par son origine comme fille de Marie de Bourgogne, mais encore par le séjour prolongé qu'elle a fait sur le territoire français après la mort de son mari, Philibert, duc de Savoie. On sait que ce fut elle qui fit élever la riche et curieuse église de Brou, près de Bourg en Bresse, église dans laquelle on voit son tombeau et celui de Philibert de Savoie, magnifiquement ornés.

N° 6.

Sigillvm · MARGARETE · MAXimiliani · CESAris · FILIE · ARCHIDVCISSE · AVSTRIE · DVCISSE · ET · COMITISSE · BVRGvndie · & · *Sceau de Marguerite, fille de l'empereur Maximilien, archiduchesse d'Autriche, duchesse et comtesse de Bourgogne, etc.* Un écu en losange, mi-parti des armes de Savoie et de Marguerite d'Autriche, à l'exception que sur le tout on voit l'écusson de Flandres, qu'elle plaçait sans doute ainsi parce qu'elle était gouvernante des Pays-Bas depuis 1507. La charte à laquelle est appendu ce sceau est de 1510.

Archives du département du Nord, à Lille.

N° 7.

Scel : ANTHOINE · BASTART · DE · BOVRGOINGNE (*sic*) · CONTE · DE · LA · ROCHE · Cette légende est disposée sur une banderole sur l'extrémité de laquelle on voit des fleurs-de-lis. — Un écusson placé de côté, aux mêmes armes que le n° 2, mais brisé par la barre de bâtardise. Sur une des pointes de l'écu, un casque de profil, surmonté du bourrelet de chevalier et portant pour cimier une chouette. Les supports sont des griffons.

L'empreinte de ce sceau, dont l'original est en vermeil, et celle du sceau n° 2, ont été communiquées au *Trésor de Numismatique* par M. May, colonel à l'état-major général de la Confédération suisse. Ces sceaux proviennent de la dépouille du camp des Bourguignons après la défaite de Granson ; ils sont tombés en partage au canton de Lucerne, et c'est dans les Archives de cette ville que M. le colonel May les a fait mouler.

Antoine, bâtard de Bourgogne, surnommé le grand Bâtard, seigneur de Beures en Flandres, de Crèvecœur et de Vassy, etc., etc., fils naturel de Philippe-le-Bon, duc de Bourgogne, et de Jeanne de Presle, naquit en 1421, et fut légitimé au mois de janvier 1485.

Il fut fait chevalier de la Toison-d'Or par son père en 1456, et en 1464 il partit pour la Terre Sainte avec Baudouin son frère. A son retour il suivit le duc Charles, son frère, dans la guerre contre les Liégeois, et dans celle contre les Suisses. Il commandait l'avant-garde à la bataille de Granson, en 1476, et le 5 janvier de l'année 1477 que l'on comptait encore 1476, il fut fait prisonnier à celle de Nancy. Le roi Louis XI, qui lui avait donné les comtés de Grandpré et de Château-Thierry, le réclama auprès du duc de Lorraine ; il resta depuis à la cour de France, fut un des ambassadeurs chargés en 1493 de reconduire Marguerite d'Autriche à l'empereur Maximilien son père, et mourut en 1504, à l'âge de quatre-vingt-trois ans.

Il avait épousé, en 1453, Marie de la Vieuville, dont il eut trois filles, et Philippe de Bourgogne, qui lui succéda et continua la tige des seigneurs de Beures.

PLANCHE XVII.

BRETAGNE.

La Bretagne a été possédée par trois maisons bien distinctes. La première, connue sous le nom de maison *des anciens Rois ou Ducs de Bretagne*, se fondit dans celle de *Plantagenet ou d'Angleterre*; par le mariage de Constance, héritière de Bretagne, avec Geoffroy Plantagenet; cette seconde maison n'a donné qu'un souverain à la Bretagne, Arthur, qui mourut assassiné par son oncle en 1203. Après la mort de ce prince, Philippe Auguste fit épouser Alix, fille de cette même Constance de Bretagne et de son troisième mari Guy de Thouars, à Pierre de Dreux, petit-fils de Louis-le-Gros, roi de France, tige de la troisième et dernière maison de Bretagne, qui, comme on le voit, était issue de la maison royale.

MAISON D'ANJOU-PLANTAGENET OU D'ANGLETERRE.

N° 1.

La légende de ce sceau est à demi effacée; on ne peut en lire que la fin : . . . . TANNIE ET AQVITANIE. Le duc de Bretagne, armé de toutes pièces, portant sur la poitrine un écu suspendu au cou, et tenant de la main droite une lance ornée d'une bannière. Le prince est monté sur un cheval galopant à droite.

Contre-sceau : ARTVR · COMES · ANDEGAV. . . . . . La fin de la légende est effacée. *Arthur, comte d'Anjou,* . . . . Le duc, armé comme sur le sceau précédent; seulement, il porte une épée nue au lieu de lance.

Arthur, comte d'Anjou et de Bretagne, fils posthume de Geoffroy Plantagenet, troisième fils de Henri II, roi d'Angleterre, et de Constance, comtesse de Bretagne, naquit le 29 avril 1187. Ce prince avait les droits les plus légitimes au trône d'Angleterre, puisqu'il était fils de Geoffroy, frère aîné de Jean-sans-Terre; il avait de plus droit à la Touraine, à l'Anjou, à la Normandie, etc. ; mais son oncle, qui avait déjà usurpé sur lui la couronne d'Angleterre, voulut encore s'emparer de ceux de ses États situés en France. C'est ce qui obligea sa mère à le mettre sous la protection du roi Philippe-Auguste. En 1202, le roi arma Arthur chevalier, lui donna des troupes et de l'argent, et après l'avoir fiancé à sa fille Marie, l'envoya pour conquérir le Poitou. Mais Arthur étant tombé au pouvoir de son oncle, celui-ci le fit conduire à la tour de Rouen, où il le tua de sa propre main le 3 avril 1203.

N° 2.

SIGILLVM · ARTVRI · . . . . COMITIS · ANDEG . . . . . DIVITISMONTIS · *Sceau d'Arthur, duc de Bretagne, comte d'Anjou et de Richmond.* Arthur, la tête nue, revêtu d'une sorte de tunique, tenant une épée à la main et monté sur un cheval marchant à droite.

Arthur, duc de Bretagne. (Voyez n° 1.)

MAISON DE DREUX OU DE FRANCE.

N° 3.

SIGILLVM · PETRI · DVCIS · BRITANNIE · ET · COMITIS · RICHE-MONTIS · *Sceau de Pierre, duc de Bretagne et comte de Rich-*

mond. Le duc de Bretagne, armé de toutes pièces, portant au bras gauche un écu à ses armes : échiqueté d'or et d'azur qui est Dreux, au franc canton d'hermines qui est Bretagne. (Ces armes sont particulières à la branche des ducs de Bretagne de la maison de Dreux.) Le prince tient de la main droite une épée nue; il est monté sur un cheval galopant à droite.

Sceau secret : SECRETVM · MEVM · *Mon secret.* Un écusson aux armes de Dreux-Bretagne.

Pierre, surnommé *Mauclerc,* tige des ducs de Bretagne de la maison de France, était fils de Robert II , comte de Dreux, et d'Yolande de Coucy. Le roi Philippe-Auguste lui fit épouser Alix, fille de Constance, héritière de Bretagne, et de son troisième mari, Guy de Thouars. Pierre fit *hommage lige* de la Bretagne au roi de France, et consentit à laisser insérer dans les hommages à lui rendus par ses vassaux Bretons, cette clause : *sauf la fidélité due au Roi notre sire.*

Outre la duché de Bretagne, sa femme lui apporta la comté de Richmond en Angleterre, dont l'origine remontait au mariage d'Alain Fergent avec Constance, seconde fille de Guillaume-le-Conquérant, et il était de son chef seigneur de Fère-en-Tardenois, de Longjumeau, de Brie-Comte-Robert, de Pontarcy et de Chailly. Le roi Louis VIII étant mort, Pierre de Dreux se déclara contre la reine Blanche, régente du royaume; mais ayant été abandonné de ses partisans, il fut contraint de faire sa soumission au roi Louis IX, en 1227. Le duc de Bretagne ayant joint ses armes à celles de Henri III roi d'Angleterre auquel il fit hommage, le roi saint Louis tint, en 1230, une assemblée des pairs, dans laquelle il fit déclarer Pierre de Dreux coupable de félonie, et par là déchu de la duché de Bretagne. Le duc tenta de résister, mais il fut bientôt obligé de faire de nouveau sa soumission au roi, et vint à Paris, en 1234, demander merci. Saint Louis ne lui accorda son pardon qu'à condition qu'il ferait cession de sa duché à son fils dès que celui-ci serait majeur, et qu'il irait servir, pendant cinq années, en Terre-Sainte. Pierre se soumit à ces conditions, et l'an 1237, il remit sa duché à son fils aîné, et partit pour la Terre-Sainte en 1239; il revint en France en 1241. Il se croisa de nouveau en 1248, et accompagna le roi saint Louis. Grièvement blessé à la bataille de la Massoure, il fut ensuite fait prisonnier avec le roi. Ayant été remis en liberté, après avoir payé rançon, il revenait en France lorsqu'il mourut pendant la traversée en 1250.

Pierre eut d'Alix de Bretagne, sa première femme, morte en 1221 : Jean, qui lui succéda, Arthur, mort jeune, et Yolande, qui épousa Hugues XI de Lusignan, comte de la Marche ; de Marguerite, dame de Montaigu, sa deuxième femme, il eut Olivier de Bretagne, dit *de Braine,* seigneur de Montaigu.

Pierre Mauclerc est le premier duc de Bretagne qui ait fait mettre des armoiries à son écu.

N° 4.

SIGILLVM · IOHIS · (*Iohannis*) DVCIS · BR . . . . COMITIS · RICHEMONTIS · *Sceau de Jean, duc de Bretagne, comte de Richmond.* (Une partie de la légende est détruite.) — Le duc de Bretagne, armé de toutes pièces, tenant de la main droite une épée nue, et portant au bras gauche un écu à ses armes; il est monté sur un cheval galopant à droite.

Sceau secret : SECRETVM · MEVM · *Mon secret.* L'écusson des armes du duc de Bretagne.

Collection de M. le comte Auguste de Bastard.

Jean, Ier du nom, dit le Roux, duc de Bretagne, comte de Richmond, fils de Pierre de Dreux, et d'Alix de Bretagne, naquit en 1217. Le roi saint Louis le fit chevalier et reçut l'hommage lige de la Bretagne en 1239. Le duc Jean suivit le roi à la seconde croisade, assista au siège de Tunis en 1270, et revint en France après la mort de ce prince.

Il mourut le 8 octobre 1286. Jean avait épousé, en 1235, Blanche de Champagne; cette princesse le suivit en Afrique, et lui donna Jean, qui lui succéda, et plusieurs autres enfans.

6

N° 5.

SIGILLVM · IOHANNIS · DVCIS · BRITANNIE · *Sceau de Jean, duc de Bretagne.* Le duc de Bretagne, armé de toutes pièces, tenant de la main droite une épée nue, et de l'autre son écu. Il est monté sur un cheval galopant à droite, dont le caparaçon est brodé à ses armes.

Contre-sceau : SIGILLVM · IOHANNIS · DVCIS . . . . . . *Sceau de Jean, duc de Bretagne.* (La légende de ce contre-sceau n'est plus lisible.) — Un écusson aux armes de Dreux-Bretagne.

Collection de M. le comte Auguste de Bastard.

Jean II, duc de Bretagne, comte de Richmond, pair de France, né le 4 janvier 1238, était fils de Jean Ier, duc de Bretagne, et de Blanche de Champagne ; il fut fait chevalier à Londres, en 1260, par le roi Henri II, dont il avait épousé la fille, Béatrix d'Angleterre. En 1294, il se dé-

clara contre le roi de France, et entra en Gascogne à la tête de l'armée du roi d'Angleterre ; mais, l'année suivante, ayant éprouvé quelque mécontentement de la part des Anglais, il quitta leur parti pour rentrer dans celui du roi de France. En 1297, il arrêta le mariage de son petit-fils avec Isabeau, fille aînée de Charles de Valois et nièce de Philippe-le-Bel, âgée seulement de trois ans ; c'est en considération de cette alliance que le Roi le créa pair de France et lui concéda le titre de duc de Bretagne, tandis que, jusqu'alors, il n'était qualifié que de Comte dans les lettres-royaux ; c'est le premier exemple que l'on ait de ces créations. En 1304, il contribua à la victoire de Mons-en-Puelle, et fut un des commissaires du Roi pour traiter de la paix. Ayant accompagné le Roi à Lyon en décembre 1305, pour le sacre du pape Clément V, il fut écrasé par la chute d'une muraille.

Il laissa, de sa femme Béatrix, fille de Henri III, roi d'Angleterre, Arthur II, qui lui succéda ; Jean, auquel il donna le comté de Richmond ; Pierre de Bretagne, vicomte de Léon ; Blanche, qui fut dame de Conches, et deux autres filles.

PLANCHE XVIII.

N° 1.

SIGILLVM · A . . . . PRIMOGENITI · DVCIS · BRITANNIE · *Sceau d'Arthur, fils aîné du duc de Bretagne.* Arthur, armé de toutes pièces, portant un casque orné d'une figure fantastique pour cimier et d'un *volet* ou *lambrequin* ; il tient de la main droite une épée nue, et porte au bras gauche un écu à ses armes. Le prince est monté sur un cheval galopant à droite dont le caparaçon est brodé à ses armes.

Contre-sceau : SIGILLVM · ARTVRI · PRIMOGENITI · DVCIS · BRITANNIE · *Sceau d'Arthur, fils aîné du duc de Bretagne.* Un écusson aux armes du duc de Bretagne, placé dans une sorte de rosace.

Collection de M. le comte Auguste de Bastard.

Arthur de Bretagne, comte de Richmond et de Montfort, fils aîné de Jean II, duc de Bretagne, et de Béatrix d'Angleterre, naquit le 25 juillet 1262 ; il succéda à son père au duché de Bretagne en 1305, et mourut le 27 août 1312. Arthur laissa de sa première femme Marie, fille unique et héritière de Guy IV, vicomte de Limoges, qu'il avait épousée en 1275 ; Jean III, qui lui succéda ; Guy, comte de Penthièvre et vicomte de Limoges, et Pierre de Bretagne, mort sans postérité.

Marie étant morte en 1291, Arthur épousa, en 1294, sa cousine Yolande de Dreux, comtesse de Montfort-l'Amaury, veuve d'Alexandre III, roi d'Écosse. De ce mariage il eut Jean de Montfort, IIe du nom, qui disputa la Bretagne à Charles de Blois, et cinq filles.

Nous joignons au sceau d'Arthur celui de Blanche de Bretagne, sa sœur, ce monument n'étant venu en notre possession qu'après la publication des sceaux de la maison d'Artois.

N° 2.

SIGILLVM · BLACHE · DE · BRITNIA · VXORIS · PHILIPPI · PRIMOGENITI · COITIS · ATREBATENSIS · *Sceau de Blanche de Bretagne, femme de Philippe, fils aîné du comte d'Artois.* Blanche de Bretagne, vêtue d'un long manteau fourré d'hermines, tenant une fleur-de-lis de la main droite. Elle est placée sous un dais gothique aux colonnettes duquel sont appendus deux écussons : celui de droite, aux armes de Blanche de Bretagne ; celui de gauche, à celles de Philippe d'Artois : de France, au lambel de trois pendants de gueules (au lieu de quatre que portait son père), chaque pendant chargé de trois châteaux d'or.

Archives du département du Nord, à Lille.

Blanche de Bretagne, fille de Jean II, duc de Bretagne, et de Béatrix d'Angleterre, épousa, au mois de juillet 1280, Philippe d'Artois, seigneur de Conches, de Nonancourt, de Domfront, et fils de Robert II, comte d'Artois, et d'Amicie de Courtenay. Philippe mourut, en 1298, des suites des blessures qu'il avait reçues au combat de Furnes. Sa femme lui survécut jusqu'en 1327 ; elle mourut le 19 mars de cette année, à Vin-

cennes. Leurs enfans furent : Robert III d'Artois, comte de Beaumont-le-Roger, qui prétendit au comté d'Artois ; Marguerite, Jeanne, Marie et Isabelle d'Artois.

N° 3.

SEAV IEANNE DVCHESSE DE BRETAIGNE. Un écusson en losange, écartelé de Bretagne et de Penthièvre-Moderne, qui était : de Bretagne, à la bordure de gueules. Cet écusson est placé dans le centre d'une croix dont la forme est celle de la croix de Toulouse ; dans chaque coin, un écusson rond, dont on ne peut distinguer les armoiries. Entre les écussons, quatre anges jouant du luth, du théorbe, de la harpe et de la trompette.

Jeanne, duchesse de Bretagne, comtesse de Penthièvre et de Goëllo, vicomtesse de Limoges, etc., surnommée *la Boiteuse,* fille de Guy de Bretagne, fils de Arthur II, et de Jeanne d'Avaugour, naquit en 1319. Son oncle, Jean III, successeur d'Arthur, son aïeul, n'ayant pas d'enfans légitimes, la maria à Charles de Blois, neveu de Philippe de Valois, roi de France, et le reconnut pour son successeur. Ce mariage eut lieu en juin 1337. Son mari ayant été tué à la bataille d'Auray, le 29 septembre 1364, elle continua la guerre pour le duché de Bretagne jusqu'en 1364. Le traité de Guérande (Voir n° 6) termina cette longue dissension. Jeanne mourut le 10 septembre 1384, laissant de son mariage avec Charles de Blois, Jean de Blois, dit *de Bretagne,* comte de Penthièvre ; Guy de Blois, mort étant en otage en Angleterre ; Henri de Blois, mort en 1400 ; Marguerite de Blois, dame de Laigle, mariée à Charles d'Espagne, comte d'Angoulême, connétable de France ; et enfin Marie de Blois, dite *de Bretagne,* femme de Louis de France, duc d'Anjou, roi de Naples et de Sicile.

N° 4.

CONTRA · SIGILLVM · IOHIS · DVCIS · BRITANIE . . . . *Contre-sceau de Jean, duc de Bretagne.* L'archange saint Michel, foulant aux pieds le démon sous la forme d'un dragon, et tenant d'une main l'écu de Bretagne.

> Le sceau de Jean IV étant tout-à-fait brisé, nous ne publions que son contre-sceau.

Collection de M. le comte Auguste de Bastard.

Jean de Montfort, IVe du nom, duc de Bretagne, comte de Richmond, fils du second mariage d'Arthur II, avec Yolande de Dreux, prétendit au duché de Bretagne à la mort de Jean III, son frère du premier lit mort sans enfans. Charles de Blois, époux de la nièce de Jean III, que celui-ci avait adopté, lui disputa le titre de duc de Bretagne. Le roi de France prononça en faveur de Charles, le 7 septembre 1341, et envoya sous la conduite du duc de Normandie, son fils aîné, une armée en Bretagne, pour faire exécuter ce jugement. Jean de Montfort, qui s'était enfermé dans la ville de Nantes, y fut fait prisonnier ; mais sa femme, Jeanne de Flandres (voyez le n° suivant), continua la guerre. Jean de Montfort s'étant évadé de prison, en 1345, passa en Angleterre pour demander du secours, puis revint en France et mourut le 26 septembre de la même année.

Il avait épousé, en 1329, Jeanne de Flandres, dont il eut Jean V, qui lui succéda, et une fille nommée Jeanne.

N° 5.

Sᴄᴇᴀᴠ · IEHANNE · DE · FLĀDRES · ET · DE · ɴᴇᴠᴇʀS · CŌTESSE · DE · MONTFᴏʀᴛ · Jeanne de Flandres, vêtue d'un long manteau, debout sous un dais gothique; aux colonnettes sont appendus deux écussons : l'un aux armes de Flandres, l'autre à celles de Bretagne.

Archives du département du Nord, à Lille.

Jeanne de Flandres, fille de Louis comte de Flandres, et de Jeanne de Rethel, épousa, au commencement de l'année 1329, Jean de Montfort, IVᵉ du nom, duc de Bretagne. A la mort de son mari (1345) elle continua la guerre pour soutenir les droits de son fils, avec le secours des Anglais ; elle remporta plusieurs victoires sur Charles de Blois, son compétiteur, et sur les généraux que le roi Philippe de Valois envoya contre elle. Charles de Blois fut fait prisonnier au combat de La Rochederien. Rendu à la liberté en 1363, les hostilités reprirent avec une nouvelle vigueur, et enfin, l'an 1364, après vingt ans de guerre, Charles de Blois fut vaincu et tué à la bataille d'Auray.

La duchesse Jeanne mourut le 10 septembre 1384.

N° 6.

La légende de ce sceau est entièrement effacée. — Jean V, duc de Bretagne, la couronne ducale en tête, tenant une épée nue de la main droite. La mauvaise conservation du sceau ne permet de voir que l'une des deux hermines rampant qui se trouvaient de chaque côté du dais. Sur une banderole, la devise de Bretagne : A MA VIE.

Collection de M. le comte Auguste de Bastard.

Jean V, dit *le Vaillant, duc de Bretagne, comte de Richmond et de Montfort, pair de France*, fils de Jean de Montfort, IVᵉ du nom, et de Jeanne de Flandres, naquit en 1339; il devint paisible possesseur de la Bretagne par le traité conclu à Guérande, en avril 1364, après la bataille d'Auray, et fit hommage de sa duché-pairie au roi Charles V, le 13 décembre 1366. Ayant fait alliance avec les Anglais contre le roi, en 1373, il fut déclaré déchu et son duché fut confisqué; depuis cette époque, il rentra en grâce auprès du roi Charles VI, rendit de nouveau hommage en 1381, et mourut à Nantes le 2 novembre 1399.

Jean eut trois femmes : 1° Marie, fille d'Edouard III, roi d'Angleterre, morte en 1362, sans laisser d'enfans; 2° Jeanne, fille de Thomas Holland, comte de Kent, morte aussi sans postérité en 1384; et 3° Jeanne de Navarre, fille de Charles-le-Mauvais, roi de Navarre, qui lui survécut et se remaria à Henri IV, roi d'Angleterre. Il eut de cette princesse Jean VI, qui lui succéda, Arthur III et Richard. Ces deux derniers princes furent successivement ducs de Bretagne, parce que les deux fils de Jean VI moururent jeunes et sans laisser de postérité. Jean V eut encore de Jeanne de Navarre plusieurs filles, entre autres Marguerite, qui épousa Alain IX, vicomte de Rohan.

N° 7.

La légende de ce sceau est entièrement effacée. — Le duc de Bretagne, la couronne en tête, assis sur un trône, et tenant d'une main l'écu de ses armes, et de l'autre une épée nue; ses pieds sont posés sur deux lions; le trône est placé sous un dais fourré d'hermine. De chaque côté du dais, une hermine rampant.

Collection de M. le comte Auguste de Bastard.

Jean VI, dit *le Bon, duc de Bretagne, pair de France, comte de Montfort et de Richmond*, naquit le 24 décembre 1389, et succéda à son père Jean V, sous la tutelle de sa mère Jeanne de Navarre; il fut fait chevalier par le connétable de Clisson, le 23 mars 1401, et fit hommage au roi Charles VI à Paris, le 7 janvier 1403.

Ce prince mourut à Nantes le 29 août 1442 ; il avait épousé, le 19 septembre 1396, Jeanne de France, fille puînée du roi Charles VI, dont il eut : François, Iᵉʳ du nom, qui lui succéda; Pierre, IIᵉ du nom, qui succéda à son frère François; Gilles de Bretagne, seigneur de Chantocé, mort assassiné en 1450; et quatre filles, dont l'une, Isabelle de Bretagne, épousa Guy XIV, comte de Laval.

N° 8.

· · · · · · · · · · · DVCIS · BRITANIE · COMITIS · MONTISFORTIS · . (*Sceau de Jean*), *duc de Bretagne, comte de Montfort.* Le duc de Bretagne, la couronne en tête, assis sur un trône, tenant une épée nue à la main; il est placé sous un dais semé d'hermines; de chaque côté du dais, une hermine rampant. Le duc pose les pieds sur un lion.

Contre sceau (La légende de ce contre-sceau est presque entièrement effacée.) — L'écu de Bretagne, surmonté d'un heaume sommé de la couronne ducale, qui porte pour cimier un lion assis entre deux cornes. Les supports sont deux lions, mantelés de Bretagne.

Collection de M. le comte Auguste de Bastard.

Jean VI. (Voir l'article précédent.)

N° 9.

Sᴄᴇᴀᴠ · OLIᴠɪᴇʀ · DE · BRETAGNE · CONTE · DE · PENTHEVRE · (*sic*) VICONTE · DE · LIMOGE · Un écusson aux armes du comte de Penthièvre, qui sont : de Bretagne, à la bordure de gueules. Cet écusson est surmonté d'un casque sommé d'une couronne semblable à celle des marquis; le cimier est une tête et col d'aigle ailée d'un vol banneret. Les supports sont un lion et un griffon. Dans le champ, à droite et à gauche, un niveau.

Archives du département du Nord, à Lille.

Olivier de Blois, dit *de Bretagne, comte de Penthièvre, vicomte de Limoges, seigneur d'Avesnes*, fils de Jean de Blois, dit *de Bretagne*, comte de Penthièvre, et de Marguerite de Clisson, fille du célèbre connétable, succéda à son père dans le comté de Penthièvre en 1403. Les prétentions de cette maison au duché de Bretagne firent naître des guerres entre Olivier et le duc Jean VI. A l'instigation de sa mère, Olivier prit le Duc par trahison, en 1420, et le garda prisonnier; forcé de lui rendre la liberté, il fut condamné à mort et tous ses biens furent confisqués. Il se retira dans sa seigneurie d'Avesnes, où il mourut le 28 septembre 1433. Il avait épousé : Isabelle de Bourgogne, fille de Jean-sans-Peur ; et Jeanne de Lalain, dame de Kievrain, mortes toutes deux sans enfans.

PLANCHE XIX.

CHAMPAGNE.

———

N° 1.

SIGILLᴠᴍ · THEOBALDI · TRECᴏʀᴠᴍ · MELDᴀʀᴠᴍQᴠᴇ · COMITIS · PALATINI · *Sceau de Thibaud, comte palatin de Troyes et de Meaux.* Thibaud de Champagne, armé de toutes pièces, portant au cou un écu aux armes de Champagne : d'azur à la bande d'argent, cottoyée de deux cotices potencées et contrepotencées d'or de treize pièces. Le Comte tient de la main droite une épée nue, et monte un cheval galopant à droite.

Thibaut, Vᵉ du nom, comte Palatin de Champagne et de Brie, par cession et la mort de son frère aîné Henri, IIᵉ du nom, était fils de Henri I, comte de Champagne, et de Marie de France, fille aînée de Louis VII.

Ce prince épousa Blanche, fille de Sanche VI, roi de Navarre, dont il eut Thibaut VI, surnommé *le Grand* et le *Faiseur de Chansons*, qui lui succéda.

Thibaut V mourut le 25 mai 1201, à l'âge de vingt-cinq ans.

N° 2.

SIGILLᴠᴍ · TEOBALDI · COMITIS · CAMPANIE · ET · BRIE · PA-
LATINI · *Sceau de Thibaut, comte palatin de Champagne et
de Brie.* Le comte de Champagne, armé de toutes pièces, portant un écu suspendu à son cou, et tenant de la main droite
une épée nue ; il est monté sur un cheval galopant à droite.
Dans le champ, sous le cheval, l'empreinte d'une pierre gravée
antique.

Contre-sceau : PASSAVANT LE MEILLOR. Cette phrase était
le cri d'armes des comtes de Champagne. — Dans le champ,
l'empreinte d'une pierre gravée antique.

Thibaut VI, dit *le Grand, comte de Champagne, de Brie, de Blois et
de Chartres,* fils posthume de Thibaut V et de Blanche de Navarre, commença à régner en naissant, l'an 1201, sous la tutelle de sa mère. En
1234, il devint roi de Navarre, à la mort de Sanche VII, son oncle maternel. Thibaut se croisa, en 1239, avec les ducs de Bourgogne et de
Bretagne, et mourut à Pampelune le 10 juillet 1253. Il fut marié trois
fois : 1° à Gertrude de Hapsbourg, veuve de Thibaut, duc de Lorraine,
dont il fut séparé par jugement ecclésiastique avant d'en avoir eu des
enfans ; 2° à Agnès de Beaujeu, morte en 1231, dont il eut Blanche de
Champagne, mariée à Jean Iᵉʳ, duc de Bretagne ; 3° à Marguerite de
Bourbon, dont il eut Thibaut et Henri, qui furent successivement rois
de Navarre, et trois filles.

N° 3.

SIGILLᴠᴍ · NVNDINARVM · Tʜᴇᴏʙᴀʟᴅɪ · DEI · GRᴀᴛɪᴀ · REGIS ·
NAVARRE · CAMPANIE (la suite de la légende est placée dans
le champ) ET BRIE COMITIS PALATINI · *Sceau des foires de
Thibaud, par la grâce de Dieu, roi de Navarre, comte palatin
de Champagne et de Brie.* Un écu aux armes de Champagne ;
à droite et à gauche, l'empreinte d'une pierre gravée antique.

Contre-sceau : PASSAVANT LE MEILLOR. Dans le champ, l'écu
de Champagne.
Archives du département du Nord, à Lille.

Les sceaux des foires étaient spécialement destinés à être appendus
aux chartes distribuées aux marchands qui se rendaient aux foires. Ils
témoignaient qu'ils avaient rempli les formalités voulues, et qu'ils ven-
daient avec permission et sous la protection du seigneur du lieu.

N° 4.

Sɪɢɪʟʟᴠᴍ · HENRICI · FILII. . . . .
COMITIS · DE · RONASCO · *Sceau de Henri, fils (du roi de
Navarre), comte de Rosnay.* Le comte de Rosnay, armé de
toutes pièces, portant un écu à ses armes : de Champagne
brisé d'un lambel de cinq pendants ; il tient de la main droite
une épée nue, et est monté sur un cheval galopant à droite,
dont le caparaçon est brodé à ses armes.

Contre-Sceau : SIGILLVM · HENRICI · FILII · REGIS · ɴᴀᴠᴀʀRᴇ ·
Sceau de Henri, fils du roi de Navarre. L'écu des armes du
comte de Rosnay ; le champ est occupé par des losanges.

Henri III, dit *le Gras, comte de Champagne et roi de Navarre,* était
fils de Thibaut VI, comte de Champagne, et de Marguerite de Bourbon ;
il porta d'abord le titre de comte de Rosnay, et succéda dans le comté
de Champagne et le royaume de Navarre, l'an 1270, à Thibaut, son frère,
et mourut au mois de juillet 1274.

Il avait épousé Blanche d'Artois, fille de Robert, comte d'Artois, frère

de saint Louis, dont il eut un fils nommé Thibaut, qui mourut à l'âge
d'un an ; et Jeanne, qui hérita de ses États, et les porta dans la maison
de France.

N° 5.

Sɪɢɪʟʟᴠᴍ · BLANCHE · COMITISSE · DE · ROLNACO · *Sceau de
Blanche, comtesse de Rosnay.* Blanche d'Artois, debout, vêtue
d'un long manteau fourré de vair. Dans le champ, à droite,
un écu aux armes d'Artois ; à gauche, un écusson aux armes de
Champagne, avec un lambel pour brisure ; aux pieds de Blanche d'Artois, un écu aux armes de Brabant, qu'elle tenait du
chef de sa mère.

Blanche d'Artois. (Voyez l'article précédent.)

N° 6.

Sɪɢɪʟʟᴠᴍ · HENRICI · Dᴇɪ · GRᴀᴄɪᴀ · REGIS NAVARRE · CᴀPANIE
ET BRIE COMITIS · PALATINI · *Sceau de Henri, par la grâce
de Dieu, roi de Navarre, comte palatin de Champagne et de
Brie.* Le roi de Navarre, armé de toutes pièces et portant la
couronne royale sur son casque ; il porte suspendu au cou un
écu aux armes de Navarre, et tient de la main droite une épée
nue ; il est monté sur un cheval galopant à droite, dont le caparaçon est brodé à ses armes.

Sceau secret : Sɪɢɪʟʟᴠᴍ · SECRETVM · HENRICI · Dᴇɪ · GRᴀᴄɪᴀ ·
REGɪS · NAVARRE · *Sceau secret de Henri, par la grâce de
Dieu, roi de Navarre.* Un écu mi-parti de Navarre et de
Champagne. Le fond est occupé par des losanges.

N° 7.

Sɪɢɪʟʟᴠᴍ · BLᴀ̃CHE . . . . (La légende de ce sceau est
presque entièrement effacée.) — Sous un dais gothique, Blanche d'Artois, debout, revêtue d'un long manteau fleurdelisé ;
elle tient de chaque main une bannière : celle de droite aux
armes d'Artois ; celle de gauche aux armes de Navarre.
Collection de M. Depaulis.

N° 8.

Sᴄᴇᴀᴜ ᴅᴇ JEANNE, ᴄᴏᴍᴛᴇѕѕᴇ ᴅᴇ Cʜᴀᴍᴘᴀɢɴᴇ, ʀᴇɪɴᴇ ᴅᴇ Nᴀᴠᴀʀʀᴇ.

Un écusson mi-parti : au premier, de France ; au deuxième,
coupé, portant en chef Navarre, et en pointe Champagne. Ce
sceau n'a pas de légende.

Jeanne, comtesse de Champagne et reine de Navarre, fille de Henri-le-
Gras, et de Blanche d'Artois, naquit en 1270 et succéda à son père à
l'âge de quatre ans, sous la tutelle de sa mère. En 1284, elle épousa
Philippe-le-Bel, fils de Philippe III, roi de France, ce qui porta la Navarre dans la maison de France ; mais elle resta propriétaire des biens
qu'elle avait apportés en dot. Philippe-le-Bel ne prit point les titres de roi
de Navarre, comte de Champagne et de Brie. Lorsqu'il donnait quelques
ordonnances relatives à un de ces pays il y faisait mention que c'était du
consentement *de sa chère compagne,* et celle-ci, qui prenait les titres de
*Jeanne, par la grâce de Dieu, reine de France et de Navarre, comtesse
palatine de Champagne et de Brie,* approuvait les ordonnances et y ap-
posait son sceau. Ce fut cette reine qui fonda à Paris le collége de Navarre.

Elle mourut au château de Vincennes laissant sept enfans, dont trois
furent rois de France et de Navarre, sous les noms de Louis X, Philippe V
et Charles IV.

PLANCHE XX.

PROVENCE.

———

N° 1.

SIGILLVM · RAIMONDI · BERENGERI · Aragonensis · *Sceau de Raymond Bérenger d'Aragon.* (La suite de cette légende se trouve au contre-sceau.) Le Comte de Provence, armé de toutes pièces, et portant, suspendu à son cou, un grand bouclier aux armes d'Aragon : d'or à quatre pals de gueules. (Les comtes de Provence, issus des rois d'Aragon, en avaient conservé les armes sans aucune brisure.) Le Comte tient en arrêt une lance ornée d'une bannière, et est monté sur un cheval galopant à gauche, dont le caparaçon est brodé à ses armes.

Contre-sceau : COMITIS · PROVINCIE · *Comte de Provence.* Le Comte de Provence, armé comme sur le sceau : seulement il porte une épée nue au lieu de lance.

Raymond Bérenger IV, fils d'Alphonse II, comte de Provence et de Forcalquier et de Gersende de Sabran, succéda à son père en 1209, à l'âge de onze ans, sous la tutelle de don Pèdre, roi d'Aragon, son oncle. Ce prince étant mort, Gersende gouverna au nom du jeune Comte son fils jusqu'à ce qu'il fut sorti de tutelle. L'an 1220 il épousa Béatrix, fille de Thomas, Comte de Savoie, et parvint avec les forces que lui donna cette alliance à réduire les villes qui ne reconnaissaient pas son autorité. Il eut de sa femme Béatrix de Savoie : Marguerite, mariée au roi saint Louis ; Éléonore, mariée à Henri III, roi d'Angleterre ; Sancie, qui épousa Richard, Comte de Cornouailles et Roi des Romains, frère du roi d'Angleterre, et enfin Béatrix, qu'il fit son héritière et qui ne se maria à Charles de France, frère de Saint Louis, qu'après la mort de son père.

Raymond Bérenger mourut à Aix le 19 août 1245, à l'âge de quarante-sept ans. Béatrix, sa femme, lui survécut jusqu'en 1266.

N° 2.

SIGILLVM · COMITISSE · VXORIS · Raimondi · BErenGeri · COMITIS · ET MARCHIONIS · PRoVincIE · ET · COMITIS FORCAL-QVIAE · *Sceau de la Comtesse femme de Raymond Bérenger, Comte et Marquis de Provence, et Comte de Forcalquier.*

Contre-Sceau : ARMA COMITIS SABAVDIE ET MARCHIS ITHA-LIE (*sic*). *Armes du Comte de Savoie et Marquis d'Italie.* Un écusson aux armes de Savoie-Ancien, d'or à l'aigle de sable, becquée et membrée de gueules.

Béatrix de Savoie. (Voyez l'article précédent.)

———

TOULOUSE.

———

N° 3.

SIGILLVM · RAIMVNDI · DEI · GRACIA · COMITIS · TOLOSE · MAR-CHIonis · ProV̄ICIE · *Sceau de Raymond, par la grâce de Dieu, Comte de Toulouse, Marquis de Provence.* Le Comte de Toulouse, la tête nue, assis sur un trône *sans dossier,* tenant dans sa main droite un château, peut-être le château Narbonnais de Toulouse, et de la main gauche une épée non levée. Dans le champ, à droite, un soleil ; à gauche, le croissant.

Contre-sceau : Même légende que sur le sceau. Le Comte de Toulouse, armé de toutes pièces, portant au bras gauche un grand bouclier à ses armes : de gueules, à la croix d'or, clechée, vidée et pommetée en chacune des trois pointes qui finissent ses quatre branches. Le prince tient de la main droite une lance ; il est monté sur un cheval galopant à gauche, dont le capa-raçon est brodé à ses armes. .

Raymond VII, Comte de Toulouse, Duc de Narbonne, Marquis de Provence, fils de Raymond VI, et de Jeanne d'Angleterre, né en 1197, succéda au Comte son père en 1222 ; il fut fait chevalier le 3 juin 1229, par le Roi saint Louis. Sa première femme fut Sancie, fille de Pierre II, roi d'Aragon, dont il eut Jeanne qui fut son héritière. Il répudia cette princesse en 1241, et épousa Marguerite de Lusignan, dite *de la Marche,* fille de Hugues X, comte de la Marche, dont il n'eut point d'enfans.

Raymond mourut le 27 septembre 1249.

N° 4.

SIGILLVM · RAIMVNDI · COMITIS · *Sceau de Raymond, Comte.* Le Comte, armé et monté comme sur le contre-sceau du n° 3.

SIGILLVM · VENAISSINI · *Sceau du Venaissin.* Dans le champ, la croix de Toulouse.

Le comtat Venaissin était venu à la maison de Toulouse par le mariage de Guillaume III, l'un des ancêtres de Raymond VII, avec l'héritière de cet état. Raymond le perdit pendant la guerre des Albigeois ; mais lors de son voyage à Rome, en 1243, il obtint du pape la restitution du comtat Venaissin et du territoire d'Avignon.

PLANCHE XXI.

N° 1.

SIGILLVM · ALFONSVS (*sic*) · FILIvs · REgis · FRANCorvm · COMES · PICTAvie · ET · THOLOSE · *Sceau : Alphonse, fils du Roi des Français, Comte de Poitiers et de Toulouse.* Le Comte de Toulouse, armé de toutes pièces, coiffé d'un casque fermé, à plate-forme et portant suspendu à son cou un bouclier à ses ar-mes : parti de France et de Castille ; il tient de la main droite une épée, et est monté sur un cheval galopant à droite, dont le caparaçon est brodé à ses armes.

Contre-sceau : Une grande fleur-de-lis, cantonnée de quatre châteaux, qui rappellent ici les armes de Castille, que portait ce prince en mémoire de sa mère Blanche de Castille.

Alphonse, Comte de Poitiers et de Toulouse, cinquième fils de Louis VIII, roi de France, et de Blanche de Castille, naquit le 11 novembre 1220. Lorsque le Roi Saint Louis, son frère, partit pour la Terre-Sainte, en 1248, il lui laissa la régence du royaume conjointement avec la reine Blanche. L'année suivante, le Comte de Poitiers s'embarqua lui-même pour la Terre-Sainte. Fait prisonnier à la bataille de la Massoure, il fut racheté, revint en France, et prit possession du comté de Toulouse échu à sa femme. En 1270, il fit une seconde fois le voyage d'outre-mer à la suite du Roi, son frère, et mourut au retour, le 21 août 1271.

Alphonse n'ayant point eu d'enfans de son mariage avec Jeanne, fille de Raymond VII, le Comté de Toulouse retourna à la couronne.

N° 2.

ALFONSVS · COMES · PICTAVIE · ET · THOLose · *Alphonse, Comte de Poitiers et de Toulouse.* Alphonse de France, armé de toutes pièces, coiffé d'un casque à plate-forme grillé et fermé, portant suspendu au cou un écu mi-parti de France et de Castille. Le prince tient une épée nue de la main droite, et est monté sur un cheval galopant à gauche, dont le caparaçon est brodé aux armes de France et de Castille.

Contre-sceau : La légende fait suite à celle du sceau : MARCHIO
PROVINCIE · *Marquis de Provence.* Dans le champ, la croix
de Toulouse.
Sceau d'argent massif du cabinet de France.

N° 3.

SIGILLᴠᴍ · IOHANNE · COMITISSE · PICTAVIENSIS · *Sceau de
Jeanne, comtesse de Poitiers.* Blanche de Toulouse, debout,
revêtue d'un long manteau et tenant dans la main droite une
grande fleur-de-lis. Dans le champ, à droite, une fleur-de-lis,
placée au-dessus du château de Castille; à gauche, un château
de Castille, placé au-dessus d'une fleur-de-lis.

Jeanne, comtesse de Toulouse, fille unique et héritière de Raymond VIII, comte de Toulouse, et de Sancie d'Aragon, épousa, en
1241, Alphonse, comte de Poitiers, frère de saint Louis, et mourut
le 15 août 1261 sans laisser de postérité.

N° 4.

KAROLVS · SECVNDVS . Dᴇɪ · GRACIA · REX . . . . M
ET · SICILIE · DVCATᴠs · APVLIE · ET · PʀɪNCIPATᴠs · CAP . . . .
*Charles second, par la grâce de Dieu, roi de Jérusalem et de
Sicile. — Souverain des Duché de Pouille et Principauté de
Capoue.* Le Roi de Sicile, revêtu des habits royaux, portant
en tête une couronne royale ouverte, assis sur un trône formé
par deux lions; il tient d'une main un globe, surmonté de la
croix, et de l'autre un sceptre terminé par une grande fleur-
de-lis; derrière le trône, une tenture fleurdelisée.

Contre-sceau : ANDEGAV . . . . VINCIE ET · FOLCAL-
QVERII · COMES · *Comte d'Anjou, de Provence et de Forcalquier.* Le roi de Sicile, armé de toutes pièces, coiffé d'un
casque grillé, fermé, sommé de la couronne royale, portant
au bras gauche un écusson aux armes d'Anjou : semé de France,
au lambel de gueules, et tenant de la main droite une épée
nue; il est monté sur un cheval caparaçonné à ses armes.
Collection d'empreintes de M. Depaulis.

*Charles, IIᵉ du nom, surnommé le Boiteux, roi de Naples, de Sicile et
de Jérusalem, comte d'Anjou, du Maine, de Provence et de Forcalquier,*
était fils de Charles de France, Iᵉʳ du nom, roi de Naples, et de Béatrix,
Comtesse de Provence. L'an 1283, son père, se rendant en France, le
laissa régent de ses États; avec le titre de prince de Salerne. L'amiral
Doria étant venu avec sa flotte devant Naples, le prince de Salerne
sortit pour le combattre; mais il fut vaincu et forcé de se rendre
à discrétion. Il était encore prisonnier lorsque la mort de son père,
arrivée le 7 janvier 1285, l'appela au trône de Naples. Il n'obtint la liberté qu'en 1288, en laissant ses enfans pour ôtages.
Ce prince mourut le 6 mai 1309, à l'âge de 61 ans.
Il avait épousé, en 1270, Marie de Hongrie, dont il eut quatorze enfans, entre autres : Charles, Iᵉʳ du nom, surnommé Martel, roi de
Hongrie; Louis, évêque de Toulouse, qui fut canonisé; Robert, qui lui
succéda; et Philippe, tige des princes de Tarente.

N° 5.

RENE · DANIOV · SEIGNEVR · DE · MEZIERES · Un écusson
aux armes d'Anjou, brisé d'une bande. Cet écusson est entouré de deux palmes.
Communiqué par M. le colonel Mary de Berne.

Les premières armes des seigneurs, puis marquis de Mézières,
issus de la maison d'Anjou par bâtardise, étaient : semé
de France au lion d'argent mis au franc — canton, à la
barre d'argent, brochant sur le tout, à la bordure de gueules; notre écusson ne portant qu'une bande, il faut croire
qu'ils changèrent leurs armes primitives, ou que le graveur du
sceau a mis par erreur une bande au lieu d'une barre, et
supprimé le lion et la bordure.

René d'Anjou, seigneur de Mézières, Tucé, Senneché, etc., etc., fils de
Louis d'Anjou, *bâtard du Maine,* et de Anne de La Trémoïlle, naquit à
Mézières, le 5 octobre 1483. Il servit, en 1510, dans l'armée navale, et
resta long-temps en ôtage chez les Suisses pour sûreté des sommes que
Louis de La Trémoïlle, son oncle, leur avait promises pour les retenir
au service du roi Louis XII. Il mourut à Avignon, en 1521. Sa femme
était Antoinette de Chabannes, dame de Saint-Fargeau, dont il eut
plusieurs enfans.

PLANCHE XXII.

BAR.

N° 1.

SIGILLVM · DVCATVS · BARRIDVCIS · *Sceau du duché de Bar-
le-Duc.* Un écusson aux armes du duché de Bar : d'azur à deux
bars ou barbeaux d'or, dentés et allumés d'argent, l'écu semé de
croix recroisetées au pied fiché d'or.
Archives du département du Nord, à Lille.

Ce sceau était appendu à une charte de l'an 1251. A cette époque,
Thibaut II était comte de Bar. (Voyez la notice du n° 2.)
Le pays de Bar fut possédé, depuis 951 jusqu'en 1027, par des princes issus de Wigeric, comte du palais, sous le roi Charles-le-Simple.
A cette époque, le Barrois passa dans la maison de Montbéliard, par
le mariage de Sophie, seule héritière de Frédéric II, avec Louis, comte
de Mouzon et de Montbéliard. Depuis 988, jusqu'en 1034, le Barrois
fut possédé à titre de duché. De 1045, jusqu'en 1355, il porta celui de
comté, et, à cette époque, il reprit le nom de duché qu'il ne quitta plus.

N° 2.

Sɪɢɪʟʟᴠᴍ · THEOBALDI · COMITIS · BARRIDVCIS · *Sceau de
Thibaud, Comte de Bar-le-Duc.* Le Comte de Bar, armé de
toutes pièces, portant suspendu au cou un écu aux armes
de Bar, et tenant de la main droite une épée nue. Il est
monté sur un cheval galopant à droite, dont le caparaçon est
brodé à ses armes. Dans le champ, les croix des armes de Bar.

Thibaut II, comte de Bar, fils de Henri II, comte de Bar, et de Philippine de Dreux, succéda à son père, en 1240. En 1253, Thibaut se
déclara pour Marguerite, Comtesse de Flandres, mère de sa femme, et
son fils, Guy de Dampierre, contre Guillaume II, comte de Hollande.
Il perdit un œil dans cette guerre et fut fait prisonnier. Thibaut mourut
en 1286. Il avait épousé Jeanne de Flandres, fille de la Comtesse Marguerite et de Guillaume de Dampierre, dont il n'eut point d'enfans.
Après la mort de cette princesse, il se remaria à Jeanne, dame de Toci,
dont il eut Henri, qui lui succéda, et treize autres enfans.

N° 3.

SECRETᴠ̄ · RENATI · DVCIS · BARRENSIS MARCHIONIS PON-
TISMONTIS · GVB . . . . . *Sceau de René, duc de Bar, marquis de Pont-à-Mousson* . . . . . Un écusson renversé, écartelé aux premier et quatrième quartiers d'Anjou-Moderne; au
deuxième et troisième de Bar, et sur le tout, de Lorraine. L'é-
cusson est surmonté d'un casque fermé, dont le cimier est
une grande fleur-de-lis; les supports sont un lion et un griffon.

*René d'Anjou, dit le Bon, roi de Naples, de Sicile, de Jérusalem, etc.,
etc., duc d'Anjou et de Bar, comte de Provence, etc., etc.,* naquit au château d'Angers, le 16 janvier 1408. Il était fils de Louis II d'Anjou, roi
de Naples, et de Iolande d'Arragon. Son grand-oncle maternel, Louis,
cardinal et duc de Bar, l'adopta et lui donna le duché de Bar et le marquisat de Pont-à-Mousson. En 1434, il succéda à Louis III, son frère
aîné, mort sans enfans; et en 1435, il fut adopté par la reine de Sicile,
et reconnu pour son héritier.
René mourut à Aix, en Provence, le 10 juillet 1480.

Il avait épousé, en 1420, Isabelle, duchesse de Lorraine, dont il eut Jean d'Anjou, I⁰ʳ du nom, qui succéda à ses droits au royaume de Naples; Louis, marquis de Pont-à-Mousson; Nicolas, duc de Bar, mort jeune; Iolande d'Anjou, qui épousa Ferry de Lorraine, comte de Vaudemont; et la célèbre Marguerite d'Anjou, mariée à Henri VI, roi d'Angleterre.

René eut encore de sa première femme deux princes et deux princesses morts en bas âge.

Sa femme Isabelle étant morte en 1452, il se remaria à Jeanne de Laval, dont il n'eut point d'enfans.

N⁰ 4.

La légende de ce sceau est presque entièrement effacée; on ne distingue que le titre de roi de Hongrie. — René d'Anjou, la tête ceinte du diadème et revêtu d'un manteau royal, assis sur un trône formé par deux lions, et tenant de la main droite un globe surmonté d'une croix, et de l'autre un sceptre qui se termine par une fleur-de-lis. Le roi est placé sous un pavillon qui est fleurdelisé, ainsi que le champ. Dans le champ, à droite, un écusson surmonté de la couronne royale ouverte, aux armes du roi René: tiercé en pal; au premier quartier, fascé d'argent et de gueules de huit pièces, qui est Hongrie; au deuxième quartier, semé de France au lambel de trois pendans de gueules, qui est Anjou-Sicile, ou mieux Anjou-Ancien; au troisième quartier, d'argent à la croix potencée d'or, cantonné de quatre croisettes de même, qui est Jérusalem; au quatrième, qui est le premier de la pointe de l'écu, semé de France à la bordure de gueules, qui est Anjou-Moderne; au cinquième d'azur à deux bars ou barbeaux d'or, dentés et allumés d'argent, l'écu semé de croix recroisetées au pied fiché d'or, qui est Bar; enfin au sixième, d'or à la bande de gueules, chargée de trois alerions d'argent, qui est

Lorraine. A gauche, un écusson portant une croix patriarcale, s'élevant au milieu de trois montagnes. Ce sont sans doute des armoiries de fantaisie pour son royaume titulaire de Jérusalem, composées par le Roi René dont on connaît le goût pour les emblèmes et l'art héraldique.

Archives du département du Nord, à Lille.

N⁰ 5.

RENATVS · DEI · GRACIA · HVNGARIE · HIERVSALEM · . . . . AVIE · BARRI · ET · LOTHORINGIE · — (La légende est presque entièrement effacée.) *René, par la grâce de Dieu, Roi de Hongrie, de Jérusalem . . . . . . Duc de Bar et de Lorraine.* René d'Anjou, revêtu des habits royaux, comme sur le sceau précédent, placé sous un pavillon et assis sur un trône formé par deux lions. A gauche, l'écusson des armes de René d'Anjou, surmonté de la couronne royale ouverte; à droite, un écusson sur lequel se trouve une croix patriarchale au milieu de trois montagnes. Sur le sol, à droite et à gauche, une bourse sur laquelle on lit : EN DIEV. . . . . .

Contre-sceau : DVX · MARCHIO · PONTIS · PROVIN. . . . . CENOMANIE ANDEGAVIE · COMES · *Duc, Marquis de Pont-à-Mousson, ... Comte de Provence, ... du Maine et d'Anjou.* René d'Anjou, armé de toutes pièces, coiffé d'un casque orné d'un long volet ou lambrequin, dont la visière est à demi ouverte, et dont le cimier est une double fleur-de-lis. Il porte au bras gauche un écusson à ses armes et tient de la main droite une épée nue. Il est monté sur un cheval galopant à droite, dont le caparaçon est brodé à ses armes. Le champ est semé de fleurs-de-lis.

Archives du département du Nord, à Lille.

PLANCHE XXIII.

BOURBON.

La Sirie ou Baronnie de Bourbon était possédée, dès le commencement du xᵉ siècle, par des seigneurs puissans, dont la postérité mâle défaillit en 1169. Archambault de Bourbon, VIIᵉ du nom, n'ayant laissé qu'une fille nommée Mahaud, celle-ci hérita de son père la baronnie de Bourbon, qu'elle porta à Guy de Dampierre, dont le fils Archambault, VIIIᵉ du nom, prit le nom et les armes de Bourbon, qui étaient d'or au lion de gueules à l'orle de huit coquilles d'azur. Agnès de Bourbon, petite-fille d'Archambault VIII, restée seule héritière de la baronnie de Bourbon, par la mort de Mahaud, sa sœur aînée, épousa Jean II, fils d'Hugues IV, duc de Bourgogne, descendant en droite ligne de Hugues Capet. Béatrix, qui fut le seul fruit de ce mariage, ayant épousé Robert de Clermont, fils de saint Louis, ce prince prit le nom de duc de Bourbon, mais retint les armes de France, qu'il brisa d'une bande de gueules.

———

N⁰ 1.

. . . . ARCHEM . . . . ET MONTIS . . . . Le sire de Bourbon, armé de toutes pièces, coiffé d'un casque fermé, et portant suspendu au cou un écu aux armes de la maison de Bourbon avant qu'elle ne fût fondue dans la maison de France; on les nomme aussi Bourbon-Ancien; le sire de Bourbon tient de la main droite une épée nue et est monté sur un cheval galopant à droite, dont le caparaçon est brodé à ses armes. Dans le champ, à gauche, l'empreinte d'une pierre gravée antique.

Archambault, IXᵉ du nom, dit le Jeune, Sire de Bourbon, était fils d'Archambault de Dampierre, Sire de Bourbon, VIIIᵉ du nom, et de Béatrix,

dame de Montluçon. Les sires de Dampierre avaient pris le nom de Bourbon en 1197, époque du mariage de Mahaud de Bourbon, fille unique d'Archambault, VIIᵉ du nom, sire de Bourbon, avec Guy II de Dampierre aïeul, d'Archambault IX, dont nous publions le sceau.

Archambault IX accompagna le roi saint Louis dans son premier voyage d'outre-mer, et mourut en Chypre, le 15 janvier 1249. Il avait épousé, en 1227, Iolande de Châtillon, dont il eut deux filles : Mahaud de Bourbon, mariée à Hugues de Bourgogne, et Agnès, qui épousa Jean de Bourgogne, frère de Hugues; tous étaient fils de Hugues IV, duc de Bourgogne.

N⁰ 2.

SIGILLVM · LVDOVICI · DVCIS · BORBONENsis · COMITIS · CLAREMONTIS . . . PARIS FRANCIÆ. . . . . *Sceau de Louis, duc de Bourbon, comte de Clermont, ... pair de France, ... Le duc de Bourbon, la tête nue, revêtu de son armure, sur laquelle il porte une longue tunique brodée à ses armes, dont les manches ne vont que jusqu'au coude, tenant une épée nue et levée de la main droite, et s'appuyant de l'autre sur la hanche. A droite, un pilier, auquel sont appendus l'écusson de Bourbon, semé de France à la bande de gueules, et le casque du prince, fermé, orné de volets et surmonté de la couronne ducale, et sommé d'un bouquet de plumes de paon qui forme le cimier. On remarquera que, par une erreur du graveur, le casque du duc de Bourbon est tourné à gauche, comme ceux des bâtards.

Louis Iᵉʳ du nom, duc de Bourbon, pair et chambrier de France, Comte de Clermont et de la Marche, etc., etc., surnommé *le Grand,* était fils de Robert de France, sixième fils de saint Louis, et de Béatrix de Bourgogne, arrière-petite-fille d'Archambault IX, Sire de Bourbon. Louis Iᵉʳ naquit en 1279, et porta du vivant de son père le titre de *Louis-Monsieur.* Ce fut en sa faveur que le roi Charles IV érigea la baronnie de Bourbon en duché, le 27 décembre 1327. Le duc de Bourbon se distingua par ses exploits. En 1297, il fit ses premières armes à la bataille de Furnes, et, en 1302, commanda toute l'arrière-garde de l'armée, qu'il sauva à la bataille de Courtray. Deux ans après, il contribua à la victoire de Mons-en-Puelle.

La charge de grand-chambrier de France, qu'il remplit, était une des cinq premières charges de la couronne, et fut héréditaire dans la maison de Bourbon jusqu'à la défection du connétable de ce nom.

Louis de Bourbon mourut au mois de janvier 1341.

Il avait épousé, en 1310, Marie de Hainaut, dont il eut Pierre Ier, qui lui succéda; Jacques de Bourbon, qui fit la branche des comtes de la Marche; Jacques de Bourbon, mort en bas âge; et quatre filles.

N° 3.

LVDOVICVS · COMES · M . . . . . DOMINVS . . . . BORBOVNENSIS · *Louis, comte de la Marche, Sire de Bourbon.* Le Comte de la Marche, portant un casque grillé, orné de volets, surmonté d'une couronne de fleurs-de-lis, sommée de deux longues cornes, entre lesquelles est placé le cimier fleurdelisé; il est revêtu d'une armure, dont les épaulières sont aux armes de Bourbon, et porte au bras gauche un écusson à ses armes, et tient de la main droite une lance; il est monté sur un cheval galopant à droite, dont le caparaçon est brodé aux armes de Bourbon; la tête du cheval est ornée d'un cimier semblable à celui du casque.

Louis, IIe du nom, duc de Bourbon, comte de Clermont, de Forez, etc. etc., surnommé *le Bon,* naquit le 4 août 1337. Il était fils de Pierre Ier, duc de Bourbon et d'Isabelle de Valois. En 1380, après la mort de Charles V, le duc de Bourbon fut un des quatre princes du sang auxquels on confia la tutelle du jeune roi Charles VI. En 1382, il accompagna son pupille dans la guerre contre les Flamands, et contribua à la victoire de Rosebecq, en 1390. Le duc de Bourbon commanda l'armée que le roi de France accorda aux Génois contre les Maures d'Afrique. Louis de Bourbon mourut le 19 août 1410. Il avait épousé Anne, Dauphine d'Auvergne, dont il eut Jean Ier, qui lui succéda; Louis de Bourbon, mort jeune; et deux filles, Catherine et Isabelle de Bourbon.

ÉVREUX.

N° 4.

. . . . LVDOVICI FILII REGIS FRANCORVM · COMITIS EBROICENSIS · *Sceau de Louis, fils du roi des Français, comte d'Évreux.* Le comte d'Évreux, armé de toutes pièces, coiffé d'un casque fermé, et portant suspendu au cou un écusson aux armes d'Evreux : semé de France au bâton componé d'argent et de gueules. Il tient de la main droite une épée attachée à son armure, et est monté sur un cheval galopant à droite, dont le caparaçon est brodé aux armes d'Evreux. Archives du département du Nord, à Lille.

Louis de France, comte d'Évreux, d'Étampes, et pair de France, fils puîné de Philippe-le-Hardi, roi de France, et de sa seconde femme, Marie de Brabant, naquit au mois de mai 1276. Il assista, en 1304, à la bataille de Mons-en-Puelle. Le comté d'Évreux fut érigé pour lui en pairie, en 1316. Il mourut à Paris, le 19 mai 1319, laissant de sa femme, Marguerite d'Artois, Philippe, qui lui succéda et qui fut roi de Navarre par sa femme; Charles d'Évreux, comte d'Étampes; Jeanne d'Évreux, mariée à Charles IV, roi de France; Marie d'Évreux, qui épousa Jean III, duc de Brabant; et Marguerite d'Évreux, mariée à Guillaume XII, comte d'Auvergne.

ÉTAMPES.

N° 5.

SIGILLVM · LVDOVICI · COMITIS · STAMPARVM · *Sceau de Louis, comte d'Étampes.* Le comte d'Étampes, armé de toutes pièces, portant un casque fermé, surmonté d'une couronne; pour cimier, deux longues cornes, entre lesquelles est placé un animal fantastique; il porte suspendu au cou un écusson aux armes d'Étampes : semé de France au bâton componé d'hermines et de gueules, et tient de la main droite une épée nue; il est monté sur un cheval galopant à droite, dont le caparaçon est brodé à ses armes.

Contre-Sceau: CONTRA SIGILLVM LVDOVICI COMITIS STAMPARVM · *Contre-sceau de Louis, comte d'Étampes.* Un écusson aux armes d'Étampes.
Archives du département du Nord, à Lille.

Louis d'Évreux IIe du nom, Comte d'Étampes, fils de Charles d'Évreux, Comte d'Étampes, et de Marie d'Espagne, succéda à son père étant encore en bas âge et fut fait chevalier par le roi Jean au sacre de ce prince, en 1356. Ce prince fut fait prisonnier à la bataille de Poitiers; mais ayant payé sa rançon, il n'accompagna pas le roi en Angleterre. Louis mourut d'apoplexie à Paris, le 16 mai 1400, sans laisser de postérité de sa femme, Jeanne de Brienne, veuve de Gaucher, comte de Brienne, connétable de France.

GUYENNE.

N° 6.

DEVS؟ IVDICIVM · TVVM · REGI · DA · ET · IVSTITIAM · TVAM · FILIO · REGIS · *Dieu, donne ton jugement au roi, et ta justice au fils du roi.* Le duc de Guyenne, revêtu d'un long manteau, portant une couronne de fleurs-de-lis ouverte, et tenant de la main droite une épée nue, et de la main gauche . . . . Il est placé sous un pavillon, brodé aux armes de France et de Guyenne; deux anges relèvent les coins du pavillon. Aux pieds du duc, un écusson écartelé de France et de gueules au lion léopardé d'or, armé et lampassé d'azur, qui est Guyenne.

Contre-Sceau : DEVS؟ KAROLVS : MAXIMVS : AQVITANORVM : DVX : ET : FRANCORVM · FILIVS · *Le divin Charles le plus grand des ducs d'Aquitaine, fils du roi des Français.* Dans une rosace, le duc de Guyenne, armé de toutes pièces et portant un casque à ses armes; son casque, dont la visière est levée, est sommé d'une couronne ouverte, et orné d'une grande fleur-de-lis, qui sert de cimier; il tient une épée nue de la main droite, et tient de l'autre la bride de son cheval, dont le caparaçon est brodé à ses armes.
Épreuve en or massif du Cabinet de France.

Charles de France, duc de Guyenne, de Berry, etc., etc., quatrième fils de Charles VII, roi de France, et de Marie d'Anjou, naquit le 28 décembre 1446. Le duché de Berry lui fut donné en pairie, en 1461, et, en 1469, le Roi lui octroya le duché de Guyenne en place de celui de Normandie. Ce fut le premier chevalier de Saint-Michel, ordre institué par son frère, le roi Louis XI. En 1464, il se joignit à la ligue du Bien Public, et fit la guerre au Roi Louis XI avec lequel il s'accorda en 1465.

Il mourut à Bordeaux, empoisonné, à ce qu'on croit, par le Roi Louis XI, le 12 mai 1472.

Charles ne fut jamais marié, et ne laissa que des enfans naturels.

PLANCHE XXIV.

SAINT-POL.

N° 1.

SIGILLVM · GVIDONIS · PRIMOGENITI · FILII · COMITIS SANCTI · PAVLI · *Sceau de Guy, fils premier né du comte de Saint-Pol.* Guy de Châtillon, armé de toutes pièces, coiffé d'un casque fermé, et portant suspendu au cou un écusson aux armes de Châtillon : de gueules à trois pals de vair au chef d'or. Guy de Châtillon est monté sur un cheval galopant à droite.
Archives du département du Nord, à Lille.

Guy de Châtillon, Ier du nom, comte de Saint-Pol, fils aîné de Gaucher III, Seigneur de Châtillon, et d'Élisabeth, Comtesse de Saint-Pol, fit hommage au Roi du comté de Saint-Pol, qu'il tenait du chef de sa mère, en 1223. Il fut tué d'un coup de pierre au siége d'Avignon, au mois d'août 1226. Sa femme était Agnès de Donzy, Comtesse de Nevers, dont il eut Gaucher de Châtillon, qui ne lui succéda pas dans le comté de Saint-Pol (voir l'article suivant); et Iolande de Châtillon, qui épousa Archambault IX, Sire de Bourbon.

N° 2.

SIGILLVM · HVGONIS DE CASTELLIONE COMITIS · SᴀɴCᴛI · PAVLI · *Sceau de Hugues de Châtillon, comte de Saint-Pol.* Le Comte de Saint-Pol, armé de toutes pièces, coiffé d'un casque grillé et fermé, et portant suspendu au cou un écu à ses armes; il tient de la main droite une épée nue, enchaînée à son armure, et est monté sur un cheval galopant à droite, dont le caparaçon est brodé à ses armes.

Hugues de Châtillon, V^e du nom , Comte de Saint-Pol et de Blois, fils de Gaucher III, Seigneur de Châtillon, et d'Élisabeth, Comtesse de Saint-Pol.

Hugues succéda à Gaucher III, son père, à l'exclusion de Gaucher de Châtillon, fils de Guy, son frère aîné. Il s'appuyait, pour revendiquer le comté de Saint-Pol, sur ce que Élisabeth sa mère vivait encore lors du décès de son père, et que la coutume d'Artois, qui régissait le comté de Saint-Pol, n'admettait pas la représentation. Hugues se disposait à suivre le roi saint Louis à la Terre-Sainte, lorsqu'il mourut, le 9 avril 1248. Hugues se maria trois fois.

1° Avec N de Bar, fille de Thibaut Ier, Comte de Bar, dont il n'eut point d'enfans. 2° Marie d'Avesnes, Comtesse de Blois, dont il eut : Jean de Châtillon, Comte de Blois ; Guy de Châtillon, Comte de Saint-Pol, dont sont descendus les Comtes de Blois, Jean n'ayant pas eu d'enfans mâles; Gaucher de Châtillon, qui fit la branche des Comtes de Porcean, qui a donné le célèbre connétable de Châtillon ; et Hugues de Châtillon, mort sans postérité.

La troisième femme de Hugues fut Mahaut de Guynes, qui mourut sans enfans.

N° 3.

Sɪɢɪʟʟᴠᴍ · GVIDONIS · DE SᴀɴCᴛO · P . . . . MILITIS · *Sceau de Guy de Saint-Pol, chevalier.* L'écusson des armes de Châtillon, brisé d'un lambel de cinq pendans d'azur. Cette brisure fut portée par tous les Seigneurs de la branche des Comtes de Blois, dont Guy fut la tige. Les armes pures de la famille furent retenues par Jean, Comte de Blois, frère aîné de Guy.

Ce sceau est celui dont se servait Guy de Châtillon avant de succéder à son père.

Guy de Châtillon, IIe du nom, Comte de Saint-Pol et de Blois, fils de Hugues de Châtillon et de Marie d'Avesnes , épousa , après la mort de Robert de France, Comte d'Artois, Mathilde de Brabant, veuve de ce prince , l'an 1270. Il fit le voyage d'outre-mer à la suite du roi saint Louis; et, en 1276 , il fut de l'expédition du roi Philippe-le-Hardi en Arragon. Guy mourut le 12 mars 1289, laissant de Mahaut de Brabant, sa femme : Hugues de Châtillon, Comte de Blois, qui lui succéda ; Guy de Châtillon, qui continua les Comtes de Saint-Pol; Jacques de Châtillon, tige des Seigneurs de Leuze; et trois filles.

N° 4

Sɪɢɪʟʟᴠᴍ · GVIDONIS DE CASTELLIONE · COMITIS · SᴀɴCᴛI . PAVLI · *Sceau de Guy de Châtillon, Comte de Saint-Pol.* Le Comte de Saint-Pol, armé de toutes pièces, coiffé d'un casque grillé de face, et portant suspendu au cou un écusson à ses armes. Le comte tient de la main droite une épée nue, et est monté sur un cheval galopant à droite, dont le caparaçon est brodé à ses armes.

Guy de Châtillon. (Voyez l'article précédent.)

N° 5.

S . . . . · DIS · COMITISSE · ATREBA-TENsɪs · *Sceau de Mathilde, comtesse d'Artois.* Mathilde de Brabant debout, revêtue d'un long manteau, tenant de la main droite une branche de lis. A droite et à gauche le lion de Brabant.

On remarquera que Mathilde de Brabant scellait, en 1270, une charte, conjointement avec le Comte de Saint-Pol, son second mari, avec le sceau dont elle se servait lorsqu'elle était la femme du Comte d'Artois.

Mahaut ou Mathilde de Brabant. (Voir l'article précédent.)

N° 6.

SIGILLVM · HVGONIS · DE CASTELLIONE COMITIS SᴀɴCᴛI · PAVLI · *Sceau de Hugues de Châtillon, Comte de Saint-Pol.* Le Comte de Saint-Pol, armé de toutes pièces, coiffé d'un casque grillé et fermé, portant suspendu au cou un écusson à ses armes, et tenant de la main droite une épée nue; il est monté sur un cheval galopant à droite, dont le caparaçon est brodé à ses armes.

Hugues de Châtillon, VIe du nom, Comte de Blois, succéda au comté de Saint-Pol à Guy II, son père ; mais ses frères, Guy et Jacques de Châtillon, ayant aussi des droits dans cet héritage, il céda le comté de Saint-Pol au premier, et les terres de Leuze et de Condé au second.

Hugues mourut vers l'an 1303. Il avait épousé Béatrix de Flandres, dont il eut Guy de Châtillon, Comte de Blois, et Jean de Châtillon, dit de Blois, Seigneur de Châteaurenaud.

N° 7.

Sɪɢɪʟʟᴠᴍ · IOHANNIS · DE · CASTELLIONE · COMITIS · SᴀɴCᴛI · PAVLI · *Sceau de Jean de Châtillon, Comte de Saint-Pol.* Le Comte de Saint-Pol, armé de toutes pièces, coiffé d'un casque orné d'un volet, et dont le cimier est une tête de cerf; il tient de la main gauche une épée nue, enchaînée à son armure, et porte suspendu au cou, un écu à ses armes; il est monté sur un cheval galopant à droite, dont le caparaçon est brodé à ses armes, et dont la tête est ornée d'une tête de cerf.

Archives du département du Nord, à Lille.

Jean de Châtillon, Comte de Saint-Pol, fils de Guy de Châtillon, IIIe du nom, et de Marie de Bretagne, succéda à son père au comté de Saint-Pol, en 1317. Il épousa Jeanne de Fiennes, dont il eut Guy, qui lui succéda; et Mahaut , qui succéda à Guy, mort sans enfans.

Jean de Châtillon mourut avant l'an 1344.

N° 8.

Sɪɢɪʟʟᴠᴍ · IOHANNE · DE · FIENNIS · COMITISSE · SᴀɴCᴛI · PAVLI · *Sceau de Jeanne de Fiennes, Comtesse de Saint-Pol.* Jeanne de Fiennes, debout, revêtue d'un long manteau, et tenant de la main gauche une palme; elle est placée sous un dais gothique, aux colonnettes duquel sont appendus deux écussons; celui de droite aux armes de Châtillon-Saint-Pol; celui de gauche à celles de Fiennes : d'argent au lion de sable.

Jeanne de Fiennes. (Voir l'article précédent.)

PLANCHE XXV.

ANCIENS DAUPHINS DE VIENNOIS.

Le pays du Dauphiné portait d'abord le nom de province Viennoise et fit partie de l'ancien royaume de Bourgogne. Les divers Comtés qui formaient le Dauphiné furent réunis, vers l'an 1030, dans une seule maison, dont le chef, Guigues Ier, se qualifia Comte d'Albon et de Viennois. Guigues IV, son descendant, fut surnommé Dauphin, sans doute pour avoir adopté cet emblème dans un tournois où il se distingua. Ce surnom devint plus tard le titre de son descendant. Le dauphiné étant tombé en quenouille en 1162, passa dans la maison de Bourgogne par le mariage de Béatrix, fille de Guigues V, Dauphin, avec Hugues III, duc de Bourgogne ; ce mariage produisit une deuxième race de Dauphins de Viennois, qui se fondit, en 1282, dans la maison de Latour-du-Pin, et forma la troisième race des Dauphins de Viennois, dont Humbert II fut le dernier prince.

N° 1.

Sɪɢɪʟʟᴠᴍ · IOHIS (*Johannis*) · PRIMOGENITI · HVN. . . . . . PHINɪ · *Sceau de Jean, fils aîné de Humbert, dauphin.* (Une partie de la légende est effacée.) Un animal fantastique ailé, portant un écu aux armes du Dauphiné, qui étaient : d'or au Dauphin vif d'azur.

*Jean, Dauphin de Viennois, II*e *du nom*, fils de Humbert I*er*, seigneur de La Tour-du-Pin, Dauphin de Viennois, et de Anne Dauphine, Comtesse d'Albon et de Viennois, porta d'abord le titre de comte de Gapençois. Il reçut, le 18 avril 1307, après la mort de son père, l'hommage des seigneurs du Dauphiné, et mourut le 5 mars 1319, laissant de sa femme Beatrix de Hongrie, Guigues VIII, qui lui succéda, et Humbert II, qui succéda à Guigues son frère.

N° 2.

Sɪɢɪʟʟᴠᴍ · IOHIS (*Johannis*) · DALPHINI · VIEÑENSɪs · ALBONI · COMITIS · DNI (*domini*) · DE TVRRE. *Sceau de Jean, dauphin de Viennois, Comte d'Albon, Seigneur de la Tour.* Le Dauphin de Viennois, armé de toutes pièces, ayant un dauphin pour cimier, portant au bras gauche un écusson à ses armes, et tenant de la main droite une épée nue levée et enchaînée à son armure. Il est monté sur un cheval galopant à droite, dont le caparaçon est brodé à ses armes ; le cheval porte sur la tête un dauphin semblable à celui du casque.

Jean, Dauphin de Viennois. (Voyez l'article précédent.)

N° 3.

Sɪɢɪʟʟᴠᴍ · PARVVM · HVMBERTɪ · VIEÑENSIS · *Petit sceau de Humbert, Dauphin de Viennois.* Un *quatre-feuille*, au milieu duquel est placé un écusson aux armes du dauphin de Viennois. Au-dessus de l'écusson, un chevalier portant au bras gauche un bouclier, et tenant de l'autre une épée nue, assis sur un lion. A droite et à gauche, un homme monté sur un animal fantastique. En bas, deux animaux fantastiques affrontés ; entre eux, un vase.

Humbert II, Dauphin de Viennois, fils de Jean II et de Béatrix de Hongrie, succéda à son frère Guigues VIII, mort en 1333, sans laisser d'enfans. Le 16 juillet 1349, Humbert fit au roi de France cession de tous ses biens en faveur de Jean, duc de Normandie ou de l'un de ses enfans, en stipulant que le prince qui en serait investi porterait le nom de Dauphin de Viennois, et les armes du Dauphiné écartelées avec celles de France (*Voyez page 2*). Le lendemain de cette cession, Humbert prit l'habit de Saint-Dominique. A la fin de cette année 1349, Humbert se rendit à Avignon, où il reçut du pape Clément VI tous les ordres sacrés, et fut en même temps promu patriarche d'Alexandrie. En 1352, le roi le fit pourvoir de l'administration de l'archevêché de Reims, et le nomma, en 1354, évêque de Paris.

Humbert mourut à Clermont, en Auvergne, le 22 mai 1355. Il avait épousé, en 1332, Marie des Baux, qui mourut en 1347, deux ans avant qu'il entrât dans les ordres. De ce mariage, il n'eut qu'André Dauphin, mort en bas âge, d'un accident.

N° 4.

Sɪɢɪʟʟᴠᴍ · HVMBERTI · DEI · & SEDIS · APoSToLICE · GRACIA · ALEXANDRINENSɪS · PATRIARCA · DALFINI · VIENNENSɪs · ANTIQVIORɪIS (*sic*). — *Sceau de Humbert, par la grâce de Dieu et du siége apostolique, patriarche d'Alexandrie, ancien Dauphin de Viennois.* Humbert, assis sous un grand dais gothique, revêtu des habits pontificaux, tenant de la main gauche la grande croix patriarchale et levant la main droite en faisant le geste de la bénédiction ; dans la niche placée au-dessus du patriarche, la Vierge assise, tenant le Christ enfant ; à droite et à gauche, un ange en adoration. Dans une niche, à gauche de la Vierge, saint Pierre, tenant les clefs et le livre des Évangiles ; à droite, saint Paul, tenant le glaive. Dans une niche, à gauche du patriarche, saint Marc, premier patriarche d'Alexandrie ; à droite, sainte Catherine. Au-dessus de ces deux niches, un ange. A droite et à gauche du patriarche, dans une niche, un écusson aux armes du Dauphiné, surmonté d'un ange.

COMTES DE CLERMONT, DAUPHINS D'AUVERGNE.

L'Auvergne fut d'abord gouvernée par des Comtes qui relevaient des Ducs d'Aquitaine. Ces Comtes furent amovibles jusqu'en l'année 888 qu'ils devinrent héréditaires dans la personne de Guillaume, dit *le Pieux*. Guillaume-le-Jeune ou le-Grand, son descendant, ayant été dépouillé d'une partie de son Comté d'Auvergne par Guillaume, dit *le Vieux*, son oncle, prit le titre de Comte de Clermont, et se contenta, par traité de 1167, d'une partie de la Comté d'Auvergne et des terres situées en Dauphiné, que lui apportait sa femme Marchise, Dauphine de Viennois. Leur fils, nommé Dauphin, eut pour successeur Guillaume, qui prit pour titre le nom de son père, et les terres sous sa dépendance retinrent dès lors le nom de Dauphiné d'Auvergne.

Le Dauphiné d'Auvergne passa dans la maison de Bourgogne en 1426, par le mariage de Jeanne, fille unique de Beraud III, Comte de Clermont, Dauphin d'Auvergne, avec Louis I*er* de Bourbon, Duc de Montpensier.

N° 5.

SIGILL . . . . OMITIS · CLAROMONTIS · *Sceau de* . . . . *Comte de Clermont.* Le Comte de Clermont, armé de toutes pièces, portant au bras gauche un bouclier, et tenant de la main droite une épée nue ; il est monté sur un cheval marchant à droite.

Contre-sceau : SIGILLVM · DELFINI · *Sceau de Dauphin.* Un écusson rond aux armes des Dauphins d'Auvergne : d'or au Dauphin pâmé d'azur.

Dauphin, Comte de Clermont et d'Auvergne, était fils de Guillaume-le-Grand, Comte de Clermont, et de Marchise de Viennois. Il épousa Huguette, Comtesse de Mont-Ferrand, dont il eut Guillaume, qui lui succéda.

Dauphin mourut en 1234.

N° 6.

SIGILLVM · Wɪʟʟᴇʟᴍɪ · COMITIS · CLAROMONTIS · *Sceau de Guillaume, Comte de Clermont.* Le Comte de Clermont, armé de toutes pièces, portant au bras gauche un bouclier, et tenant de la main droite une épée nue levée ; il est monté sur un cheval galopant à droite.

Contre-sceau : Un écusson portant pour armoiries deux lions contournés passant. Nous n'avons pu découvrir pourquoi le contre-sceau du Comte de Clermont, dont les armes étaient un Dauphin, porte ici deux lions.

Guillaume, Comte de Clermont et de Mont-Ferrand, Dauphin d'Auvergne, fils de Dauphin, Comte de Clermont, et de Huguette de Montferrand, rendit hommage au roi Louis VIII, au mois de mars de l'année 1225. Guillaume eut deux femmes ; 1° Isabelle de Montluçon, dont il eut : Robert, qui lui succéda, Guillaume de Clermont, prévôt de l'église de

Brioude, et deux filles ; 2° Philippe, dont on ignore la maison et dont il n'eut point d'enfans.

On ne connaît pas la date précise de la mort de Guillaume, qui ne vivait plus en 1240.

N° 7.

SIGILLVM · ROBERTI · COMITIS · CLAROMONTIS & ALVERNIE · *Sceau de Robert, Comte de Clermont et d'Auvergne.* Le Comte de Clermont, armé de toutes pièces, coiffé d'un casque grillé, portant suspendu au cou un écusson aux armes d'Auvergne : d'or, au gonfanon de gueules, frangé de sinople et tenant de la main droite une épée nue levée. Il est monté sur un cheval galopant à droite, dont le caparaçon est brodé aux armes d'Auvergne.

Robert II, Comte de Clermont, Dauphin d'Auvergne, fils de Robert, I⁰ʳ Comte de Clermont, et d'Alix de Bourgogne, fit hommage à Alphonse de France, Comte de Poitiers en 1262, et mourut le 21 mars 1281.

Il laissa, de Mathilde d'Auvergne sa femme, Robert III, qui lui suc-

céda ; Guillaume, Dauphin d'Auvergne, et Mahaut, Dauphine d'Auvergne.

N° 8.

SIGILLVM · IEHA . . . . MONTI . . . . *Sceau de Jeanne, Comtesse de Clermont.* . . . . (La légende est presque entièrement effacée.) — La Comtesse de Clermont, revêtue d'un long manteau, debout sous un dais gothique. A droite, dans une niche, un homme tenant un écusson aux armes de La Marche : semé de France à la bande de gueules, chargée de trois lionceaux d'argent ; à gauche, un homme tenant un écusson aux armes d'Auvergne.

Jeanne de Clermont, Dame de Saint-Just, fille de Jean de Clermont, Comte de Charolais, et de Jeanne Dame d'Argies, était arrière-petite-fille de saint Louis. Elle épousa Jean I⁰ʳ, Comte d'Auvergne, dont elle eut Jean, qui succéda à son père, et deux filles, Jeanne, mariée à Beraud, Dauphin d'Auvergne, et Marie qui épousa Louis, Vicomte de Turenne.

PLANCHE XXVI.

BOULOGNE.

Le Comté de Boulogne fut formé vers 880 d'un démembrement du Comté de Ponthieu, en faveur de Hennequin, gendre de Helgaud I⁰ʳ, Comte de Ponthieu, et resta dans sa descendance jusqu'en l'an 1125, qu'il passa dans la maison de Blois, par le mariage d'Étienne, fils du Comte de Blois, avec Mahaut, fille unique d'Eustache III, Comte de Boulogne. Étienne, devenu Roi d'Angleterre, céda le Comté de Boulogne à son frère Eustache, et celui-ci n'ayant point eu d'enfans, ainsi que son frère Guillaume qui lui succéda, le Comté de Boulogne revint à Marie, leur sœur, qui épousa Mathieu d'Alsace, fils du Comte de Flandres. Ide, fille unique de ces derniers, porta le Comté dans la maison de Dammartin, par son mariage avec Renaud de Dammartin. Mahaut, leur héritière, ayant épousé Philippe Hurepel, fils de Philippe-Auguste, Roi de France, le Comté passa dans la maison de France, mais Philippe de France n'ayant pas eu d'enfans, il échut, après de longues dissensions entre les différens collatéraux, à Bertrand V, comte d'Auvergne, dont le fils, Bertrand VI, le céda à Louis XI, en échange du Comté, depuis Duché de Lauraguais.

N° 1.

SIGIL . . . . . . GINALDI · COMITIS · BOLONIE · *Sceau de Renaud, Comte de Boulogne.* Renaud de Dammartin, armé de toutes pièces, portant suspendu au cou un bouclier aux armes de Dammartin : fascé d'argent et d'azur de six pièces. Il tient de la main droite une épée nue, et est monté sur un cheval galopant à gauche.

Renaud de Dammartin, Comte de Boulogne, fils d'Alberic II, Comte de Dammartin, épousa Marie de Châtillon, qu'il répudia vers l'an 1190, pour épouser Ide, Comtesse de Boulogne. En 1214, Renaud s'étant joint à l'empereur Othon, contre Philippe Auguste, fut blessé et fait prisonnier à la bataille de Bouvines, après y avoir fait des prodiges de valeur et renversé Philippe-Auguste de son cheval. Envoyé à Péronne, pour y garder prison, il y mourut en 1227, laissant de son mariage avec Ide de Boulogne, Mahaut, qui épousa Philippe Hurepel, fils de Philippe-Auguste.

N° 2.

SECRETVM · REGINALDI · COMI . . . . . LONIE · *Secret de Renaud, Comte de Boulogne.* Un écusson aux armes de Renaud de Dammartin.

N° 3.

SIGILLVM · IDE · COMITISSE · BOLONIE · *Sceau de Ide, Comtesse de Boulogne.* Ide de Boulogne, debout, revêtue d'une longue robe, et portant sur la tête un voile qui pend jusqu'à terre ; elle a la main droite appuyée sur la hanche, et porte sur la main gauche un faucon.

Contre-sceau : Deux écussons, l'un aux armes de Boulogne : d'or à trois tourteaux de gueules ; l'autre à celles de Dammartin. Ce contre-sceau, comme le sceau principal, est en forme de vessie de poisson.

Ide de Flandres, Comtesse de Boulogne, fille de Mathieu d'Alsace et de Marie de Blois, dite de Boulogne, succéda dans le Comté de Boulogne à son père, en 1173, sous la garde noble de Philippe d'Alsace, Comte de Flandres, son oncle. Celui-ci lui fit épouser Gérard, Comte de Gueldres, qui mourut en 1183. Elle eut encore deux autres maris, Berthold, Duc de Zeringhen, mort en 1186 ; et Renaud, Comte de Dammartin (voir le n° 1). Après que son mari eut été fait prisonnier à Bouvines, la Comtesse Ide se retira en Flandres et y mourut en 1216.

N° 4.

SIGILLVM · PHILIPPI · FILII · REGIS · PHIL . . . . . . *Sceau de Philippe, fils du roi Philippe* . . . . Philippe de France, armé de toutes pièces, portant suspendu au cou un bouclier à ses armes : semé de France au lambel de gueules de trois pièces ; le Prince tient de la main droite une épée nue ; et est monté sur un cheval galopant à droite.

Contre-sceau : Une grande fleur-de-lis et les initiales du nom du prince : PH.

Philippe Hurepel ou Rudepeau, Comte de Boulogne, fils du roi Philippe-Auguste et d'Agnès de Méranie, naquit en 1200, et porta d'abord le titre de Comte de Mortain. Il ne prit celui de Comte de Boulogne qu'en 1216, après son mariage avec Mahaut, fille de la Comtesse Ide. En 1226, il assista au sacre du roi Louis IX, son neveu, et y porta l'épée royale. Philippe fut tué en 1234, dans un tournoi donné à Corbie, ne laissant de son mariage qu'une fille nommée Jeanne, qui épousa Gaucher de Châtillon.

PONTHIEU.

Dès le septième siècle Walbert était Comte de Ponthieu par hérédité, ainsi qu'il résulte de la chronique de saint Bertin. Depuis Walbert jusqu'à l'an 780, la suite des Comtes de Ponthieu est incertaine ; à cette époque, Angilbert, gendre de Charlemagne, fut fait par ce Prince Duc ou Gouverneur du Ponthieu. Ce Comté passa dans la maison d'Alençon vers l'an 1100, par le mariage d'Agnès, fille de Guy Ier, Comte de Ponthieu, avec Robert II, Comte d'Alençon, et, en 1221, dans celle de Dammartin, par celui de Marie, fille de Guillaume III, avec Simon de Dammartin. De l'année 1279 à l'année 1435, qu'il fut réuni à la couronne, le Ponthieu appartint en propre à la maison royale d'Angleterre par suite du mariage d'Éléonore, héritière de ce Comté, avec Édouard Ier, Roi d'Angleterre.

N° 5.

SIGILLVM SIMONIS COMITIS PONTIVI. *Sceau de Simon, Comte de Ponthieu.* Le Comte de Ponthieu, armé de toutes pièces, portant un casque, dont le cimier est formé par deux cornes, ornées de petites banderoles; il porte suspendu au cou un bouclier aux armes de Dammartin, et tient de la main droite une épée nue; le Comte est monté sur un cheval galopant à droite.

Simon de Dammartin, Comte de Ponthieu, fils puîné d'Albéric II, Comte de Dammartin, fut Comte de Ponthieu par son mariage avec Marie, fille unique et héritière de Guillaume III, comte de Ponthieu. Simon ayant pris parti avec le Comte de Flandres, contre le Roi Philippe-Auguste, fut contraint de se réfugier en Angleterre. Sa femme, pour sauver de la confiscation une partie de ses états, abandonna l'autre à la couronne. Elle implora de Louis VIII, successeur de Philippe-Auguste, le pardon de son mari, mais ce prince fut inexorable, et le Comte de Ponthieu ne put revenir en France qu'en 1230, époque à laquelle sa femme obtint enfin sa grâce du roi saint Louis. Simon mourut le 21 septembre 1241, laissant de sa femme Jeanne, qui lui succéda, et épousa Ferdinand III, dit le Saint, roi de Castille; Philippette et Marie.

N° 6.

SIGILLVM MARIE COMITISSE PONTIVI. *Sceau de Marie,*

Comtesse de Ponthieu. La Comtesse de Ponthieu, revêtue d'un long manteau fourré de vair, tenant de la main droite une fleur-de-lis; dans le champ, à droite et à gauche, une étoile.

Marie, Comtesse de Ponthieu. (Voyez l'article précédent.)

LIMOGES.

Girard ou Gerard, Vicomte de Limoges en 963, est le premier qui tint cette Vicomté sous la mouvance du Comte de Poitiers. En 1263, la Vicomté de Limoges passa dans la maison de Bretagne par mariage, et, en 1481, dans celle d'Albret par le mariage de Françoise de Blois, fille aînée de Guillaume de Blois, dit *de Bretagne*, dernier Vicomte de Limoges avec Alain Sire d'Albret, grand-père de Henri, roi de Navarre.

N° 7.

SigillVm·MARGVIRITE·(*sic*) FILie·DVCIS·BVRGŌDie·VICE-COMITISSE LEMOVICENsis *Sceau de Marguerite, fille du Duc de Bourgogne, Vicomtesse de Limoges.* Marguerite de Bourgogne, revêtue d'un long manteau fourré de vair; elle porte un faucon sur la main droite. Dans le champ, à droite, un écusson aux armes de Bourgogne-Ancien; à gauche, un écusson aux armes de Limoges : d'hermines à la bordure de gueules.
Cab. de M. Depaulis.

Marguerite de Bourgogne, Vicomtesse de Limoges, fille de Hugues IV, Duc de Bourgogne, et de Yolande de Dreux, épousa d'abord Guillaume, seigneur de Mont-Saint-Jean, après la mort duquel elle se remaria à Guy, dit le Preux, Vicomte de Limoges. Elle n'eut de ce mariage qu'une fille, Marie, qui lui succéda avec son époux Arthur II, duc de Bretagne. On ignore la date de la mort de Marguerite de Bourgogne, qui vivait encore en 1275. Guy, son mari, était mort le 13 août 1263.

PLANCHE XXVII.

FLANDRES. (Supplément.)

N° 1.

SIGILLVM PHILIPPI COMITIS FLANDRIE. *Sceau de Philippe, Comte de Flandres.* Le Comte de Flandres, armé de toutes pièces, coiffé d'un casque pointu, muni d'une pièce de *nez* ou *nasal*, portant une cotte de mailles et un bouclier à ses armes, et tenant de la main droite une épée nue levée; il est monté sur un cheval galopant à droite. Sous le cheval, une fleur, sur laquelle est posé un oiseau.
Archives du département du Nord, à Lille.

Philippe d'Alsace, Comte de Flandres et de Vermandois, pair de France, assista en cette qualité au sacre du roi Philippe-Auguste, son filleul, en 1179, et y porta l'épée royale. Il était fils de Thierry d'Alsace, Comte de Flandres, et de Sibille d'Anjou. Il succéda à son père, en 1168, à l'âge de 25 ans. En 1177, le Comte Philippe partit pour la Terre-Sainte, dont il revint en 1178. En 1180, il fut nommé régent du royaume, par le testament du roi Louis VII. S'étant croisé de nouveau en 1188, il mourut de la peste au siége d'Acre, le 1er juin 1191.

Philippe d'Alsace n'eut pas d'enfans de ses deux femmes. Isabelle ou Élisabeth, Comtesse de Vermandois, morte en 1182, et Mahaud de Portugal, nommée aussi Thérèse.

N° 2.

ELIZABETH COMITISSA FLANDRIE. *Élisabeth, Comtesse de*

Flandres. Élisabeth de Vermandois, debout, tenant un faucon sur le poing gauche; elle porte une robe dont les manches traînent jusqu'à terre; dans le champ à gauche, un lis; ce lis est placé ici parce qu'Élisabeth était de la Maison Royale.
Archives du département du Nord, à Lille.

Élisabeth, Comtesse de Flandres. (Voyez l'article précédent.)

N° 3.

SIGILLVM THOM . . . . ANDRIE·ET·HANOIE· *Sceau de Thomas, Comte de Flandres et de Hainaut.* Thomas de Savoie, armé de toutes pièces, portant au bras gauche un écu aux armes de Flandres, et tenant de la main droite une épée nue levée; le prince est monté sur un cheval galopant à droite.
Archives du département du Nord, à Lille.

Thomas de Savoie, Comte de Flandres, fils de Thomas III, Comte de Savoie, et de Marguerite de Faucigny, épousa Jeanne, Comtesse de Flandres, veuve de Ferdinand, prince de Portugal, et renouvela, en 1237, au roi saint Louis, l'hommage de son prédécesseur.

La Comtesse Jeanne étant morte le 5 décembre 1244, Thomas, qui n'en avait point eu d'enfans, se retira en Savoie, avec une rente qui lui avait été assignée par sa femme. La Comtesse Marguerite, sœur et héritière de Jeanne, racheta cette rente en 1259. Le Comte Thomas se remaria à Béatrix de Fiesque, et mourut en 1259.

N° 4.

SigillVm·BALDVINI·DE AVESNIS . . . . MINI·DE

BELLOMONTE · *Sceau de Baudouin d'Avesnes, Sire de Beaumont*. Baudouin d'Avesnes, armé de toutes pièces, portant au bras gauche un bouclier à ses armes, et tenant de la main droite une épée nue levée ; il est monté sur un cheval galopant à droite, dont le caparaçon est brodé à ses armes.

Baudouin d'Avesnes, Seigneur de Beaumont, était fils de Marguerite, Comtesse de Flandres, et de Bouchard d'Avesnes, son premier mari. Baudouin d'Avesnes épousa Félicité de Coucy, fille de Thomas de Coucy, II⁰ du nom, seigneur de Vervins, et de Mahaut de Rethel, dont il eut Jean d'Avesnes, seigneur de Beaumont, et Béatrix d'Avesnes, femme d'Henri, comte de Luxembourg, et mère de l'empereur Henri VII. Baudouin mourut en 1289 ; sa femme lui survécut jusqu'en 1307.

N° 5.

SIGILLVM · FELICITATIS · VXORIS DNI (*domini*) BALDVINI DE AVESNIS · *Sceau de Félicité, femme de Monseigneur Baudouin d'Avesnes*. Félicité de Coucy, debout, revêtue d'un long manteau fourré de vair, tenant une rose de la main droite. Dans le champ, à droite, un écusson aux armes de Coucy : fascé de gueules et de vair de six pièces. Cet écusson est chargé d'une bande, brisure de la branche de Coucy-Vervins. A gauche, un écusson aux armes d'Avesnes : bandé d'or et de gueules de six pièces.

Archives du département du Nord, à Lille.

Félicité de Coucy. (Voir l'article précédent.)

N° 6.

SIGILL. . . . . ICIS · COMITISSE FLANDRENSIS. *Sceau de Béatrix, Comtesse de Flandres*. Béatrix de Brabant, debout, revêtue d'un long manteau, tenant de la main droite une fleur-de-lis. Dans le champ, à droite et à gauche, une fleur-de-lis.

Archives du département du Nord, à Lille.

Béatrix de Brabant, Comtesse de Flandres, fille de Henri II, Duc de Brabant, et de Marie de Souabe, avait épousé en premières noces Henri landgrave de Thuringe. Devenue veuve, elle se remaria à Guillaume de Dampierre, Comte de Flandres, fils de la Comtesse Marguerite et de son second mari Guillaume de Dampierre.

Ayant perdu, en 1251, le Comte, son mari, dont elle n'avait pas eu d'enfans, elle fit bâtir un monastère pour des religieuses de l'ordre de Cîteaux, et y fixa sa résidence jusqu'à la fin de ses jours.

N° 7.

SIGILLVM ELISABETH COMITISSE NAMVRCENSIS. *Sceau d'Élisabeth, Comtesse de Namur*. Elisabeth de Luxembourg, debout, revêtue d'un manteau fourré de vair et tenant une fleur-de-lis de la main droite. A droite, un écusson aux armes de Luxembourg-Ligny : burelé d'argent et d'azur, au lion de sable ; à gauche un écusson à celles de Namur.

Archives du département du Nord, à Lille.

Isabelle ou Élisabeth de Luxembourg, fille de Henri, Comte de Luxembourg, et de Marguerite de Bar, épousa en 1265, Guy de Dampierre, Comte de Flandres, dont elle eut un grand nombre d'enfans, entre autres, Jean de Flandres, Marquis de Namur (*Voyez* le n° suivant), et Guy de Flandres, Comte de Zélande. (*Voyez* le n° 9.)

Isabelle mourut en 1298, et fut inhumée à Pettinghen, dans le couvent de Sainte-Claire, qu'elle avait fondé.

N° 8.

SIGILLVM · IOHANIS FILII · GVIDONIS · COĪTIS · FLANDRIE · MARCHIONIS · NAMVRCENsis. *Sceau de Jean, fils de Guy Comte de Flandres, Marquis de Namur*. Jean de Flandres, revêtu d'une tunique, la tête nue, monté sur un cheval marchant à gauche, tenant les rênes de la main gauche et un faucon sur le poing.

Archives du département du Nord, à Lille.

Jean de Flandres, I⁰ʳ du nom, Marquis de Namur, seigneur de l'Écluse, était fils de Guy de Dampierre, Comte de Flandres, et de sa seconde femme Isabelle de Luxembourg. Le 11 juillet 1302, il gagna la bataille de Courtray, sur les troupes du Roi, commandées par le comte d'Artois, et en 1304 fut défait à la bataille de Mons-en-Puelle.

Sa première femme, Marguerite de Clermont, mourut sans postérité ; il eut de sa seconde femme, Marie d'Artois, Jean II, qui lui succéda ; Guy de Namur, qui succéda à son frère, mort sans postérité, et neuf autres enfans.

N° 9.

SIGILLVM G · VIDONIS · FILII · COMITIS · FLANDRIE. *Sceau de Guy, fils du Comte de Flandres*. (Le commencement de la légende est effacé.) — Guy de Flandres, la tête nue, revêtu d'une longue tunique, tenant un faucon sur le poing gauche ; il est monté sur un cheval marchant à gauche.

Archives du département du Nord, à Lille.

Guy de Flandre, Comte de Zélande, fils de Guy de Dampierre, et d'Isabelle de Luxembourg, mourut en 1310, sans avoir été marié.

PLANCHE XXVIII.

N° 1.

SIGILLVM · ROBERTI · COMITIS · FLANDRIE · *Sceau de Robert, Comte de Flandres*. Le Comte de Flandres, armé de toutes pièces, coiffé d'un casque fermé, orné de volets, et dont le cimier est un animal fantastique ; il porte au bras gauche un écu aux armes de Flandres, et tient de la main droite une épée nue levée, ... , il est monté sur un cheval galopant à droite, dont le caparaçon est brodé à ses armes, et qui porte sur la tête l'animal qui sert de cimier.

Archives du département du Nord, à Lille.

Robert III, Comte de Flandres. Ce prince ayant été d'abord Comte de Nevers, nous avons donné sa biographie, planche XII, n° 2.

N° 2.

SIGILLVM · YOLANDIS · COMITISSE · NIVERNENSIS · *Sceau de Yolande, Comtesse de Nevers*. Sous un arceau gothique, Yolande de Bourgogne, revêtue d'un long manteau, tenant de la main gauche une rose. Dans le champ, à droite et à gauche, trois fleur-de-lis placées verticalement.

Archives du département du Nord, à Lille.

Yolande de Bourgogne, Comtesse de Flandres, femme de Robert III, comte de Flandre. (Voir pl. XII, n° 2.)

N° 2 bis.

SECRETVM · ROBERTI · DE · FLANDRIA · ONI · DE · CASS · · o · MILITIS. *Secret de Robert de Flandres, seigneur de Cassel, chevalier*. Robert de Flandres, armé de toutes pièces, coiffé d'un casque fermé, orné d'un cimier en forme d'éventail et d'un volet, portant au bras gauche un bouclier aux armes de Flandres, brisé d'un lambel et tenant de la main droite une épée nue enchaînée à son armure ; le prince est monté sur un cheval galopant à droite, dont le caparaçon est brodé à ses armes, et portant sur la tête un ornement semblable au cimier du cavalier.

Robert de Flandres, Seigneur de Cassel, Dunkerque, etc. Fils puîné de Robert III, Comte de Flandres, et de Yolande de Bourgogne, renonça, par acte solennel du mois de juillet 1320, au comté de Flandres, en faveur des enfans de son frère. Regrettant par la suite d'avoir fait cette renonciation, il employa tous les moyens pour perdre son frère aîné dans l'esprit de son père Robert III. Le roi Philippe V étant mort, le Comte Robert l'envoya de préférence à son frère, pour assister à sa place, en qualité de pair de France, au sacre du roi Charles IV, en 1321.

Son père et son frère aîné étant morts, il prétendit succéder au Comté de Flandres, à l'exclusion de ses neveux, s'appuyant sur la coutume de Flandres, et il en appela à la Cour des Pairs de France, qui le déboutèrent de sa demande par arrêt du 29 janvier 1322, attendu son acquiescement au partage fait par son père et la validité de sa renonciation. Par la suite il se réconcilia avec son neveu Louis II, dit de Crécy, Comte de Flandres, et le servit à la bataille de Mont-Cassel, en 1328.

Retiré à Warneton, il y mourut le 26 mai 1331.

Robert avait épousé Jeanne, fille d'Arthur, Duc de Bretagne, dont il eut quatre filles et un fils mort jeune.

N° 3.

Sigillvm · IOHANNE · DE FLANDRIA . . . . DANI · DNI (*domini*) COVCIACY · *Sceau de Jeanne de Flandres (femme d'Enguerrand), Sire de Coucy.* Sous un dais gothique, Jeanne de Flandres debout, revêtue d'un long manteau et tenant de la main droite une branche d'arbre. A droite et à gauche un oiseau fantastique, soutenant du bec un écusson; celui de droite, aux armes de Flandres; celui de gauche, à celles de Coucy.
Archives du département du Nord, à Lille.

Jeanne de Flandres, fille de Robert de Flandres, Seigneur de Cassel, et de Jeanne de Bretagne, épousa, en 1288, Enguerrand IV, sire de Coucy et de Marle. Restée veuve et sans enfans, en 1310, elle se retira au monastère du Sauvoir, près de Laon, y prit l'habit de Cîteaux, et mourut abbesse de cette communauté le 15 octobre 1333.

LUXEMBOURG.

Nous donnons, pour compléter et terminer notre série des Grands-Feudataires, quelques sceaux remarquables sous le rapport de l'art, des souverains des duchés de Luxembourg, Gueldres et Juliers. Ces différens États ne relevaient pas immédiatement de la couronne de France; mais, leurs fréquentes alliances avec les Feudataires de cette couronne, les hommages qu'ils lui firent pour des seigneuries situées en France, justifient suffisamment la place que nous leur avons donnée dans la série des fiefs français.

Nous publions en même temps plusieurs sceaux très intéressans des Comtes de Flandres que nous nous sommes procurés depuis la publication des sceaux de cette Comté-Pairie.

N° 4.

. . . HENRICI · COMITIS · LVCEBVRGENSis · RVPENSis · MARCHionis · ARLoni · *Sceau de Henri, Comte de Luxembourg, (et) de la Roche, Marquis d'Arlon.* Le Comte, armé de toutes pièces, portant au bras gauche un bouclier, aux armes de Luxembourg-Ligny, et tenant de la main droite une épée nue levée; il est monté sur un cheval galopant à droite, dont le caparaçon est brodé à ses armes.
Archives du département du Nord, à Lille.

Henri III dit *le Grand*, fils de Waleran, duc de Limbourg, et d'Hermansette de Luxembourg, succéda à son père, dans les Comtés de Luxembourg et de la Roche, en 1226, sous la tutelle de sa mère. Il fit long-temps la guerre à Guy, Comte de Flandres, pour le Comté de Namur, qui resta définitivement à ce dernier, par son mariage avec la fille de Henri. En 1271, Henri partit pour le voyage de la Terre-Sainte; il n'en revint qu'en 1274, et mourut au retour.

Il avait eu de Marguerite, fille de Henri II, Comte de Bar, morte en 1275, Henri, qui lui succéda; Waleran, Sire de Ligny (*Voyez* n° 6); Philippine, femme de Jean d'Avesne, Comte de Hainaut, Isabelle, femme de Guy, Comte de Flandres, et quatre autres filles religieuses.

N° 5.

Sigillvm · MARGARETE · COMITISSE · LVCELBVRGENSIS · MARCHionisse · ARLON · *Sceau de Marguerite, comtesse de Luxembourg, Marquise d'Arlon.* La Comtesse de Luxembourg, revêtue d'un long manteau et tenant de la main droite un sceptre terminé par une grande fleur-de-lis.

Marguerite, Comtesse de Luxembourg. (Voyez l'article précédent.)

N° 6.

Sigillvm · WALLERANI . DE · L . . . . MINI · DE · LINEYO · MILITIS · *Sceau de Wallerand de Luxembourg, Sire de Ligny, chevalier.* Le sire de Ligny, armé de toutes pièces, coiffé d'un casque dont le cimier est un dragon issant, portant au bras gauche un écusson aux armes de Luxembourg-Ligny, et tenant de la main droite une épée nue levée, enchaînée à son armure; il est monté sur un cheval galopant à droite, dont la tête porte un ornement en forme d'éventail, et dont le caparaçon est brodé à ses armes.
Archives du département du Nord, à Lille.

Waleran de Luxembourg, Ier du nom, seigneur de Ligny et de Roucy, était fils de Henri III, Comte de Luxembourg, et de Marguerite de Bar. Il fut tué en 1288, à la bataille de Woringen. Waleran est le chef de la branche de Luxembourg établie en France. C'est en faveur de Sébastien de Luxembourg, son descendant direct, que fut érigé la duché-pairie de Penthièvre, en 1569.

Waleran de Luxembourg eut, de Jeanne de Beauvoir, sa femme, Henri de Luxembourg, mort en 1304, sans postérité. Waleran IIe du nom, qui continua la branche française, et Philippe, mort aussi sans enfans.

N° 7.

Sigillvm · BEATRICIS · COMITIS · RVPENSIS · *Sceau de Béatrix, Comtesse de la Roche.* Sous un dais gothique, Béatrix d'Avesnes, revêtue d'un long manteau fourré de vair. Dans le champ, à droite, un écusson aux armes d'Avesnes; dans le champ, à gauche, un écusson aux armes de Luxembourg-Ligny.
Collection de M. Depaulis.

Béatrix d'Avesnes-Beaumont, fille de Baudouin-d'Avesnes, et de Félicité de Coucy, épousa Henri IV, Comte de Luxembourg, dont elle eut Henri, Comte de Luxembourg et empereur sous le nom de Henri VII; Waleran, tué au siège de Bresse, en 1311; Baudouin archevêque de Trèves, et trois filles religieuses.

N° 8.

. . . BEATRICIS · CO . . . . . TISSE · RVPENSIS · *Sceau de Béatrix, Comtesse de la Roche.* Sous un arceau gothique Béatrix d'Avesnes, revêtue d'un long manteau fourré de vair. Dans le champ à droite, un écusson aux armes d'Avesnes; dans le champ à gauche, un écusson aux armes de Luxembourg-Ligny.
Archives du département du Nord, à Lille.

Voir l'article précédent.

N° 9.

Sigillvm · HENRICI · COMITIS · LVCENBVRG . . . . . . *Sceau de Henri, Comte de Luxembourg.* Le Comte de Luxembourg, revêtu d'une tunique, tenant un faucon sur le poing droit. Dans le champ à droite, un écusson aux armes d'Avesnes; dans le champ à gauche, un écusson aux armes de Luxembourg-Ligny.
Archives du département du Nord, à Lille.

Henri V, *Comte de Luxembourg*, succéda, en bas âge (1288), à Henri IV, son père, sous la tutelle de sa mère Béatrix d'Avesnes-Beaumont. En 1308, il fut élu roi des Romains, et empereur le 29 juin 1312, sous le nom de Henri VII ; il mourut le 24 août 1313.

Henri avait épousé, en 1292, Marguerite, fille de Jean Iᵉʳ, duc de Brabant, dont il eut Jean, roi de Bohême, Béatrix, femme de Charles, roi de Hongrie, et Marie, qui épousa Charles-le-Bel, roi de France.

PLANCHE XXIX.

HAINAUT.

Rainier, dont on ignore l'origine, fut le premier Comte de Hainaut, vers l'an 875. Ce Comté entra depuis dans la maison de Flandres et ensuite dans la maison de Bourgogne.

Nº 1.

SIGILLVM IOANIS · DE · AVES . . . . . . COMITIS · HAYNONIE. *Sceau de Jean d'Avesnes, Comte de Hainaut.* Le Comte de Hainaut, armé de toutes pièces, coiffé d'un casque grillé et fermé, portant au bras gauche un écusson aux armes de Flandres et tenant de la main droite une épée nue ; il est monté sur un cheval galopant à droite, dont le caparaçon est brodé aux armes de Flandres ; sur la tête du cheval, un aigle.
Archives du département du Nord, à Lille.

Jean d'Avesnes, IIᵉ *du nom*, fils de Jean d'Avesnes et d'Alix de Hollande, succéda, en 1280, à son aïeule Marguerite II, Comtesse de Flandres, dans le Comté de Hainaut, dont son père avait été déclaré héritier par arrêt des Pairs de France de l'année 1246, mais dont il n'entra point en jouissance, étant mort avant la Comtesse Marguerite sa mère. En 1300, il hérita le Comté de Hollande, du Comte Jean Iᵉʳ, son cousin, et mourut le 22 août 1304.

Il avait épousé, en 1270, Philippe de Luxembourg, dont il eut dix enfans, entre autres, Jean, Comte d'Ostrevant, surnommé *Sans-Merci*, tué à la bataille de Courtray, en 1302 ; Guillaume, qui lui succéda, et Jean de Hainaut, Seigneur de Beaumont.

Nº 2.

SIGILLVM · GVILLELMI · DEI · GRATIA · COMITIS · HAYNNonie · HOLLANDIE · AC · DNI (*Domini*) FRIZIE. *Sceau de Guillaume, par la grâce de Dieu, Comte de Hainaut, de Hollande et Seigneur de Frise.* Le Comte de Hainaut, armé de toutes pièces, coiffé d'un casque grillé et fermé, et portant au bras gauche un écu aux armes de Hainaut-Moderne : écartelé de Flandres, et d'or au lion de gueules, armé et lampassé d'azur, qui est Hollande. Le Comte, monté sur un cheval galopant à droite, et dont la tête est ornée d'un aigle semblable au cimier du casque, tient de la main droite une épée nue enchaînée à son armure.
Archives du département du Nord, à Lille.

Guillaume Iᵉʳ, Comte de Hainaut, succéda, en 1304, à Jean II, d'Avesnes, son père. Il épousa Jeanne de Valois, sœur du roi Philippe VI, dont il eut Guillaume qui lui succéda, Marguerite de Hainaut, qui succéda à son frère Guillaume, mort sans enfans en 1345, et trois autres filles. Guillaume Iᵉʳ mourut le 7 juin 1337.

Nº 3.

SIGILLVM · IOHIS D. . . . . FILII · COMITIS · HANONIE · AC · HOLLANDIE. *Sceau de Jean . . . . . fils du Comte de Hainaut et de Hollande.* (La légende est à demi effacée.) — Jean de Hainaut, armé de toutes pièces, coiffé d'un casque grillé et fermé, dont le cimier est un animal accroupi, portant au bras gauche un écusson aux armes de Hainaut-Moderne, et tenant de la main droite une épée nue enchaînée à son armure ; il est monté sur un cheval galopant à droite, dont le caparaçon est brodé à ses armes.

Jean de Hainaut, Sire de Beaumont, troisième fils de Jean II, Comte

de Hainaut, porta le titre de Comte de Soissons du chef de sa femme Marguerite, fille et héritière de Hugues, Comte de Soissons. Il mourut le 11 mars 1336, laissant de sa femme : Jeanne de Hainaut, Comtesse de Soissons, Dame de Beaumont, mariée, 1º à Louis de Chatillon, Iᵉʳ du nom, Comte de Blois ; 2º à Guillaume, Iᵉʳ du nom, Comte de Namur.

LOTHIER ET BRABANT.

Voyez page 32, 1ʳᵉ colonne, l'observation relative aux sceaux qui ne relèvent pas directement de la France, et auxquels néanmoins nous avons donné place dans notre Collection.

Nº 4.

SIGILLVM · HERICI · DVCIS · LO . . . . ET · BRABA . . . *Sceau de Henri, Duc de Lothier et de Brabant.* (La légende est à demi effacée.) — Le Duc de Lothier, la tête nue, revêtu d'une robe longue, tenant de la main droite la bride de son cheval, qui marche à gauche, et portant sur le poing gauche un faucon. Dans le champ, à gauche, un oiseau ; sous le cheval, deux chiens.
Archives du département du Nord, à Lille.

Henri III, Duc de Lothier et de Brabant, fils de Henri II, Duc de Lothier, et de Marie de Souabe, mourut le 28 février 1261. Il avait épousé Alix, fille aînée de Hugues IV, Duc de Bourgogne. Il eut de cette princesse Henri, qui embrassa les ordres religieux ; Jean, qui lui succéda ; Godefroy, tué à la bataille d'Arschot, et Marie de Brabant, seconde femme de Philippe III, Roi de France.

Nº 5.

SIGILLVM · IOHANNIS · DVCIS · LOTHARINGIE · ET BRABANCIE. *Sceau de Jean, Duc de Lothier et de Brabant.* Le Duc de Lothier, la tête nue, revêtu d'une robe longue, tenant d'une main la bride de son cheval, qui marche à gauche, et portant sur le poing gauche un faucon. Dans le champ, à droite, un lion ; à gauche, un oiseau ; sous le cheval, un chien.

Jean Iᵉʳ, Duc de Lothier et de Brabant, fils de Henri III et d'Alix de Bourgogne, succéda à son père l'an 1261, au préjudice de Henri, son frère aîné, que les intrigues de leur mère forçèrent d'embrasser l'état ecclésiastique. Il fut fait chevalier par le roi Philippe III en 1275.

Ce prince, dont la sœur Marie avait épousé Philippe-le-Hardi, vint à la cour de France et prit part aux intrigues par suites desquelles Pierre de La Brosse, favori du roi, fut disgracié et pendu.

Le 2 mai 1294, le Duc Jean fut grièvement blessé en joûtant dans un tournoi contre Pierre de Beaufremont, et mourut le 3 du même mois.

Ce prince avait épousé, en 1269, Marguerite de France, fille puînée du Roi saint Louis. Cette princesse étant morte en couches en 1271, Jean se remaria à Marguerite de Flandres, dont il eut Godefroy, mort avant lui ; Jean, qui lui succéda ; Marguerite, mariée à Henri III, Comte de Luxembourg, et Marie, qui épousa Amé IV, Comte de Savoie.

Nº 6.

SIGILLVM · IOHANNIS · DVCIS · LOTHARINGIE · BRABANCIE. *Sceau de Jean, Duc de Lothier et de Brabant.* Le Duc de Lothier, armé de toutes pièces, coiffé d'un casque grillé et fermé orné de volets, dont le cimier est formé par deux longues cornes entre lesquelles est placé un animal fantastique ; ce prince porte suspendu au cou un écu aux armes de Brabant : de sable au lion d'or; et tient de la main droite un pennon aussi aux armes de Brabant; le Duc est monté sur un cheval galopant à droite, dont le caparaçon est brodé à ses armes.

Archives du département du Nord, à Lille.

Jean II, Duc de Lothier et de Brabant, fils de Jean Ier et de Marguerite de Flandres, sa deuxième femme, épousa, en 1294, Marguerite, fille puînée d'Édouard Ier, roi d'Angleterre. Il succéda à son père dans les Duchés de Lothier et de Brabant, l'année même de son mariage.

Jean II mourut le 27 octobre 1312, ne laissant de sa femme qu'un fils, nommé Henri, qui lui succéda.

N° 7.

S{igillvm} · IOHIS (*iohannis*) DEI · GR{acia} · DVCIS · LOTHA · · · · NT · ET LIMBVRG{ensis}. *Sceau de Jean, par la grâce de Dieu, Duc de Lothier et de Limbourg*. Le Duc de Lothier,

armé de toutes pièces, coiffé d'un casque semblable à celui du sceau précédent, portant au bras gauche un écusson aux armes de Hainaut-Moderne, et tenant de la main droite un pennon aussi aux armes de Hainaut; il est monté sur un cheval galopant à droite, dont le caparaçon est brodé à ses armes.

Contre-sceau : S{igillvm} · IOHIS · DVCIS · BRABANT{ie} · ET · MARCHIONIS IMPERII. *Sceau de Jean, Duc de Brabant et Marquis de l'Empire*. Le Duc représenté comme sur le sceau.

Archives du département du Nord, à Lille.

Jean III, dit le Triomphant, Duc de Lothier et de Brabant, était fils de Henri IIe du nom, et de Marguerite d'Angleterre. Il succéda à son père en 1312, à l'âge de treize ans, et mourut le 5 décembre 1355. Il avait épousé Marie d'Évreux, fille de Louis de France, Comte d'Évreux, dont il eut trois fils morts sans laisser d'enfans, Jeanne qui lui succéda, et deux autres filles. Ce prince laissa en outre dix-sept enfans naturels.

PLANCHE XXX.

GUELDRES.

Voyez l'observation de la page 32.

N° 1.

SIGILLVM · OTHONIS · COMITIS · · · · · *Sceau d'Othon, Comte (de Gueldres)*. Le Comte de Gueldres, armé de toutes pièces, portant suspendu au cou un bouclier à ses armes : d'azur au lion d'or, couronné de gueules; il tient de la main droite une lance ornée d'une bannière à ses armes et est monté sur un cheval galopant à droite.

Contre-sceau (Cette légende fait suite à celle du sceau) : ET ZVTPHANIENCIS. *Et de Zutphen*. Le Comte de Gueldres, portant suspendu au cou un bouclier à ses armes et tenant de la main droite une épée nue levée. Il est monté sur un cheval galopant à droite.

Archives du département du Nord, à Lille.

Othon III, surnommé le Boiteux, Comte de Gueldres, fils de Gérard IV, Comte de Gueldres, et de Marguerite de Brabant, succéda, en 1229, au Comte son père. Il épousa, 1° Marguerite, fille de Thierry V, Comte de Clèves; 2° Philippotte de Dammartin, déjà veuve de Raoul II, Comte d'Eu, et de Raoul II, sire de Coucy. Il eut de sa première femme Marguerite qui épousa Enguerrand IV, Sire de Coucy; et de la seconde Renaud qui lui succéda, et quatre autres filles. Othon mourut le 10 janvier 1271.

N° 2.

SIGILLVM REYNALDI · COMITIS GELRENSIS. *Sceau de Renaud, Comte de Gueldres*. Le Comte de Gueldres, armé de toutes pièces, coiffé d'un casque orné d'un cimier en forme de fleur; il porte suspendu au cou un bouclier aux armes de Gueldres, et tient de la main droite un pennon à ses armes; il monte sur un cheval galopant à gauche, dont la tête porte un cimier semblable à celui du casque et dont le caparaçon est brodé à ses armes.

Renaud Ier, dit le Belliqueux, Comte de Gueldres, succéda, en 1271, à Othon III, son père. Il épousa Ermengarde de Limbourg, dont il n'eut point d'enfans, et Marguerite, fille de Guy de Dampierre, Comte de Flandres, dont il eut Renaud qui lui succéda, et trois filles. En 1318, son fils se mit à la tête de ses sujets révoltés, et étant parvenu à s'emparer de sa personne, il le retint dans une prison où il mourut le 9 octobre 1326.

N° 3.

SIGILLVM · MARGHARETE · FILIE · COMITIS FLANDR{ensis} ·

COMITISSE GHELRESIS. *Sceau de Marguerite, fille du Comte de Flandres, Comtesse de Gueldres*. La Comtesse de Gueldres debout, revêtue d'un long manteau fourré de vair, tenant de la main droite une fleur de lis. Dans le champ, à droite, un écusson aux armes de Flandres; à gauche, un écusson aux armes de Gueldres.

Archives du département du Nord, à Lille.

Marguerite de Flandres, Comtesse de Gueldres. (Voyez l'article précédent.)

N° 4.

SIGILLVM · REYNALDI · COMITIS · GHELRENSIS. *Sceau de Renaud, Comte de Gueldres*. Le Comte de Gueldres, armé de toutes pièces, portant un casque fermé, dont le cimier est en forme d'éventail; il porte au bras gauche un écu à ses armes et tient de la main droite une épée nue enchaînée à son armure; il est monté sur un cheval galopant à droite, portant sur la tête un ornement semblable au cimier du Comte et dont le caparaçon est brodé aux armes de Gueldres.

Contre-sceau (la légende fait suite à celle du sceau) : ET · ZVT-PHANIENSIS. *Et de Zutphen*. Le Comte représenté comme sur le sceau.

Archives du département du Nord, à Lille.

Renaud II, fils de Renaud Ier, s'empara de la régence de l'État après avoir emprisonné son père, et ne prit cependant le titre de Comte de Gueldres qu'après la mort de celui-ci, arrivée en 1326. Renaud mourut des suites d'une chute, le 12 octobre 1343. Il avait épousé, en premières noces, Sophie, fille de Florent, Seigneur de Malines, et en secondes, Léonore, sœur d'Édouard III, Roi d'Angleterre. Il eut de son premier mariage, Marguerite, morte dans le célibat le 4 octobre 1344 ; Mathilde mariée à Jean, Comte de Clèves; Marie, qui épousa Guillaume VI, Duc de Juliers, et Isabelle, Abbesse de Grevandaël. Sa seconde femme lui donna Renaud et Édouard, qui lui succédèrent l'un après l'autre.

N° 5.

S{igillvm} · MARGARETE · PRIMOGENITE · COMITIS · GHEL-RENS{is} · ET SVTPHENIE. *Sceau de Marguerite, fille ainée du Comte de Gueldres et de Zutphen*. Marguerite de Gueldres, la tête nue, revêtue d'un long manteau, soutenant de la main droite un écu aux armes de Gueldres, et de la main gauche, un écu aux armes de Malines qu'elle portait du chef de sa mère; les armes de Malines sont : pallé contrepallé d'or et de gueules de six pièces.

Archives du département du Nord, à Lille.

Marguerite de Gueldres. (Voyez le n° précédent.)

JULIERS.

Voyez l'observation de la page 32.

N° 6.

SIGILLVM · WILHI (*Wilhelmi*) DE · IVLIACO · DEI · GRATIA · DVCIS . . . . COĪTIS · SVTPHENI. *Sceau de Renaud, par la grâce de Dieu, Duc de Juliers, Comte de Zutphen.* Un écusson aux armes de Gueldres et de Juliers. Les armes de Juliers sont : d'or au lion de sable ; les supports sont deux figures de femmes.

Le lion de Gueldres a été contourné depuis l'union des Duchés de Gueldres et de Juliers pour mettre en regard les lions de ces deux blasons.

Guillaume Ier de Juliers, Duc de Gueldres, était fils de Guillaume VI, dit *le Vieux*, Duc de Juliers, et de Marie de Gueldres.

Le Duc de Gueldres, Renaud III, étant mort sans enfans, les seigneurs du pays se divisèrent en deux factions, dont l'une portait au trône ducal Guillaume de Juliers, neveu de Renaud III par sa mère, et l'autre, Mathilde, propre fille du Duc Renaud II et veuve de Jean Ier, Comte de Clèves, son second mari. Celle-ci, pour appuyer ses droits, épousa Jean de Châtillon, Comte de Blois, qui prit le titre de Duc de Gueldres. Après divers combats, le Comte de Blois voyant l'avantage du côté de Guillaume de Juliers, se retira, et Mathilde entra en arrangement avec Guillaume et abandonna ses droits, moyennant une pension annuelle et la confirmation de son douaire.

En 1383, Mathilde étant morte, Guillaume reçut l'investiture du Duché de Gueldres. L'année 1393 il hérita le Duché de Juliers, et mourut le 16 février 1402 sans laisser d'enfans de sa femme Catherine, fille d'Albert, Comte de Hollande.

N° 7.

SIGILLVM · REGINALDVS DVX IVLIACENSIS ET COMITIS SVTPHENIE. *Sceau : Renaud, Duc de Juliers et Comte de Zutphen.* Les écussons de Gueldres et de Juliers accolés ; celui de Gueldres surmonté d'un casque dont le cimier est un lion issant ailé d'un vol banneret ; celui de Juliers est surmonté d'un casque sommé d'une couronne et d'un cimier en forme d'éventail ; le champ du sceau est semé de branchages.

Renaud IV, de Juliers, succéda, dans le Duché de Gueldres, à son frère Guillaume Ier, mort sans enfans en 1402. En 1405, il épousa Marie, fille de Jean, Comte d'Harcourt et d'Aumale, dont il n'eut point d'enfans.

Renaud mourut en 1423.

N° 8.

SIGILLVM · WILH . . . . (La légende est presque entièrement effacée.) — L'écu de Juliers, surmonté d'un casque, dont le cimier est un lion issant ailé d'un vol banneret.

Guillaume VI, dit le Vieux, *Duc de Juliers*, fils de Guillaume V et de Jeanne de Hainaut, succéda à son père dans le Duché de Juliers en 1361, et mourut en 1393, laissant de Marie, fille de Renaud II, Duc de Gueldres, Guillaume et Renaud, qui furent tous deux Ducs de Gueldres (Voir les articles précédens), et Jeanne qui épousa Jean d'Arthel.

N° 9.

La légende de ce sceau est entièrement effacée ; on ne peut y lire que les premières lettres du nom de la duchesse. Dans le champ, au milieu d'une rosace, un écusson partie de Gueldres et de Juliers ; le lion de Gueldres n'y est pas contourné.

Marie de Gueldres. (Voir l'article précédent.)

PLANCHE XXXI.

THOUARS.

La Vicomté de Thouars était possédée en 926, par Aimery, premier Vicomte de Thouars. Elle passa dans la maison d'Amboise par le mariage d'Isabeau de Thouars avec Ingelger Ier, seigneur d'Amboise, et dans celle de La Trémouille, en 1446, par le mariage de Marguerite d'Amboise, Vicomtesse de Thouars, avec Louis Ier, Sire de La Trémouille, prince de Talmond. La Vicomté de Thouars fut érigée en Duché par le roi Charles IX, par lettres du mois de juillet 1563, en faveur de Louis, IIIe du nom, seigneur de La Trémouille.

N° 1.

ISTE THOARCENSES DOMINVS DOMINATVR IN OMNES. (Cette légende forme un vers hexamètre.) *Ce Seigneur commande à tous ceux de Thouars.* Aimery de Thouars, coiffé d'un casque plat, et vêtu d'une tunique, tenant de la main gauche une longue lance, et de la droite un olifant dont il sonne ; il est monté sur un cheval galopant à gauche.

Contre sceau . SIGILLVM A . . . . ICI · VICECOMITIS · THOARCI. *Sceau d'Aymery, Vicomte de Thouars.* Un écusson aux armes de la maison des anciens Vicomtes de Thouars : d'or, semé de fleurs de lis d'azur, au franc quartier de gueules.

Aimery VII, Vicomte de Thouars, fils de Guillaume, Vicomte de Thouars, et d'Aimée de Lusignan, commanda l'armée de Jean, Roi d'Angleterre en Poitou ; il fut vaincu et fait prisonnier l'an 1208, par Adam, IIe du nom, Vicomte de Melun. En 1224, il fit une trêve avec le Roi Louis VIII, auquel il rendit hommage à Paris le 21 juillet 1225, en présence du Légat du Saint-Siége et des Ambassadeurs d'Angleterre. Aimery VII eut pour première femme, Sybille ou Agnès de Laval, dont il eut deux filles, et pour seconde femme Marie, qui lui donna Guy, son successeur, Aimery et Geofroy. Le Vicomte de Thouars mourut vers 1226.

N° 2.

ISTE THOARCENSES DOMINVS DOMINATVR IN OMNES. *Ce Seigneur commande à tous ceux de Thouars.* Le Vicomte de Thouars, revêtu d'une tunique, la tête nue, tenant de la main droite une longue lance et sonnant de l'olifant ; il est monté sur un cheval galopant à droite.

Aimery VIII, Vicomte de Thouars, Seigneur de la Chèze et de Vihiers, petit-fils du précédent, était fils de Guy Ier et d'Alix, dame de Mauléon et de Talmond. Il épousa Marguerite de Lusignan, qui lui donna Guy II, Vicomte de Thouars, et Alix, mariée au Sire de Châteaubriant, et d'après une *Charte du trésor du Roi*, il était mort avant l'an [illegible].

N° 3.

Un écusson aux armes de Thouars, dont le tenant est un aigle et les supports des lions portant des écussons aux armes de Thouars.

Clément Rouhaut, dit Tristan, *Chevalier*, ayant épousé Perrenelle de Thouars, fille et héritière de Louis, Vicomte de Thouars, et de Jeanne, Comtesse de Dreux, prit, à cause de sa femme, les armes de Thouars et les titres de Comte de Dreux et de Vicomte de Thouars. Il mourut avant le 24 octobre 1398, comme il appert d'une Charte de cette date, où Perrenelle de Thouars prend la qualité de veuve sans enfans.

BEAUMONT.

Le premier Comte de Beaumont connu est Ives, premier Comte de Beaumont-sur-Oise, qui souscrivit à Paris avec les grands du royaume, en 1028, la charte de confirmation que le Roi Robert accorda à l'abbaye de Coulombs, de tous les droits qui lui avaient été concédés par les évêques.

Le Comté de Beaumont entra dans la maison de France à la mort d'Éléonore de Vermandois, femme de Matthieu III, qui avait cédé tous ses domaines au Roi Philippe-Auguste.

N° 4.

SigillVm · MATHEI · COMITIS · DE · BELLEMONTIS (*sic*). *Sceau de Matthieu, Comte de Beaumont.* Le Comte de Beaumont, armé de toutes pièces, coiffé d'un casque, portant suspendu au cou un bouclier à ses armes qui sont : d'azur au lion d'or; et tenant de la main droite une épée nue; ce Seigneur est monté sur un cheval galopant à droite.

Contre-sceau : Sigillvm · MATHEI · COMITIS · BELLEMONTI. *Sceau de Mathieu, Comte de Beaumont.* Un écusson aux armes de Beaumont.

Matthieu, IIe du nom, Comte de Beaumont-sur-Oise, fils de Matthieu Ier, Chambrier de France, et d'Emme de Clermont, dame de Luzarches, fut, comme son père, honoré de cette charge, alors une des premières de la couronne. Il épousa, en premières noces, Mahaut que l'on croit de la maison des anciens Vicomtes de Châteaudun. Elle lui donna Matthieu III et Philippe de Beaumont. De sa seconde femme, Alix de Beaumont, il eut Jean, qui fut Comte de Beaumont après ses frères, et aussi Chambrier de France ; Mathieu, Marie, et Alix de Beaumont.

ARMAGNAC.

En 960, Guillaume-Garcie, Comte de Fezensac, sépara de ses états l'Armagnac, et en fit un Comté particulier, qu'il donna à son deuxième fils, Bernard Ier, dit *le Louche.* Le Comté d'Armagnac fit retour à la couronne par l'avénement au trône de Henri IV, en 1589.

N° 5.

Sigillvm · Geraldi · COMITIS · ARMANIACI · ET · F. . . . . CI. *Sceau de Geraud, Comte d'Armagnac et de Fezensac.* Le Comte d'Armagnac, coiffé d'un bonnet défendu par des lames de fer, portant suspendu au cou un bouclier aux armes d'Armagnac : d'argent au lion de gueules ; il tient de la main droite une épée nue enchaînée à son armure et est monté sur un cheval galopant à gauche.

Geraud V, Comte d'Armagnac et de Fezensac, fils de Roger d'Armagnac et de Pincelle d'Albret, portait, en 1244, le titre de Vicomte de Fezensaguet, et après la mort de Bernard, Comte d'Armagnac, son cousin, il se porta son héritier, et s'empara de ses Comtés au préjudice du Vicomte de Loumagne, qui avait épousé la sœur du Comte d'Armagnac ; légitime ou non, la prise de possession de ces états par Geraud occasionna de longues guerres qui ne furent terminées qu'en 1255, par l'entremise du Vicomte de Béarn. Il épousa Mathe de Béarn, qui lui donna Bernard, Comte d'Armagnac et de Fezensac ; Gaston, Vicomte de Fezensaguet ; Roger, Évêque de Lavaur ; Capsuelle, mariée au Comte de Comminges ; Mathe, qui épousa Bernard Trancaléon, seigneur de Fiefmarcon ; Constance, et enfin Mascarose.

MONTFORT.

La maison de Montfort tire son origine d'Amaury, Comte de Hainaut, dont le fils Guillaume épousa l'héritière des Seigneuries de Montfort et d'Epernon, vers l'an 1000. En 1364, Jean de Monfort, petit-fils de Arthur II, Duc de Bretagne, et de Yolande de Montfort, étant resté possesseur du Duché de Bretagne par la mort de Charles de Blois, son compétiteur, le Comté de Montfort fut réuni à la Bretagne.

N° 6.

SIGILLVM · SIMONIS · DE MONTEFORTI. *Sceau de Simon de Montfort.* Simon de Montfort, armé de toutes pièces, portant un casque plat, sonnant de l'olifant et portant au bras droit un écusson sur lequel paraît un lion contourné ; les armes de la maison de Montfort-l'Amaury, sont : de gueules au lion d'argent, la queue nouée, fourchée et passée en sautoir. Il est monté sur un cheval galopant à droite. Sous le cheval, deux chiens courans. Derrière, un rameau.

Simon de Montfort, de l'ancienne maison de Montfort-l'Amaury, fils de Simon, IIe du nom et d'Amicie, Comtesse de Leycester, est un des hommes de guerre les plus célèbres du XIIIe siècle. Après avoir fait le voyage de Terre-Sainte, il se croisa contre les Albigeois, qu'il battit en plusieurs rencontres, et dont il fit une boucherie effroyable. Le résultat de ces victoires fut pour Simon de Montfort l'investiture des titres de Duc de Narbonne, Comte de Toulouse, Vicomte de Béziers et de Carcassonne, auxquels il ajoutait ceux de Comte de Leycester et de Seigneur de Montfort. Il mourut au siége de Toulouse, d'un coup de pierre, le 27 juin 1218. Il avait épousé Alix de Montmorency, dont il eut quatre fils et trois filles.

BOURGOGNE (SUPPLÉMENT).

N° 7.

Sigillvm · MAXIMILIANI · ET · MARIE DEI · GRATIA · ARCHIDVCV̄ AVSTRIE · DVCV̄ BVRGVNDIE LOTHaringie BRABantie STIRIE KARINThie · CARNIOLi LIMBvrgi · LVXEMBvrgi · Z GHELDrensis COMITV̄ FLANDRIE TYTOLIS ARTHESIE · BVRGONDIE PALATINorvm HANOIE · HOLLandie · ZEELLandie · NAMVRCI Z ZVTPHeni · SACRI IMPERII MARCHionvm DNOR · (*dominorum*) Qve FRISIE · SALINARvm Z MECHLinie. *Sceau de Maximilien et de Marie, par la grâce de Dieu, Archiduc et Archiduchesse d'Autriche, Duc et Duchesse de Bourgogne, de Lothier, de Brabant, de Styrie, de Carinthie, de Carniole, de Limbourg, de Luxembourg et de Gueldres, Comte et Comtesse de Flandres, du Tyrol, d'Artois ; Comte Palatin et Comtesse Palatine de Bourgogne ; Comte et Comtesse de Hainaut, de Hollande, de Zélande, de Namur et de Zutphen ; Marquis et Marquise du Saint-Empire, Sire et Dame de Frise, de Salins et de Malines.* Maximilien d'Autriche et Marie de Bourgogne, tous deux montés sur des chevaux caparaçonnés à leurs armes ; le prince tient de la main droite une épée nue levée ; il est revêtu d'une armure et coiffé d'un casque sommé d'une couronne ouverte, et tient de la main gauche les rênes de son cheval ; Marie de Bourgogne, la couronne ducale en tête, tient un faucon sur le poing droit. En haut, deux écussons liés ensemble, dont les blasons sont indistincts, par suite de la mauvaise conservation dans laquelle ce sceau est parvenu jusqu'à nos jours. Cabinet de M. Depaulis.

Maximilien d'Autriche et Marie de Bourgogne. (Voyez pl. XVI, n° 4.)

DREUX (SUPPLÉMENT).

N° 8.

Sigillvm · IOHANN . . . . MITIS · DE DROCIS · MILITIS. *Sceau de Jean . . . . Comte de Dreux, Che-*

valier. Le Comte de Dreux, armé de toutes pièces, coiffé d'un casque grillé et fermé, surmonté d'un cimier, portant au bras gauche un écu aux armes de Dreux : échiqueté d'or et d'azur à la bordure de gueules et tenant de la main droite une épée nue ; le Comte est monté sur un cheval galopant à droite, dont le caparaçon est brodé à ses armes.

Contre-sceau : SIGILLVM · IOHA . . . . DROCIS · DNI. (*domini*) SCI (*sancti*) WALERICI · ET BRANE. *Sceau de Jean, Comte de Dreux, Seigneur de Saint-Valery et de*

Braine. Un écusson aux armes de Dreux, supporté par deux lions.

Archives du département du Nord, à Lille.

Jean, II du nom, Comte de Dreux, de Braine et de Joigny, etc., fils de Robert IV et de Béatrix de Montfort, fut Chambrier de France. Il assista à l'assemblée des grands du Royaume, tenue à Paris en 1296, et accompagna le Roi dans la campagne de Flandres. Il avait épousé en premières noces, Jeanne de Beaujeu, qui lui donna quatre fils et une fille, et en secondes noces, Perrenelle de Sully, dont il n'eut qu'une fille. Le Comte de Dreux mourut le 7 mars 1309.

<h2 style="text-align:center">PLANCHE XXXII.</h2>

LA MARCK.

Le Comté de La Marck, dont les Seigneurs tirent leur origine de la maison de Berg, par Everhard, Comte d'Altena, fut formé vers l'an 1178. Les Seigneurs de La Marck prêtèrent hommages alternativement à la France et à l'Empire, selon que leurs intérêts les portaient à rechercher l'alliance de l'un ou l'autre État.

N° 1.

SIGILLVM . . . ALBERTI . . . . DE MARKA. *Sceau d'Engilbert de La Marck.* Le Sire de La Marck, armé de toutes pièces, portant un casque fermé, orné de volets et d'un cimier d'une forme bizarre, sur lequel paraissent ses armes ; il porte au bras gauche un écu aux armes de La Marck qui sont : d'or à la fasce échiquetée d'argent et de gueules de trois traits, et tient de la main droite une épée nue. Il est monté sur un cheval galopant à droite, portant sur la tête un cimier semblable à celui du casque, et caparaçonné aux armes de La Marck.

Engilbert II, Comte de La Marck, fils d'Everhard et d'Ermengarde de Berg, eut guerre avec Louis de Ravensberg, Évêque d'Osnabruck, et en 1311, prit et détruisit le château de Furstemberg. Il épousa en 1298, Mathilde d'Aremberg, dont il eut Adolphe, son successeur, et d'autres enfans. Engilbert II mourut le 18 juillet 1328.

N° 2.

SIGILLVM · DNI (*domini*) ADOLPHI · DE . CLEVES · ET · DE · MARKA · DNI · DE . . . . *Sceau de Monseigneur Adolphe de Clèves et de La Marck, Seigneur de . . .* . . . L'écu des armes d'Adolphe de La Marck : écartelé de gueules au rais pommeté et fleuronné d'or, de trois pièces percé d'argent, qui est Clèves, et d'or à la fasce échiquetée d'argent et de gueules de trois traits, qui est La Marck ; et sur le tout : l'écu de Bourgogne : écartelé aux premier et quatrième quartiers de Bourgogne-Moderne, aux deuxième et troisième de Bourgogne-Ancien ; sur le tout du tout : de Flandres. Au-dessus de cet écusson un lion, et un casque fait en forme de figure monstrueuse, sommé d'une couronne et orné de deux longues cornes.

Archives du département du Nord, à Lille.

Adolphe de La Marck et de Clèves, second fils de Jean Ier, Comte de La Marck et de Clèves, et d'Élisabeth de Bourgogne, naquit le 18 avril 1461, et mourut sans enfans le 4 avril 1498, à l'âge de trente-sept ans.

DUNOIS-LONGUEVILLE.

Les Comtes de Dunois, Ducs de Longueville, tirent leur origine de Jean d'Orléans, fils naturel de Louis de France, Duc d'Orléans, surnommé *le Grand-Bâtard.* Cette branche s'éteignit en 1694, par la mort de Jean-Louis d'Orléans, frère de François Paris d'Orléans tué au passage du Rhin, en 1672.

N° 3.

SCEL. F. . . . . DVNOIS, LONGVEVILLE ET TANCARVILLE. Un écusson aux armes d'Orléans-Longueville, qui sont : d'Orléans, à la bande d'argent. Cet écusson est surmonté d'un casque fermé, tourné à gauche, sommé d'un bourrelet ; le cimier est une tête de biche ; les supports sont des griffons.

Archives du département du Nord, à Lille.

François d'Orléans, IIe du nom, Duc de Longueville, Comte de Dunois et de Tancarville, Grand-Chambellan de France et Connétable héréditaire de Guyenne, descendant direct du célèbre bâtard de Dunois, était fils aîné de François d'Orléans, Comte de Longueville, Ier du nom, et d'Agnès de Savoie. En 1495, ce jeune prince accompagna le Roi Charles VIII à la conquête du Royaume de Naples. Il fut émancipé par lettres du 20 janvier 1501 ; il avait alors 19 ans, et suivit en 1502 le Roi Louis XII dans les guerres d'Italie. Trois ans après, le Comté de Longueville fut érigé en Duché en sa faveur. A la bataille d'Agnadel, en 1509, il commanda l'arrière-garde et fut, en 1512, général de l'armée levée pour rétablir Jean d'Albret sur le trône de Navarre. Le Duc de Longueville mourut en sa terre de Châteaudun, le 12 février 1512. Il avait épousé Françoise d'Alençon, fille aînée de René, Duc d'Alençon, et de Marguerite de Lorraine, qui se remaria à Charles de Bourbon, duc de Vendôme. Elle avait donné au Duc de Longueville, Jacques et René d'Orléans, morts jeunes.

<h2 style="text-align:center">SUPPLÉMENT GÉNÉRAL</h2>
AUX SCEAUX DES ROIS, REINES ET RÈGENS DE FRANCE,
ET AUX SCEAUX DES GRANDS FEUDATAIRES DE LA COURONNE.

N° 4.

EMPREINTE DU CHATON DE L'*ANNEAU D'OR* A SCELLER, DE CHILDÉRIC IER, ROI DES FRANCS.

Cet anneau, gravé en creux, représente le Roi Childéric, de face, la tête nue, les cheveux séparés sur le milieu de la tête et flottans sur les épaules, vêtu d'une tunique et tenant de la main droite un javelot. La légende porte : CHILDIRICI REGIS. (*Sceau*) *du Roi Childéric*

Ce précieux monument a été trouvé à Saint-Brice, près de Tournay, le 27 mai 1653, par un maçon, dans un tombeau que l'inscription de l'anneau a seule fait reconnaître pour celui de Childéric, dont le lieu de la sépulture n'a été connu que par cette découverte. Ce trésor fut donné par le propriétaire du terrain à l'Archiduc Léopold, alors gouverneur des Pays-Bas ; après sa mort, Philippe de Scomborn l'obtint de l'Empereur d'Allemagne, par l'entremise de son confesseur, et comme il avait de grandes obligations à Louis XIV, il lui fit présent de ces précieuses reliques d'un de ses prédécesseurs, en 1665. En 1831, le cachet et plusieurs autres objets du tombeau de Childéric furent enlevés du cabinet des Médailles par un vol audacieux. Heureusement, on en avait conservé au Cabinet des médailles, une empreinte, qui a servi à notre reproduction.

11

N° 5.

SIGILLVM. PHILIPPI · DEI · GRATIA · REGIS · FRANCORVM · AD · REGIMEN · REGNI · DIMISSVM. *Sceau de Philippe, par la grâce de Dieu, Roi des Français, délivré pour le gouvernement du Royaume.* La couronne royale de France, ouverte, placée au milieu d'une rosace.

Contre-sceau : Un écu, sur lequel les fleurs-de-lis de France, réduites au nombre de trois, paraissent pour la première fois. Archives du département du Nord, à Lille.

Saint Louis avait établi pour Régens du Royaume, Mathieu de Vendôme, abbé de Saint-Denis, et Simon de Nesle. L'un des premiers actes du règne de Philippe-le-Hardi, son fils, fut de leur envoyer, au mois de septembre 1270, des lettres de confirmation de ces hautes fonctions. Lorsque ce Prince partit en 1285, pour la guerre d'Aragon, il laissa aux Régens le sceau que nous venons de décrire.

N° 6.

. . . . . . DVCIS · EBORICENSIS · COMITIS · MARCHIE · . . . . . . GVBERNATORIS · REGNI · FRANCIE · ET · DVCATVS · NOR . . . . *Duc d'York, Comte de March, gouverneur du Royaume de France et du Duché de Normandie.* L'écu des armes du Duc d'York : écartelé de France et d'Angleterre, au lambel de trois pendans, chargés chacun de trois tourteaux; cet écu est surmonté d'un heaume orné de lambrequins et sur lequel est placé un chapeau doublé d'hermine; le cimier est un lion passant, gardant, couronné, portant au cou le lambel des armes d'York; les supports sont un faucon enchaîné, qui rappelle la devise de la maison d'York, et le lion du comté de March. Dans le champ, deux plumes d'autruche et des fers. Archives du département du Nord, à Lille.

Richard, Duc d'York, Lieutenant pour le Roi d'Angleterre des Royaumes de France et Duché de Normandie, Comte de Cambridge, Ulster, March et Rutland, Lord de Wigmore et Clare, etc., fils de Richard de Coningsburg, Comte de Cambridge, et d'Anne Mortimer, descendait en ligne directe et masculine d'Édouard III, Roi d'Angleterre. Après la mort du Duc de Bedford, en 1436, le Duc d'York obtint, du Roi Henri VI, la régence de France. Le 31 décembre 1460, ce prince qui prétendait à la couronne, fut tué à Wakefield-Green, dans une bataille contre la Reine Marguerite et le jeune prince Édouard son fils. Cette couronne qu'il ne put obtenir pour lui, fut portée par son second fils, Édouard d'York, qu'il avait eu de Cécile Nevil.

N° 7.

SIGILLVM · KAROLI · PRIMOGENITI · REGIS · FRANCORVM · DELPHINI · VIENNENSIS. *Sceau de Charles, fils aîné du Roi des Français, Dauphin de Viennois.* Le Dauphin, armé de toutes pièces, coiffé d'un casque à demi ouvert, orné de grands lambrequins, dont le cimier est une grande fleur de lis; il porte au bras gauche un écusson écartelé de France et de Dauphiné et tient de la main droite une épée nue levée; il est monté sur un cheval galopant à droite, dont le caparaçon est brodé à ses armes. Archives du département du Nord, à Lille.

Charles de France, fils de Louis XI, roi de France, et de Charlotte de Savoie, naquit au château d'Amboise, le 30 juin 1470. Il fut tenu sur les fonts de baptême par Henri, Prince de Galles, qui était alors en France pour demander des secours au Roi. Il succéda au roi son père, à l'âge de treize ans, et fut sacré à Reims, en 1484, sous le nom de Charles VIII.

N° 8.

COMES · & · MARCHio · ProVINCIe · & . COMES . . FOLCA . . . *Comte et Marquis de Provence, et Comte de Forcalquier.* L'écu des armes de Provence, d'or à six pals de gueules. Archives du département du Nord, à Lille.

Charles, Comte d'Anjou. (Voyez pl. VI, n° 4.)

N° 9.

KAROLVS · DEI · GRACIA · SICILIE · REX. *Charles, par la grâce de Dieu, Roi de Sicile.* Le Roi de Sicile, assis sur son trône, revêtu des habits royaux, coiffé d'une couronne ouverte, tenant de la main gauche un globe et de la droite un sceptre terminé par une fleur de lis.

Contre-sceau : DVCATVS · APVLIE · PRICIPATvs · CAPVE · *Duché de Pouille, Principauté de Capoue.* L'écu des armes de la maison d'Anjou-Sicile. Sceau d'or du Cabinet de France.

Charles II, Roi de Naples. (Voyez pl. XXI, n° 4.)

N° 10.

Un écusson mi-parti de France et de Castille. Archives du département du Nord, à Lille.

Robert Ier, Comte d'Artois, troisième fils de Louis VIII, et de Blanche de Castille, naquit au mois de septembre 1216, et fut fait Comte d'Artois en 1237. Ce Prince suivit le Roi saint Louis son frère en Terre-Sainte, et fut tué à la bataille de la Massoure, le 9 février 1249. Il avait épousé Mahaud de Brabant, dont il eut Robert II, Comte d'Artois, et Blanche d'Artois, mariée à Henri Ier, Roi de Navarre, puis à Edmond d'Angleterre, Comte de Lancastre.

N° 11.

SIGILLVM · LVDOVICI · DVCIS · AVRELIANensis · MEDIOLANI · ET · VALESIE. *Sceau de Louis, Duc d'Orléans, de Milan et de Valois.* Un écusson écartelé des armes d'Orléans et de Milan. Archives du département du Nord, à Lille.

Louis d'Orléans, fils de Charles duc d'Orléans, et de Marie de Clèves, naquit à Blois, le 27 juin 1462, et succéda au duché d'Orléans, à la mort de son père, en 1465. Ce Prince, n'ayant pu parvenir à la régence, pendant la minorité du Roi Charles VIII, se retira avec le Duc de Bretagne, et fut l'un des chefs de la Ligue des Princes et Seigneurs qui furent défaits, en 1488, à la bataille de Saint-Aubin-du-Cormier. Le duc d'Orléans y fut fait prisonnier. Il ne recouvra sa liberté qu'en 1491, à la prière de sa femme, Jeanne de France, sœur du roi, et obtint peu après le gouvernement de Normandie. En 1498 il parvint à la couronne sous le nom de Louis XII.

TABLEAU HISTORIQUE DES GRANDS FIEFS

DONT LES MONUMENS ONT PARU DANS CET OUVRAGE.

FIEFS.	ORIGINE.	PASSAGE EN D'AUTRES MAISONS.	EXTINCTION.
ALENÇON, COMTÉ puis DUCHÉ.	Vers 997. Guillaume, fils de Yves, Seigneur de Belesme, est premier comte d'Alençon.	1070. Mabille, héritière du Comté d'Alençon, le porte à Roger de Montgommery. 1219. Robert IV meurt sans enfans, et Hèle, sa sœur, cède le Comté à Philippe-Auguste qui le réunit à la couronne. 1268. Le Roi saint Louis donne ce Comté, à titre d'apanage, à Pierre, son troisième fils, qui meurt en 1284, sans laisser de postérité. Le Comté est de nouveau réuni à la couronne. 1293. Philippe IV le donne à Charles Ier -de Valois, son frère. Le Comté est érigé en Duché, en 1414, en faveur de Jean Ier. 1525. Réuni à la couronne par la mort de Charles IV. 1566. Le Roi Charles IX donne ce Duché à son frère François.	1584. Réunion à la couronne par la mort de François, frère de Charles IX. Sous HENRI III.
ANGOULÊME, COMTÉ.	819. Turpion investi par Louis-le-Débonnaire.	1217. Le Comté d'Angoulême passe dans la maison de La Marche par le mariage d'Isabelle, Comtesse d'Angoulême et veuve de Jean-sans-Terre, Roi d'Angleterre, avec Hugues X de Lusignan, Comte de La Marche. 1303. Retour à la couronne par la mort de Hugues XIII. 1392. Louis d'Orléans, frère du Roi Charles VI, reçoit ce Comté au nombre de ses apanages.	1515. Réunion à la couronne par l'avénement de FRANÇOIS Ier.
ANJOU, COMTÉ puis DUCHÉ.	879. Tertulle institué par Eudes, Duc de France.	1040. Porté par Ermengarde d'Anjou à son mari Geoffroy de Château-Landon, Comte de Gatinais, dont la postérité monta sur le trône d'Angleterre. 1205. Confisqué sur Jean-sans-Terre, Roi d'Angleterre, par arrêt des Pairs de France, et réuni à la couronne. 1246. Saint Louis érige de nouveau l'Anjou en Duché en faveur de Charles de France, son frère. 1290. Marguerite, fille de Charles II, épouse Charles, Comte de Valois, et porte l'Anjou dans cette maison. 1327. Philippe, fils de Marguerite, monte sur le trône sous le nom de Philippe VI, et réunit l'Anjou à la couronne. 1360. Erigé en Duché par le Roi Jean, en faveur de Louis de France, son fils puîné, qui est la tige des derniers Ducs.	1480. Réuni à la couronne par la mort de René d'Anjou, dit *le bon Roi René.* Sous LOUIS XI.
AQUITAINE ou GUYENNE, DUCHÉ.	830. Renaud possède la Guyenne, avec le titre de Comte de la première Aquitaine.	1152. Éléonore d'Aquitaine, ayant été séparée du Roi Louis VII, son mari, porte ce Duché à Henri, Duc de Normandie, depuis Roi d'Angleterre. 1355. Édouard III, Roi d'Angleterre, donne la Guyenne à son fils aîné, Édouard, Prince de Galles. 1377. A sa mort, Édouard III se remet en possession de la Guyenne. 1453. Réunie à la couronne par les victoires de Duguesclin. 1468. Louis XI donne ce Duché à Charles de France, son frère, en échange de celui de Normandie.	1474. La Guyenne est réunie à la couronne, par échange, sous LOUIS XI.
ARMAGNAC, COMTÉ.	961. Guillaume-Garcie, Comte de Fezensac, donne le Comté d'Armagnac à son second fils Bernard.	1497. Charles, Ier Comte d'Armagnac, meurt en instituant pour son héritier, Charles, Duc d'Alençon, petit-fils de sa sœur Marie d'Armagnac. 1525. Mort de Charles, Duc d'Alençon. 1527. Sa veuve Marguerite d'Orléans, sœur de François Ier, épouse Henri II d'Albret, Roi de Navarre, et porte le Comté d'Armagnac dans cette maison.	1589. Réunion à la couronne par l'avénement de HENRI IV.
ARTOIS, COMTÉ.	1226. Robert Ier, fils de Louis VIII, reçoit en apanage par le testament de son père, l'Artois, pour être tenu en fief de la couronne; mais il n'entre en possession de son apanage qu'en 1242.	1302. Mahaut, fille de Robert II, lui succède dans le Comté d'Artois avec Othon IV, Comte de Bourgogne, son mari. 1320. Jeanne, leur fille et héritière, porte l'Artois à son mari Philippe V, Roi de France. 1330. Jeanne II, fille de Philippe V et de Jeanne Ire, épouse Eudes IV, Duc de Bourgogne, et reporte ainsi l'Artois dans cette maison. 1361. Marguerite, Comtesse de Flandres et fille de Philippe V, succède à Philippe du Rouvre, son petit-neveu et petit-fils de Jeanne II. Le Comté d'Artois passe ainsi dans la maison de Flandres. 1384. L'Artois rentre dans la maison de Bourgogne par le mariage de Marguerite, fille de Louis de Mâle, Comte de Flandres et d'Artois, avec Philippe-le-Hardi, Duc de Bourgogne.	1478. Réunion à la couronne à la mort de Charles-le-Téméraire, sous LOUIS XI.
AUVERGNE, COMTÉ.	843. Rénaud Ier, Comte de Poitiers, donne l'Auvergne à Hervé son fils.	1338. Jeanne d'Auvergne porte cette province à Philippe, Comte de Nevers, fils aîné d'Eudes IV, Duc de Bourgogne. A la mort de ce prince, qui ne laissa pas d'enfans, 1364, Jean de la Tour-d'Auvergne, sire de Montgascon, neveu de Guillaume IX, Comte d'Auvergne, succède à ce Comté. 1524. Catherine de Médicis, nièce d'Anne, dernière Comtesse, hérite ce Comté qu'elle ne réunit pas à la couronne. Henri III le donne à Charles de Valois, bâtard de Charles IX. 1606. La Reine Marguerite de Valois se fait restituer l'Auvergne à laquelle elle prétendait des droits de Catherine, sa mère.	1615. A la mort de cette princesse, l'Auvergne est réunie à la couronne par son héritier, le Roi LOUIS XIII.
AUVERGNE, (DAUPHINÉ D')	1170. Dauphin hérite de son père Guillaume IV, Comte d'Auvergne, la partie de l'Auvergne qui de lui prit le nom de Dauphiné d'Auvergne.	1400. Jeanne porte ce fief à Louis de Bourbon, Comte de Montpensier. 1523. L'Auvergne, confisquée sur le connétable de Bourbon, est adjugée à Louise de Savoie, mère de François Ier. 1560. Retour à la maison de Bourbon, par arrêt du Roi François II. 1626. Marie de Bourbon épouse Gaston d'Orléans, et lui porte le Dauphiné d'Auvergne.	1693. Mort de mademoiselle de Montpensier, dernière Dauphine d'Auvergne. Sous LOUIS XIV.

FIEFS.	ORIGINE.	PASSAGE EN D'AUTRES MAISONS.	EXTINCTION.
BÉARN, VICOMTÉ.	819. Érection par Louis-le-Débonnaire, en faveur de Centule, deuxième fils de Loup-Centule, duc de Gascogne.	1252. Marguerite, fille de Gaston VII, épouse Roger-Bernard III, Comte de Foix, et lui porte la Vicomté de Béarn (voyez Foix).	1589. Réunion à la couronne par l'avénement de HENRI IV.
BERRY, COMTÉ puis DUCHÉ.	930. Gérard d'Alsace est Comte de Berry.	Gérard n'ayant pas eu d'enfans de Berthe sa femme, fille de Pépin, Roi d'Aquitaine, la principauté du Berry, passa à sa mort, aux Ducs d'Aquitaine. 940. Hérard est fait Comte de Bourges. 1094. Herpin vend ce Comté au Roi Philippe Ier. 1364. Le Roi Jean le donne à Jean de France, son troisième fils. 1416. Ce prince étant mort sans enfans, le Berry est réuni à la couronne. 1460. Charles VII le donne à son deuxième fils, Charles de France.	1465. Le Duché de Normandie est donné en échange du Berry à Charles de France, et le Berry est réuni à la couronne sous LOUIS XI.
BLOIS, COMTÉ.	920. Thibaut Ier s'empare du pays de Blois, et le Roi Raoul lui en confirme la possession.	1230. Marie hérite le Comté de Blois de Marguerite, sa mère, fille aînée de Thibaut IV, et le porte dans la maison de Châtillon, ayant épousé, en 1225, Hugues de Châtillon, Comte de Saint-Pol. 1391. Guy II de Châtillon, Comte de Blois, vend son Comté à Louis de France, Duc d'Orléans, frère du Roi Charles VI.	1498. Réuni à la couronne par l'avénement de LOUIS XII.
BOULOGNE, COMTÉ.	970. Arnoul, fils de Guillaume, Comte de Ponthieu, obtient le Comté de Boulogne pour sa part de l'héritage de son père.	1145. Etienne de Blois, parvenu au trône d'Angleterre, donne le Comté de Boulogne à Eustache, son fils. 1160. Marie, nièce d'Eustache et héritière de Boulogne, porte ce Comté à Mathieu de Flandres. Ide, sa fille, le porte à son second mari, Renaud, Comte de Dammartin, dont la fille Mahaud II épouse, en 1246, Philippe de France, Comte de Clermont. Cette princesse institua, pour ses héritières, Marie et Alix de Brabant, ses cousines, qui vendirent le Comté de Boulogne à leur neveu, Henri III, Duc de Brabant, qui le recéda à Robert V, Comte d'Auvergne, lequel s'en mit en possession en 1247. Ce fief resta dans cette dernière maison jusqu'en 1338, que Jeanne Ire, qui en était héritière, le porta à Philippe, Comte de Nevers, dont le fils Philippe mourut sans enfans en 1361. A sa mort, le Comté de Boulogne passa à Jean de Montgascon, cousin de Jeanne Ire. 1435, il fut cédé par Philippe III au duc de Bourgogne qui s'en était emparé.	1477. Bertrand d'Auvergne échange le Comté de Lauraguais contre le Comté de Boulogne, qui est réuni à la couronne. Sous LOUIS XI.
BOURBON, SIRERIE puis DUCHÉ.	Vers 921. Aimar premier Seigneur connu.	1200. Passage dans la maison de Dampierre par le mariage de Mathilde, fille d'Archambault, Sire de Bourbon, avec Guy II, Seigneur de Dampierre, dont le fils Archambault IX prit le nom et les armes de Bourbon. 1262. Agnès, petite-fille d'Archambault, porte la sirerie de Bourbon à Jean, fils de Hugues IV, Duc de Bourgogne. 1283. Béatrix, leur fille, succède à sa mère. Elle avait épousé, en 1272, Robert de France, Comte de Clermont, dont le fils Louis fut le premier duc de Bourbon de la maison de France.	1523. Réunion à la couronne par confiscation sur le connétable de Bourbon. Sous FRANÇOIS Ier.
BOURGOGNE, DUCHÉ.	1031. Érection par le Roi Robert en faveur de Robert, son troisième fils.	1361. Retour à la couronne par la mort de Philippe, dit de Rouvre, dernier Duc. 1363. Le Roi Jean donne le Duché de Bourgogne en apanage à son fils Philippe-le-Hardi.	1476. Réunion à la couronne à la mort de Charles-le-Téméraire. Sous LOUIS XI.
BOURGOGNE, COMTÉ ou FRANCHE-COMTÉ.	995. Otte-Guillaume, fils de Gerberge, comtesse de Dijon, succède à une partie de la Bourgogne; premier Comte héréditaire.	1307. Passe dans la maison de France par le mariage de Blanche, fille d'Othon IV, dit Othelin, avec le Roi Charles IV. La sœur de Blanche, Jeanne de Bourgogne, avait épousé, l'année précédente Philippe V, aussi Roi de France. 1363. Joint à l'apanage de Philippe-le-Hardi, duc de Bourgogne. 1476. A la mort de Charles-le-Téméraire, Marie sa fille porte le Comté de Bourgogne dans la maison d'Autriche.	1678. Réunion à la couronne par conquête, sous LOUIS XIV.
BRETAGNE, ROYAUME, COMTÉ, DUCHÉ.	848. Louis-le-Débonnaire donne la Bretagne à Néomène, Seigneur breton qui prit, dit-on, le titre de Roi.	1202. Constance de Bretagne épouse Guy, Vicomte de Thouars, dont elle a Alix, qui épouse Pierre de France, dit de Dreux, souche des derniers Ducs de Bretagne.	1492. La Bretagne est réunie à la couronne par le mariage d'Anne de Bretagne avec le Roi CHARLES VIII.
CHAMPAGNE, COMTÉ.	1019. Eudes II, comte de Blois, succède à Étienne II, comte de Troyes, et reçoit du Roi Robert l'investiture du comté de Champagne.	1254. Jeanne, héritière de Champagne, épouse Philippe II, Roi de France, et porte ce Comté dans la maison de France.	1361. Réuni à la couronne, sous le Roi JEAN.
DUNOIS, COMTÉ.	Vers 990. Geoffroy est le premier Vicomte de Châteaudun et Comte de Dunois.	Mélisende, fille de Geoffroy, porte ces terres à Guérin de Belesme, Comte du Perche. Le Dunois, après avoir passé par des mariages successifs dans les maisons de Dreux, de Clermont et de Craon, fut vendu en 1364 à Louis, Duc d'Orléans, qui le donne à son frère naturel, Jean, bâtard d'Orléans.	1694. Par l'extinction de la postérité légitime du bâtard d'Orléans, en la personne de Jean-Louis-Charles d'Orléans, le Dunois fait retour à la couronne, sous LOUIS XIV.
ÉTAMPES, COMTÉ puis DUCHÉ.	1307. Philippe-le-Bel donne la Seigneurie d'Etampes à Louis de France son frère. 1327. Etampes est érigé en Comté pour Charles, deuxième fils de Louis, dont cette ville était le partage.	1381. Louis, Comte d'Etampes, fait donation entre-vifs du Comté d'Etampes à Louis, Duc d'Anjou, deuxième fils du Roi Jean. 1384. Le Duc d'Anjou meurt; ses enfans cèdent le Comté d'Etampes au duc de Berry. 1387. Ce prince donne entre-vifs le Comté d'Etampes à Philippe-le-Hardi, duc de Bourgogne. 1500. Le Comté que le Duc de Bourgogne avait donné au Comte de Nevers, est saisi par la couronne, et le Roi Louis XII en fait don à Gaston de Foix. Depuis, le Comté d'Etampes fut possédé successivement par Anne de Bretagne, Claude de France, Arthur Gouffier Duc de Rouanais, Jean de La Barre, Anne de Pisseleu de Heilly, maîtresse de François Ier, en faveur de laquelle il fut érigé en Duché; Jean de Brosse Comte de Penthièvre, Jean Casimir, fils de l'Electeur Palatin, Marguerite de Valois, Gabrielle d'Estrées et la maison de Vendôme.	1712. La maison de Vendôme étant éteinte en la personne de Louis-Joseph, Duc de Vendôme, le Duché d'Etampes fait retour à la couronne, sous LOUIS XIV.
ÉVREUX, COMTÉ.	989. Richard Ier, duc de Normandie, institue Robert son fils Comte d'Evreux.	1118. Guillaume, petit-fils de Robert, étant mort sans enfans, Amaury de Montfort, fils de sa sœur Agnès, lui succède. 1200. Amaury IV de Montfort vend le Comté à Philippe-Auguste qui le réunit à la couronne.	1584. Réunion à la couronne à la mort de François, duc d'Alençon, sous le règne de HENRI III.

FIEFS.	ORIGINE.	PASSAGE EN D'AUTRES MAISONS.	EXTINCTION.
FLANDRES, COMTÉ.	863. Baudouin Ier, dit *Bras-de-Fer*, reçoit la Flandres à titre de Comté, de Charles-le-Simple, son beau-père, sous la condition d'hommage à la couronne.	1285. Philippe III le donne à Louis, son troisième fils. 1404. Charles-le-Noble cède, en échange du Duché de Nemours, le Comté d'Evreux au Roi Charles VI qui le réunit à la couronne. 1569. Le Roi Charles IX donne le Comté d'Evreux à son frère François, Duc d'Alençon. 1119. Charles Ier, fils de Canut, Roi de Danemarck, et d'Adèle de Flandres, succède à Baudouin VII, son cousin, en vertu du testament de celui-ci. 1127. Charles Ier étant mort sans enfans, le Comté de Flandres passe à Guillaume Cliton, dit *le Normand*, par élection des Etats du pays. L'année suivante, Guillaume est tué; Thierry d'Alsace, son compétiteur, est reconnu Comte, en raison des droits qu'il tenait de sa mère Gertrude, tante de Baudouin VII. 1191. Marguerite de Flandres épouse Baudouin, Comte de Hainaut, et lui porte le Comté. 1237. Thomas de Savoie est reconnu Comte de Flandres, par son mariage avec Jeanne, fille aînée de Baudoin IX. 1244. Marguerite II, sœur de Jeanne, lui succède et porte le Comté de Flandres dans la maison de Dampierre. 1384. Marguerite, fille de Louis de Mâle, Comte de Flandres, porte ce Comté à Philippe-le-Hardi, Duc de Bourgogne, qu'elle avait épousé en 1369. 1477. Marie, fille de Charles-le-Téméraire, Duc de Bourgogne, et femme de l'empereur Maximilien, porte la Flandres à la maison d'Autriche.	1669. Réuni à la couronne par conquête, sous LOUIS XIV.
FOIX, COMTÉ.	1050. Roger, premier Comte, probablement sous l'investiture du duc de Guyenne.	1394. Gaston Phœbus laisse en mourant tous ses domaines à Charles VI; celui-ci cède le Comté à Mathieu, fils de Bernard, Vicomte de Castelbon, et fils de Gaston Ier, lequel était aïeul de Gaston Phœbus. 1398. Isabelle, sœur et héritière de Mathieu, porte le Comté à son mari Archambault de Grailly, captal de Buch. 1484. A la mort de Gaston IV, passage dans la maison d'Albret par le mariage de Catherine, sœur et héritière de François Phœbus, avec Jean d'Albret, Comte de Penthièvre et de Périgord.	1589. Réuni à la couronne par l'avénement de HENRI IV.
HAINAUT, COMTÉ.	Vers 875. Raynier *au long col*, premier Comte. Origine inconnue.	1050. Porté dans la maison de Flandres par le mariage de Richilde, fille unique et héritière de Raynier VI, avec Baudouin VI. 1070. Baudouin, fils de Baudouin VI, sous le titre de Baudouin II, tige de la deuxième branche, qui finit, en 1279, dans la personne de Marguerite, Comtesse de Hainaut par héritage, et de Flandres par son second mariage avec Guillaume II. Jean d'Avesnes, fils de cette princesse et de Bouchard d'Avesnes, son premier mari, commence la troisième branche. 1425. Cédé par Marguerite, Impératrice et femme de Louis IV de Bavière, héritière directe, à son cousin Philippe-le-Bon, Duc de Bourgogne.	1476. Réuni à la couronne après la mort de Charles-le-Téméraire, duc de Bourgogne. Sous LOUIS XI.
LA MARCHE, COMTÉ.	944. Boson Ier, surnommé *le Viel*, est qualifié Comte de La Marche dans la charte de fondation de l'église de Dorat.	1180. Mathilde héritière épouse Hugues IX, dit *le Brun*, Sire de Lusignan, et porte le Comté de La Marche dans cette maison. 1303. Hugues XIII de Lusignan meurt sans enfans, et le Comté fait retour à la couronne. 1314. Philippe V le donne en apanage, à titre de pairie, à son frère Charles, qui le réunit de nouveau à la couronne en montant sur le trône, sous le nom de Charles IV, en 1322. 1322. Le Roi donne le Comté à Louis Ier, Duc de Bourbon, en échange du Comté de Clermont. 1447. Eléonore de Bourbon hérite le Comté, et le porte à son mari Bernard d'Armagnac, second fils du Connétable. 1477. Louis XI fait décapiter Jacques III d'Armagnac, Comte de La Marche, et confisque son Comté qu'il donne à Pierre II, Duc de Bourbon, mari de sa fille, Anne de France.	1523. Le connétable de Bourbon se révolte, et tous ses biens sont confisqués et réunis à la couronne par FRANÇOIS Ier.
LIMOGES, VICOMTÉ.	Vers 840. Foulques Ier, premier Vicomte.	1275. Passage dans la maison de Bretagne, par le mariage de Marie, fille de Guy IV, avec Arthur II, Duc de Bretagne. 1334. Jeanne de Bretagne, Vicomtesse, épouse Charles de Blois. 1470. La Vicomté passe dans la maison d'Albret, par le mariage de Françoise de Blois avec Alain, Sire d'Albret.	1589. Réunion à la couronne par l'avénement de HENRI IV.
NEVERS, COMTÉ PUIS DUCHÉ.	865. Charles-le-Chauve donne le Comté de Nevers à Bernard.	1191. Agnès de Nevers porte ce Comté à Pierre de Courtenay, son mari, dont la fille Mahaud lègue ses Etats à son petit-fils, Gaucher de Châtillon, après la mort duquel ce Comté, par des mariages successifs, passa dans les maisons de Bourgogne, de Flandres et de Clèves. En 1528, il fut érigé en Duché pour François de Clèves. 1564. Henriette de Clèves porte Nevers à Louis de Gonzague.	1665. Réunion à la couronne par la vente que fait Charles de Gonzague au Roi LOUIS XIV.
NORMANDIE, DUCHÉ.	912. Rollon, chef des Normands, prend le nom de Robert Ier, Duc de Normandie.	1202. Confisqué par arrêt des Pairs de France sur Jean-sans-Terre, Roi d'Angleterre, et réuni à la couronne. 1331. Le Roi Philippe VI le donne à son fils Jean, qui le réunit de nouveau à la couronne par son avénement au trône en 1351. 1355. Le Roi Jean le donne à son fils Charles, qui le réunit à la couronne par son avénement au trône en 1364. 1465. Le Roi Louis XI le constitue en apanage en faveur de son frère Charles de France.	1469. Réuni à la couronne par échange contre le duché de Guyenne. Sous LOUIS XI.
ORLÉANS, COMTÉ PUIS DUCHÉ.	956. Hugues Capet, fils de Hugues-le-Grand, duc de France, est Comte de Paris et d'Orléans.	987. Réunion à la couronne par l'avénement au trône de Hugues-Capet. 1350. Erection en Duché par Philippe de Valois, en faveur de Philippe, son second fils. Ce prince étant mort sans enfans, en 1375, ce Duché est réuni à la couronne. 1380. De nouveau érigé par Charles VI, en faveur de Louis de France.	1498. Réunion à la couronne par l'avénement au trône de LOUIS XII.

FIEFS.	ORIGINE.	PASSAGE EN D'AUTRES MAISONS.	EXTINCTION.
PENTHIÈVRE, COMTÉ.	1008. Eudes Ier, deuxième fils de Geofroy Ier, duc de Bretagne, est fait Comte de Penthièvre par son père.	1212. Réuni à la Bretagne par la mort, sans enfans, de Henri, IIe du nom. 1290. Passe à Guy, second fils d'Artus, Duc de Bretagne. 1455. Olivier, Comte de Penthièvre, étant mort sans enfans, le Comté est réuni au Duché de Bretagne, sous le Duc Pierre II.	1492. Réuni à la couronne avec la Bretagne, sous CHARLES VIII.
PONTHIEU, COMTÉ.	814. Angilbert, gendre de Charlemagne, créé, par ce prince, Duc ou Gouverneur du Ponthieu.	1220. Passage dans la maison de Dammartin par le mariage de Marie de Ponthieu avec Simon de Dammartin. Jeanne, leur fille, ayant épousé Ferdinand de Castille, depuis Ferdinand III, Roi de Castille, et Don Ferdinand, leur fils, étant mort avant sa mère, la sœur de ce jeune prince, Eléonore de Castille-Ponthieu, Reine d'Angleterre, hérita de ce Comté en 1282, parce que la représentation n'était pas admise dans ce pays. Depuis lors, le Ponthieu appartint à l'Angleterre.	1380. Le Ponthieu est confisqué et réuni à la couronne, sous CHARLES VI.
PROVENCE, COMTÉ.	926. Bozon, premier comte.	Vers 1100. Gerberge de Provence porte ce Comté à Gilbert, Vicomte de Gévaudan. 1112. Raymond-Bérenger, Comte de Barcelone, épouse Doulce, fille et héritière de Gerberge et de Gilbert. 1167. Alphonse Ier, Roi d'Aragon, cousin de Doulce, fille unique de Raymond-Bérenger II, Comte de Provence, s'empare de ce Comté. 1246. Béatrix, fille de Raymond-Bérenger IV, petit-fils d'Alphonse Ier d'Aragon, épouse Charles de France, frère de saint Louis, depuis Roi de Naples. 1382. Louis d'Anjou; second fils du Roi Jean, adopté par Jeanne, Reine de Naples, Comtesse de Provence, hérite de ce comté.	1482. Réunion à la couronne par la mort de Charles d'Anjou qui institue pour son héritier le Roi LOUIS XI.
TOULOUSE, COMTÉ.	801. Charlemagne donne le Gouvernement de Toulouse à Guillaume.	1241. Jeanne de Toulouse porte par mariage ce Comté à Alphonse de France, Comte de Poitiers, frère de saint Louis.	1272. Jeanne de Toulouse étant morte sans laisser d'enfans d'Alphonse de France, dont elle était veuve depuis un an, le Comté de Toulouse est réuni à la couronne sous PHILIPPE III.
VALOIS, COMTÉ PUIS DUCHÉ.	892. Pépin, frère de Bernard, Comte de Vermandois, est créé comte de Valois par Louis-le-Débonnaire.	1077. Adèle porte ce Comté à Herbert IV, Comte de Vermandois. 1215. Le Vermandois et le Valois sont réunis à la couronne. (Voy. VERMANDOIS.) 1268. Saint Louis donne le Valois à Jean de France, dit Tristan, son quatrième fils. Ce prince étant mort sans postérité, en 1270, le Valois est de nouveau réuni à la couronne. 1285. Philippe III le donne à son troisième fils, Charles de France, tige de la branche des Valois. 1328. Philippe de Valois, étant parvenu au trône sous le nom de Philippe VI, réunit le Valois à la couronne, et le donna, cette même année, à Philippe, son cinquième fils. 1375. Philippe étant mort sans enfans, le Valois retourne à la couronne. 1392. Charles VI le donne à Louis, Duc d'Orléans, son frère, en faveur duquel il est érigé en Duché, en 1406.	1498. Réunion à la couronne par l'avénement au trône de Louis, Duc d'Orléans et de Valois, sous le nom de LOUIS XII.
VENDOME, COMTÉ PUIS DUCHÉ.	1000. Bouchard d'Anjou institué Comte de Vendôme par Hugues Capet.	1016. Adèle, fille de Foulques-Nera, Comte d'Anjou, et nièce de Renaud, fils et successeur de Bouchard, porte le Comté de Vendôme dans la maison de Nevers, par son mariage avec Bodon ou Eudes, fils de Landri, Comte de Nevers. 1085. Bouchard III meurt sans postérité, et le Comté de Vendôme passe à Geoffroy de Preuilly, surnommé Jourdain, mari de sa sœur Euphrosine. 1574. Catherine, sœur de Bouchard VII, succède à Jeanne, fille de celui-ci, avec Jean de Bourbon, Comte de La Marche, son mari. Le Comté est érigé en Duché en 1515, en faveur de Charles de Bourbon, leur descendant.	1589. Réuni à la couronne à l'avénement de Henri IV.
VERMANDOIS, COMTÉ.	818. Pépin, fils de Bernard, Roi d'Italie, et neveu de Charlemagne, est fait Comte de Vermandois par l'Empereur Louis-le-Débonnaire.	1067. Adèle, fille et héritière d'Herbert IV, épouse Hugues de France, troisième fils du Roi Henri Ier. 1156. Elisabeth de Vermandois épouse Philippe d'Alsace, Comte de Flandres, et lui porte le Vermandois.	1182. Elisabeth meurt, laissant ce Comté à son mari, le Comte de Flandres; mais Eléonore le réclama et en fit cession au Roi Philippe-Auguste qui le réunit à la couronne en 1215.
VIENNOIS, COMTÉ ET DAUPHINÉ.	1044. Guignes, Comte d'Albon, se forme une comté dans le Viennois, au territoire de Grenoble. Le nom de Dauphin, vient du surnom de Guigues IV, son descendant.	1281. Passage dans la maison de La Tour-du-Pin, dont le chef, Humbert Ier, avait épousé Anne, sœur et héritière du Dauphin Jean Ier.	1349. Humbert II, Dauphin de Viennois, cède tous ses domaines au Roi de France PHILIPPE VI.

FIN.

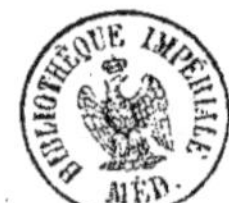

TABLE

DES

SCEAUX DES GRANDS FEUDATAIRES DE LA COURONNE DE FRANCE.

Les chiffres romains indiquent les planches; les chiffres arabes indiquent les pages.

CORRECTIONS ET ADDITIONS.

INTRODUCTION. Pag. 1re Lig. 1 : complément indispensable... *lisez :* comme un complément.

Pl. VII, N° 4   lig. 1 : SCEAU... *lisez :* SCEAV.

IX   5   9 : secret... *lisez :* Secret.

—   7   1 : JVNORIS... *lisez :* IVNORIS.

XII   2   2 et 3 : REGIS · THESA... *lisez :* REGISTHEST... (*Registhestensis*).

—   2   4 : Comte de Nevers, Trésorier du Roi... *lisez :* Comte de Nevers et de Rethel.

—   5   1 : Sceau de Roger... *lisez :* Sceau : Roger.

—   9   Après la description, ajoutez cette notice :

Gaston VII, fils de Guillaume, dit *de Montrate*, Vicomte de Béarn, et de Gersende de Provence, succéda à son père en 1229, sous la tutelle de sa mère. A sa majorité, il embrassa le parti de la France contre les Anglais, mais en 1242 il se mit à la solde du Roi d'Angleterre pour une pension de 13 livres sterling par jour. En 1247, ce prince reprit les intérêts de la France et fut fait prisonnier en 1250, par le Comte de Leycester, qui le mena en Angleterre. Ce prince, dont la vie se passa au milieu d'événemens romanesques, avait épousé Mathe de Bigorre, dont il eut un fils, mort avant sa mère, et trois filles. Marguerite, l'une d'elles, porta le Béarn, qu'elle tenait en vertu du testament de son père, à Roger-Bernard, Comte de Foix. Gaston VII mourut à Orthez, dont il avait bâti le château, le 26 avril 1290.

Pl. XIII   N° 1   Lig. 6 : Une lance armée d'une banderole.... *lisez :* un pennon.

XV   4   13 : Voile... *lisez :* volets.

XVI   1   10 : Salins... *lisez, partout :* Sâlins.

—   7   4 : Placée... *lisez :* placé.

XX   3   12 : Le Prince... *lisez :* le Comte.

XXI   5   4 : Le Colonel Mary... *lisez :* le Colonel May.

XXII   4   Remplacer ce qui suit les mots : *à gauche ;* par : un écusson surmonté d'une couronne ouverte aux armes de Hongrie-Ancien : d'argent à trois monticules de sinople, à la croix archiépiscopale ou Patriarchale de gueules en cœur.

—   5   9 : Remplacer ce qui suit les mots : *à droite ;* par : l'écu de Hongrie-Ancien.

XXIV   3   5 : Les armes pures... *lisez :* les armes pleines.

XXV   1 : Le pays du... *lisez :* le pays de.

—   3 : Qui formaient... *lisez :* qui formèrent depuis.

XXVIII   2 *bis.*   1 : · ONI · *lisez :* DNI (DOMINI).

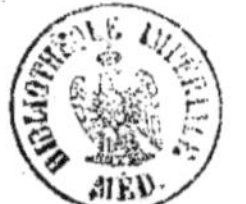

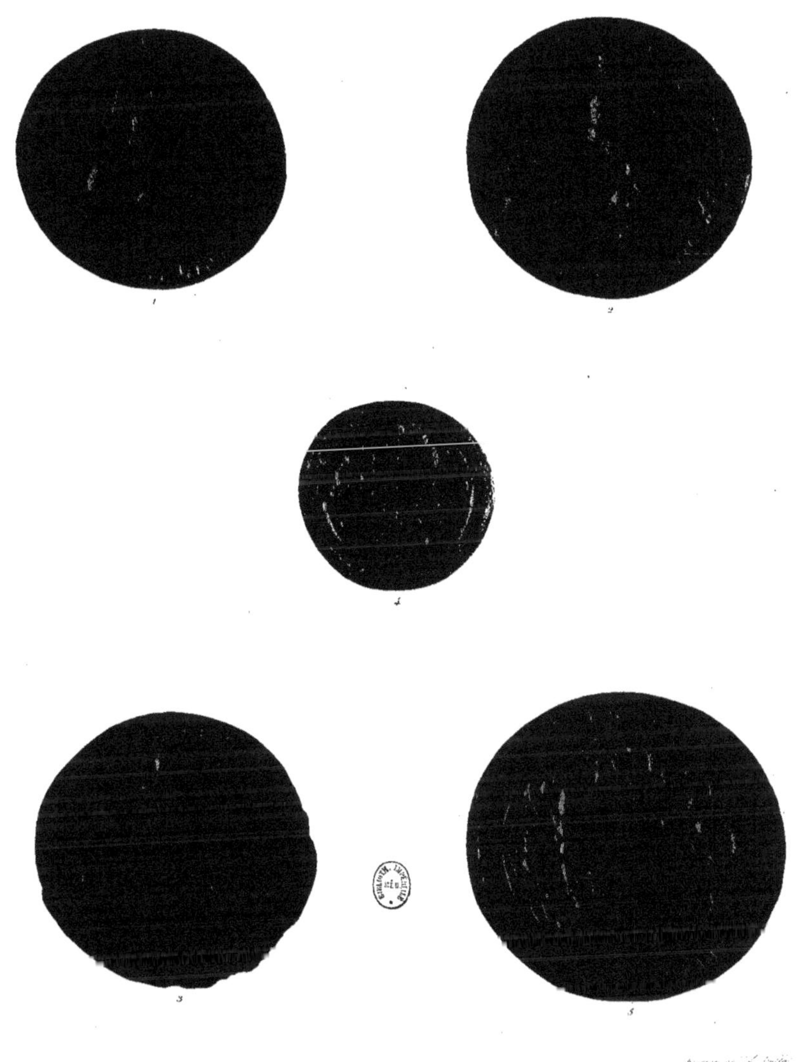

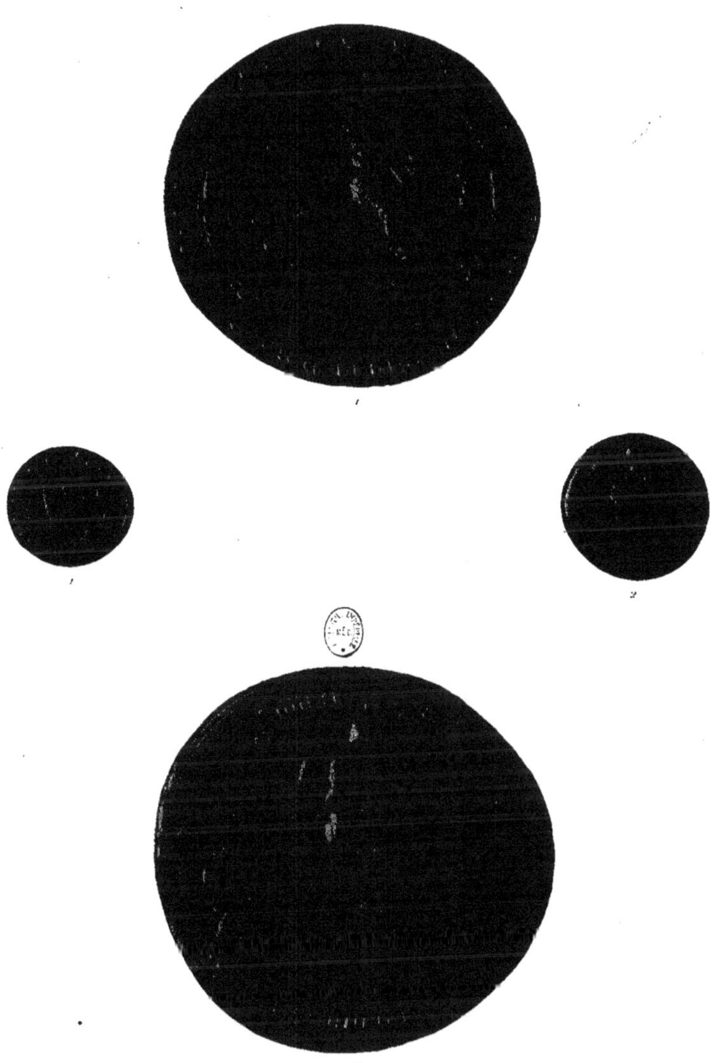

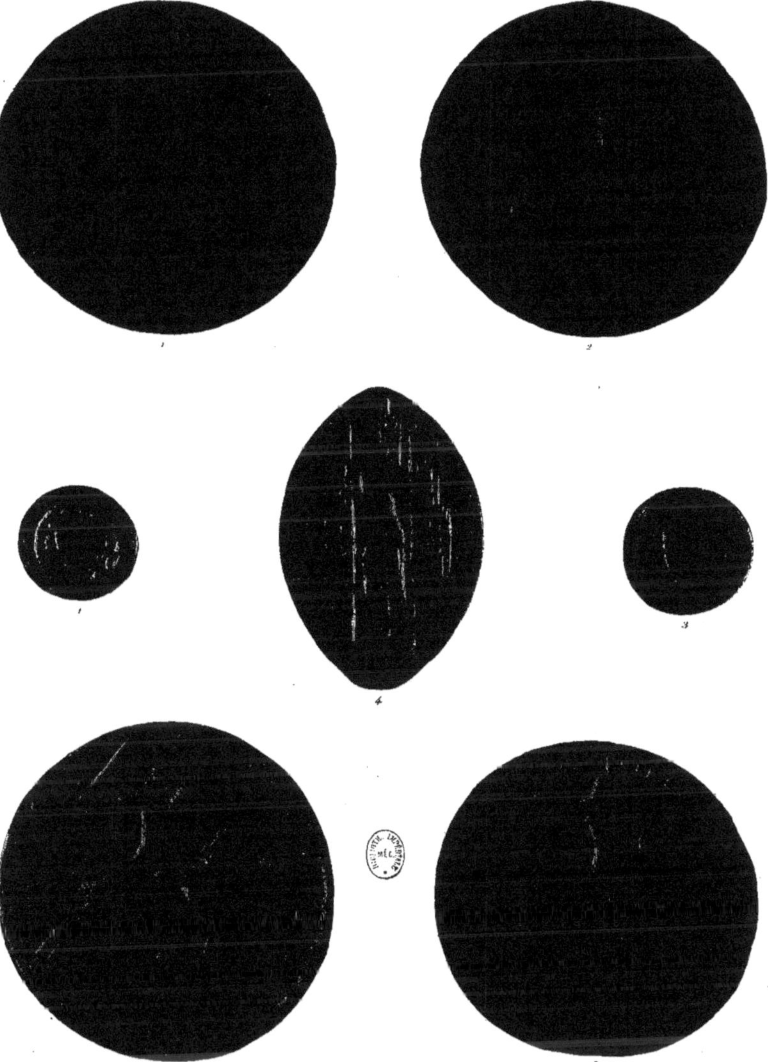

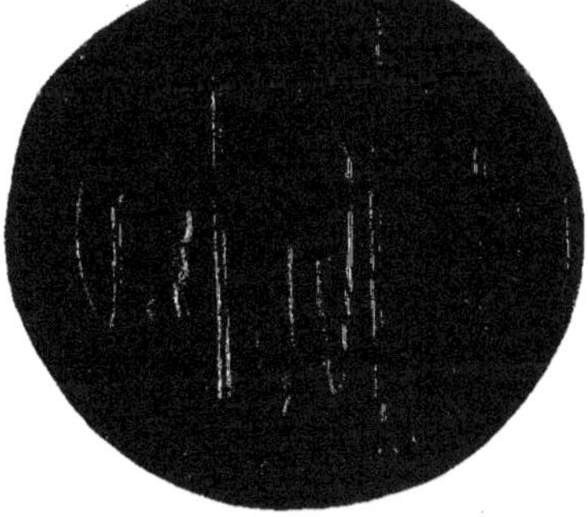

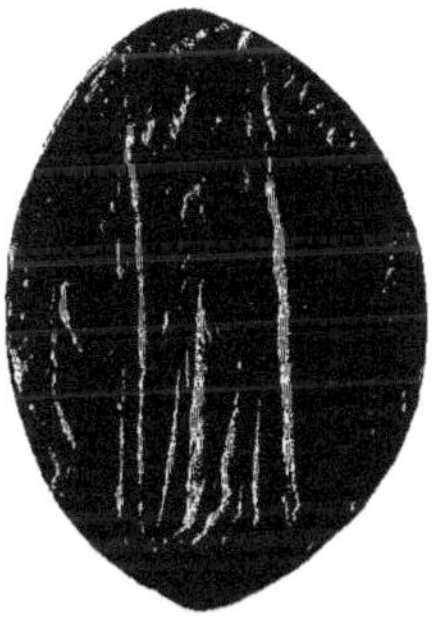

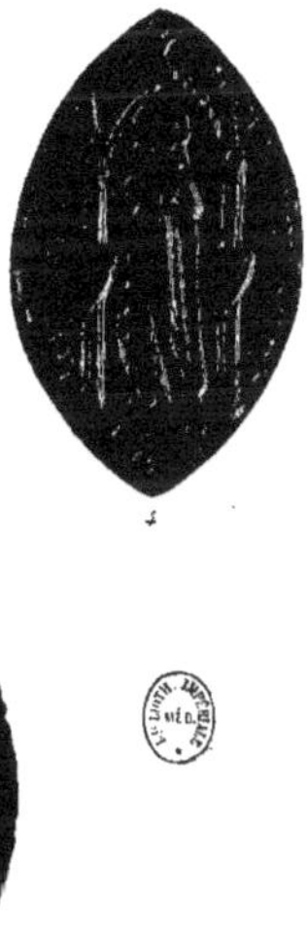

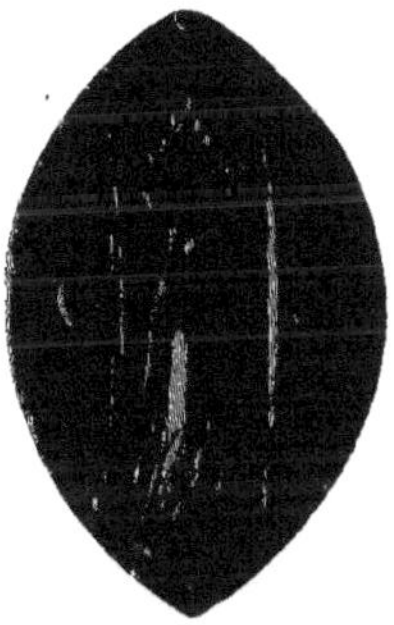

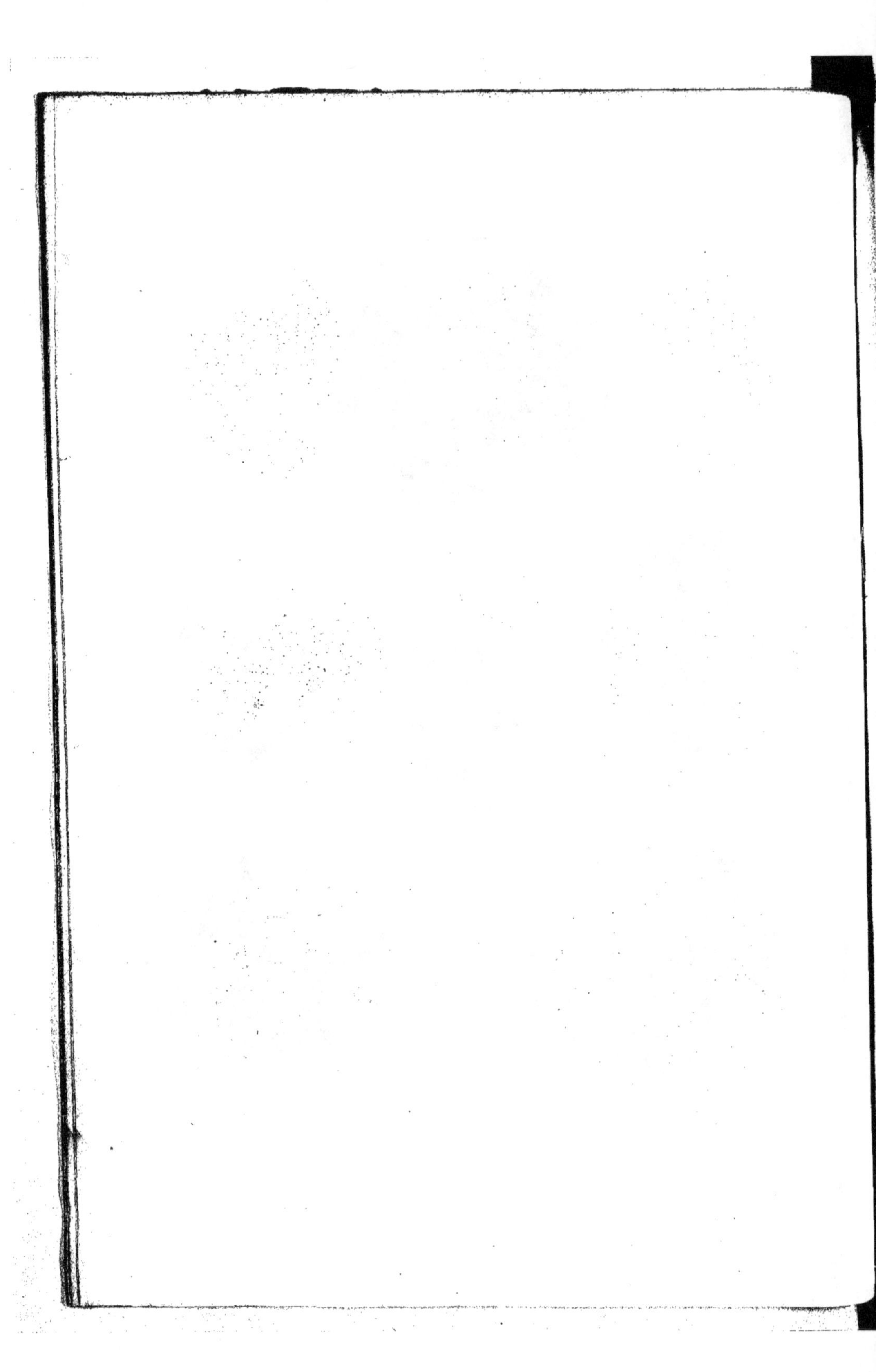

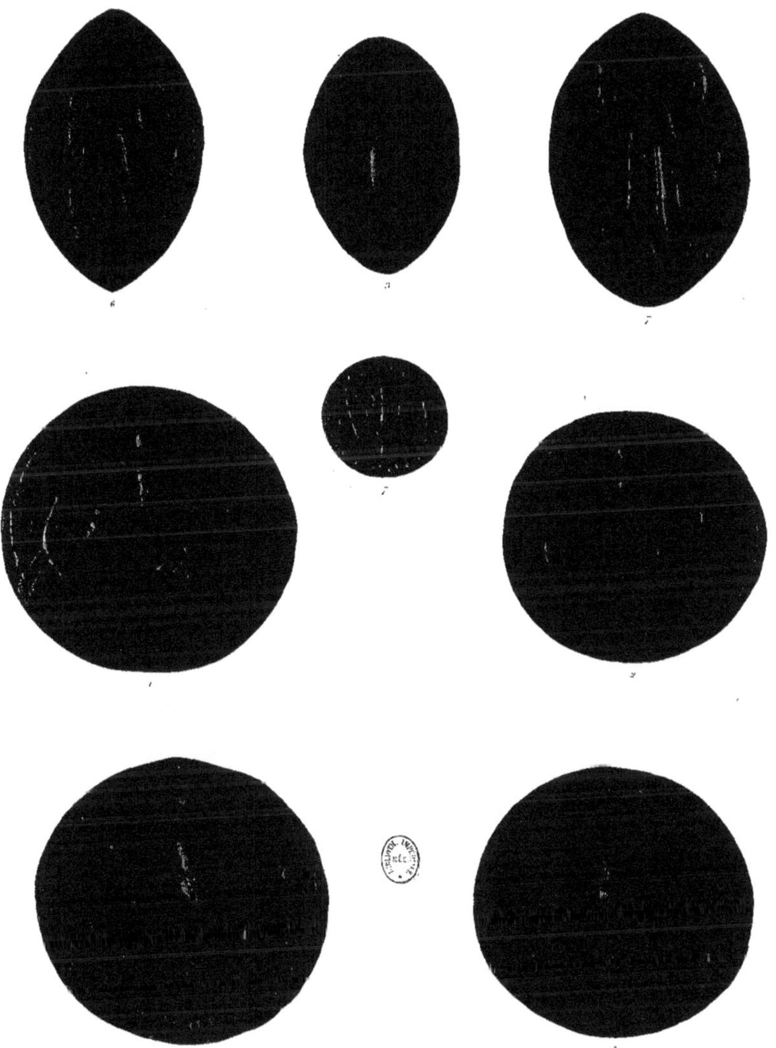

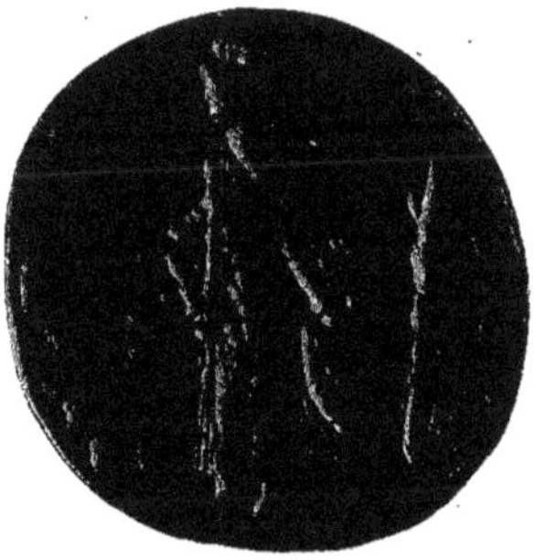

1

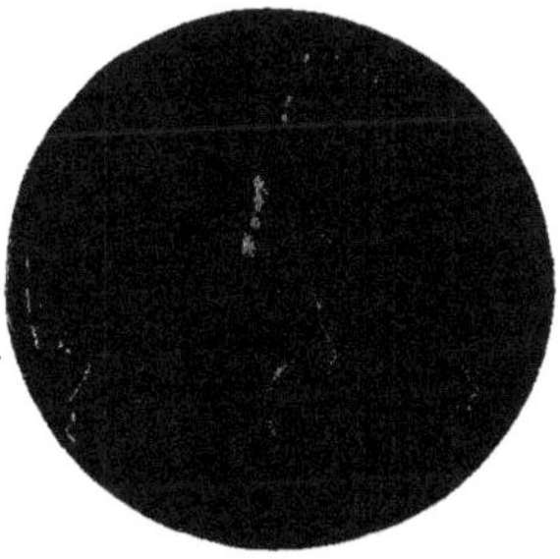

3

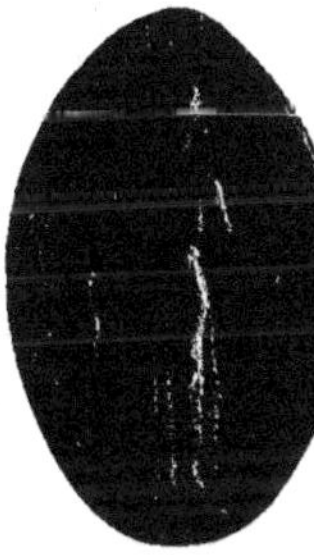

2

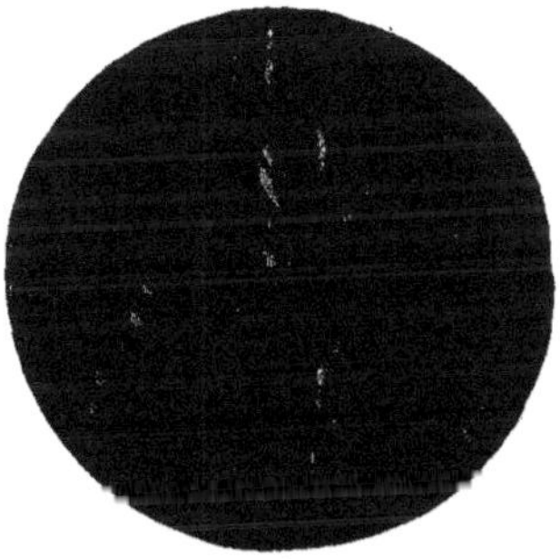

4

5

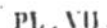

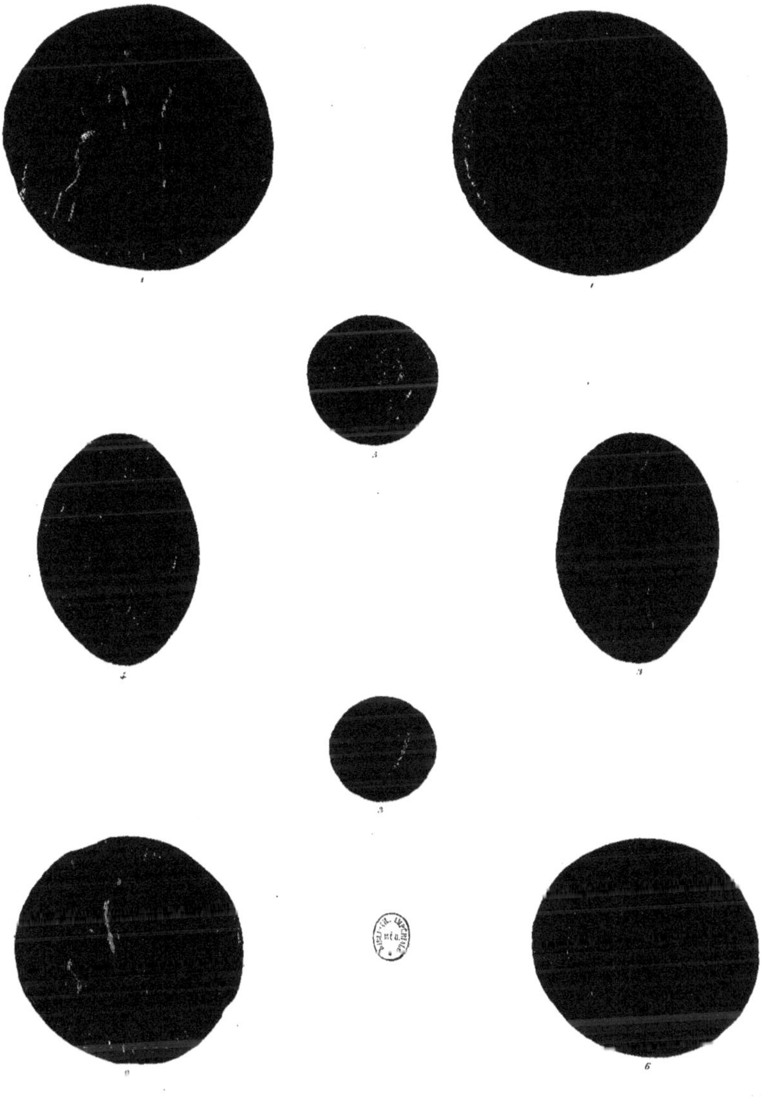

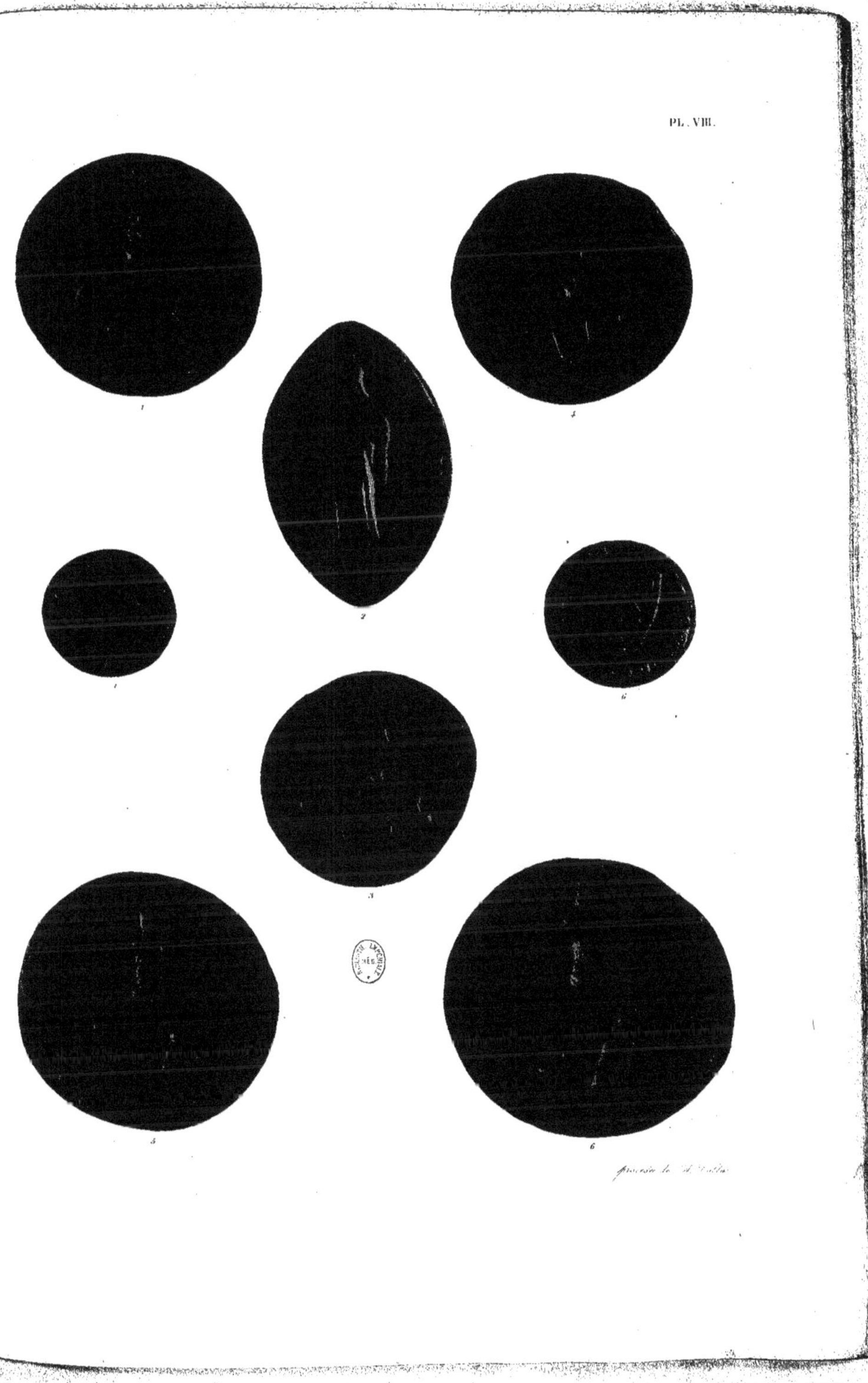

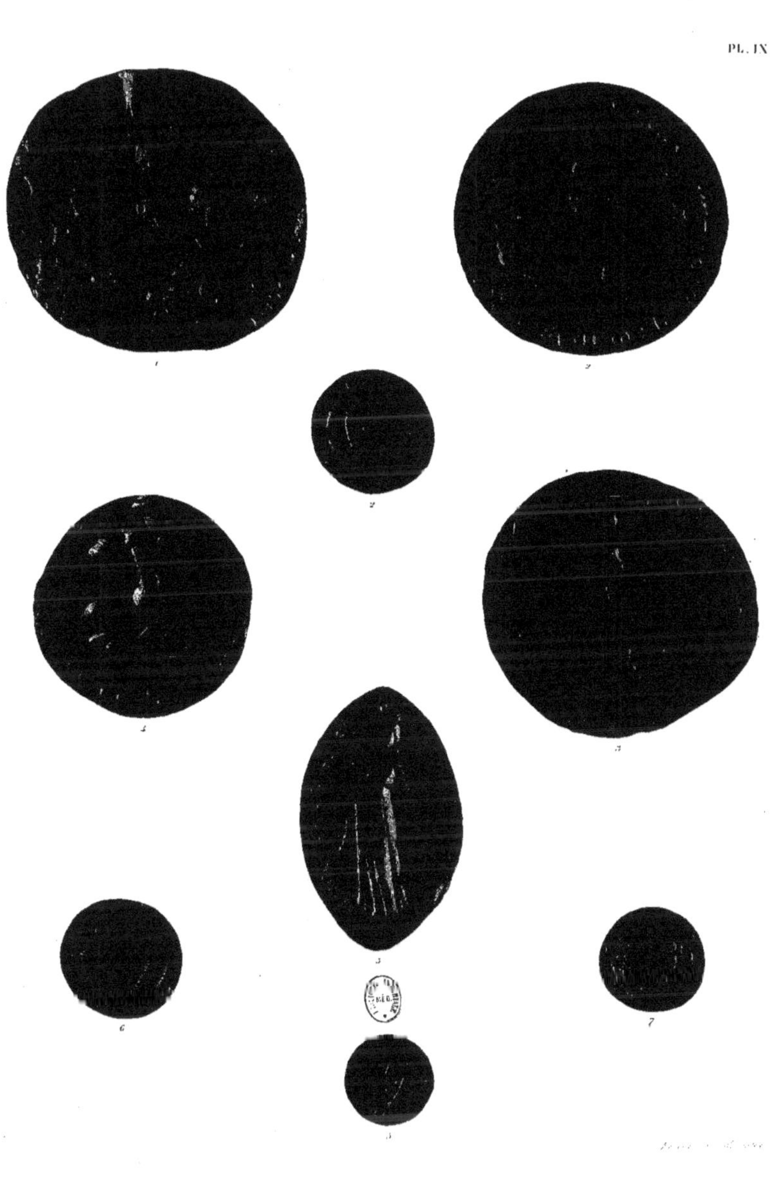

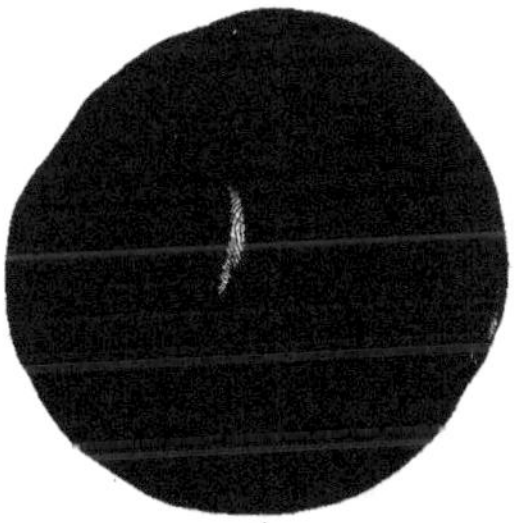

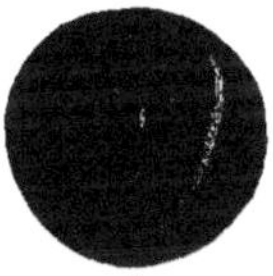

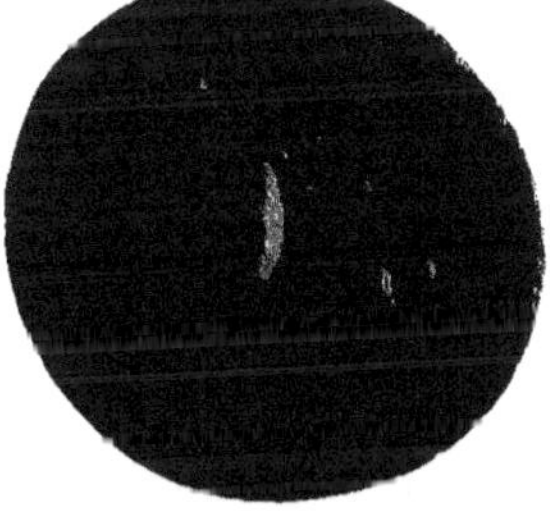

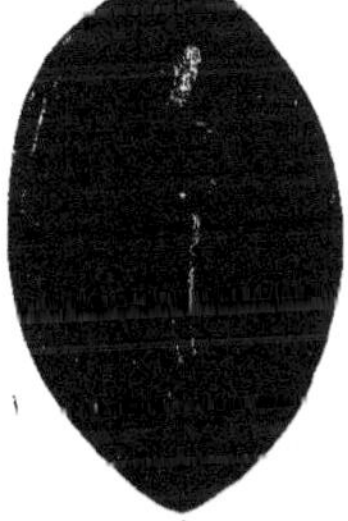

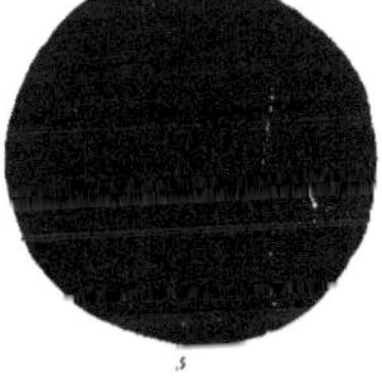

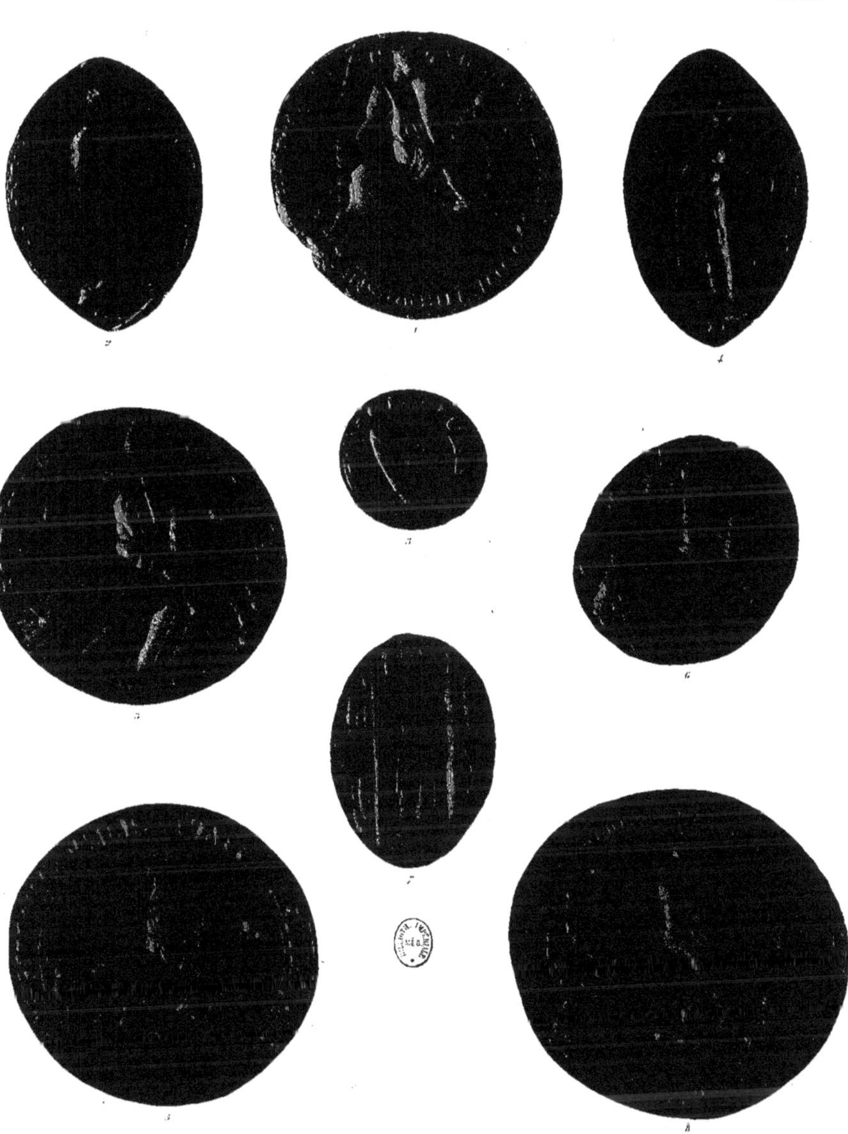

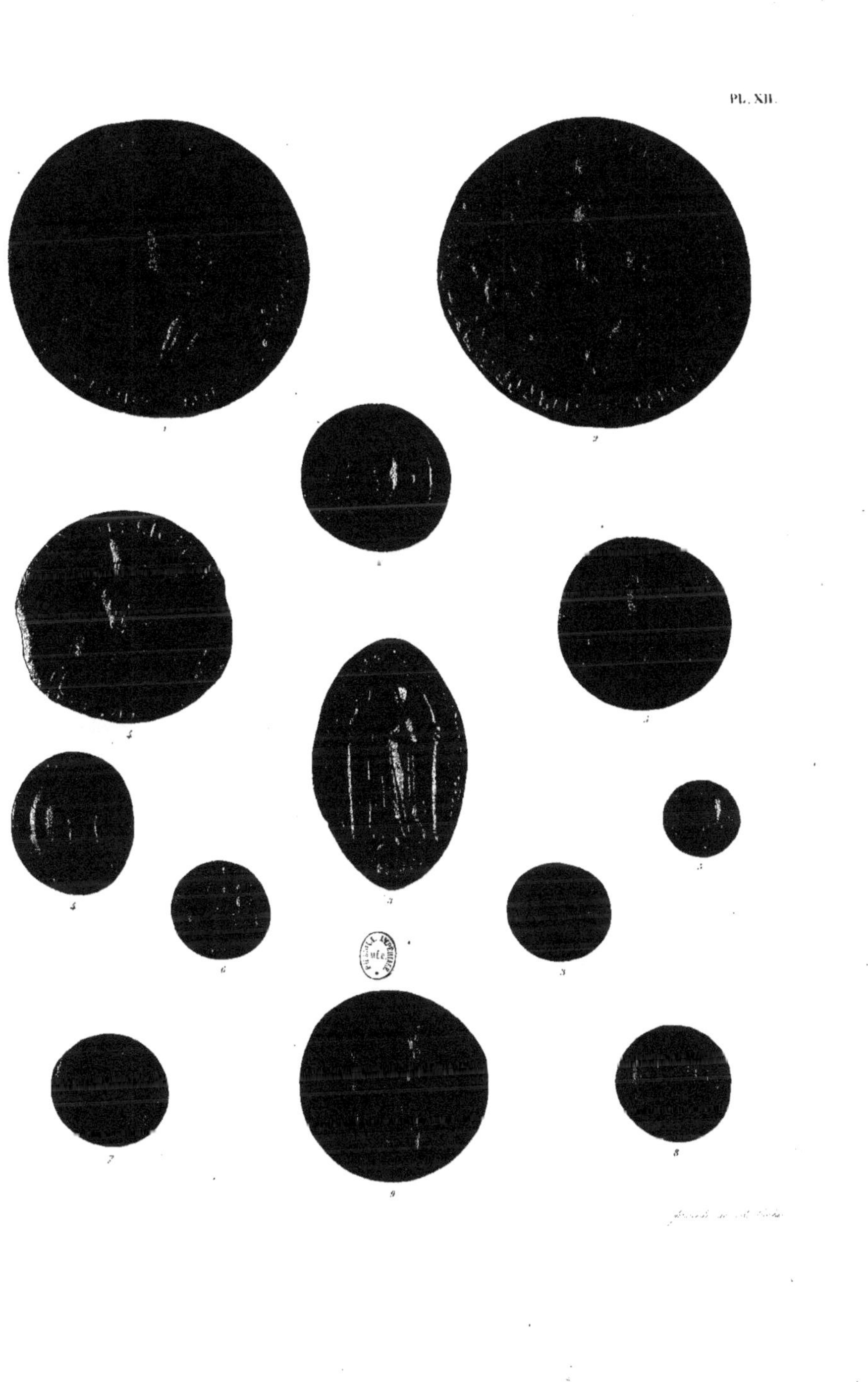

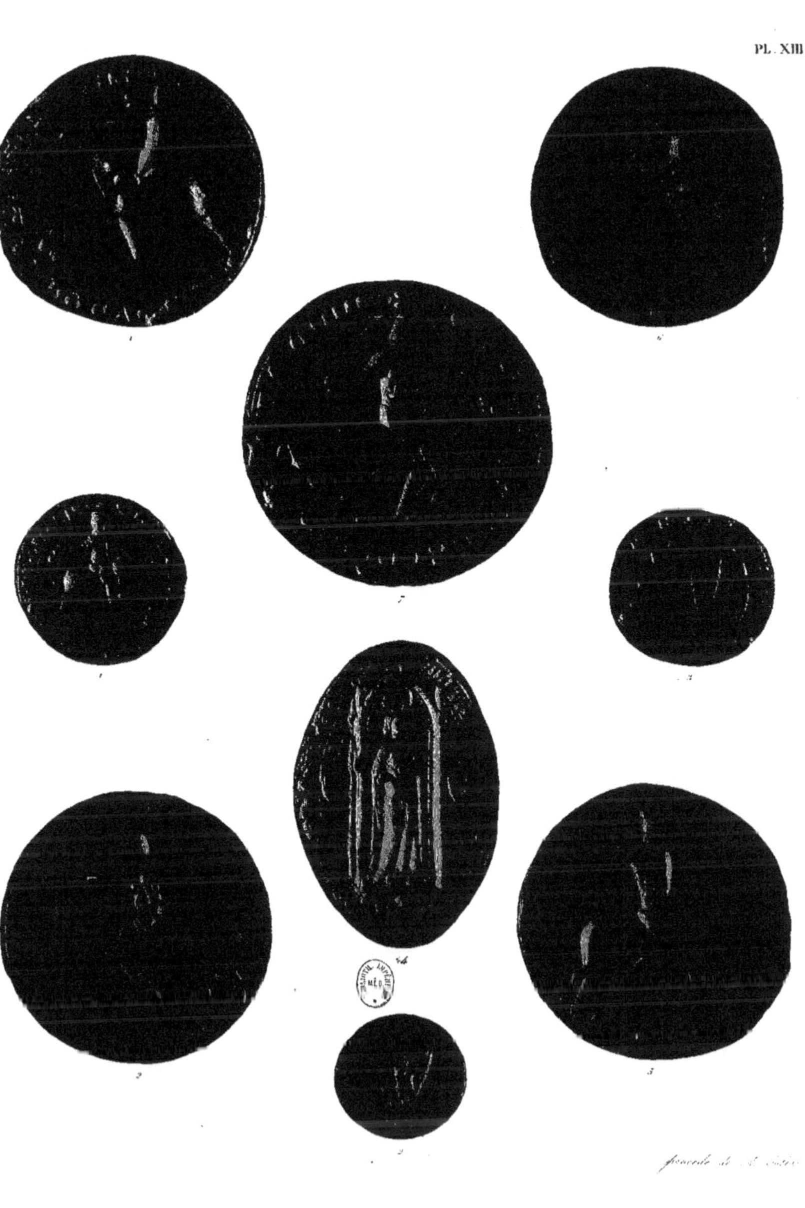

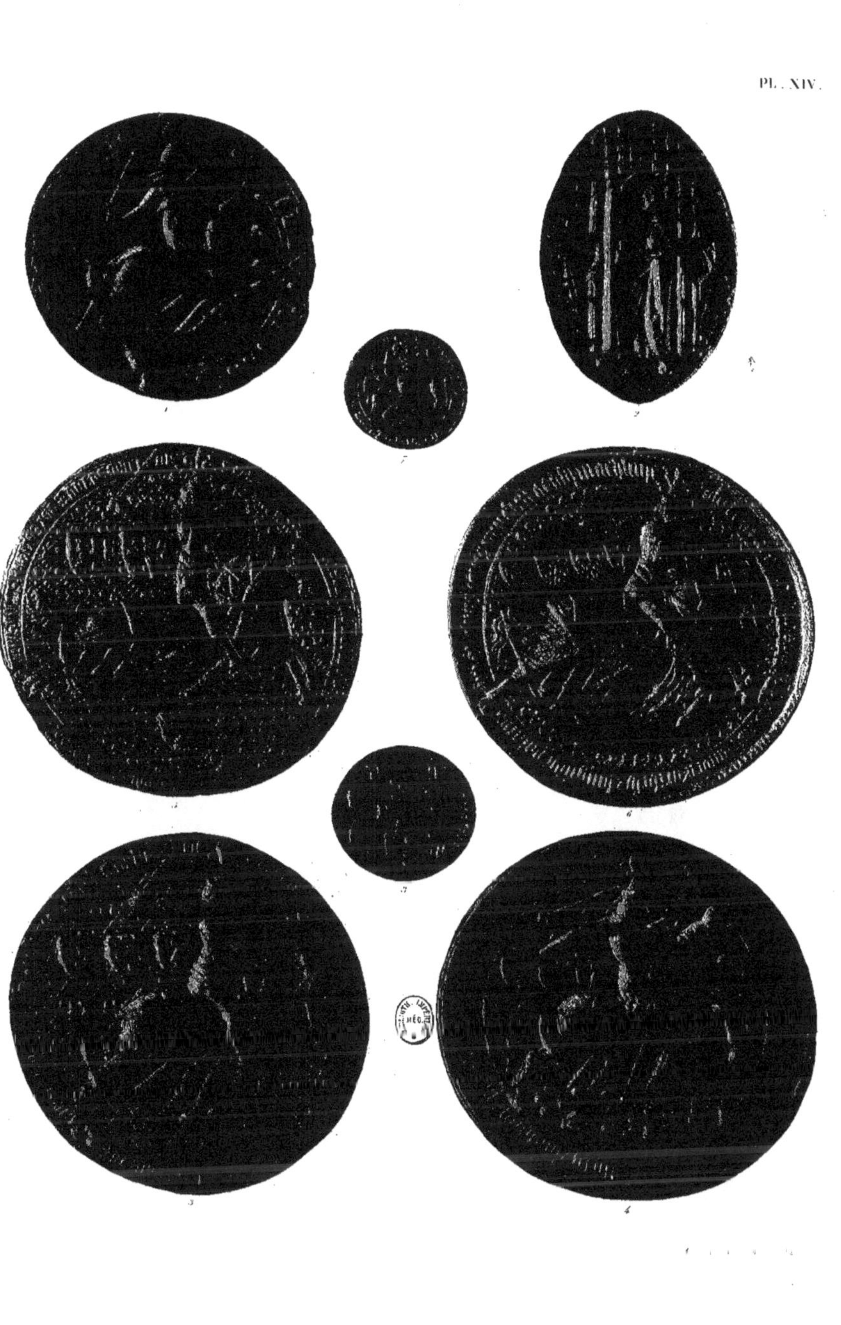

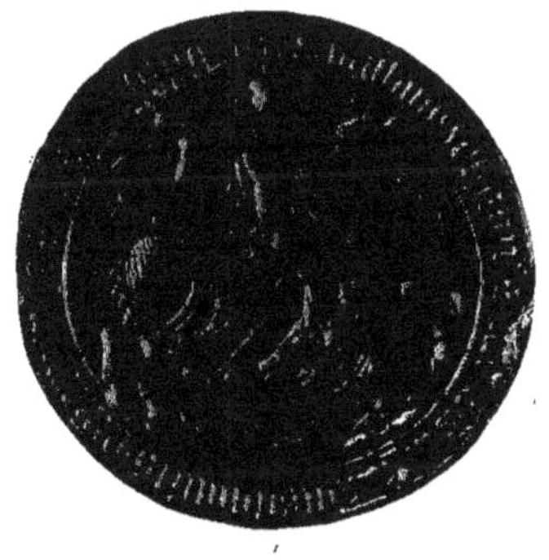

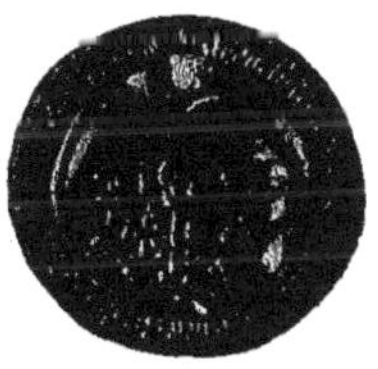

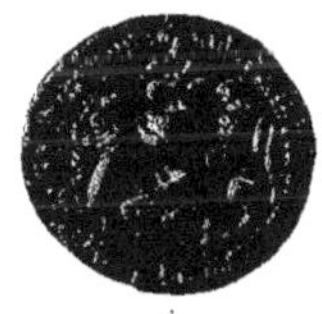

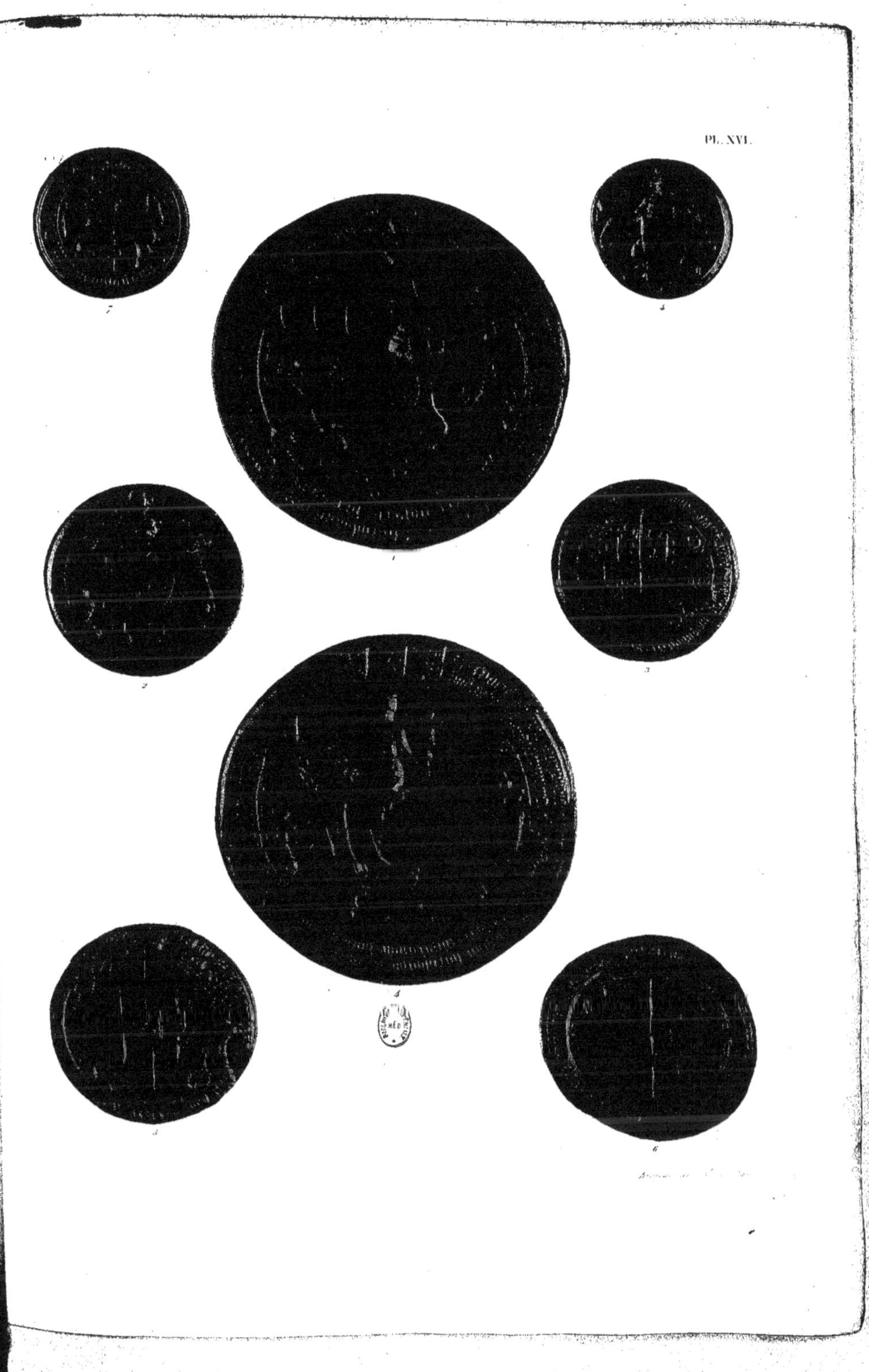

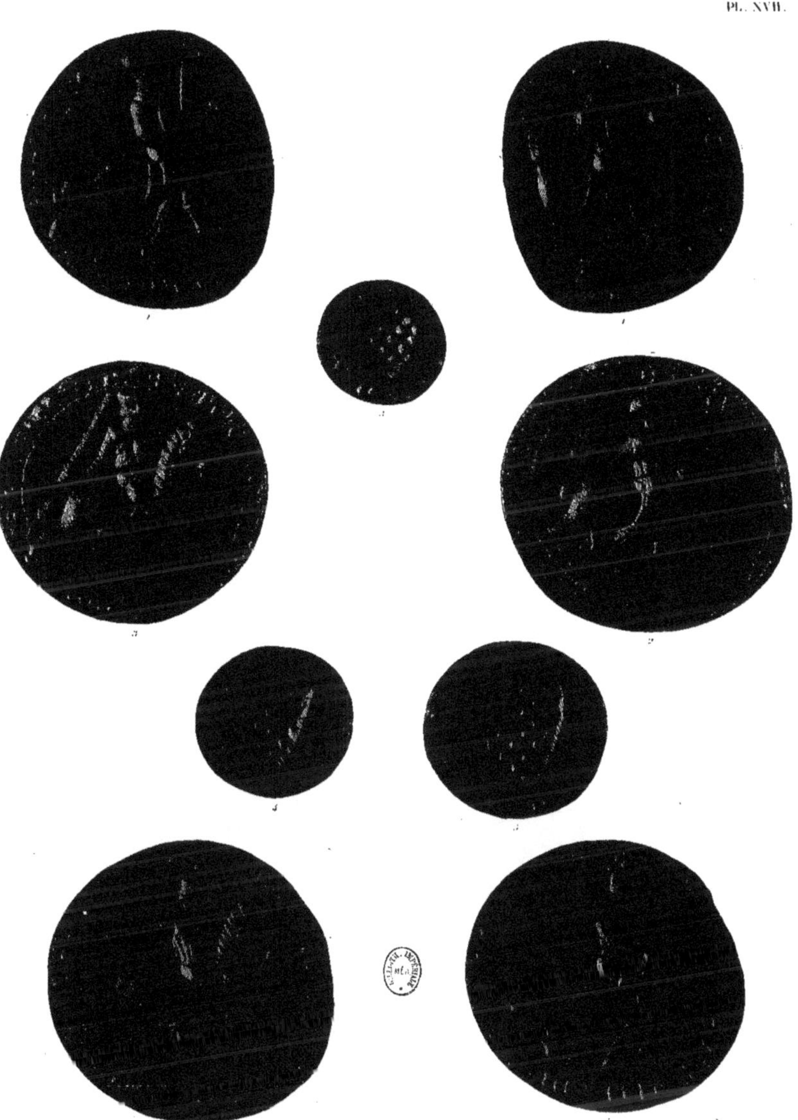

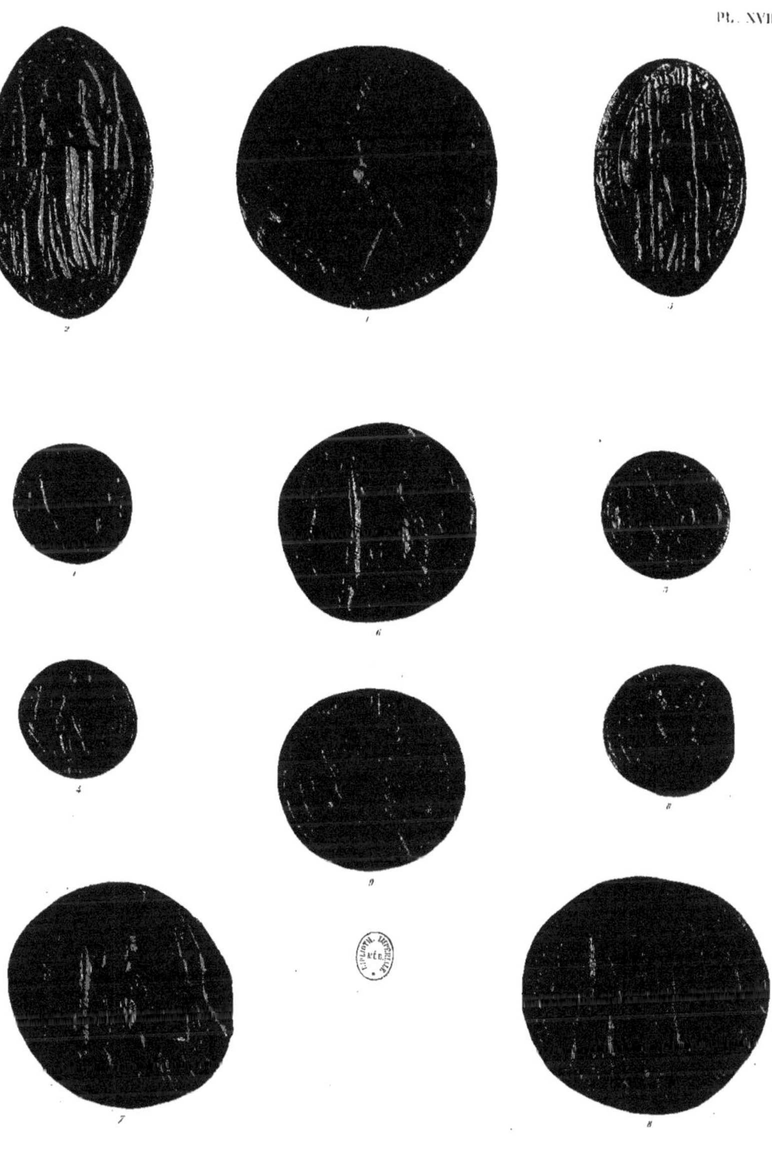

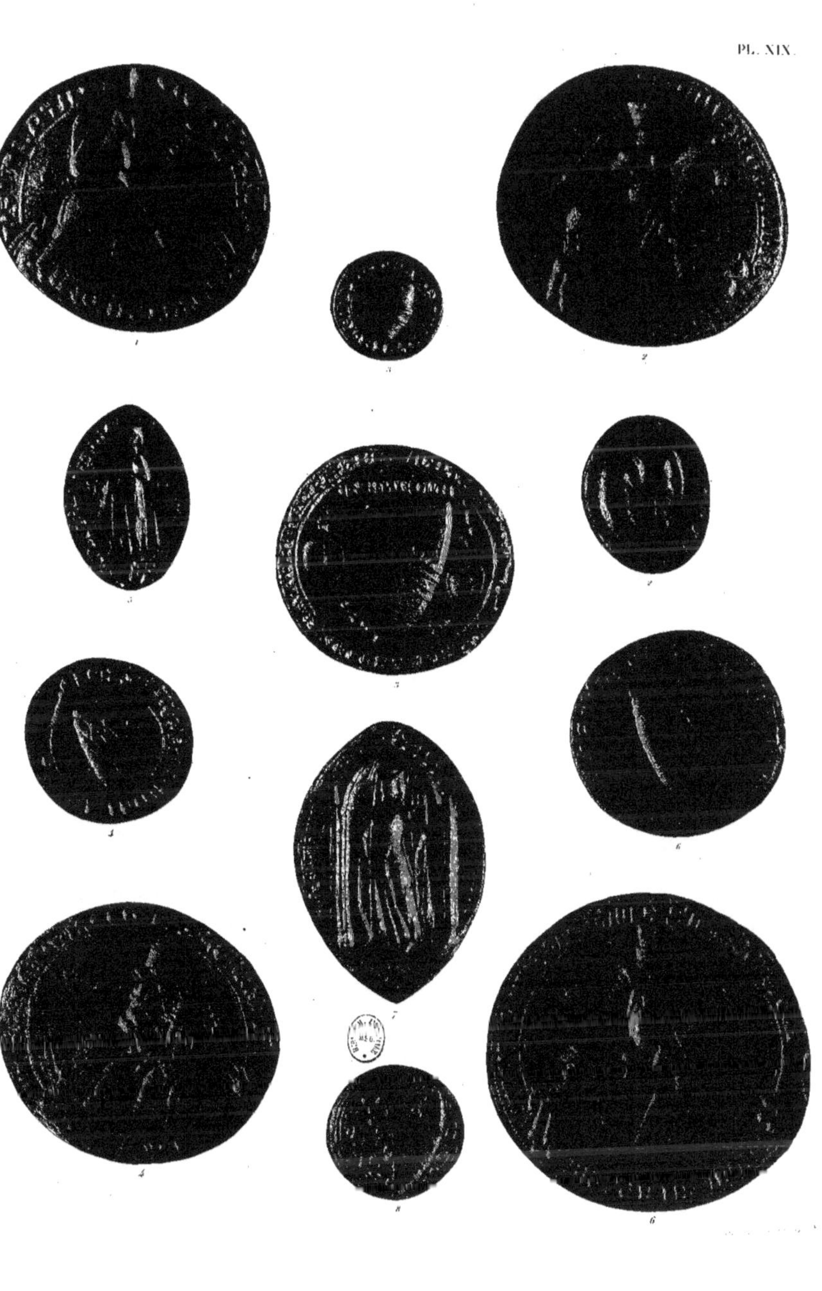

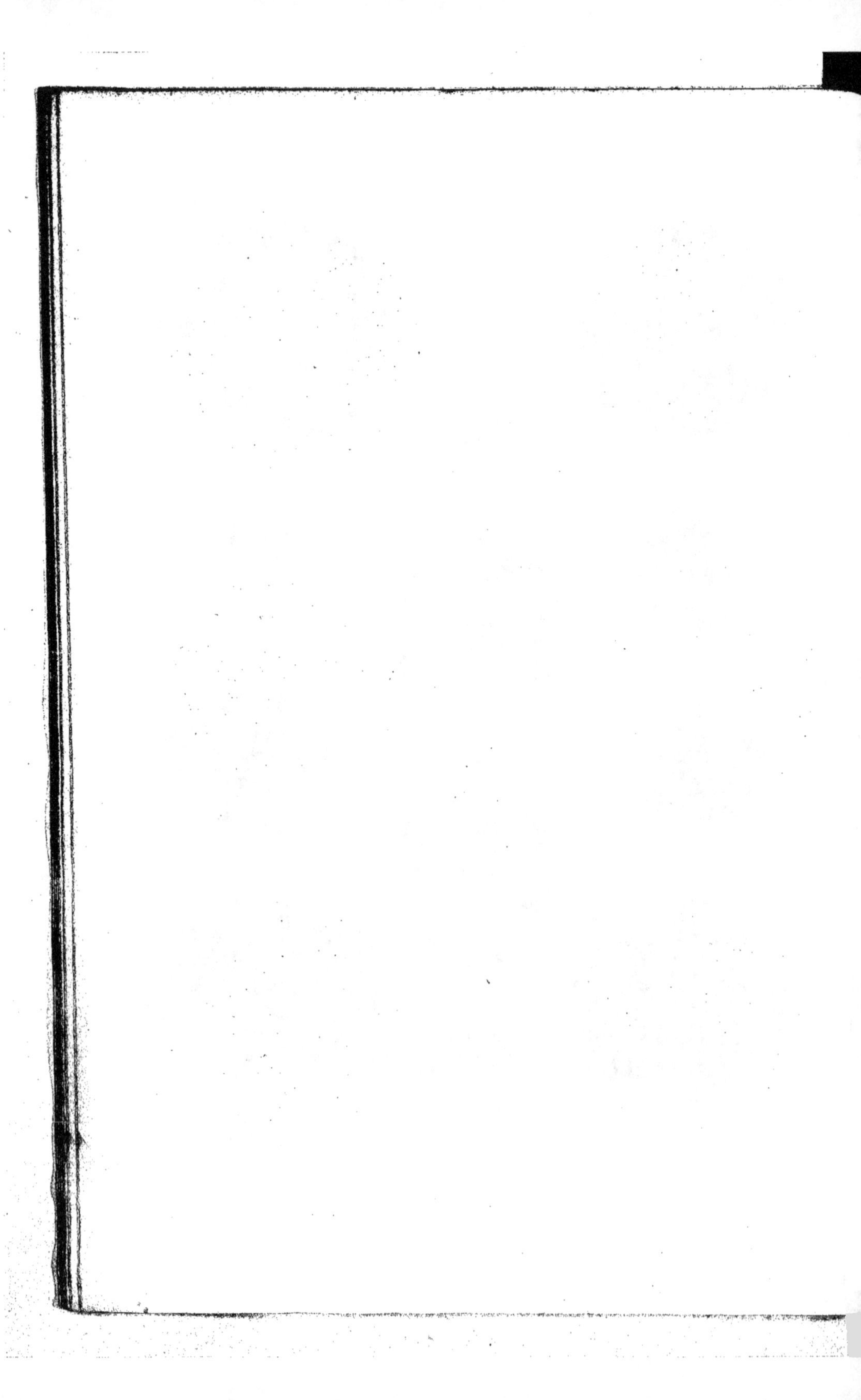

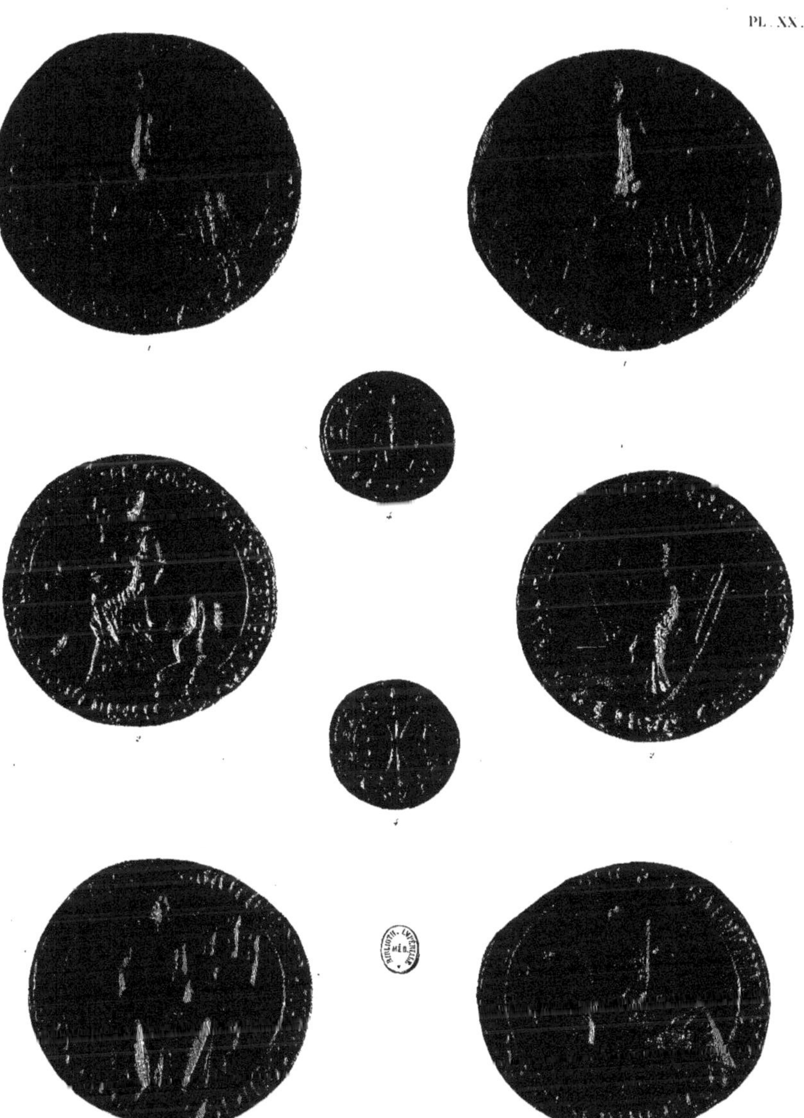

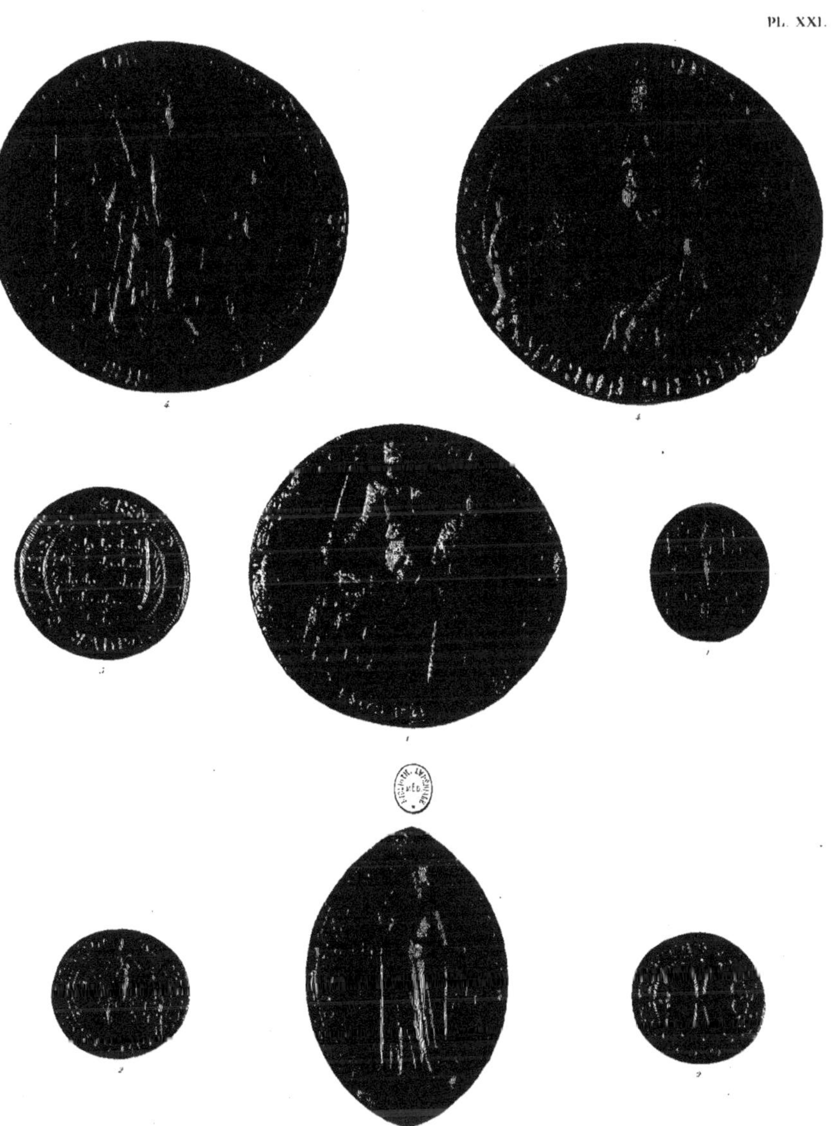

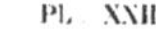

4

1

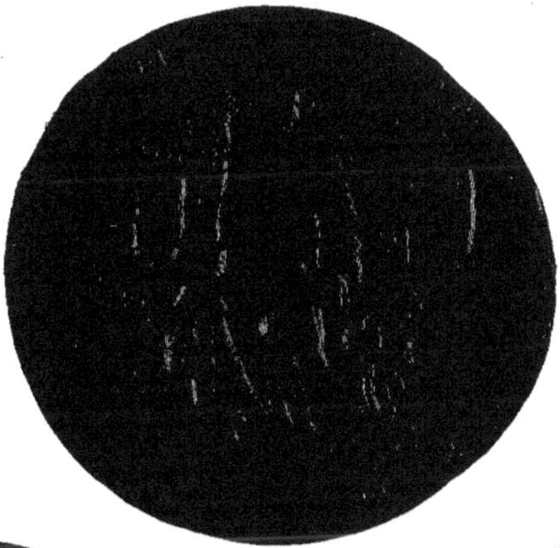

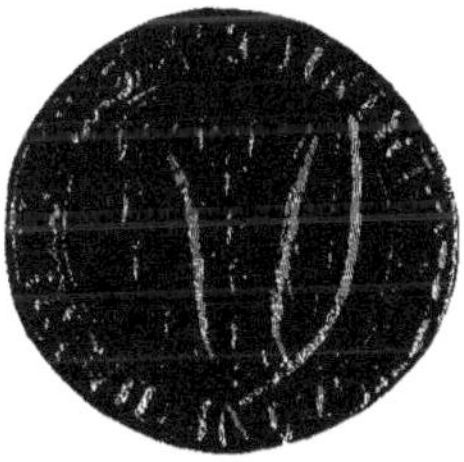

3

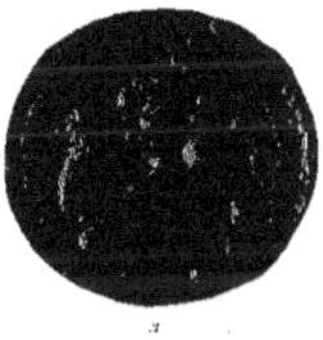

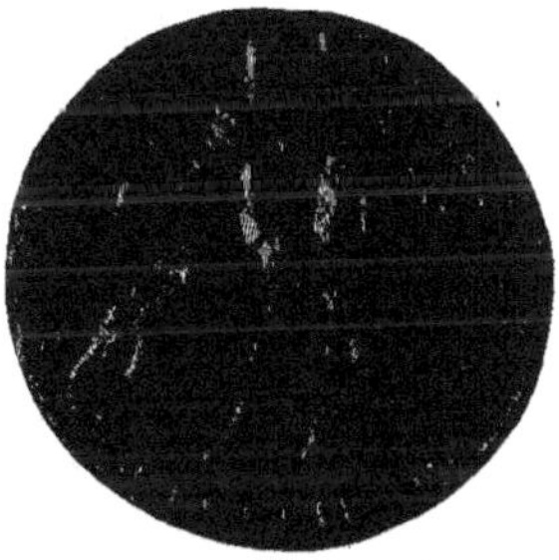

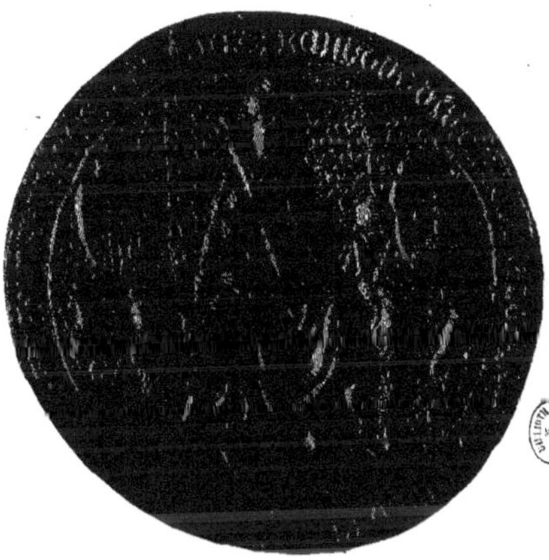

2

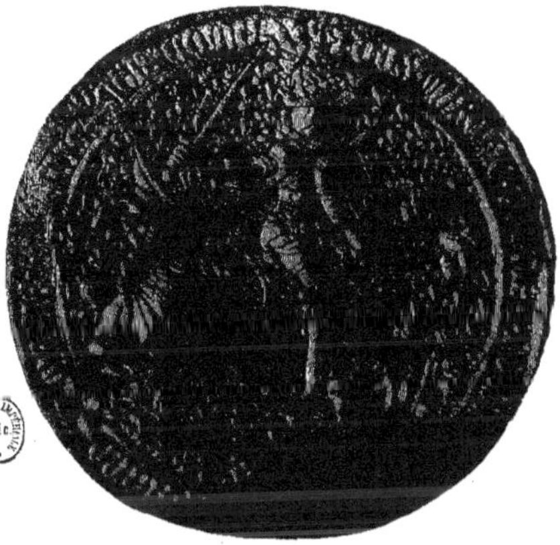

5

6

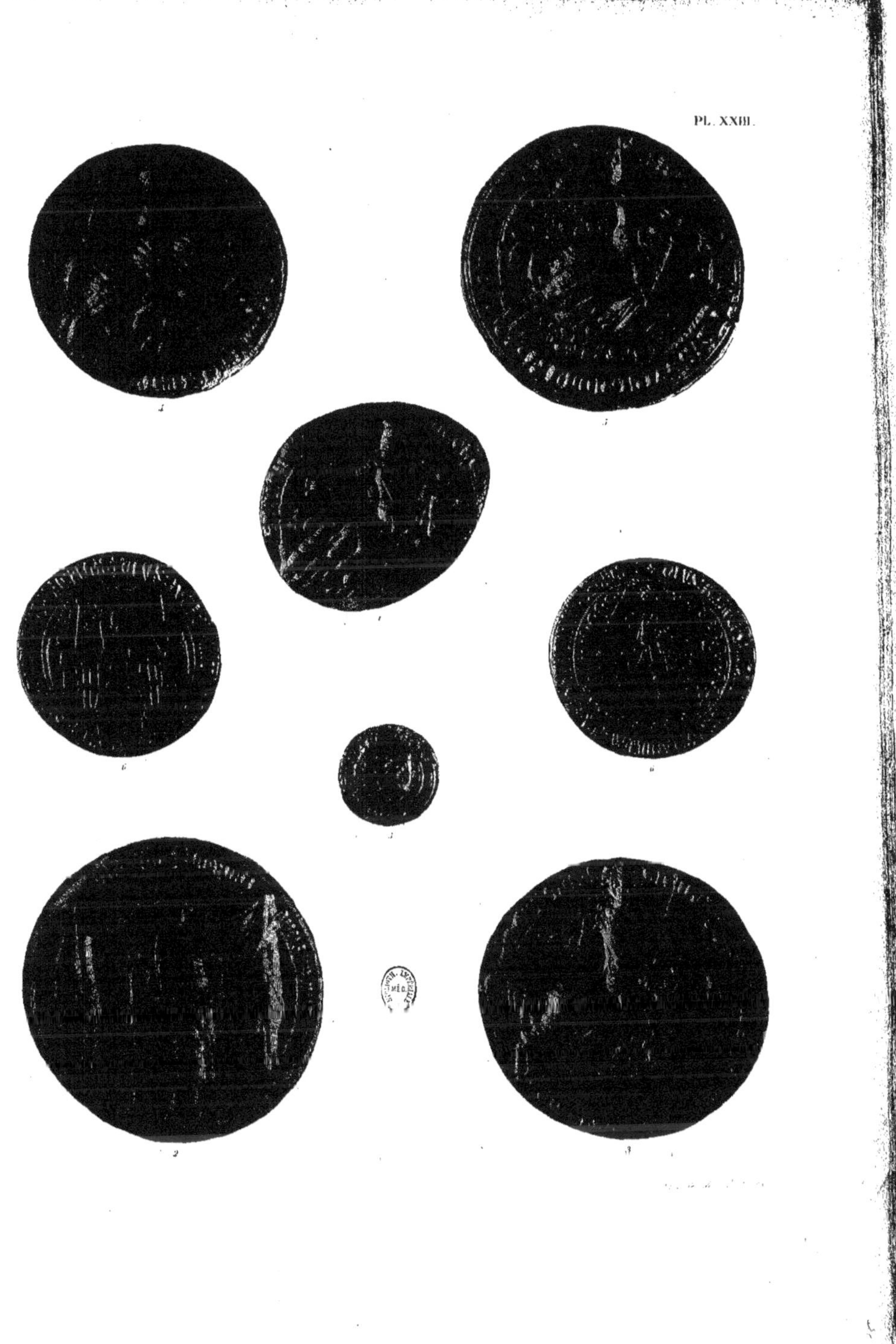

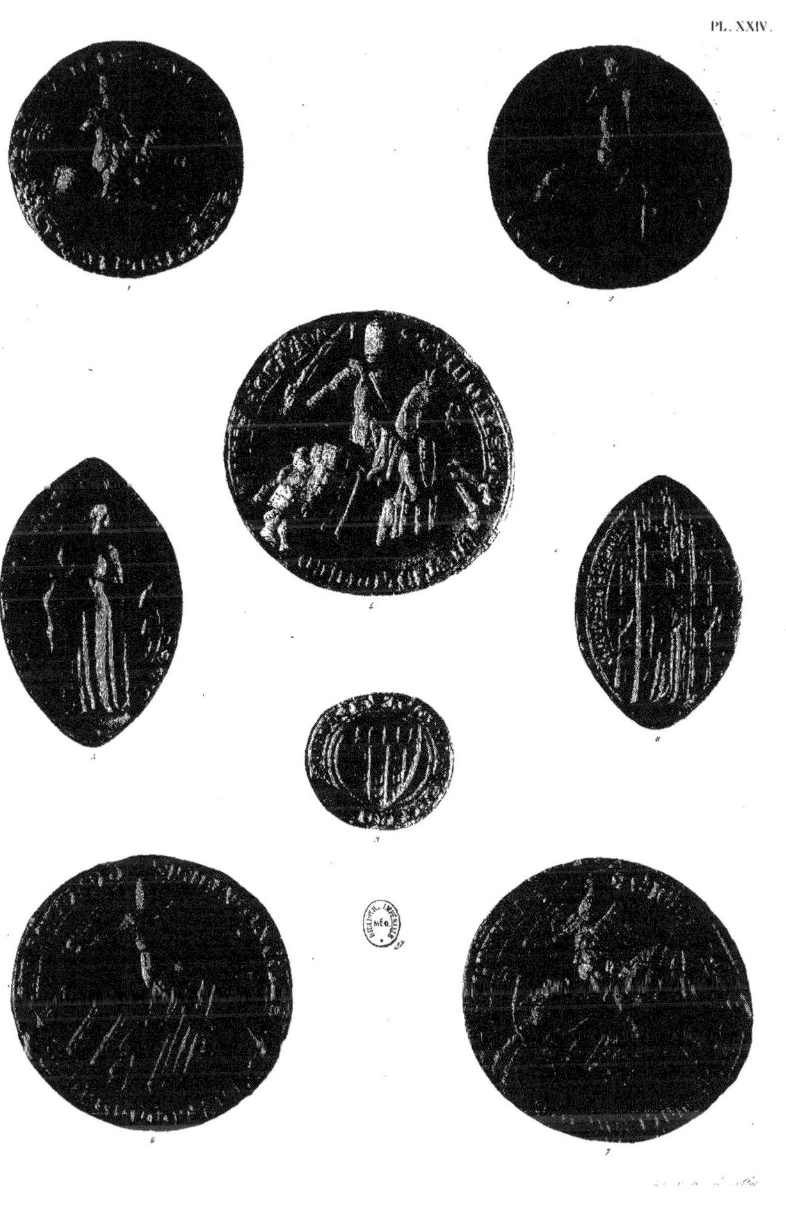

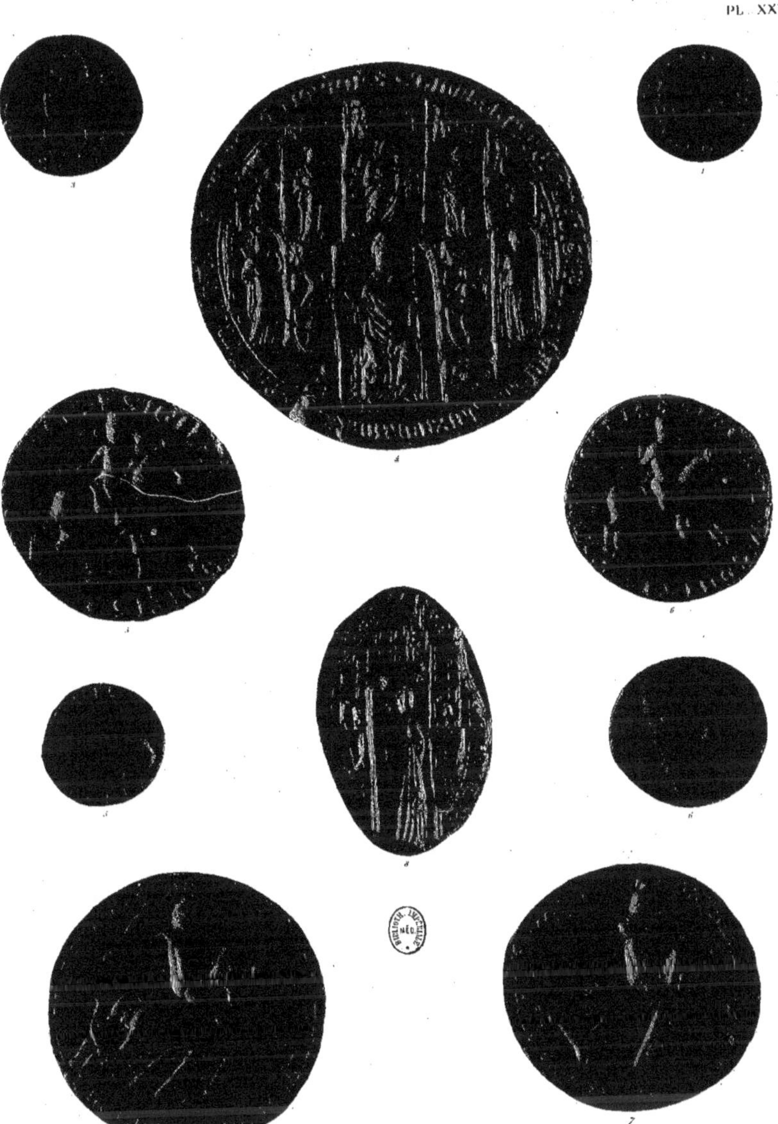

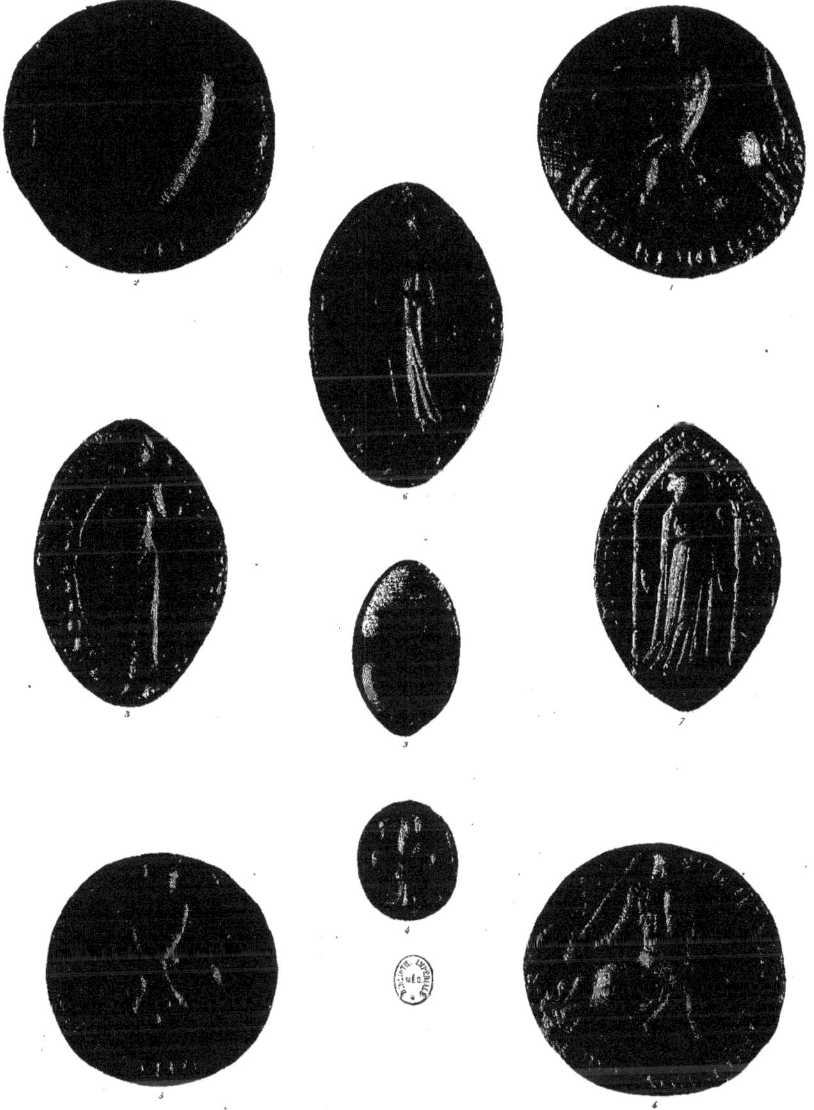

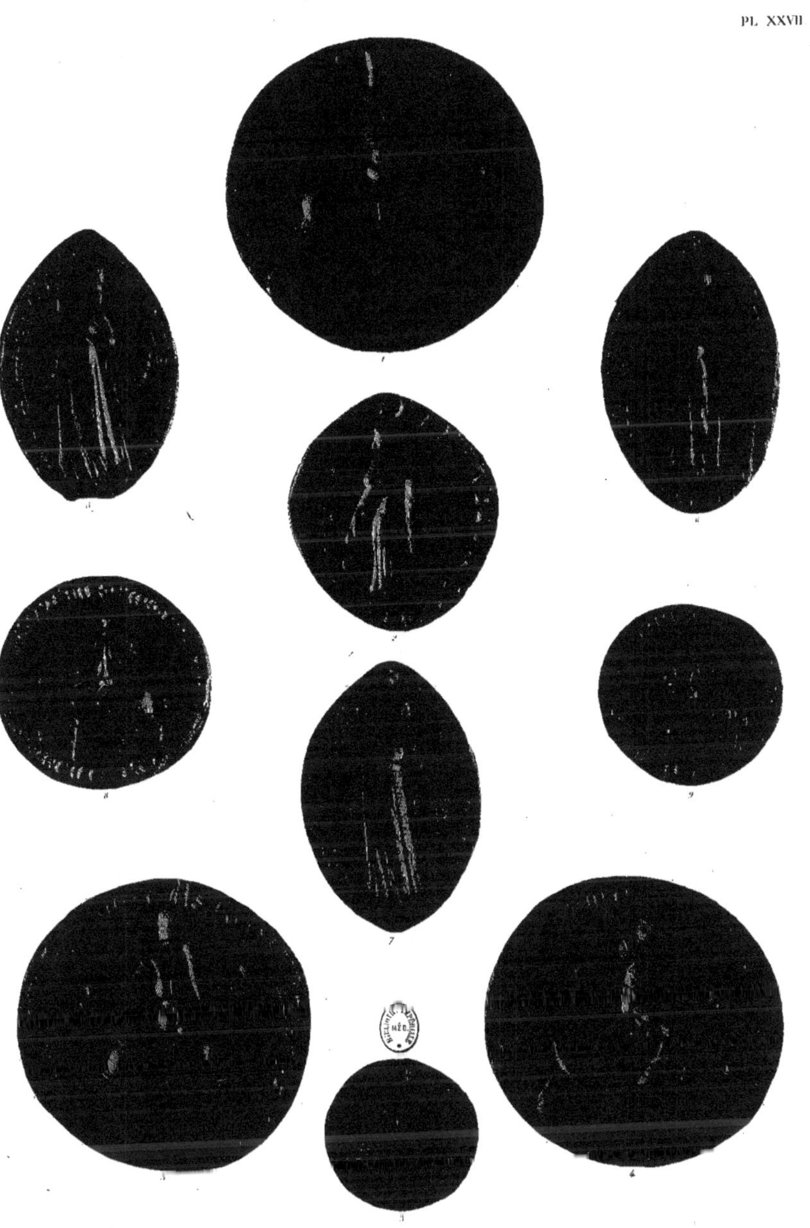

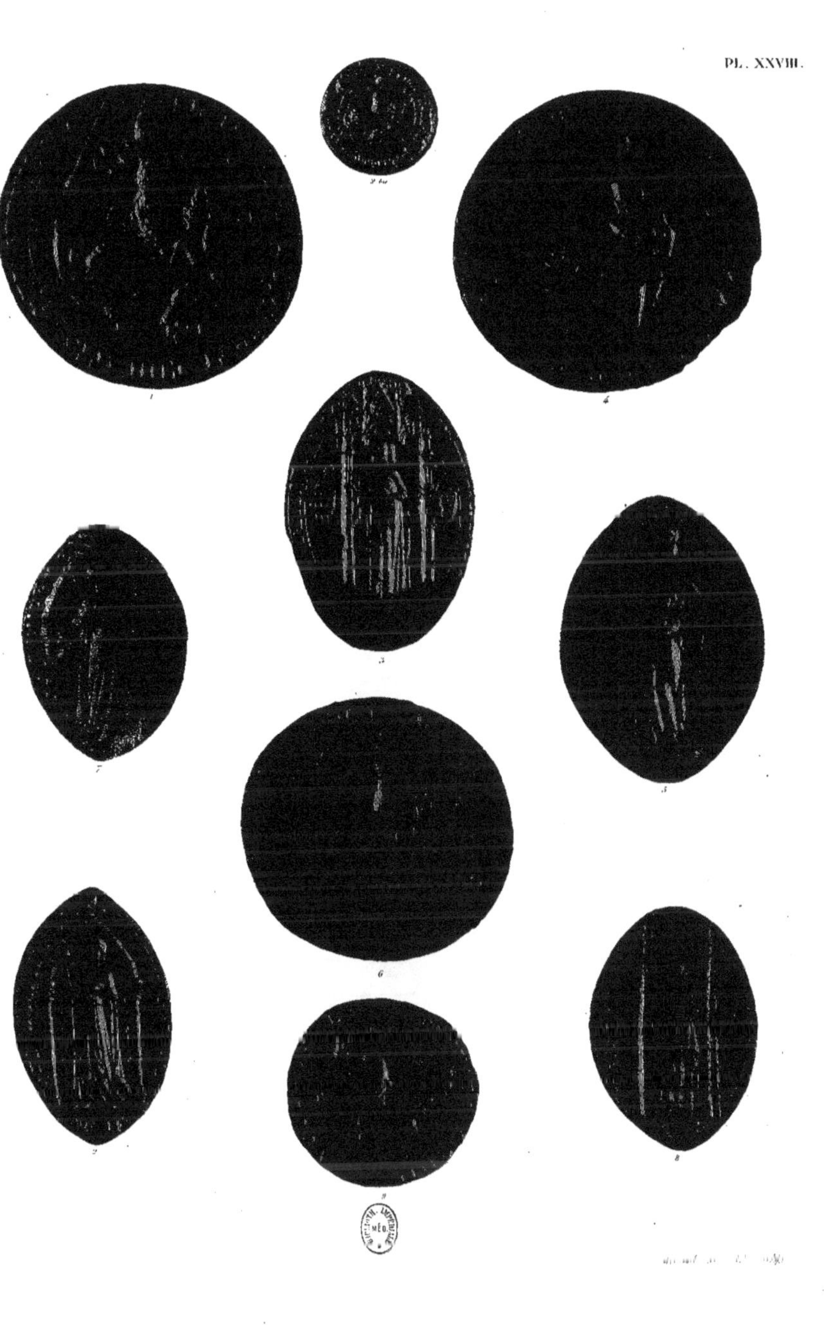

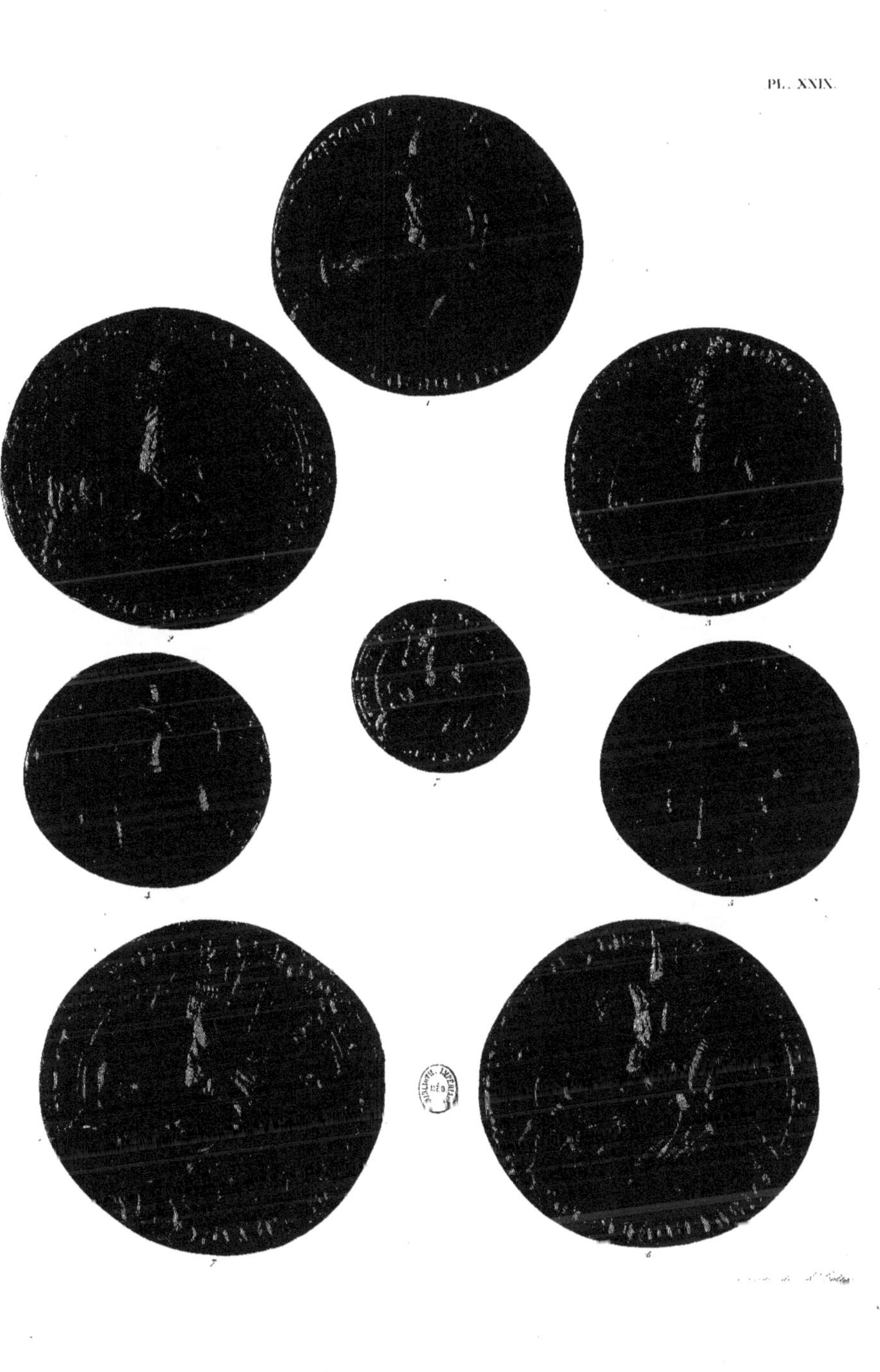

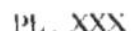

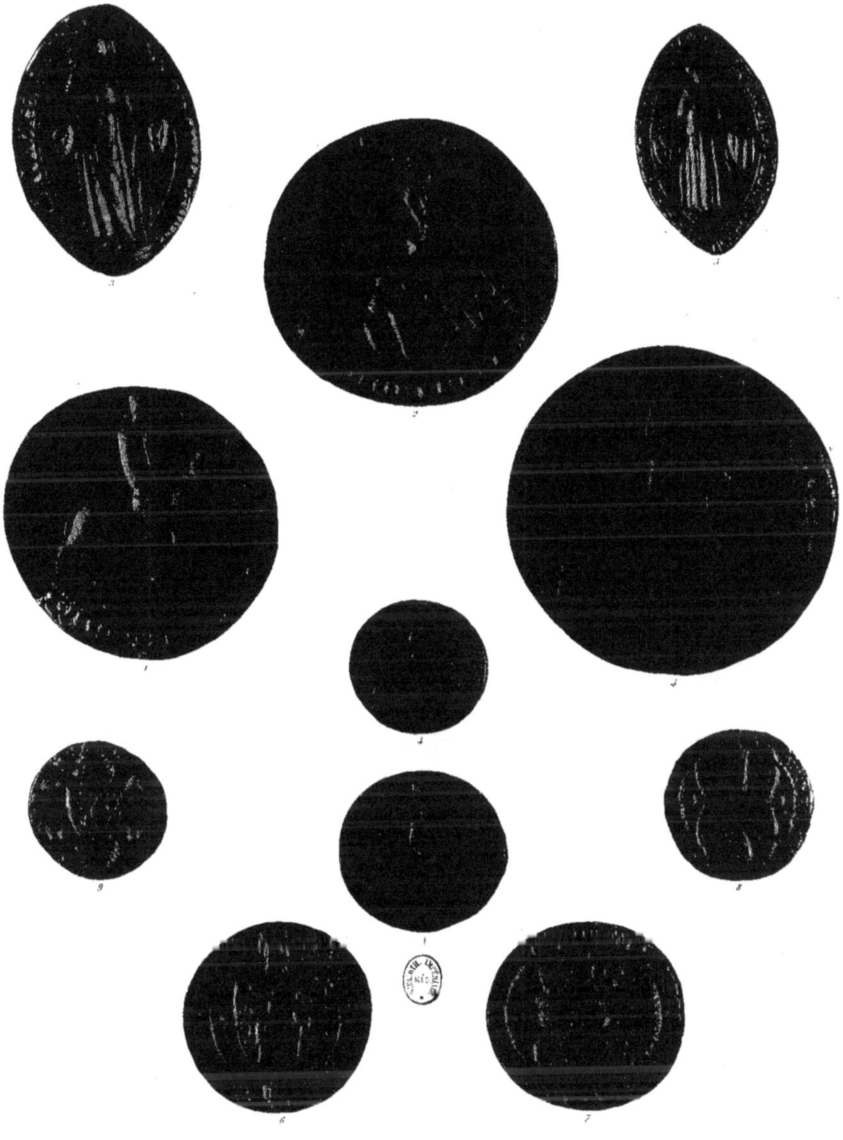

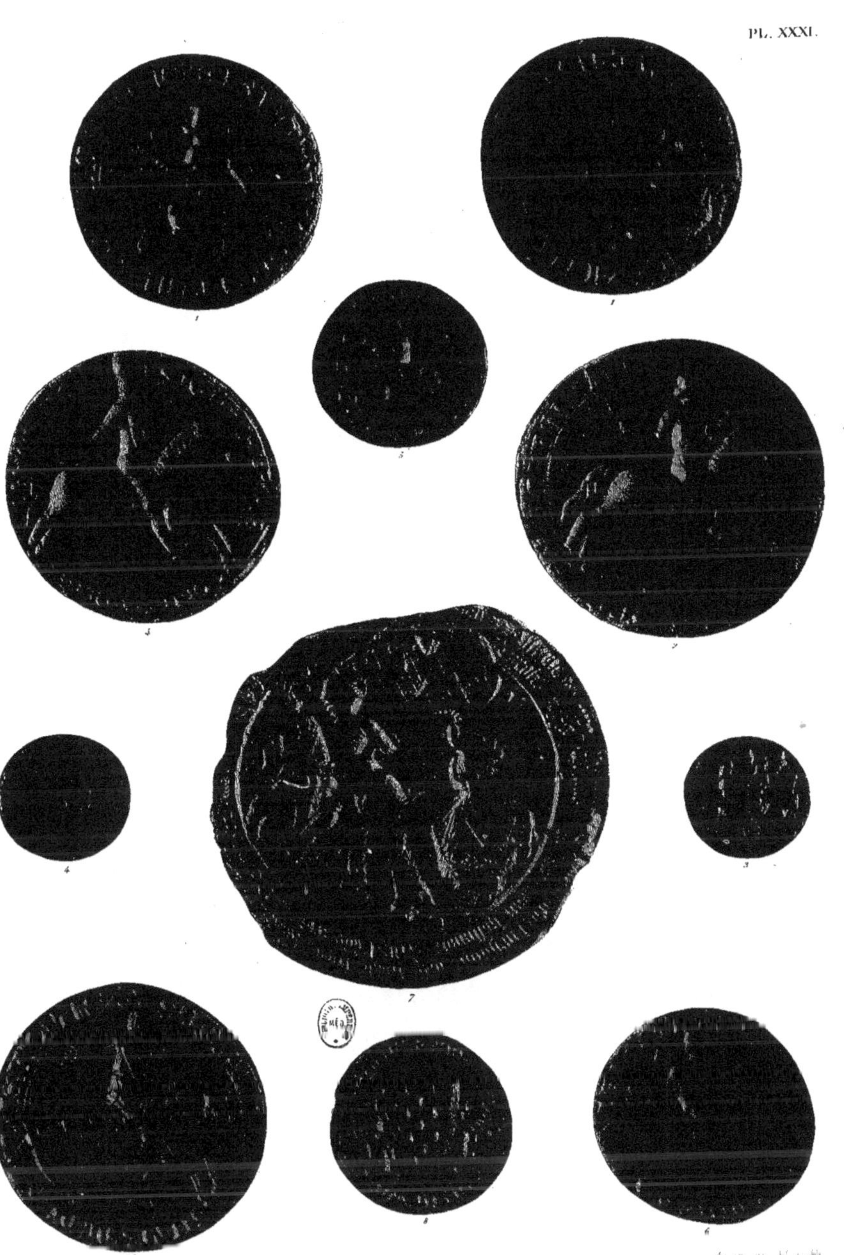

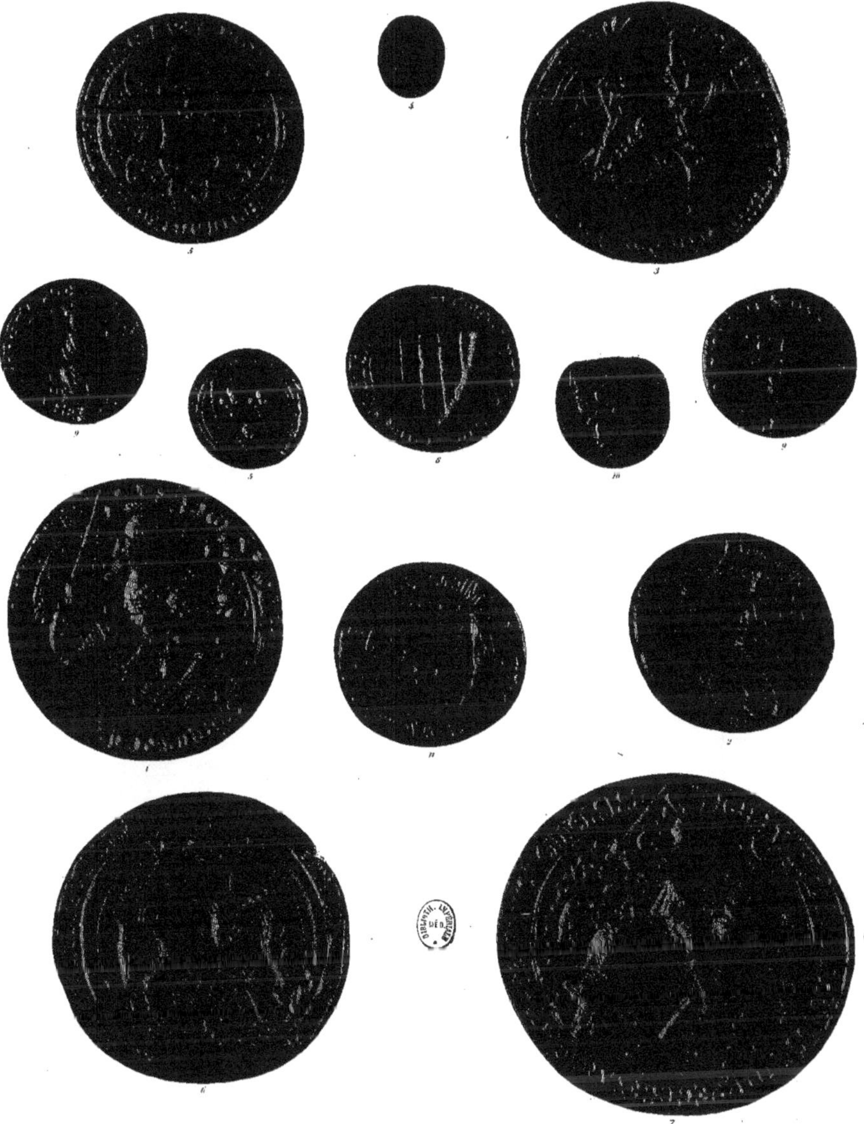

TRÉSOR

DE NUMISMATIQUE

ET DE GLYPTIQUE.

PARIS. — IMPRIMERIE DE BOURGOGNE ET MARTINET,
rue Jacob, 30.

TRÉSOR

DE NUMISMATIQUE

ET DE GLYPTIQUE,

OU

RECUEIL GÉNÉRAL

DE

MÉDAILLES, MONNAIES, PIERRES GRAVÉES,

BAS-RELIEFS, ETC.,

TANT ANCIENS QUE MODERNES,

LES PLUS INTÉRESSANS SOUS LE RAPPORT DE L'ART ET DE L'HISTOIRE,

GRAVÉ PAR LES PROCÉDÉS DE M. ACHILLE COLLAS.

SOUS LA DIRECTION

DE M. PAUL DELAROCHE, PEINTRE, MEMBRE DE L'INSTITUT;

DE M. HENRIQUEL DUPONT, GRAVEUR;

ET DE M. CHARLES LENORMANT, CONSERVATEUR DE LA BIBLIOTHÈQUE ROYALE,

PROFESSEUR-ADJOINT A LA FACULTÉ DES LETTRES.

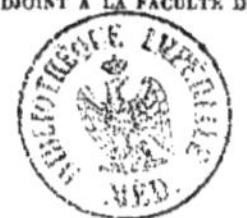

SCEAUX

DES

COMMUNES, COMMUNAUTÉS, ÉVÊQUES,

ABBÉS ET BARONS.

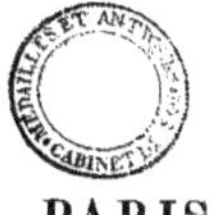

A PARIS,

AU BUREAU DU TRÉSOR DE NUMISMATIQUE ET DE GLYPTIQUE,

RUE JACOB, N° 30;

CHEZ RITTNER ET GOUPIL, ÉDITEURS MARCHANDS D'ESTAMPES,

BOULEVART MONTMARTRE, N° 15.

—

1837.

SCEAUX

DES

COMMUNES, COMMUNAUTÉS,

ÉVÊQUES, ABBÉS ET BARONS.

PLANCHE I.

ISLE DE FRANCE.

N° 1.

MAURICE DE SULLY, ÉVÊQUE DE PARIS. (1175.)

SIGILLVM · MAVR . . . . RISIENSIS. *Sceau de Maurice, évêque de Paris.* Maurice de Sully, la mitre en tête, revêtu des habits épiscopaux, tenant sa crosse de la main gauche et donnant la bénédiction de la droite; il est assis sur un siége orné de têtes d'animaux, et dont la forme se rapproche beaucoup de celle des trônes que l'on voit sur les sceaux des rois de France (1).

Paris, capitale de la France, et dont l'Église était une des plus anciennes de la Gaule, ne fut qu'un évêché suffragant de l'archevêché de Sens jusqu'en 1622 que ce siége fut érigé en archevêché, à la prière du roi Louis XIII, par le pape Grégoire XV. On retira au siége métropolitain de Sens, alors occupé par Octave de Bellegarde, trois de ses suffragans, Chartres, Meaux et Orléans, pour les attribuer à l'archevêché de Paris; depuis on y ajouta l'évêché de Blois, érigé en 1693. Saint Denis passe pour avoir été le premier évêque de Paris. — Jean-François de Gondy-Retz est le premier archevêque de Paris. L'évêque de Paris était le curé du roi partout où celui-ci se trouvait; il était conseiller-né au parlement de Paris. En 1674, le roi Louis XIV érigea les seigneuries de Saint-Cloud, d'Auzoir, d'Armentières, etc., qui toutes étaient d'anciens fiefs de l'évêché de Paris, en duché-pairie, sous le titre de duché de Saint Cloud, en faveur de François de Harlay, archevêque de Paris et de ses successeurs.

Maurice de Sully, ainsi nommé parce qu'il était né à Sully, était étranger à la famille des anciens seigneurs de cette ville, issus des comtes de Champagne, maison dont était son ami et successeur Eudes de Sully. Maurice de Sully succéda dans l'évêché de Paris à Pierre Lombard en 1161. Ce prélat baptisa le roi Philippe-Auguste dans l'Église de Saint-Michel, en 1165. La construction de l'église de Notre-Dame de Paris, est le plus beau titre de célébrité de ce pieux évêque. Ce fut sous le règne de Philippe-Auguste que Maurice de Sully posa la première pierre des constructions actuelles de la cathédrale. Il mourut le 11 septembre 1100, et fut enterré au milieu du chœur de l'Église de l'Abbaye de Saint-Victor.

N° 2.

ABBAYE DE SAINT-VICTOR. (1224.)

SIGILLVM · SANCTI · VICTORIS · PARISIENSIS. *Sceau de Saint Victor de Paris.* Saint Victor, représenté sous le costume d'un chevalier du XIIIe siècle, portant, suspendu au cou, un grand bouclier sur lequel on distingue une croix fleuronnée.

L'Abbaye de Saint-Victor-lès-Paris, de l'ordre de Saint Augustin, fut fondée par Louis-le-Gros, roi de France, en 1113, près des murs de Paris, dans un endroit où avait été une chapelle dédiée à saint Victor. Gilduin fut le premier abbé de Saint-Victor. En 1224, date de la charte à laquelle appendait ce sceau, l'abbé de Saint-Victor était un Allemand dont on ne connaît que le prénom Jean; il transigea avec les prévôt et chanoines de Saint-Jean en Brie, sur le droit de prébende du vicaire de Sainte-Victoire, et fut un des exécuteurs testamentaires du roi Louis VIII. Jean mourut le 29 novembre 1229.

N° 3.

ABBAYE DE SAINT-GERMAIN-DES-PRÉS. (1255.)

SIGILLV · SCI · GERM . . . . . . RISIEN . . . . EPISCOPI. *Sceau de saint Germain, évêque de Paris.* Saint Germain, évêque de Paris, coiffé d'une mitre de forme basse, revêtu des habits épiscopaux, tenant sa crosse de la main gauche et donnant la bénédiction de la droite.

Au XIIIe siècle les abbayes se contentaient souvent d'inscrire sur leur sceau le nom de leur patron et d'y faire graver son effigie, sans mentionner dans la légende le titre porté par la communauté. Les sceaux des abbayes de Saint-Germain-des-Prés et de Saint-Denis donnent un nouvel exemple de cette simplicité.

L'Abbaye de Saint-Germain-des-Prés de Paris, de l'ordre de Saint-Benoît, de la congrégation de Saint-Maur, fut fondée par le roi Childebert, et fut d'abord sous l'invocation de Saint Vincent, diacre et martyr. Plusieurs rois de la première race y furent ensevelis. On voit encore aujourd'hui dans l'église de cette abbaye, dont les cloîtres sont détruits, le tombeau de Jean Casimir, roi de Pologne, abbé commendataire de Saint-Germain-des-Prés, après son abdication en 1668. Saint Germain, évêque de Paris, y fut aussi enterré; et c'est depuis cette époque que cette Abbaye prit le nom sous lequel elle a toujours été connue. En 1255, date de la charte à laquelle appendait ce sceau, l'abbé de Saint-Germain-des-Prés était Thomas de Mauléon.

N° 4.

GUILLAUME DE SEILLENAY, ÉVÊQUE DE PARIS. (1223.)

SIGILLVM · WILLMI PARISIENSIS EPISCOPI. *Sceau de Guillaume, évêque de Paris.* Guillaume de Seillenay, revêtu des habits épiscopaux, la mitre en tête, tenant sa crosse de la main gauche, et donnant la bénédiction de la main droite.

Guillaume de Seillenay, frère de Manasses, évêque d'Orléans, fils de Buscard, seigneur de Seignelay, Seillenay ou Saillenay, était par sa mère Rauorde de la famille de Saint Bernard; il fut élu évêque d'Auxerre en 1207, et passa à l'évêché de Paris en 1220. La Chronique de Robert, moine d'Auxerre, rend compte de la manière suivante de l'élévation de

---

(1) Nous donnerons toujours, après le titre de chaque sceau, la date de la charte à laquelle nous l'avons trouvé appendu. Souvent la date de la gravure de la matrice du sceau est antérieure à celle de la charte. Cela se rencontrera fréquemment sur les sceaux des communautés qui se servaient pendant plusieurs siècles du même sceau. Comme malheureusement sur ces sceaux il manque souvent des parties de légende, nous indiquerons les lacunes avec des points.

cet évêque au siége de la première ville de France : « Vers ce même temps
» (1220) l'évêque de Paris (Pierre de Nemours) étant mort à Damiette,
» et une dissension s'étant élevée entre les chanoines de la cathédrale
» sur l'élection de l'évêque, Guillaume, évêque d'Auxerre, homme re-
» ligieux et prudent, et rigide exécuteur de la justice envers les ennemis
» de l'Église, passe à l'épiscopat de Paris par l'ordre du pape Honorius II. »
Guillaume de Seillenay assista aux obsèques de Philippe-Auguste en juillet 1223, et mourut la même année, au mois de novembre, à Saint-
Cloud près Paris. Il fut enterré dans l'Abbaye de Pontigny au diocèse
d'Auxerre.

N° 5.

GUILLAUME DE GARLANDE, CHEVALIER. (1211.)

SIGILLVM · VILLERMI · DE GARLANDE. *Sceau de Guillaume
de Garlande.* Un écusson aux armes de Garlande-Moderne :
parti de France, et d'or à deux fasces de gueules, qui est Garlande-Ancien.

La faveur dont plusieurs seigneurs de la maison de Garlande jouirent auprès des
rois Louis VI, Louis VII et Philippe-Auguste, permet de croire que c'est par concession de l'un de ces princes que ces seigneurs écartelèrent leurs armes de fleurs-
de-lis sans nombre.

Guillaume de Garlande, V^e du nom, seigneur de Livry, était fils de
Guillaume IV de Garlande, et de Idoine de Trie. Ce seigneur acheta,
en 1202, l'avouerie d'Argenteuil, et se trouva, en 1204, au siége de
Rouen. Pierre de Courtenay, comte de Nevers, lui donna la terre de
Saint-Cyr, et le roi Philippe-Auguste, celles de Montreuil près Vincennes, de Neufchâtel en Vexin, et d'Ons en Bray. Guillaume de Garlande
se distingua à la bataille de Bouvines en 1214. Il avait épousé, en 1193,
Alix de Châtillon-sur-Marne, dont il n'eut que des filles. On ignore la
date de sa mort, mais une charte de donation nous apprend qu'il vivait
encore en 1216.

N° 6.

VILLE DE PARIS. (1515.)

DIVI · LVDOVICI · DVODECIMI · FRACORV̄ · REGIS · XPIANIS-
SIMI · SACRA · EFFIGIES. *Image sacrée du divin Louis XII, roi
très chrétien des Français.* Buste de trois quarts de Louis XII,
la couronne royale ouverte en tête ; le champ est semé de
fleurs-de-lis.

Contre-sceau : BEATA · RES · PVBLICA · CVIVS · PRINCEPS ·
SAPIENS · DOMINATVR. *Heureuse la république gouvernée
par un prince philosophe.* Les armes de la ville de Paris qui
portait : de gueules au navire frété et voilé d'argent, voguant
sur des ondes de même, au chef de France, c'est-à-dire d'azur
semé de fleur-de-lis d'or.

Cette pièce, dont l'original en argent est conservé au cabinet des médailles de la
Bibliothèque, paraît être un sceau gravé exprès pour quelque acte solennel relatif à
la mort de Louis XII ; car l'épithète de *divus,* donnée ici au monarque, indique
que cette pièce a été faite à l'époque de sa mort, en 1515.

N° 7.

MARCHANDS DE L'EAU DE PARIS.

+ SIGIL. . . . . RCATORV̄ AQVE · PARISIVS. *Sceau des
marchands de l'eau de Paris.* Le vaisseau des armes de Paris.

Sous les deux premières races de nos rois, Paris, dont les dehors
avaient été brûlés et saccagés par les Normands, était presque renfermé
dans l'île qui porte encore le nom de Cité. Le commerce, qui alors n'é-
tait pas très considérable, se faisait presque entièrement par la Seine ; il
était presque entièrement monopolisé par une compagnie de gens associés sous le titre de *Marchands de l'eau hansés de Paris.* Cette compagnie, qui n'étant autre que le corps de ville, réunissait donc, par son
privilége, la plus grande partie du commerce de Paris, sans aucune distinction de marchandises ; c'est pour cette raison que ce qu'on appelait,
avant la révolution, la *Prévôté des marchands* ou l'*Hôtel-de-Ville,* a
porté d'abord le nom de la *Marchandise de l'eau,* et, plus tard, le nom
simple de la *Marchandise.* Non seulement le nom de *Marchands* était

resté dans le titre du premier magistrat municipal de Paris (le prévôt
des marchands), mais encore la ville elle-même prit pour armoiries le
vaisseau que portait le sceau des marchands de l'eau.

Dom Félibien (*Histoire de Paris*) donne la gravure d'un sceau(1) dont
la légende, qui est en français, a le même sens que celle de celui que
nous publions ; ce sceau était appendu à un acte qui ne pouvait émaner
que du Corps de ville : Dom Mabillon fixe l'époque de sa gravure au
règne de Saint-Louis. Le nôtre, dont la nef est moins ornée, et dont le
champ n'est pas chargé de fleurs-de-lis, paraît plus ancien et doit avoir
précédé celui donné par Dom Félibien.

N° 8.

PRÉVÔTÉ DE PARIS. (1323.)

+ SIGILLVM PREPOSITVRE · PARISIENsis. *Sceau de la prévôté de Paris.* Une grande fleur-de-lis ; à droite, une porte de
ville ; à gauche, l'écu des armes du royaume de Navarre : de
gueules aux chaînes d'or posées en orle, en croix et en sautoir.

Ce sceau porte les armes de Navarre réunies à celles de France, parce que Philippe-le-Long, qui régnait alors, possédait ces deux royaumes.

La charge de prévôt de Paris était tout-à-fait distincte de celle de
prévôt des marchands. Le prévôt de Paris, qui était très souvent un
gentilhomme, était nommé par le roi ; il avait, selon des lettres du roi
Jean, de 1369, la juridiction ordinaire de la ville de Paris, et, comme le
portent les lettres, le roi voulait qu'il eût seul, à l'exclusion des autres
juges, la connaissance et la punition de tous les délits commis à Paris
par quelque personne que ce fût. En 1323, date de la charte à laquelle
ce sceau était appendu, la charge de prévôt était occupée par Gilles
Londe, ou du moins tout le fait présumer ; car ce fut lui qui succéda
immédiatement à Jean Tapperel qui fut exécuté en 1320, pour avoir
substitué un innocent à un coupable, puissant, condamné à mort.

N° 9.

FACULTÉ DE THÉOLOGIE. (1398.)

. . . . THEOLOGIE . . . . . RISIEN .
. . . . (La légende est presque entièrement détruite).
Le Christ assis sous un dais gothique entre deux anges et
semblant enseigner ; à ses pieds, une ville ; aux quatre coins,
les symboles des quatre évangélistes ; l'aigle, l'ange, le bœuf
ailé et le lion ailé.

Avant d'entrer dans aucun détail sur ce sceau, nous donnons ici une note sur
l'Université de Paris, qui servira à l'explication des sceaux 10, 11 et 12.

L'ancienne Université de Paris commença à devenir très célèbre au
XIIe siècle, sous Guillaume de Champeaux. C'est alors qu'elle se forma
en compagnie, présidée par un recteur, et qu'elle se divisa en quatre
nations, dirigées par des procureurs. Les quatre nations étaient : celles
de France, de Picardie, de Normandie et d'Angleterre. Au XVe siècle,
cette dernière prit le nom d'Allemagne. Quant aux facultés, elles se sont
formées peu à peu, et par conséquent on ne peut leur assigner de date.
Il y en avait quatre ; c'étaient : la Faculté de théologie, la Faculté des droits,
établie d'abord seulement pour le droit canon, puis autorisée en 1679 à
enseigner le droit civil ; la Faculté de médecine, et la Faculté des arts.
Les trois premières Facultés avaient à leur tête des doyens ; la quatrième,
celle des arts, qui aurait dû prendre plutôt le nom de faculté des lettres
qu'elle porte aujourd'hui, était composée des quatre anciennes nations.
C'était cette Faculté qui nommait le recteur de l'Université et il ne pouvait être pris que dans son sein ; tout en dirigeant l'université en général,
le recteur était en même temps chef particulier de la Faculté des arts. Les
autres principaux officiers de l'université étaient : le syndic, le greffier,
et le receveur ; ainsi que le recteur, tous trois devaient être tirés de la
Faculté des arts.

Il paraît qu'au commencement du XIIIe siècle l'Université en corps
n'avait pas de sceau, et que le corps des maîtres de la Faculté de théo-

(1) Voici la description de ce sceau : SCEL DE LA MARCHANDISE DE
LEAUE DE PARIS. Le vaisseau voguant ; dans le champ, des fleurs-de-lis. Le
contre-sceau est la répétition en petit du sceau.

cet évêque au siége de la première ville de France : « Vers ce même temps « (1220) l'évêque de Paris (Pierre de Nemours) étant mort à Damiette, « et une dissension s'étant élevée entre les chanoines de la cathédrale « sur l'élection de l'évêque, Guillaume, évêque d'Auxerre, homme re- « ligieux et prudent, et rigide exécuteur de la justice envers les ennemis « de l'Église, passe à l'épiscopat de Paris par l'ordre du pape Honorius II. » Guillaume de Seillenay assista aux obsèques de Philippe-Auguste en juillet 1223, et mourut la même année, au mois de novembre, à Saint-Cloud près Paris. Il fut enterré dans l'Abbaye de Pontigny au diocèse d'Auxerre.

N° 5.

Guillaume de Garlande, chevalier. (1211.)

SIGILLVM · VILLERMI · DE GARLANDE. *Sceau de Guillaume de Garlande.* Un écusson aux armes de Garlande-Moderne : parti de France, et d'or à deux fasces de gueules, qui est Garlande-Ancien.

La faveur dont plusieurs seigneurs de la maison de Garlande jouirent auprès des rois Louis VI, Louis VII et Philippe-Auguste, permet de croire que c'est par concession de l'un de ces princes que ces seigneurs écartelèrent leurs armes de fleurs-de-lis sans nombre.

Guillaume de Garlande, V° du nom, seigneur de Livry, était fils de Guillaume IV de Garlande, et de Idoine de Trie. Ce seigneur acheta, en 1202, l'avouerie d'Argenteuil, et se trouva, en 1204, au siége de Rouen. Pierre de Courtenay, comte de Nevers, lui donna la terre de Saint-Cyr, et le roi Philppe-Auguste, celles de Montreuil près Vincennes, de Neufchâtel en Vexin, et d'Ons en Bray. Guillaume de Garlande se distingua à la bataille de Bouvines en 1214. Il avait épousé, en 1193, Alix de Châtillon-sur-Marne, dont il n'eut que des filles. On ignore la date de sa mort, mais une charte de donation nous apprend qu'il vivait encore en 1216.

N° 6.

Ville de Paris. (1515.)

DIVI · LVDOVICI · DVODECIMI · FRACORV · REGIS · XPIANISSIMI · SACRA · EFFIGIES. *Image sacrée du divin Louis XII, roi très chrétien des Français.* Buste de trois quarts de Louis XII, la couronne royale ouverte en tête; le champ est semé de fleurs-de-lis.

Contre-sceau : BEATA · RES · PVBLICA · CVIVS · PRINCEPS · SAPIENS · DOMINATVR. *Heureuse la république gouvernée par un prince philosophe.* Les armes de la ville de Paris qui portait : de gueules au navire frété et voilé d'argent, voguant sur des ondes de même, au chef de France, c'est-à-dire d'azur semé de fleur-de-lis d'or.

Cette pièce, dont l'original en argent est conservé au cabinet des médailles de la Bibliothèque, paraît être un sceau gravé exprès pour quelque acte solennel relatif à la mort de Louis XII; car l'épithète de *divus*, donnée ici au monarque, indique que cette pièce a été faite à l'époque de sa mort, en 1515.

N° 7.

Marchands de l'eau de Paris.

+ SIGIL . . . . . RCATORV̄ AQVE · PARISIVS. *Sceau des marchands de l'eau de Paris.* Le vaisseau des armes de Paris.

Sous les deux premières races de nos rois, Paris, dont les dehors avaient été brûlés et saccagés par les Normands, était presque renfermé dans l'île qui porte encore le nom de Cité. Le commerce, qui alors n'était pas très considérable, se faisait presque entièrement par la Seine; il était presque entièrement monopolisé par une compagnie de gens associés sous le titre de *Marchands de l'eau hansés de Paris.* Cette compagnie, qui n'étant autre que les corps de ville, réunissait donc, par son privilége, la plus grande partie du commerce de Paris, sans aucune distinction de marchandises; c'est pour cette raison que ce qu'on appelait, avant la révolution, la *Prévôté des marchands* ou l'Hôtel-de-Ville, a porté d'abord le nom de la *Marchandise de l'eau*, et, plus tard, le nom simple de la *Marchandise.* Non seulement le nom de *Marchands* était

resté dans le titre du premier magistrat municipal de Paris (le prévôt des marchands), mais encore la ville elle-même prit pour armoiries le vaisseau que portait le sceau des marchands de l'eau.

Dom Félibien (*Histoire de Paris*) donne la gravure d'un sceau (1) dont la légende, qui est en français, a le même sens que celle de celui que nous publions; ce sceau était appendu à un acte qui ne pouvait émaner que du Corps de ville : Dom Mabillon fixe l'époque de sa gravure au règne de Saint-Louis. Le nôtre, dont la nef est moins ornée, et dont le champ n'est pas chargé de fleurs-de-lis, paraît plus ancien et doit avoir précédé celui donné par Dom Félibien.

N° 8.

Prévôté de Paris. (1323.)

+ SIGILLVM PREPOSITVRE · PARISIENsis. *Sceau de la prévôté de Paris.* Une grande fleur-de-lis; à droite, une porte de ville; à gauche, l'écu des armes du royaume de Navarre : de gueules aux chaines d'or posées en orle, en croix et en sautoir.

Ce sceau porte les armes de Navarre réunies à celles de France, parce que Philippe-le-Long, qui régnait alors, possédait ces deux royaumes.

La charge de prévôt de Paris était tout-à-fait distincte de celle de prévôt des marchands. Le prévôt de Paris, qui était très souvent un gentilhomme, était nommé par le roi; il avait, selon des lettres du roi Jean, de 1369, la juridiction ordinaire de la ville de Paris, et, comme le portent les lettres, le roi voulait qu'il eût seul, à l'exclusion des autres juges, la connaissance et la punition de tous les délits commis à Paris par quelque personne que ce fût. En 1312, date de la charte à laquelle ce sceau était appendu, la charge de prévôt était occupée par Gilles Londe, ou du moins tout le fait présumer; car ce fut lui qui succéda immédiatement à Jean Tapperel qui fut exécuté en 1320, pour avoir substitué un innocent à un coupable, puissant, condamné à mort.

N° 9.

Faculté de Théologie. (1398.)

· · · · · · · · · THEOLOGIE · · · · · RISIEN . · · · · · (La légende est presque entièrement détruite). Le Christ assis sous un dais gothique entre deux anges et semblant enseigner; à ses pieds, une ville; aux quatre coins, les symboles des quatre évangélistes; l'aigle, l'ange, le bœuf ailé et le lion ailé.

Avant d'entrer dans aucun détail sur ce sceau, nous donnons ici une note sur l'Université de Paris, qui servira à l'explication des sceaux 10, 11 et 12.

L'ancienne Université de Paris commença à devenir très célèbre au XII° siècle, sous Guillaume de Champeaux. C'est alors qu'elle se forma en compagnie, présidée par un recteur, et qu'elle se divisa en quatre nations, dirigées par des procureurs. Les quatre nations étaient : celles de France, de Picardie, de Normandie et d'Angleterre. Au XV° siècle, cette dernière prit le nom d'Allemagne. Quant aux facultés, elles se sont formées peu à peu, et par conséquent on ne peut leur assigner de date. Il y en avait quatre; c'étaient : la Faculté de théologie, la Faculté des droits, établie d'abord seulement pour le droit canon, puis autorisée en 1679 à enseigner le droit civil; la Faculté de médecine, et la Faculté des arts. Les trois premières Facultés avaient à leur tête des doyens; la quatrième, celle des arts, qui aurait dû prendre plutôt le nom de faculté des lettres qu'elle porte aujourd'hui, avait composée des quatre anciennes nations. C'était cette Faculté qui nommait le recteur de l'Université et il ne pouvait être pris que dans son sein; tout en dirigeant l'université en général, le recteur était en même temps chef particulier de la Faculté des arts. Les autres principaux officiers de l'université étaient : le syndic, le greffier, et le receveur; ainsi que le recteur, tous trois devaient être tirés de la Faculté des arts.

Il paraît qu'au commencement du XIII° siècle l'Université en corps n'avait pas de sceau, et que le corps des maîtres de la Faculté de théo-

(1) Voici la description de ce sceau : SCEL DE LA MARCHANDISE DE LEAUE DE PARIS. Le vaisseau voguant; dans le champ, des fleurs-de-lis. Le contre-sceau est la répétition en petit du sceau

logie en avaient seuls un, en 1221, car on lit à la fin d'un acte de l'U-
niversité : *Et afin que ce qui est réglé par le présent acte, soit stable et
perpétuel à jamais, nous y avons fait apposer les sceaux des maîtres en
théologie. Fait et passé l'an de grâce 1221.* Le sceau que nous publions
ici doit être le même que celui dont il est parlé dans l'acte dont nous
avons donné un extrait.

N° 10.

Faculté de Médecine. (1398.)

✠ S. . . *(mag)* ISTRORVM · FACVLTATIS · MEDICINE .
PARisiensis. *Sceau des maîtres de la Faculté de médecine de
Paris.* Une femme assise, couronnée, sans doute la sainte,
patrone des médecins ; tenant de la main gauche un livre ouvert, et de la droite un bouquet de plantes médicinales ; à
droite et à gauche, des étudians assis.

La Faculté de médecine, qui se constitua vers le milieu du xiiie siècle,
n'avait pas encore de sceau particulier avant 1274. La Faculté de droit
s'en était donné un en 1271, voulant, dit l'acte original, se donner ce
caractère constitutif de compagnie, à l'exemple des nations des maîtres-
ès-arts, qui ont leurs sceaux et qui s'en servent sans que personne y
trouve à redire. Le droit de sceau étant alors un droit honorifique très
recherché, le chancelier de l'église de Paris mit opposition à cette inno-
vation, comme cela était arrivé cinquante ans avant pour le sceau commun de l'Université. Il prétendit qu'une pareille nouveauté ne pouvait
s'établir qu'avec la permission du pape, et il refusa de donner la licence
aux bacheliers qu'on lui présentait. Néanmoins, il se radoucit après
quelque temps, et il fut convenu entre les parties, que le nouveau sceau
serait mis en séquestre pendant un an, et que si dans le cours de l'année
le pape gardait le silence, et n'en interdisait point l'usage, la querelle
serait censée décidée en faveur de la Faculté. L'accord fut exécuté de
bonne foi ; à la fin de l'année, le Saint-Père n'ayant rien prononcé sur
l'objet de la contestation, la Faculté de droit retira son sceau, et depuis
elle en fit usage jusqu'en 1789. En 1274, la Faculté de médecine imita
celle de droit, et se mit en possession d'un sceau particulier après les
mêmes formalités. Il est constaté dans l'acte que ce sceau fut fait en
argent.

N° 11.

Faculté des Arts. Nation d'Angleterre. (1398.)

Sigillvm · NACIONIS . . . . . (ANGLTER ?). . . .
Sceau de la nation . . . . . Sous des arceaux gothiques,
les figures de sainte Catherine et d'une autre sainte dont on

ne peut distinguer les attributs ; au-dessous, saint Martin à
cheval, coupant son manteau pour le partager avec un pau-
vre ; en bas, un professeur assis, instruisant des enfans également assis.—Une partie de la légende et le haut des arceaux
sont détruits.

La nation d'Angleterre, qui prit définitivement le nom de nation d'Allemagne peu après la date de la charte à laquelle était appendu ce sceau,
était divisée en trois tribus ou provinces, la Haute-Germanie, la Basse-
Germanie et l'Écosse. Dès 1376, la haine que l'on portait alors aux
Anglais qui ravageaient la France avait donné l'idée de changer le nom
de cette nation. Il paraît pourtant, d'après notre sceau, qui est de 1398,
que ce ne fut qu'après cette époque que le nom fut changé d'une manière positive, puisqu'on y lit le nom d'Angleterre.

N° 12.

Faculté des Arts (quatre-nations).

SIGILLVM · PRECLARE · FACVLTATIS · ARTIVM · PARISIEN-
SIS. *Sceau de l'illustre Faculté des arts de Paris.* Sous des
arceaux gothiques, la Vierge assise, tenant de la main droite
un lys et soutenant de la gauche le Christ enfant ; à droite et
à gauche, entre les colonnettes, des écussons aux armoiries
des quatre nations, de France, de Picardie, de Normandie et
d'Allemagne, qui composaient la compagnie des arts. Les
écussons sont placés selon l'ordre que gardaient entre elles
les quatre nations. L'écu de la nation de France est le premier
à gauche ; celui de Picardie, le second, celui de Normandie
est le troisième, et celui d'Allemagne est le dernier. (Ce sceau
a été gravé d'après une empreinte tirée de la matrice originale
en argent, qui est conservée au Cabinet des médailles. Cette
matrice a été gravée en 1513.)

Jusqu'en 1513 la Faculté des arts n'avait pas encore eu de sceau ; elle
voulut alors s'en donner un pour sceller les lettres testimoniales d'étude.
Ce sceau, en argent, fut fait aux frais des quatre nations, et pour le
sceau et le coffre qui le contenait il en coûta à la nation de France
7 livres 17 sols 8 deniers. Ainsi, en supposant que les trois autres nations
contribuèrent chacune pour une somme égale, la dépense totale s'éleva
à 31 livres 10 sols 3 deniers. La serrure et les cinq clefs du coffre furent
payées 2 livres 16 sols. La légende est gravée en caractères gothiques,
bien que déjà on ait commencé à employer les lettres romaines. Ce sceau,
dont la Faculté des arts se servit jusqu'à la révolution de 1789, est main-
tenant au cabinet des médailles de la Bibliothèque.

PLANCHE II.

N° 1.

Geoffroy, Abbé de Saint-Magloire. (1243.)

. . . GAVFRIDI · ABBATIS SCI · MAGLORII · PARISiensis.
Sceau de Geoffroy, abbé de Saint-Magloire de Paris. L'abbé
de Saint-Magloire, la tête nue, revêtu des habits sacerdotaux, tenant la crosse de la main droite et un livre de la
gauche.

Sous le règne du roi Lothaire, les chanoines réguliers de l'Église
de Saint-Barthélemy, qui était alors la chapelle royale du palais, furent transférés dans une chapelle dite depuis de Saint-Michel, placée
aussi dans l'intérieur du palais. Là, Hugues Capet, duc de France,
avait fondé, en 957, une Abbaye en l'honneur des saints Barthélemy
et Magloire. Sous Louis-le-Jeune, en 1138, les chanoines abandonnè-
rent cet emplacement et se fixèrent près de l'ancien cimetière, dans la rue
Saint-Denis. En 1572, ils changèrent encore leur siège, et vinrent s'établir dans le faubourg Saint-Jacques. En 1584, cette Abbaye fut réunie
à la mense épiscopale de Paris.

Les auteurs du *Gallia Christiana* ne font que mentionner *Gofridus*,
Geoffroy, abbé de Saint-Magloire de Paris en 1253.

N° 2.

Herbert, Abbé de Sainte-Geneviève. (1224.)

✠ Sigillvm · HERBERTI · ABBIS · SCE · GENOVEFE . PA-
Risiensis. *Sceau de Herbert, abbé de Sainte-Geneviève de Paris.*
L'abbé de Sainte-Geneviève, la tête nue, revêtu des habits sacerdotaux, tenant de la main gauche un livre et une crosse
de la droite.

L'église de l'abbaye de Sainte-Geneviève du Mont-de-Paris, de l'ordre
de Saint Augustin, passe pour avoir été fondée, à la demande de Clotilde, en l'honneur de saint Pierre et de saint Paul. Plus tard, on
joignit le nom de sainte Geneviève, patrone de Paris, au vocable de
cette église, et c'est celui-là qu'elle a toujours gardé depuis. L'Abbaye
fut augmentée sous le règne de Robert, fils de Hugues Capet. Louis VII
lui donna le titre d'Église Royale.

Hébert ou Herbert, fut d'abord chanoine du monastère de Saint-
Jean du Jard, quoique la bulle du pape Honorius, pour le couvent de
Sainte-Geneviève, lui donne le nom de chanoine de Sainte-Geneviève.
Ce chanoine succéda dans la dignité d'abbé de *Sainte-Geneviève du Mont-
de-Paris* à Gualo. Grégoire IX donna à Herbert le privilége de l'anneau
et de la mitre, et celui de bénir les ornemens sacrés. Surpris par la

mort, il laissa à son successeur le soin de terminer la châsse de sainte Geneviève, œuvre pour laquelle il avait recueilli beaucoup d'ornemens et de dons précieux. Il existe beaucoup de monumens qui prouvent qu'il défendit le patrimoine de sainte Geneviève envers et contre tous. L'abbé Herbert mourut vers l'an 1240.

N° 3.

Église de Sainte-Marie de Paris. (1406.)

S . . . . I . . TIO · SCĒ . . . RIE · PARISIENSIS. (La légende est presque entièrement détruite.) *Sceau du chapitre de l'église de Sainte-Marie de Paris.* La Sainte-Vierge assise, couronnée et nimbée, et tenant un sceptre de la main droite.

Contre-sceau : ✠ Sigillvm · RENOVATVM · ANNO · GRACIE. M.°CC.°XXII°. (Cette date est disposée dans le champ en trois lignes, indiquées par des traits.) *Sceau renouvelé l'an de grâce 1222.* Après la date un soleil.

Les sceaux datés sont extrêmement rares avant le règne de François Ier. On ne connaît qu'un très petit nombre de sceaux datés à une époque aussi reculée que celui du chapitre Notre-Dame; il prouve ce que nous avons avancé, note 1, page 1, que les communautés se servaient pendant plusieurs siècles du même sceau; en effet, ce sceau, qui a été gravé en 1222, a été employé pour sceller une charte l'an 1406. Ce curieux monument nous apprend que le chapitre de Notre-Dame eut très anciennement un sceau, puisqu'on le renouvelait en 1222.

On croit que Childebert bâtit le premier une Église cathédrale sur l'emplacement occupé aujourd'hui par Notre-Dame de Paris. Aimoïn (*De gestis Francorvm*) nous apprend qu'elle fut très anciennement ann sacrée à la Sainte Vierge. Le roi Robert, fils de Hugues Capet, commença la reconstruction ; les rois ses successeurs firent continuer cette œuvre ; mais c'est sous le règne de Philippe-Auguste que Maurice de Sully, évêque de Paris, posa la première pierre des bâtimens qui existent encore aujourd'hui.

N° 4.

Abbaye de Saint-Denis.

✠ SIGILLVM SANCTI DYONISII ARCHIEPISCOPI. *Sceau de saint Denis, archevéque.* Saint Denis assis, la tête nue, revêtu des habits épiscopaux, tenant de la main droite sa crosse et de l'autre un livre.

Nous ne connaissons pas la date de la chârte de ce sceau; la forme des caractères permet d'assurer qu'il a été gravé au commencement du xiiie siècle; nous rappelons l'observation faite à propos du sceau de l'abbaye de Victor. Saint Denis porte dans cette légende le titre d'archevêque, bien qu'on ne lui attribue ordinairement que celui d'évêque de Paris; c'est sans doute comme apôtre de la Gaule que les moines de Saint-Denis lui donnèrent celui d'archevêque.

La fondation de l'Abbaye de Saint-Denis en France, de l'ordre de Saint-Benoît, remonte à l'an 644. Dagobert Ier y fut enterré. C'est une des plus célèbres Abbayes du monde. Elle jouissait du privilége de servir de sépulture à la Maison Royale de France. Son trésor, dispersé et fondu en partie à la Révolution, renfermait des objets d'antiquité du plus haut intérêt. L'Abbaye de Saint-Denis est tombée en commende en 1628. En 1686, le titre abbatial fut supprimé et les revenus de la mense servirent à doter la maison de Saint-Cyr.

N° 5.

Gilon de Versailles. (1221.)

✠ SIGILLVM : GILONIS : DE : VERSAILLES. *Sceau de Gilon de Versailles.* Dans le champ, un écu aux armes de Gilon de Versailles : cet écu, dont nous ne connaissons pas les émaux, porte sept besans, et le chef est chargé de trois losanges.

Le roi Philippe-Auguste, par lettres données à Melun au mois de mars 1216, commit Gilon de Versailles et Renaud de Béthisy pour obliger les mayeur, jurats et autres membres de la commune de la ville de Beauvais, pour prêter serment de fidélité à leur évêque, qui était alors

Philippe de Dreux, cousin du Roi. Nous n'avons pu nous procurer d'autres renseignemens sur Gilon de Versailles; nous ignorons même si ce personnage est un des anciens seigneurs du village qui a précédé la ville de Louis XIV, ou s'il ne le portait que parce qu'il y était né, selon l'usage de ce siècle.

N° 6.

Bailliage de Vermandois. (1283.)

✠ Sigillvm · BALLIVIACI · VIROMANDENSIS. *Sceau du bailliage de Vermandois.* Une grande fleur-de-lis.

Contre-sceau : ✠ CLAVIS : SIGILLI. *Clef du sceau.* Un écusson, sur lequel, malgré la mauvaise conservation du blason, on reconnaît les armes de Vermandois, qui étaient : échiquetées d'or et d'azur, au chef d'azur, chargé de fleurs-de-lis d'or.

La légende du contre-sceau rend ce sceau l'un des plus curieux de cette livraison; sa singulière formule (*clef du sceau*) ne se rencontre que très rarement.

Sous les comtes de Vermandois, leur Bailli était juge supérieur des causes importantes. Lorsque Philippe-Auguste réunit le Vermandois à la couronne, loin de supprimer cette charge, il y ajouta la juridiction sur tout le pays soumis à la domination des comtes de Vermandois, et le nomma Grand-Bailli. Il n'y avait en France que quatre Grands-Bailliages, ceux de Vermandois, de Sens, Mâcon et Saint Pierre-le-Moûtier. Celui de Vermandois contenait tout l'ancien comté de ce nom, et encore les villes, bourgs et villages dont les comtes, ainsi que leurs enfans, avaient été en possession, n'importe à quel titre, telles que Reims, Châlons, Soissons, Troyes, etc, etc. Le Grand-Bailli était à la nomination du roi : le premier fut Rénaud de Béthisy en 1214. En 1283, année de la charte à laquelle appendait le sceau que nous donnons, le Grand-Bailli était Gauthier Bardin.

N° 7.

Roger de Rosoy, évêque de Laon. (1185.)

✠ SIGILLVM ROGERi LAVDVNENSIS EPIscopi. *Sceau de Roger, évéque de Laon.* Roger de Rosoy, revêtu des habits épiscopaux, la mitre en tête, tenant de la main gauche sa crosse et faisant le signe de la bénédiction de la main droite.

Laon, ancienne ville de France, dont l'évêque porte le titre de duc et pair de France, a eu pour premier évêque saint Génebaud en 515.

Roger de Rosoy, fils de Clérembault, seigneur de Rosoy, et d'Élisabeth de Namur, était doyen de l'Église de Châlons et chanoine de celle de Laon, lorsqu'il fut élevé au siége épiscopal de cette Église en 1174 : il fut sacré par Guillaume de Champagne son métropolitain. En sa qualité de duc de Laon, pair de France, l'évêque était seigneur de la ville : les habitans voulant se soustraire à sa domination temporelle, obtinrent du roi Louis VII le droit de *commune.* L'évêque-duc résolut de maintenir son droit par les armes, et appela à son aide ses parens et amis. Les Laonais, de leur côté, implorèrent le secours des villes voisines : on en vint aux mains, et les révoltés furent battus. L'été suivant, le roi en personne assiégea dans son château de Nisi, Renaud, sire de Rosoy et de Chaumont, frère de l'évêque, qui avait pris parti pour ce dernier contre les Laonais. Pendant cet orage, l'évêque de Laon se retira chez celui de Langres; de là, il obtint de Rome un rescrit pour pouvoir se justifier des homicides dont il était accusé. Il se fit à Meaux, en 1179, par-devant les évêques de Cambrai, de Noyon et d'Arras, et protesta avec serment n'avoir tué ni blessé personne de sa main; il rentra aussitôt dans les bonnes grâces du roi, assista la même année au troisième concile de Latran, et en qualité de pair de France, au sacre du roi Philippe-Auguste. En 1180, il maria ce prince, à Bapaume, avec Isabelle de Hainaut. Deux ans après, avant le départ du roi pour la croisade, Roger de Rosoy obtint la révocation du droit de *commune* accordé par le feu roi aux Laonais. Roger de Rosoy mourut le 21 mai 1207, et fut inhumé à Saint-Vincent de Laon.

N° 8.

Abbaye de Saint-Jean-de-Laon. (1265.)

La légende est entièrement détruite. — Buste de face de saint Jean, nimbé, couvert d'une peau de mouton.

L'abbaye de Saint-Jean de Laon, de l'ordre de Saint-Benoît, fut d'abord placée sous l'invocation de la Vierge : la bienheureuse Salaberge la fonda et en fut la première abbesse, vers l'an 640. En 1229, ce monastère devint une abbaye d'hommes. Drog° (Dreux) fut le premier abbé de Saint-Jean de Laon. On ne sait pas le nom de l'abbé de Saint-Jean de Laon, à l'époque à laquelle fut fait le sceau du chapitre de l'abbaye de Saint-Jean (1265). L'évêque était Jean de Moutiers (de Monasteriis) ou de Troyes (de Trecis).

N° 9.

Philippe de Dreux, évêque de Beauvais. (1207.)

. . . IGILLVM · PH . . . . VACENSIS EPISCO (*pi*) *Sceau de Philippe, évêque de Beauvais*. Philippe de Beauvais, revêtu des habits épiscopaux, la mitre en tête, tenant sa crosse de la main gauche et de la droite faisant le signe de la bénédiction.

L'évêque de Beauvais, dont le siége était suffragant de l'archevêché de Reims, avait le titre d'*Évêque et Comte de Beauvais, Pair de France*. Cet évêché eut autrefois le droit de battre monnaie. C'est en 991 que l'on commença à bâtir la cathédrale dont le chœur est regardé comme le plus beau de France. Saint Lucien passe pour avoir été le premier évêque de Beauvais. Retgisilus est le premier évêque dont on connaisse la date ; il vivait l'an 346 après J.-C.

Philippe de Dreux, troisième fils de Robert de France, comte de Dreux, et d'Agnès de Baudement, dame de Braine, fut élu en 1176 évêque de Beauvais, siége qui donnait le titre de Comte-Pair de France. Ce prélat passa en Terre-Sainte en 1178, et en revint l'année suivante. En 1187, il se croisa de nouveau et se trouva au siége d'Acre en 1190. Au mois d'octobre de cette année, il fut pris par les Infidèles et conduit à Babylone. A son retour, il combattit contre les Anglais, et fut fait prisonnier en 1196, près de Milly. L'évêque de Beauvais ne put recouvrer la liberté qu'en 1202. En 1210, il se croisa contre les Albigeois ; eut guerre en 1212 avec le comte de Boulogne, Renaud de Dammartin ; combattit sous les yeux de Philippe-Auguste, son cousin germain, à la bataille de Bouvines, en 1214, et y renversa de sa main Étienne dit Longue-Épée, comte de Salisbury, frère naturel de Jean, roi d'Angleterre, et le fit tuer. Ce prélat, célèbre par son humeur belliqueuse, pour éviter d'enfreindre les Canons, et de se rendre incapable des fonctions ecclésiastiques, ne frappait jamais de l'épée ; mais il ne se faisait pas scrupule d'assommer à coups de masse les ennemis qu'il trouvait sous sa main. Il mourut à Beauvais le 2 novembre 1217, et fut enterré dans la cathédrale.

N° 10.

Couvent de Saint-Just, de Beauvais.

✠ Sigillvm · CONVENTVS · SCI · IVSTI · BELVACENsis · DYOCESIS. *Sceau du couvent de Saint-Just du diocèse de Beauvais.* 2ᵉ légende. SANCTVS IVSTVS. *Le martyr de saint Just.* Un bras, armé d'une épée, tranche la tête du saint, qui pose un genou en terre et joint les mains ; sa tête est déjà ceinte de l'auréole.

Le couvent de Saint-Just de Beauvais, de l'ordre de Prémontré, paraît avoir été fondé par des chanoines qui devinrent Réguliers en 1070. En 1147, le couvent fut uni à l'ordre de Prémontré par Eudes, évêque de Beauvais.

N° 11.

Commune de Beauvais. (1228.)

SIGILLVM BELVACENSIS (*sic*) COMMVNE. *Sceau de la commune de Beauvais.* Vue de la ville de Beauvais. En haut : CIVITAS. *La ville.*

Beauvais, l'acienne *Cæsaromagus*, est une des plus anciennes villes de la Gaule. Elle était la capitale des Bellovaci qui lui ont donné son nom actuel. En 1006, Roger de Champagne, évêque de Beauvais, unit le comté de Beauvoisis qui lui appartenait en propre, à la manse épiscopale ; cette union fut faite avec l'approbation et du consentement du roi Robert. C'est depuis cette époque que l'évêque de Beauvais est comte et pair de France. La commune de Beauvais fut établie au xiiiᵉ siècle.

N° 12.

Guillaume de Béronne, évêque de Senlis. (1310.)

✠ Sigillvm · GVILLelmi · DEI · GRAcia · EPIscopi · SILVANECTENsis. *Sceau de Guillaume, par la grâce de Dieu, évêque de Senlis.* Guillaume de Béronne, revêtu des habits épiscopaux, la mitre en tête, tenant de la main gauche la crosse et faisant de la main droite le signe de la bénédiction. Dans le champ, à droite et à gauche, une fleur-de-lis.

L'évêché de Senlis était suffragant de l'archevêché de Reims. Saint Régulus, martyr, passe pour être le premier évêque de cette ville.

Guillaume de Béronne est le cinquante-septième évêque de Senlis ; il succéda à Gui de Pralliac, et vécut vers la fin du xiiiᵉ siècle. Après sa mort, Pierre de Béronne, son parent, occupa le siége de Senlis.

N° 13.

Bailliage de Senlis. (1322.)

✠ LE · SEEL · IEHAN · DE · SAM . . Dans une rosace, un médaillon représentant le portrait à mi-corps d'un roi de France, revêtu des habits royaux.

Le personnage dont le nom figure sur ce sceau, était Bailli de Senlis, en 1322. L'histoire ne nous apprend rien sur ce personnage ; nous ne pouvons même assurer que les lettres SAM... ne soient pas les initiales du mot Senlis : on sait que l'orthographe variait beaucoup au xivᵉ siècle. Peut-être, comme cela se rencontre fréquemment, ce Jean n'avait-il pas d'autre nom que celui de sa ville.

N° 14.

Commune de Senlis. (1228.)

✠ SIGILLVM COMMVNÆ SILVANECENSIS. *Sceau de la commune de Senlis.* Le maire de Senlis armé de toutes pièces, portant, suspendu au cou, un long bouclier, et tenant de la main droite une épée nue levée.

Senlis, en latin, *Augustomagus* ou *Sylvanectum*, siége d'un évêché suffragant de Reims, d'un bailliage, d'un présidial, etc., était, avant la révolution, le siége du gouvernement particulier de l'Ile-de-France. Cette ville, qui fut d'abord sous la domination des comtes de Vermandois, passa ensuite sous celle des ducs de France, ancêtres de Hugues Capet, qui la réunit à la couronne.

N° 15.

Maire et échevins de Noyon. (1259.)

✠ Sigillvm · MAIORIS ET · · · TORVM NOVIOMI. *Sceau du maire et des élus (échevins) de Noyon.* Le maire de Noyon portant d'une main une bannière échancrée, et tenant de l'autre une épée, placé sur des remparts qu'il semble en action de défendre.

En 1108, Baudry de Sarchainville, évêque de Noyon, convoqua en assemblée tous les habitans de la ville, et leur présenta une charte qui, à l'instar de celle de Cambray, constituait le corps des Bourgeois en association perpétuelle sous des magistrats appelés *jurés*. L'évêque jura d'abord cette charte, et tous les habitans après lui. Il invita ensuite le roi Louis-le-Gros à la corroborer par son approbation et par le grand sceau de la couronne : le roi consentit à cette requête.

PLANCHE III.

N° 1.

ABBAYE DE PORT-ROYAL. (1335.)

SIGILLvm ABBATISSE PORTVS REGIS. *Sceau de l'abbesse de Port-Royal.* L'abbesse de Port-Royal debout, revêtue de l'habit de son ordre, tenant de la main gauche un livre et de la droite une crosse.
Archives du département du Nord, à Lille.

L'Abbaye de Port-Royal, devenue si célèbre au xviie siècle par les disputes des jansénistes, a d'abord porté le nom de Porrois. Cette Abbaye, située dans le diocèse de Paris, près de Caprosia, était de l'ordre de Cîteaux et de l'institut du Très-Saint-Sacrement de l'Eucharistie. Eudes de Sully, évêque de Paris, et Mathilde de Garlande, femme de Mathieu de Montmorency, premier seigneur de Marly, se réunirent pour fonder et doter ce monastère, au commencement du xiiie siècle.

MARGUERITE est la première abbesse de Port-Royal; elle gouverna l'Abbaye de 1214 jusqu'en 1238. On ne sait pas le nom de l'abbesse qui gouvernait l'Abbaye en 1335. Les auteurs de la *Gallia Christiana* n'ont pu le découvrir.

N° 2.

COUVENT DE SAINT-LOUIS DE POISSY. (1397.)

SIGILLvm · CONVENTVS · SORORV̄ · SCI · LVDOVICI · DE · PYSSIACO · ORDInis · PREDICarvm. *Sceau du couvent de Saint-Louis de Poissy, de l'ordre des Prédicants* (Règle de Saint-Dominique). Dans le champ, SANCTVS · LVDOVICVS. Saint Louis, nimbé, la couronne royale en tête, revêtu d'un grand manteau, qu'il soulève des deux mains pour abriter dessous tout un peuple qui l'implore à genoux. En bas, une roue.

Vers le milieu du xie siècle, Constance, femme de Robert-le-Pieux, roi de France, fonda à Poissy un monastère dans lequel elle plaça des chanoines qui embrassèrent la règle de Saint-Augustin. Au commencement du xive siècle, Philippe-le-Bel fit reconstruire entièrement l'église, et y mit des religieuses qui suivirent la règle de Saint-Dominique. Saint Louis étant né et ayant été baptisé à Poissy, l'abbaye adopta ce saint roi pour son patron. Philippe-le-Bel et son fils Robert furent enterrés dans cette abbaye.

N° 3.

DREUX DE MELLO, CONNÉTABLE. (1211.)

✠ SIGILLVM DROGONIS DE MERLOTO. *Sceau de Dreux de Mello.* Un écu aux armes du connétable de Mello. Cet écu porte deux fasces et trois merlettes en pal. Les généalogistes ne décrivent pas ainsi les armes de la maison de Mello; ils lui donnent pour armes : d'or à deux fasces de gueules, à l'orle de merlettes de même; c'est comme cela qu'elles sont représentées sur le sceau suivant. A droite et à gauche de l'écu, une merlette.

Dreux de Mello, IVe du nom, seigneur de Saint-Bris, était le quatrième fils de Dreux de Mello, IIIe du nom; il accompagna le roi Philippe-Auguste en Terre-Sainte en 1191, et donna de si grandes preuves de courage et de mérite, que le Roi le fit connétable de France, à la mort de Raoul, comte de Clermont, tué cette année au siège de Saint-Jean-d'Acre, en 1218. Le Roi lui donna, en récompense de ses services, la ville et le château de Loches. Il mourut le 3 mars 1218, à l'âge de quatre-vingts ans, et laissant une haute réputation de valeur et de sagesse. Dreux de Mello avait épousé Ermengarde de Moucy, déjà veuve de Guillaume de Dampierre, et dont le fils aîné devint seigneur de Bourbon; il laissa de sa femme deux fils et une fille.

N° 4.

DREUX DE MELLO, CONNÉTABLE. (1221.)

✠ SIGILLVM DROGONIS DE MERLETO . . . . *Sceau de Dreux de Mello* . . . . . (Une partie de cette

légende est détruite). Dreux de Mello, armé de toutes pièces, coiffé d'un casque de forme basse, portant, suspendu au cou, un écu à ses armes : d'or à deux fasces de gueules et un orle de merlettes de même. Il tient de la main droite une épée nue levée, et est monté sur un cheval galopant à gauche.

Dreux de Mello. (Voyez le n° précédent.)

N° 5.

ODON DE HAM, CHEVALIER. (1220.)

✠ SIGILLV . . . . . MINI DE HA. *Sceau de Eudes ou Odon, seigneur de Ham.* Odon de Ham, armé de toutes pièces, coiffé d'un casque de forme plate, portant, suspendu au cou, un écu à ses armes : d'or à trois croissants de gueules, et tenant de la main droite une épée nue; il est monté sur un cheval galopant à gauche.

Eudes ou Odon de Ham IIe du nom, fils de Lancelin de Ham et petit-fils de Eudes, seigneur de Ham en Vermandois, et frère d'Herbert, comte de Vermandois, descendait directement des rois carlovingiens; il servit avec vingt-cinq chevaliers au siège d'Andrinople en 1205, et mourut le 26 septembre 1234, laissant de sa femme Isabelle de Bethencourt, Eudes III, seigneur de Ham. Cette illustre postérité finit dans la personne de Jean III qui mourut vers la fin du xive siècle, ne laissant que des filles dont la cadette épousa, suivant plusieurs historiens, Enguerrand III, seigneur de Coucy et de La Fère.

N° 6.

PHILIPPE DE NANTEUIL, CHEVALIER. (1224.)

✠ SIGILLVM · PHIL . . . . TOLIO . . . . IVVENIS. *Sceau de Philippe de Nanteuil, le Jeune.* Philippe de Nanteuil, armé de toutes pièces, coiffé d'un casque de forme basse, portant, suspendu au cou, un écu à ses armes : de gueules à six fleurs-de-lis d'or; il tient de la main droite une épée nue levée, et est monté sur un cheval galopant à droite dont le caparaçon est brodé à ses armes.

L'un des ancêtres de cette illustre famille, Raoul II, comte de Crespy et de Valois, épousa Anne de Russie, veuve du roi Henri Ier; peut-être est-ce à ce motif qu'il faut attribuer la présence des fleurs-de-lis dans l'écu de Nanteuil.

Philippe IIe du nom, seigneur de Nanteuil, qu'on avait surnommé le Jeune, afin de le distinguer de son père, était fils de Philippe Ier, seigneur de Nanteuil, et d'Adelaïs ou Adeline, dont on ignore le nom de famille. Il partit pour la Terre-Sainte en 1239, et y mourut en 1259, laissant d'Élisabeth, sa femme, Thibaut IV, qui fut évêque de Beauvais, et une fille.

N° 7.

COMMUNE DE CRESPY. (1228.)

✠ SIGILLVM : COMMVNIE : DE : CRISPEIO. *Sceau de la commune de Crespy.* Dans le champ, un tigre courant à droite, armes de la ville de Crespy.

Guillaume de Crespy, chancelier de France, en 1300, sous Philippe le Bel, portait pour armes : d'argent à un tigre de sable au chef de gueules. Sans doute il avait emprunté ces armoiries à la ville dont il portait le nom.

La commune de Crespy (en Valois) est l'une des plus anciennement établies en France. Elle date de l'année 1117, et fut confirmée par le roi Philippe-Auguste qui octroya aux bourgeois de Crespy les droits de commune et d'assemblée en corps de ville avec la juridiction ordinaire. L'affranchissement général des communes en 1311 rendit ce droit plus à charge que profitable aux bourgeois des villes; les causes qui avaient amené l'établissement des communes n'existant plus; et, au mois de novembre 1329, les habitans de la ville et banlieue de Crespy renoncèrent solennellement à leur privilége de commune, et s'obligèrent à une rente envers le roi Philippe de Valois qui établit à Crespy un prévôt royal.

N° 8.

COMMUNE DE CRESPY. (1260).

SIGILLVM · COMM . . . . CRESPIACO. *Sceau de la commune de Crespy*. Saint Pierre debout, vu à mi-corps.

Nous donnons deux sceaux de la commune de Crespy, parce qu'il nous a paru curieux de faire remarquer la différence des symboles adoptés par cette ville, à 4o ans de distance : Sur l'un, on voit des armoiries ; sur le second, la ville, plus modeste, se contente de l'effigie d'un saint patron.

N° 9.

COMMUNE DE MEULAN. (1195.)

SIGILLVM CONCIONIS · DE ME . . LENT. *Sceau de l'assemblée de Meulan*. Têtes des douze pairs ou échevins de Meulan. Au-dessus, une fleur-de-lis.

Contre-sceau : Une fleur-de-lis. SIGILLVM · MAIORIS MEC-LENTI. *Sceau du maire de Meulan*. Le maire de Meulan, vu à mi-corps, la tête nue, revêtu d'une tunique et tenant un bâton à la main.

Cabinet de M. Depaulis.

Meulan (*Melleatum*), ville du Vexin-Français, avait un bailliage ; elle était du diocèse de Rouen, et du ressort du parlement de Paris. L'histoire de cette ville offre peu d'événemens remarquables. Le fort, situé dans une île sur la Seine, près de Meulan, fut assiégé par le duc de Bourgogne, mais il fut chassé par le roi Henri IV.

N° 10.

COMMUNE DE SOISSONS. (1248.)

SIGILLVM · SVESSIONENSIS · COMMVNIE. *Sceau de la commune de Soissons*. Le maire de Soissons, revêtu d'une cotte de maille qui lui couvre tout le corps, tenant une épée nue de la main gauche, et portant, suspendu au cou, un grand bouclier orné d'une croix fleuronnée. Il est coiffé d'un casque pointu sans visière, garni d'un nasal ; les oreilles, le cou et le derrière de la tête sont garantis par un tissu de mailles, qui, partant du casque, se réunissent à la cotte qui protège le corps ; autour du maire sont groupés les échevins, coiffés des bonnets ronds appelés *mortiers*.

Cabinet de M. Depaulis.

La charte royale qui fonda l'établissement de la commune de Soissons étant perdue, on ne peut assigner au juste quelle est l'année de cette fondation ; mais on a la certitude qu'elle eut lieu sous le roi Louis-le-Gros. Par une charte de 1181, le roi Philippe-Auguste reconnaît cette commune, et confirme ce qui avait été donné par son aïeul et agréé par son père Louis VII. Il est probable que l'établissement de cette commune date de l'année 1115, époque à laquelle Louis VI vint en cette ville. On a d'ailleurs connaissance que cet établissement eut lieu sous l'épiscopat de Liziard de Crespy qui tint le siége de Noyon de 1109 à 1127. En 1326, les habitans de Soissons renoncèrent aux droits de commune, et demandèrent au roi Charles IV l'établissement d'un prévôt royal, ce qui leur fut accordé par lettres données à Meaux.

N° 11.

COMMUNE DE PONTOISE. (1228.)

SIGILLVM : MAIORIS · ET · PARIVM · COMMVNIE · PONTIS . . . . . *Sceau du maire et des pairs* (échevins) *de la commune de Pontoise* . . . . . Vue du Pont sur l'Oise, qui donne le nom à la ville.

Pontoise, capitale du Vexin-Français, avait une marine royale, une prévôté et une châtellerie : on l'appelle en latin *Pontisara*, *Pontilusœ*, *Æsiœ-Pons*, *Pons ad Æsiam* et *Brivaisara*. En 1188, Philippe II accorda une commune à Pontoise. Cette ville fut alors gouvernée par un maire et douze pairs ; le maire prenait le titre de maire, prévôt et voyer de Pontoise.

PLANCHE IV.

N° 1.

MATHIEU DE MONTMORENCY, CONNÉTABLE. (1202.)

SIGILLVM · MATHEI DE MONTE : MORENCIACO. *Sceau de Mathieu de Montmorency*. Mathieu de Montmorency, armé de toutes pièces, coiffé d'un casque fermé, portant, suspendu au cou, un écusson aux armes de Montmorency-Ancien : d'or à la croix de gueules, cantonnée de quatre alérions d'azur. Le connétable tient de la main droite une épée nue levée, il est monté sur un cheval galopant à droite dont le caparaçon est brodé aux armes de Montmorency.

Mathieu, II° du nom, dit le Grand, seigneur de Montmorency, connétable de France, était fils de Bouchard IV, seigneur de Montmorency, et de Laurence de Haynaut. Il fut fait chevalier par Baudouin V, comte de Haynaut, son oncle maternel. En 1214, Mathieu de Montmorency se conduisit vaillamment à la bataille de Bouvines, et prit douze enseignes impériales. C'est en commémoration de cette action qu'il ajouta à ses armes douze alérions aux quatre qu'elles portaient déjà. *V.* le n° suivant. Depuis cette époque, la maison de Montmorency porte d'or à la croix de gueules cantonnée de seize alérions d'azur, tandis que la croix n'était précédemment cantonnée que de quatre alérions, ainsi qu'on le voit sur ce sceau. En 1218, il fut honoré de la charge de connétable de France. Il fit la guerre avec succès contre les Albigeois, en 1228 ; il assiégea et prit Bélesme sur le duc de Bretagne, vainquit les princes mécontens et força le duc de Bretagne et le comte de la Marche à implorer la miséricorde du Roi. Mathieu de Montmorency mourut le 24 novembre 1230. Il avait épousé, vers l'an 1196, Gertrude de Soissons dont il eut Bouchard V qui lui succéda. Mathieu seigneur d'Attichy, et Jean, seigneur de Roissy. Gertrude de Soissons étant morte en 1220, Mathieu épousa en secondes noces Emme, dame de Laval, qui lui donna Guy de Montmorency, tige des seigneurs de Laval, et Havoise de Montmorency qui épousa Jacques de Château-Gontier.

N° 2.

MATHIEU DE MONTMORENCY, CONNÉTABLE. (1219.)

. . . . IACO . . . . CONS . . . . REGIS FR. (Cette légende est presque entièrement détruite.) Le connétable de Montmorency, armé de toutes pièces, portant, suspendu au cou, un écusson aux armes de Montmorency-Moderne : d'or à la croix de gueules, cantonnée de seize alérions d'azur, et tenant une épée nue levée ; il est monté sur un cheval galopant à droite dont le caparaçon est brodé à ses armes.

Contre-sceau : L'écu de Montmorency-Moderne.

Mathieu de Montmorency. (Voyez le n° précédent.)

N° 3.

RAOUL DE CLERMONT, CONNÉTABLE. (1272.)

SIGILLVM · RADVLPHI · DE · CL . . . . DE NIGELLA. *Sceau de Raoul de Clermont, sire de Nesle*. Le connétable de Clermont, armé de toutes pièces, coiffé d'un casque grillé dont le cimier est un ornement en forme d'éventail portant un lion grimpant ; le connétable porte au cou un écusson à ses armes : de gueules semé de trèfles d'or à deux bars adossés de même, à la bordure d'argent ; il est monté sur un cheval galopant à droite, dont le caparaçon est brodé à ses armes.

Raoul de Clermont, IIe du nom, sire de Nesle, fut connétable de France sous les rois Philippe III et Philippe IV. Il chassa les Anglais de Guyenne, et accompagna Charles de France, comte de Valois, dans toutes ses expéditions en Gascogne. Il suivit le roi, en 1297, en Flandres, et fut tué à la bataille de Courtray, le 11 juillet 1302.

Raoul était fils de Simon de Clermont et d'Alix de Montfort ; il avait épousé Alix de Dreux, vicomtesse de Châteaudun dont il eut trois filles, et ensuite Isabelle de Hainaut dont il n'eut pas d'enfans.

N° 4.

PIERRE DE CHAMBLY, CHEVALIER. (1383.)

PIERRE DE CHANB . . . SIRE . . VIRM . . . .
Pierre de Chambly, armé de toutes pièces, coiffé d'un casque fermé, orné de grands *volets* ou lambrequins, portant, suspendu au cou, un écu à ses armes : de gueules à trois coquilles d'or ; il tient de la main droite un pennon aussi à ses armes ; près de ses épaulières, on voit pendre la chaîne qui servait à attacher l'épée ; il est monté sur un cheval galopant à droite, dont le caparaçon est brodé à ses armes.

Pierre de Chambly, sire de Virmes, chevalier, fut chambellan et conseiller du roi Philippe-le-Bel, et signa, comme procureur du roi, avec Louis de France, comte d'Évreux, Robert, duc de Bourgogne, et Jean, duc de Bretagne, le traité de paix qui fut conclu à Paris avec le roi d'Angleterre, le 20 mai 1303, après la funeste bataille de Courtray. Il avait épousé en premières noces Jeanne de Machaut dont il eut un fils, Pierre de Chambly le Jeune, et une fille, Jeanne de Chambly, qui épousa Raoul de Clermont de Nesle. Il épousa en secondes noces Isabelle de Rosny qui lui survécut.

FLANDRES.

N° 5.

GÉRARD, ÉVÊQUE DE CAMBRAI. (1088.)

Il ne reste aucune trace de la légende. — L'évêque de Cambrai, assis, revêtu des habits épiscopaux, tenant de la main gauche sa crosse, et faisant le signe de la bénédiction de la main droite. Archives de la ville de Cambrai.

Ce sceau, le plus ancien de tous ceux de cette série, est *en placard*, c'est-à-dire, que la cire est appliquée sur la charte, au lieu d'y être appendue par des lacs. On abandonna l'usage des sceaux en placard de très bonne heure ; ils sont très rares et on n'en trouve plus après le onzième siècle.

Cambrai n'eut que des évêques jusqu'en 1565. A cette époque, Maximillien de Berghes, évêque de Cambrai, fut élevé au titre d'archevêque par le pape Paul IV. Le premier évêque de Cambrai fut Saint Védart. En 1509, l'empereur Maximilien Ier donna à l'évêque de Cambrai alors Jacques de Croy, les titres de prince du Saint-Empire, duc de Cambrai, comte du Cambrésis, titres que les archevêques de Cambrai ont conservé depuis, et qu'a porté l'illustre Fénelon.

Gérard, neveu et successeur de Lietbert, évêque de Cambrai, fut porté à ce siège en 1076. Il mourut le 2 août 1093, et fut enterré dans l'église de Sainte-Marie.

N° 6.

PIERRE DE LEVIS, ÉVÊQUE DE CAMBRAI. (1323.)

SIGILLVM · PETRI · DĒ · GRACIA · EPĪ · CAMERACENsis.
Sceau de Pierre, par la grâce de Dieu, évêque de Cambrai.
Sous un dais gothique, Pierre de Lévis, évêque de Cambrai, la mitre en tête, revêtu des habits épiscopaux, assis sur un siège orné de têtes d'animaux, tenant de la main gauche la crosse et donnant la bénédiction de la main droite.
Archives de la ville de Cambrai.

Pierre de Lévis, fils de Guy de Lévis, seigneur de Mirepoix, et d'Isabeau

de Montmorency-Marly, fut évêque de Cambrai depuis 1313 jusqu'en 1324 qu'il passa à l'évêché de Bayeux. Ce prélat mourut en 1324.

N° 7.

JEAN SERCLAES, ÉVÊQUE DE CAMBRAI. (1386.)

SIGILLVM · IOHANNIS · DEI · GRACIA · EPISCOPI · CAMERACENSIS. *Sceau de Jean, par la grâce de Dieu, évêque de Cambrai.* Sous des arceaux gothiques, Jean Serclaës, la tête nue, revêtu des habits épiscopaux, tenant de la main gauche sa crosse et bénissant de la droite ; sous l'arceau du milieu, la Vierge tenant le Christ enfant ; sous une niche à gauche, l'archange saint Michel ; sous une niche à droite, un Saint ; sans doute saint Lietbert, évêque de Cambrai. A gauche de l'évêque, un écu aux armes de la maison Serclaës. A droite, un écu aux armes de la ville de Cambrai : d'or à trois lionceaux d'azur posés deux et un.
Archives de la ville de Cambrai.

Jean Serclaës ou t'Serclaës, d'une famille noble de Bruxelles, fut d'abord chanoine, puis évêque de Cambrai en 1378. Cette même année, ce prélat maria dans la cathédrale, en présence de Charles VI, Jean de Bourgogne, fils de Philippe-le-Hardi, avec Marguerite de Bavière. Jean Serclaës mourut en 1388, après dix ans d'épiscopat. Le célèbre comte de Tilly, général des armées de l'empereur d'Allemagne, était de la même famille que cet évêque.

N° 8.

SAINT-SÉPULCRE DE CAMBRAI. (VERS 1500.)

SIGILLVM · IOANNIS · ABBATIS · SANCTI · SEPVLCRI . CAMERACENSIS. *Sceau de Jean, abbé du Saint-Sépulcre de Cambrai.* Vue du portail de l'abbaye du Saint-Sépulcre de Cambrai. Sous le portail, l'abbé, la tête nue, revêtu des habits sacerdotaux, tenant de la main gauche un livre et de la droite sa crosse abbatiale. Sur le sommet du portail, deux anges supportant un écu portant trois fasces, derrière lequel on voit une crosse. En bas, l'écusson des armes de l'abbé, qui porte un chevron accompagné de trois coquilles, dont nous ignorons les émaux ; les supports sont deux lévriers ; l'écu est placé sur la crosse. Dans le champ, à droite et à gauche : une banderole sur la première : SINE QVERELA. *Sans querelle* (devise de l'abbé). Sur l'autre : SANCTVS BENEDICTVS. *Saint Benoît.*

Nous ne connaissons pas la date précise de ce sceau ; mais le travail, la forme des lettres et surtout l'écu qui est placé au sommet du portail, nous apprennent qu'il est du XVIe siècle. En effet, il y eut pendant le courant du XVIe siècle trois évêques de Cambrai de la maison de Croy, qui porte : d'argent à trois fasces de gueules. Il faut donc voir les armes de l'un de ces évêques sur cet écusson, et nous pencherions plutôt pour Robert de Croy, qui occupa le siège de Cambrai de 1519 à 1556, parce que le style de ce sceau est tout-à-fait celui des sceaux du XVIe siècle.

L'abbaye du Saint-Sépulcre de Cambrai, de l'ordre de Saint-Benoît, reconnaît pour fondateur le bienheureux Lietbert, évêque ; nous ne connaissons pas la suite des abbés de ce monastère, que les auteurs du *Gallia Christiana* n'ont fait que nommer.

N° 9.

VILLE DE CAMBRAI. (1322.)

SIGILLVM · CAMERACENsis · CIVITATIS. *Sceau de la ville de Cambrai.* Vue de la ville de Cambrai.

Contre-sceau : ✛ CLAVIS · CAMERACENsis · CIVITATIS · *Clef de la ville de Cambrai.* (Voyez le n° 6, pl. II.) L'aigle impérial portant au cou un écu aux armes de Cambrai.
Archives du département du Nord, à Lille.

Cambrai, ville impériale jusqu'en 1678 qu'elle fut réunie à la France par la paix de Nimègue, avait une municipalité très bien organisée, dont l'établissement paraît remonter au xie siècle, ce qu'on ne pourrait pourtant affirmer, puisqu'on ne connaît aucun acte public qui reconnaisse ou sanctionne cette institution. Seulement en 1182, par acte donné à Mayence, le 12 des calendes de juin, l'empereur Frédéric abroge la commune de Cambray, comme contraire aux droits de l'Empire et à ceux des évêques. Le même prince, par un diplôme délivré le 12 des calendes de juillet de la même année, donne une loi écrite à la ville de Cambray et au comté de Cambrésis; c'est la première charte communale que cette ville ait possédée; du moins, c'est la plus ancienne que l'on connaisse. La veille des ides de janvier 1208, à Augsbourg, Othon, roi des Romains, mit au ban de l'empire les habitans de Cambray, que l'évêque Jean avait excommuniés, et qui, malgré l'excommunication, avaient persisté pendant un an et un jour dans leur rébellion. En 1210, le 14 des calendes de février, Othon IV annula tous les priviléges accordés aux habitans de Cambray, et les priva de la juridiction qu'ils s'étaient attribuée sous le nom de *paix*. En 1215, une nouvelle charte communale, qui paraît avoir été inconnue aux historiens de Cambray, et qui a été récemment découverte par M. le docteur Le Glay, archiviste du département du Nord (1), fut accordée par l'empereur Frédéric II; l'original, que l'on conserve dans les archives de la ville de Cambray, est incisé sur plusieurs points, ce qui en est un signe d'annulation. Du reste, les priviléges et chartes de cette ville ont été formellement révoqués de nouveau par le même Frédéric II, dans un diplôme daté de Spire, la veille des ides d'avril 1216, et par un autre délivré au mois de juin 1226. La même année, Henry,

roi des Romains, par un acte délivré à Würtzbourg, ordonne la destruction du beffroi que les bourgeois de Cambray avaient élevé en signe de liberté. Enfin, *la loi Godefroid*, qui n'est pas une charte de commune, mais bien une sorte de code pénal donné par l'évêque de ce nom (Godefroid de Fontaines), fut promulguée au mois de novembre 1227. C'est cette loi qui a régi la ville de Cambray dans les siècles suivans.

N° 10.

Ville de Maubeuge. (1063.)

CEST LI SAIAVS · DE LA FRÂKE · VILE · DE MAVBVEGE. Une fleur, sans doute le symbole de la ville de Maubeuge. Archives du département du Nord, à Lille.

Maubeuge, ville forte du Hainault et capitale du Hainault-Français, fut cédée à la France par le traité de Nimègue, en 1678 : c'était le chef-lieu d'un gouvernement.

N° 11.

Ville de Maubeuge. (1322.)

+ CEST : LI · SAIAVS : DE : LA FRANKE · VILLE DE MAVBVEGE. Dans une rosace, quatre lions, deux aigles et une bande, qui sont sans doute les armes de la ville de Maubeuge.
Archives du département du Nord, à Lille.

PLANCHE V.

N° 1.

Chapitre de Saint-Waast d'Arras. (1246.)

SIGILLvm · CAPITVLI SC̄I VEDASTI · ATTREBATENSIS (*sic*). *Sceau du chapitre de Saint-Waast d'Arras.* Saint Waast, évêque d'Arras, revêtu des habits épiscopaux, assis sur un siège sans dossier, tenant de la main gauche une crosse, et donnant la bénédiction de la droite.

Nota. Tous les sceaux des planches V-VIII, proviennent des archives du département du Nord, à Lille.

L'abbaye de Saint-Vaast ou Waast d'Arras, de l'ordre de Saint-Benoît, tire son nom de saint Vaast, évêque d'Arras et de Cambray, qui y est enterré. Elle fut fondée vers 672 par Théodoric Ier, roi des Franks. La ville d'Arras est bâtie dans l'ancien domaine de cette abbaye, qui par sa charte de fondation avait la seigneurie de la ville, dont les habitans étaient anciennement serfs de l'abbaye; ils ne pouvaient se marier, cesser d'être mainmortables, ou même devenir clercs, sans la permission de l'abbé, auquel, dans toutes ces occasions, il fallait payer une redevance. Ce n'est qu'en 1245, que le maire, les échevins et la commune d'Arras furent affranchis de cette servitude. La charte originale de fondation, scellée du sceau d'or de Théodoric Ier, qui conférait à l'abbaye tous les droits régaliens, était conservée dans les archives de Saint-Vaast. Le premier abbé de Saint-Vaast est Hatta, moine de Gand, nommé en 690. En 1246, date de la charte à laquelle appendait le sceau que nous publions, l'abbé de Saint-Vaast était Martin, d'abord abbé de Lagny.

N° 2.

Jean de Wassoigne, évêque de Tournay. (1175.)

S . . . . annis · DEI · GRACIA · EPISCOPI · TORNACENSIS. *Sceau de Jean, par la grâce de Dieu, évêque de Tournay.* Sous des arceaux gothiques, Jean de Wassoigne, évêque de Tournay, debout, revêtu des habits épiscopaux, tenant de la main gauche sa crosse, et donnant la bénédiction de la droite. A droite et à gauche, des écussons dont l'un représente sans doute les armes de la ville et l'autre celles de l'évêque.

L'Évêché de Tournay (*Tornacum*), très ancienne ville de France, l'ancien siège de la monarchie des rois franks, fut d'abord suffragant de Reims; mais en 1559, il fut enlevé à cette métropole pour être attribué à l'archevêché de Cambray. A cette même époque, on enleva au diocèse de Tournay les églises de Bruges et de Gand, qui furent érigées en diocèses. La cathédrale de Tournay est dédiée à la Vierge.

Jean de Wassoigne, archidiacre de Bruges, chanoine de Tournay, avocat *au parlement du roi*, fut fait chancelier de France et évêque de Tournay en 1292, selon la chronique de Gilles de Musis, son comtemporain; il mourut l'an 1300, selon l'*Histoire de Tournay* de Jean Cousin.

N° 3.

Jean, évêque de Potenza et sire de Bevern. (1307.)

SIGILLvm · IOH̄IS · QVONDA̅ · EPIscopi · POTENTINI · DN̄I · DE BEVERNA. *Sceau de Jean, jadis évêque de Potenza, seigneur de Bevern.* Jean de Bevern, Beverne ou Beures, revêtu des habits épiscopaux, tenant une crosse de la main gauche. Ce prélat n'est pas représenté donnant la bénédiction, parce qu'il n'exerçait plus les fonctions de l'épiscopat; mais il en conserve le costume pour rappeler que la consécration épiscopale a un caractère sacré et indélébile. Dans le champ, à droite, un écusson aux armes de la maison de Bevern, fascé d'or et d'azur de huit pièces, au sautoir de gueules. A gauche, un écusson aux mêmes armoiries, mais plus petit, parce que la crosse n'a pas permis au graveur de le faire de même dimension que celui auquel il fait pendant.

Jean de Bevern, fils de Thierry VI, sire de Bevern et châtelain de Dixmude et de Marguerite de Brienne, fut d'abord dominicain, puis évêque de Potenza, ville du royaume de Naples, dans la Basilicate, ruinée en 1694 par un tremblement de terre. Jean de Bevern vendit la terre de Bevern à Louis, fils aîné du comte de Flandre, pour 100,000 livres parisis, par lettres de l'an 1312. La légende de ce sceau nous apprend que ce Jean quitta le siège de Potenza; nous ignorons quelle qualité prit ce seigneur lorsqu'il eut vendu la terre qui donnait le nom à sa maison.

N° 4.

Thierry, sire de Bevern. (1270.)

. . . . THEODERICI · DE BEVERNE · CASTELLANI · DE · DIX-

(1) Nous profitons de cette occasion pour témoigner ici de notre gratitude pour l'obligeance de M. le docteur Le Glay. Non seulement il a bien voulu faciliter nos recherches dans les Archives du département du Nord, à Lille; mais encore ce savant diplomatiste nous a permis de reproduire dans notre ouvrage des détails précieux sur l'établissement de plusieurs communes de la Flandre et du Hainaut, qui sont dus à ses consciencieuses recherches.

MVDA. . . . . *de Thierry de Bevern, châtelain de Dixmude.* Thierry de Bevern, armé de toutes pièces, coiffé d'un casque grillé, portant suspendu au cou un écu à ses armes, et tenant de la main droite une épée nue levée; ce seigneur est monté sur un cheval galopant à droite, dont le caparaçon est brodé à ses armes.

Thierry, sire de Beverne et de Dixmude, fils de Thierry, sire de Bevern et de Dixmude, et de Béatrice, veuve de Gilles de Drit, épousa Marguerite de Brienne. On ignore la date de la mort de Thierry de Dixmude, mais on apprend qu'il était mort avant 1275, par la date de la mort de sa femme, alors veuve, qui trépassa religieuse à Flines cette année-là. Thierry de Dixmude fut enterré aux Frères-Prêcheurs de Valenciennes; il laissa trois fils et deux filles. Ce seigneur était de la même maison que l'évêque de Potenza.

N° 5.

ADOLPHE, COMTE DE BERG ET DES MONTS. (1221.)

+ SI . . . . . ADOLFI . . . NTE. *Scau d'Adophe*, ... Un écusson aux armes de la maison de Limbourg, brisé d'un lambel, qui indique que ce personnage était d'une branche cadette de la maison ducale de Limbourg. La maison de Limbourg portait : d'argent au lion de gueules couronné, la queue fourchue et passée en sautoir. Le champ du sceau est occupé par des losanges dont chacune est chargée d'une fleur-de-lis.

Adolfe de Limbourg, fils d'Adolfe VI, comte de Berg et des Monts, et de Marguerite de Hochstadt, succéda vers 1259 à son père, sous la tutelle de sa mère. En 1268, il s'allia contre Engilbert de Walkenbourg, électeur de Cologne, avec les habitans de cette ville qui s'étaient révoltés contre l'autorité de ce prélat. Mais quelques années après il se brouilla avec les Coloniens à l'occasion de deux forts qu'il avait fait construire sur le Rhin. Les Coloniens prirent les armes, mais ils furent battus par Adolfe. L'année suivante, Sigefroid de Westerbourg, successeur d'Engilbert, obtint du comte la démolition des places, objet de la querelle. La guerre recommença en 1279, entre le comte et l'archevêque, mais la paix fut faite la même année. En 1282, après la mort de sa cousine germaine Ermengarde, fille unique de Waleran IV, duc de Limbourg, son oncle paternel, Adolfe prétendit succéder au duché de Limbourg; mais Renaud comte de Gueldres, mari de la duchesse Ermengarde, ayant pris les armes pour conserver l'usufruit de ce fief, Adolfe, qui n'avait pas assez de forces pour le déposséder, vendit ses droits à Jean Ier duc de Brabant. Adolfe combattit pour le duc à la bataille de Wœringen, en 1288; c'est depuis cette victoire que le Limbourg fut réuni au Brabant. Dans cette bataille, le comte de Berg fit prisonnier l'archevêque de Cologne, qu'il retint dix-huit mois dans la forteresse de Newembourg. Pour rançon, il en coûta au prélat, quatre châteaux, des terres et une somme considérable. L'archevêque se vengea de cette longue captivité en s'emparant par surprise de la personne du comte de Berg, qu'il fit conduire dans les prisons de Grevonrad, où il mourut le 28 septembre 1296. Adolfe avait épousé Elisabeth de Gueldres dont il n'eut pas d'enfant.

N° 6.

SOYER DE COURTRAY, SEIGNEUR DE MELLE. (1331.)

SCEL : SIGILLVM DE COVRTRAI. CHR. (*chevalier*). Soyer de Courtray, armé de toutes pièces, coiffé d'un casque fermé dont le cimier est en forme d'éventail; il porte suspendu au cou un écusson à ses armes : d'argent à quatre chevrons de gueules; il est monté sur un cheval galopant à droite, dont le caparaçon est brodé à ses armes.

Soyer de Courtray, chevalier, seigneur de Melle, d'une maison qui tirait son origine des anciens châtelains de Courtray, fut nommé chef des Gantois en 1325, et comme dit la chronique de Méyer, *son courage effrayait l'ennemi.* En 1337, il fut fait prisonnier par le roi Philippe, qui le fit décapiter à Ruremonde, comme auteur du traité fait à Bruges avec les Anglais.

N° 7.

ENGLEBERT D'ENGHIEN, SEIGNEUR DE RAMERU. (1427.)

SCEL · ENGLEBERT · DENGHIEN SEIGNEVR DE RAMERV DE LA FOLLIE ET DE THVBIZE. L'écu des armes de la maison d'Enghien, gironné d'argent et de sable de dix pièces, le sable semé de croix recroisettées au pied fiché du premier. Cet écu est orné de lambrequins et surmonté d'un casque de profil et d'un vol banneret; les supports sont deux lions; celui de droite soutient un pennon aux armes de Brienne, d'azur au lion d'or semé de billettes de même; celui de gauche soutient un pennon aux armes des ducs d'Athènes, qui portaient : cinq points de gueules équipollés à quatre d'hermines. Les armes de Brienne et d'Athènes paraissent sur le sceau de ce seigneur en mémoire de son aïeule paternelle, Hélène, comtesse de Brienne, duchesse d'Athènes.

Engelbert ou Englebert d'Enghien, fils aîné d'Engelbert d'Enghien, sire de Rameru, et de sa seconde femme Marie de Lalaing, veuve de Guillaume de Ligne, morte en 1416, fut seigneur de Rameru, de la Folie, Tubize, Beerts, Bogarde, Loerbeke, Berengen, et après la mort de son père arrivée en 1402. Engelbert d'Enghien épousa, le 19 janvier 1414, Marie d'Antoing, dame d'Estaires, Haverkerke, Cléry, Wastines. Il acquit la terre de Moriames de Robert, dit le Rouch, sire de Landelies. On ignore la date de la mort d'Engelbert, qui laissa un fils nommé Guillaume, lequel épousa Marguerite, fille de Henri de Bergues.

N° 8.

LOUIS DE BRUGES, SIRE DE LA GRUTHUYSE. (1423.)

SIGILLVM LVDOVICI DE BRVGIS COMITIS WIN . . . . PRINCIPIS . . . . . *Scau de Louis de Bruges, comte de Winchester, ... prince de . . . .* (Une partie de la légende de ce sceau est illisible.) Louis de Bruges, armé, le casque en tête, portant une cotte à ses armes, s'appuyant d'une main sur son pennon et de l'autre sur le timbre qui surmonte l'écu de ses armoiries, qui étaient : écartelé aux premier et quatrième, d'or à la croix de sable, qui est de Bruges-Gruthuise, et aux deuxième et troisième, de gueules au sautoir d'argent, qui est de Van Der Aa (ancienne alliance de la maison de Bruges); cet écu est entouré de lambrequins et surmonté d'un casque de profil; le cimier est un bouc ou capricorne issant de sable accolé d'azur et accorné d'or dans un vol d'hermines de trois rangs.

Louis de Bruges, seigneur de la Gruthuyse, prince de Steenhuyse, comte de Winchester, seigneur d'Avelghem, de Hamste, etc., était fils de Jean de Bruges et de Marguerite de Steenhuyse. Louis de Bruges, qui fit ses premières armes dans une joûte du mois de mars 1443, joua un rôle assez important pendant la seconde moitié du xve siècle. En 1449, Louis de Bruges, devenu échanson de Philippe-le-Bon, duc de Bourgogne, comte de Flandres, accompagna ce prince dans un voyage qu'il fit à Cambray. Trois ans après, ce prince lui donna le gouvernement d'Oudenarde qu'il échangea bientôt contre celui de Bruges, où l'appelait le vœu des habitans de cette ville, dont ses ancêtres avaient été châtelains héréditaires. Le sire de la Gruthuyse se signala dans ce nouveau poste en faisant échouer le projet formé par les Gantois révoltés d'entraîner les Brugeois dans leur rebellion. Louis de Bruges épousa, en 1444, Marguerite de Borsselle, dont il eut deux fils et deux filles. Philippe-le-Bon, dont il était alors conseiller et chambellan, lui donna le collier de la Toison-d'Or dans un chapitre tenu à Bruges en 1466. Cinq ans après, en 1471, Édouard IV créa le sire de la Gruthuyse comte de Winchester en reconnaissance du bon accueil que ce seigneur avait fait au roi, lors de son passage en Flandres. Louis de Bruges mourut à Bruges, le 24 mars 1492, à l'âge de plus de soixante-dix ans. Ce seigneur est célèbre en Flandres à plus d'un titre; guerrier, politique, protecteur éclairé des sciences et des arts, ce seigneur fonda dans son hôtel une des plus belles bibliothèques de cette époque. Elle est aujourd'hui presque entièrement fondue dans celle du Roi à Paris. M. Van Praët, à qui nous empruntons les détails qui précèdent sur Louis de Bruges, en donne un catalogue raisonné à la suite de ses recherches sur cet intéressant personnage.

N° 9.
VILLE DE DUNKERQUE. (1244.)

SIGILLVM DE DVNKERKA. *Sceau de Dunkerque.* Le dauphin des armes de la ville de Dunkerque.

Dunkerque, une des principales villes de la Flandre française, eut une commune dès le XII° siècle. Faulconnier (*Histoire de la ville de Dunkerque*, p. 11) mentionne une charte de Philippe d'Alsace, comte de Flandres, qui accorde en 1186 des priviléges à cette ville, et p. 12, un diplôme de la comtesse Jeanne, de 1218, qui confirme les priviléges concédés par Philippe d'Alsace.

N° 10.
MAIRE ET ÉCHEVINS DE CASSEL. (1328.)

✠ SIGILLVM · SCABINORVM . . . . GENCIV . . . . DE CASLOCO. *Sceau des échevins et des bourgeois de Cassel.* Vue des anciennes fortifications de Cassel.

Cassel en Flandres, une des anciennes baronnies de ce comté, Cassel fut avec Dunkerque, Bourbourg et Gravelines, l'apanage de Robert de Flandres, dit de Cassel.

N° 11.
COMMUNE DE TOURNAY. (1270.)

✠ SIGILLVM · COMMVNIE DE TORNACHO. *Sceau de la com-*
mune de Tournay. Vue des remparts et d'une des anciennes portes de Tournay.

Une charte de commune a été donnée en 1187 à la ville de Tournay, par Philippe Auguste; elle se trouve dans le Spicilége de d'Achery, deuxième édition, page 551, tome III.

N° 12.
COMMUNE, CITÉ ET VILLE DE TOURNAY. (1428).

✠ SIGILLVM · COMMVNIE · CIVITATIS . . . . LE · TORNACENSIS. *Sceau des commune, cité et ville de Tournay.* Vue des remparts et des cinq clochers de la cathédrale de Tournay. Sous la porte on distingue une herse levée; sur la porte sont sculptées des fleurs-de-lis; sur le haut des clochers et des tours des remparts, des bannières portant une fleur-de-lis. Le champ du sceau est semé de fleurs-de-lis. Les fleurs-de-lis qui paraissent sur les bannières et sur le champ du sceau rappellent les armes de la ville, qui portait : d'azur à la tour de sable, sur un champ de fleurs-de-lis d'or.

Nous donnons ce second sceau de la ville de Tournay, à cause de la différence curieuse des légendes. Celle du plus récent, de celui qui est postérieur de 140 ans à l'autre, nous a paru bonne à conserver, à cause de la différence qu'elle établit entre les trois mots de commune, de cité et de ville, qui, au premier abord, pourraient paraître synonymes.

PLANCHE VI.

N° 1.
ÉGLISE DE SAINT-PIERRE DE LILLE. (1244.)

✠ SIGILLVM SCI PETRI ISLENSIS ECCLESIE. *Sceau de l'église de Saint-Pierre de Lille.* Saint Pierre, la tête nue, revêtu du costume épiscopal du XIII° siècle, assis sur un siége sans dossier, et donnant la bénédiction.

L'église collégiale de Saint-Pierre de Lille, détruite à la révolution, était un des plus beaux monumens religieux des Pays-Bas. On y admirait entre autres monumens les tombeaux de Baudouin V, comte de Flandres et celui de Louis de Mâle, etc.

N° 2.
CHAPITRE DE SAINT-AMAND-EN-PUELLE. (1290.)

SIGILLVM · CAPITVLI · SANCTI · AMANDI · IN PABVLA. *Sceau du chapitre de Saint-Amand-en-Peule* ou *Puelle.* Saint Amand, évêque, la tête nimbée, revêtu des habits épiscopaux, assis sur un siége orné de têtes d'animaux; il tient de la main gauche une crosse, et donne la bénédiction de la main droite.

Contre-sceau : FORMA · ECLESIE · SANCTI · AMANDI · EPISCOPI. *Représentation de l'église de Saint-Amand, évêque.* Vue du portail de l'église de l'abbaye de Saint-Amand. Dans le champ, le soleil, le croissant et des étoiles.

L'abbaye de Saint-Amand-en-Peule ou Puelle, (Sanctus-Amandus-in-Pabulâ) ainsi nommée, parce qu'elle est située dans le Peule, petit pays de la châtellenie de Lille, est une des plus anciennes de France. Elle porta d'abord le nom de *Monasterium Elnonense*, et fut dotée par le roi Dagobert, vers l'an 637. Elle était sous l'invocation de Saint-Pierre, et appartenait à l'ordre de Saint-Benoît. Les abbés, qui étaient seigneurs du pays environnant, reconnurent la suzeraineté des rois de France, jusqu'à l'époque du règne de François I⁰ʳ, que Charles-Quint s'en fit céder l'hommage. La ville et l'abbaye furent réunies à la France par Louis XIV, en 1267. En 1190, date de la charte à laquelle ce sceau appendait, l'abbé de Saint-Amand était Guillaume II° du nom, qui mourut en 1300.

N° 3.
ÉCHEVINS DE WARNETON. (1226.)

✠ SIGILLVM · SCABINORVM · CASTELLI DE WARNETVN
SVPEᵣ LISA. *Sceau des échevins de Warneton, sur la Lys.* Vue de Warneton; sur la façade du fort principal, un écusson aux armes de Varneton.

Warneston ou Warneton, petite ville située près de Lille, est une ancienne baronnie de Flandres, que la comtesse Marguerite donna à son cousin Baudouin de Hainaut. Retournée dans la maison de Flandres, cette ville fit partie de l'apanage de Robert dit de Cassel, d'où elle passa dans la maison de Nassau.

N° 4.
MAIRE ET ÉCHEVINS DE NAMUR. (1264.)

SIGILLVM · MAIORIS · ET · SCABINORVM · NAMVRCIENTIV. *Sceau du maire et des échevins de Namur.* Vue des remparts et des clochers de Namur; sur le sommet du beffroi, un pennon aux armes de Namur : d'or au lion de sable, armé et lampassé de gueules, au bâton de même brochant sur le tout.

On ne connaît pas la charte de commune de Namur; mais cette ville est qualifiée de commune dans un titre de 1216.

N° 5.
VILLE DE FURNES. (1515.)

✠ SIGILLVM · VILLE · FVRNENSIS. *Sceau de la ville de Furnes.* Dans une rosace, une sorte de fleur.

La charte ou *keure* de la ville de Furnes dans la Flandre française n'est pas connue; mais il en est fait mention dans une charte de 1161, émanée de Thierry d'Alsace, comte de Flandres.

N° 6.
ÉCHEVINS ET BOURGEOIS D'ALOST. (1296.)

✠ SIGILLVM : SCABINORVM : ET : BVRGENSIVM : DE : ALOST. *Sceau des échevins et des bourgeois d'Alost.* Un homme armé, casqué, tenant d'une main une bannière aux armes de la ville d'Alost et s'appuyant de l'autre main sur la garde de son épée. Dans le champ, à droite et à gauche, six besans disposés trois par trois.

N° 7.
ÉCHEVINS DE LILLE. (1286.)

✠ SIGILLVM · SCABINORVM · ILLENTIVM. *Sceau des échevins de Lille.* Une grande fleur-de-lis, côtoyée du lion de Flandres. (La ville de Lille portait : d'azur à la fleur-de-lis d'or.)

Lille, appelée dans les chartes latines *Isla, Illa, Insula, Insulæ* ou *Castrum Illense*, aujourd'hui ville de premier ordre, n'est pas aussi ancienne que les villes de Flandre ses voisines : elle n'eut des murailles que vers l'an 1030. Sous les comtes de Flandres, la Chambre des Comptes était établie à Lille ; aussi cette ville possède-t-elle des archives très curieuses, dans lesquelles nous avons puisé largement pour enrichir notre ouvrage. Cette ville est réunie à la France depuis Louis XIV, qui la prit sur les Espagnols, en 1667.

N° 8.
ÉCHEVINS ET BOURGEOIS DE DAMME. (1328)

✠ SIGILLVM · SCABINORVM ET BVRGENSIVM · DE · DAM. *Sceau des échevins et des bourgeois de Damme.* Un navire voguant; dans deux des huniers, un marin arborant une bannière aux armes de Damme. Un marin grimpe dans les cordages, et un autre placé sur le pont lui fait un signe.

Il existe une charte donnée en 1180 à Mâle, en présence des bourgeois de Damme, par laquelle Philippe, comte de Flandres et de Vermandois, exempte des droits de tontine et de travers, ainsi que du droit de hense ceux des bourgeois de Damme qui retourneront en Flandres. Damme est situé à deux lieues de Bruges.

N° 9.
ÉCHEVINS ET BOURGEOIS D'YPRES. (1328.)

. . . . SCABINORVM · ET · BVRGENTIVM · DE YPR... *Sceau des échevins et des bourgeois d'Ypres.* La croix patriarcale des armes d'Ypres, chargée de croisettes. Dans le champ, à gauche, le soleil; à droite, le croissant.

Ypres, en flamand Ipren, ville des Pays-Bas, entre Nieuport et Lille, est très bien fortifiée. L'hôtel-de-ville, qui est représenté sur un des sceaux de cette ville, subsiste encore en entier, et est encore remarquable même après ceux de Bruxelles et de Louvain. Il donne une haute idée de la puissance de l'ancienne commune de cette ville.

N° 10.
VILLE D'YPRES (SCEAUX POUR LES CAUSES). (1328.)

SIGILLVM · VILLE · YPRENSIS : AD : CAVSAS (*sic*) · *Sceau aux causes de la ville d'Ypres.* Vue de l'hôtel-de-ville d'Ypres; en haut, dans le champ, qui est orné d'arabesques, deux écussons; celui de gauche, aux armes de Flandres; celui de droite, à celles de la ville.

PLANCHE VII.

N° 1.
JEAN DE SCALDT, ABBÉ DE SAINT-PIERRE DE GAND. (1224.)

✠ SIGILLVM · IOHANNIS · ABBATIS · ECCLE · SCI · PETRI · GANDENSIS. *Sceau de Jean, abbé de l'église de Saint-Pierre de Gand.* L'abbé de Saint-Pierre, la tête nue, tenant d'une main un livre et de l'autre une crosse.

La fondation de l'abbaye de Saint-Pierre de Gand, de l'ordre de Saint-Benoît, située dans le faubourg de Gand, entre l'Escaut et la Lys, remonte au VIIᵉ siècle de notre ère. En 1256, Jean de Scaldt était abbé de cette abbaye. Nommé en 1245, cet abbé mourut en 1270.

N° 2.
LE CARDINAL DE GRANVELLE, ARCHEVÊQUE DE MALINES.

SIGILLVM · ANTonii · PERRENOTTI · GRANVELLANI · SANCTÆ · ROMANÆ · ECCLESIÆ · PRÆSBiter · CARDinalis · ARCHIEPIScopi · MECHLINIENSIS. *Sceau d'Antoine Perrenot de Granvelle, cardinal prêtre de la Sainte Église Romaine, archevêque de Malines.* L'écu des armes de la maison Perrenot : d'argent à trois bandes de sable, au chef d'or chargé d'un aigle éployé de sable, qui est de l'Empire par concession. Cet écu est posé sur une croix primatiale et surmonté du chapeau de cardinal. En bas, une banderole, sur laquelle on lit : DV RATII supportcu ! Ce mot, qui formait la devise du cardinal de Granvelle, se retrouve sur un grand nombre de médailles de ce prélat, avec un vaisseau battu par la tempête. La légende de ce sceau est très fruste sur l'original.

Malines, jolie petite ville enclavée dans le Brabant, fit d'abord partie du diocèse de Liége ; elle fut érigée en archevêché en 1559, par le pape Paul IV, avec le titre d'église primatiale de la Belgique qu'elle conserve encore.

Antoine Perrenot, cardinal de Granvelle, premier archevêque de Malines, fils de Nicolas Perrenot, seigneur de Granvelle, chancelier de l'empereur Charles V et de Nicole Bonvalot, naquit, en 1517, à Ornan en Franche-Comté, et fit ses études à l'Université de Padoue. Nommé évêque d'Arras à vingt-trois ans, Granvelle assista à l'ouverture du concile de Trente, et en 1550 succéda à son père dans les charges de conseiller et de garde des sceaux de l'empire. Ce prélat, qui, assure-t-on, paya souvent de sa personne sur les champs de bataille, fut le ministre de Marguerite d'Autriche, gouvernante des Pays-Bas. Philippe II, satisfait des services de Granvelle, le nomma, en 1559, à l'archevêché de Malines qu'il venait de faire ériger par le pape, et lui fit obtenir le chapeau de cardinal. Disgracié en 1564, Granvelle retourna en Franche-Comté; mais en 1570, Philippe II, qui n'avait pas tout-à-fait perdu le souvenir des services rendus par cet habile politique, l'envoya à Rome pour y négocier une alliance avec le pape et les Vénitiens contre les Turcs. Quelque temps après, il fut nommé vice-roi de Naples en remplacement du duc d'Alcala, et, en 1575, fut appelé au conseil d'Espagne et nommé président du conseil suprême d'Espagne et d'Italie. Sans avoir le titre de premier ministre, Granvelle en exerça les fonctions; il négocia la réunion du Portugal à l'Espagne, et fut témoin de la révolte des Pays-Bas, qu'il avait prévue sans pouvoir l'empêcher. En 1584, le chapitre de Besançon le nomma à l'archevêché de cette ville. Granvelle, flatté de cette marque d'estime de ses concitoyens, se démit du siége de Malines, et mourut à Madrid, le 21 septembre 1586.

N° 3.
ROBERT, SIRE DE WAVRIN. (1203.)

. . . . . DE : WAVRINO · DCI · BRVNELLI · MILITIS · DNI · DE · SCO · VENATIO. *Sceau de Robert de Wavrin, dit le Brun, chevalier, seigneur de Saint-Venant.* Le seigneur de Saint-Venant, armé de toutes pièces, coiffé d'un casque grillé dont le cimier est un animal fantastique; il porte suspendu au cou un bouclier aux armes de la branche de Wavrin-Saint-Venant : d'azur à un écusson d'argent en cœur, au lambel de trois pendans, et tient de la main droite une épée nue et enchaînée à son armure; il est monté sur un cheval galopant à droite, portant sur la tête un ornement semblable au cimier et caparaçonné aux armes du sire de Saint-Venant, dont les armes sont répétées aussi sur les épaulières.

Robert de Wavrin, dit le Brun, d'une grande maison de Flandres, qui a fourni un maréchal de France au XIVᵉ siècle, était le fils de Roger de Wavrin et de Emme de Lillers. Robert fut sire de Wavrin, de Saint-Venant et avoué de Lillers. Il fit le voyage de la Terre Sainte, et fonda à son retour un anniversaire en l'abbaye de Ham. Le sire de Wavrin eut deux femmes Adélis de Guines, veuve du châtelain de Lille, dont il n'eut pas d'enfants, et Sybille qui lui donna Hellin, sire de Wavrin, sénéchal de Flandres, et Béatrix de Wavrin. Robert mourut en 1215.

N° 4.

ROBERT III, SIRE DE WAVRIN. (1293.)

SCEL ROBIERT (*sic*) · SENGNEVR (*sic*): DE : WAVRIN : ET : DE : LILERS. Robert de Wavrin, armé de toutes pièces, coiffé d'un casque dont le cimier est en forme de coquille, portant suspendu au cou un bouclier à ses armes : d'azur à un écusson d'argent en cœur; il tient de la main droite une épée nue, et est monté sur un cheval galopant à gauche, qui porte sur la tête un ornement semblable au cimier, et dont le caparaçon est brodé aux armes du sire de Wavrin.

Robert III, sire de Wavrin et de Lillers, de la même maison que le précédent, fut sénéchal de Flandres, et fait chevalier en 1275. Il était fils de Robert, sire de Wavrin, de Saint-Venant, de Lillers et de Malannoy, et de Ide de Créquy. Ce seigneur épousa Isabelle de Croisilles, dont il eut Robert qui lui succéda, et deux filles. On ignore la date de sa mort.

N° 5.

JEAN, SIRE D'AUDENAËRDE. (1283.)

✛ SIGILLVM · IOHIS · DCI (*dicti*) DÑI · DE · HVDENARDE & DÑI DE ROSETO. *Sceau de Jean, dit Monseigneur d'Audenaërde, aussi seigneur de Rosoy.* Le seigneur d'Audenaërde (Oudenarde), armé de toutes pièces, coiffé d'un casque grillé, portant suspendu au cou un bouclier à ses armes : d'or à trois fasces de gueules; il tient de la main droite une épée nue, et est monté sur un cheval galopant à droite, dont le caparaçon est brodé à ses armes. Dans le champ, trois roses, allusion aux armes parlantes de la maison de Rosoy, dont était Alix, mère du sire d'Audenaërde. La maison de Rosoy portait : trois roses, posées deux et une, dont nous ne connaissons pas les émaux.

Jean, sire d'Audenaërde (Oudenarde) et de Rosoy, Pamele, Lessines, Flobede et des terres entre Marck et Rosne, fils d'Arnould, sire d'Oudenarde et d'Alix dame de Rosoy, épousa en première noces, Alix fils de Jean, comte de Soissons, et Marie, dame de Chimay, puis Mathilde de Crescecques, veuve du sire de Piquigny, vidame d'Amiens. Jean, sire d'Oudenarde, mourut vers 1292.

N° 6.

WALLERAND, SIRE DE FAUQUEMONT. (1288.)

SIGILLVM · WALRAMI · DNI · DE · MONGOIE · ET · DE · VALKENBVRG. *Sceau de Walerand, seigneur de Montjoye et de Fauquemont.* Le sire de Fauquemont, armé de toutes pièces, coiffé d'un casque grillé dont le cimier est fait en forme d'éventail; il tient de la main droite une épée nue, et porte suspendu au cou un écusson à ses armes : d'argent au lion de gueules, la queue fourchue et passée en sautoir; il est monté sur un cheval galopant à droite, portant sur la tête un ornement semblable au cimier, et dont le caparaçon est brodé aux armes de ce seigneur.

Walerand de Limbourg, dit le long ou le jeune, fils puîné de Walerand III ou IV, duc de Limbourg, et d'Adélaïde de Valkembourg (en français Fauquemont), succéda à Henri de Limbourg, son oncle, dans la seigneurie de Valkembourg. Ce seigneur, qui joignit à cette terre celles de Montjoie et de Poilvache, et fut maréchal de Jean d'Epe, évêque de Liége, peut passer pour un des plus belliqueux barons du XIII° siècle. Dès 1217, il s'engagea avec son père et d'autres seigneurs à aider Philippe, sire d'Autreppe, dans le cas où on lui ferait la guerre. En 1225, le duc son père l'envoya détruire le château de Valence, que l'archevêque de Cologne avait fait élever sur les confins du Limbourg. Le sire de Fauquemont fit la guerre à presque tous ses voisins, au comte de La Mark, à l'archevêque de Cologne, au prince-évêque de Liége, et passa sa vie dans des querelles continuelles. Il avait épousé Elisabeth de Bar, qui lui donna plusieurs enfans, entre autres Walerand, mort avant son père, Engelbert, qui fut archevêque de Cologne, et Thierry qui succéda à son père dans les seigneuries de Fauquemont, de Montjoie, etc. Walerand le jeune mourut en 1242. On ignore la date de sa naissance.

N° 7.

LAURE DE LORRAINE, DAME DE DAMPIERRE. (1256.)

· · LORE · · · · · LIE · DVCIS · LOTHORINGIE · DÑE · DAMPETR · · *Sceau de Laure, fille du duc de Lorraine, dame de Dampierre.* Laure de Lorraine debout, revêtue d'un long manteau à capuchon fourré de vair; elle tient de la main droite une fleur-de-lis.

Laure de Lorraine, ou Lorre, comme on l'écrivait alors, fille de Mathieu II, duc de Lorraine, et de Catherine de Limbourg, épousa en premières noces Jean I°, connétable de Champagne, sire de Dampierre, de Saint-Dizier, etc. Ce seigneur étant mort en 1259, Laure de Lorraine, à qui Thibaut VI, comte de Champagne et de Brie, avait donné la seigneurie d'Avrainville, se remaria à Guillaume de Vergy, II° du nom, seigneur de Mirebeau et d'Autray, sénéchal de Bourgogne. En 1281, Laure de Lorraine, alors veuve de ce seigneur, fit hommage de la seigneurie d'Autray, qui formait son douaire, à Othon, comte de Bourgogne. Laure de Lorraine, dont le second mariage fut stérile, laissa de son premier mari, Jean II, seigneur de Dampierre, et Guillaume de Dampierre, seigneur de Saint-Dizier et d'Avrainville. On ignore la date de la mort de cette princesse, qui, selon les Bénédictins, auteurs de l'*Art de vérifier les dates*, est l'héroïne du roman : La Comtesse de Vergy, qui eut un très grand succès sous Louis XIV.

N° 8.

JEAN, BARON DE LIGNE. (1427.)

S. · · · · · SEIGNEVR DE LIGNE ET DE (*Belœil?*). Jean, sire et baron de Ligne, couvert d'une cotte de mailles, et portant un justaucorps à manches pendantes, la dague au côté, portant la main droite sur la garde de son épée et soutenant de l'autre sa bannière, sur laquelle on lit une devise ou un cri de guerre que nous ne pouvons déchiffrer (la devise de la maison de Ligne était : STAT SEMPER LINEA RECTA. *La ligne est toujours droite*). Le sire de Ligne porte suspendu au cou un écusson à ses armes, d'or à la bande de gueules. Près du sire de Ligne, l'avant-corps de son cheval caparaçonné à ses armes. De l'autre côté, le casque et la cuirasse du sire de Ligne, appendus à un arbre.

Jean, II° du nom, baron de Ligne, était le deuxième fils de Guillaume de Ligne et de Berthe de Schelland. Jean II, qui à la baronnie de Ligne unissait les seigneuries de Montreuil-sur-Aisne et de Belœil (par donation de sa tante), et celles d'Ollignies et de Fauquemberg, rompit une des ailes de l'armée liégeoise à la victoire remportée par Jean de Bavière, évêque de Liége, en 1408. En 1415, il fut fait prisonnier à la bataille d'Azincourt, paya pour sa rançon 14,400 livres, mourut le 5 janvier 1442, et fut enterré à Ligne. Dans des lettres-patentes du duc de Brabant, on le trouve cité avec les titres de baron de Barbançon, seigneur de Roubaix, deux fois pair de Hainault, maréchal de Hainault, chambellan du roi, etc. Monstrelet dit aussi qu'il fit *plusieurs notables expéditions en guerre et qu'il fut envoyé en honorables ambassades.* Il avait épousé : 1° Eustache, dame et héritière de Barbançon; 2° en 1440, Isabelle, ou Jeanne de Zewenberghe. Il eut du premier lit : Guillaume, Jean, un autre Guillaume, Jeanne, Sibylle et Marie.

N° 9.

BOURGEOIS DE BERGHES SAINT-WINOC. (1399.)

SIGILLVM · BVRGENSIVM · DE BERGIS. *Sceau des bourgeois de Berghes.* Saint Pierre assis, nimbé, tenant d'une main ses clefs et de l'autre une fleur-de-lis; le siége est orné de têtes d'animaux.

Bergues Saint-Winoc, ancienne ville de Flandres, célèbre par son beffroi et par l'antique abbaye de Saint-Winoc, fut d'abord gouvernée par les moines, jusqu'à ce que les comtes de Flandres eussent séparé la direction des choses spirituelles de l'administration des affaires publiques. On ne connaît pas la date de l'érection en commune de cette ville.

N° 10.

BOURGEOIS DE MIDDELBOURG. (1335.)

SIGILLVM · OPIDANORV : MIDELBVRG. *Sceau des bourgeois de Middelbourg.* Vue des remparts et du beffroy de Middel-

4

bourg; en haut du beffroi, le guetteur sonnant de l'olifant et tenant de la main droite une sorte de fourche.

Middelbourg, ancienne ville municipale de la Flandres, n'est plus qu'un bourg fortifié. Il ne faut pas confondre ce Middelbourg avec la ville de ce nom située dans l'île de Walcheren.

N° 11.

ÉCHEVINS ET COMMUNE DE LA VILLE DE GAND. (1421.)

SIGILLVM · SCABINORVM ET COMMVNE VILLE GAN-DENSIS AD CAVSAS. *Sceau pour les causes des échevins et de la commune de la ville de Gand*. Une femme tenant l'écu des armes de la ville de Gand; pour supports, deux aigles. Dans le champ, en haut et en bas, l'aigle de l'Empire et la fleur-de-lis de France en regard.

Gand, capitale du comté de Flandres, est une des plus importantes villes de l'Europe. Son commerce et les fréquentes révoltes de ses habitans l'ont rendue célèbre. La commune de Gaud est une des plus anciennes de la Flandre.

PLANCHE VIII.

N° 1.

HENRY DE GUELDRES, ÉVÊQUE DE LIÉGE. (1204.)

HENRICVS : DEI : GRATIA : LEODIENSIS : ECCLESIE · EPISCOPVS. *Henry, par la grâce de Dieu, évêque de l'église de Liége*. L'évêque de Liége revêtu des habits épiscopaux, tenant d'une main sa crosse et de l'autre un livre; il est assis sur un siége orné de têtes d'animaux. Dans le champ, à gauche, une étoile.

Henri III, fils de Gérard IV, comte de Gueldres et de Marguerite de Brabant, fut élu évêque de Liége en 1247, après une vacance de près d'un an. Ce prince gouverna pendant 12 ans l'Église de Liége, sans le titre d'élu, n'étant pas dans les ordres et ne s'occupant pas de les recevoir. Il fut le premier qui, pour s'acquitter de ses fonctions sacerdotales, prit ce qu'on appella depuis un *évêque suffragant*, usage qui fut adopté par plusieurs de ses successeurs. En 1258, Henri, pressé par son chapitre, reçut la prêtrise et se fit sacrer évêque; mais il ne mit pas pour cela plus de modération et de sagesse dans sa conduite dont tous se plaignaient. En 1272, Henri de Gueldres abusa par violence de Berthe de Prato; Thibaut Visconti, un de ses archidiacres, lui ayant reproché ce crime, fut forcé de quitter le pays par les mauvais traitemens que lui fit essuyer le prince-évêque. En 1271, l'ancien archidiacre de Liége étant en Terre-Sainte depuis près de 9 ans, fut élu pape et prit le nom de Grégoire X. L'évêque de Liége n'ayant pas tenu compte des lettres d'admonition du souverain pontife sur sa scandaleuse conduite, fut cité par celui-ci au concile de Lyon, en 1274. Dans cette assemblée, Henri n'ayant rien pu alléguer pour sa justification, prit le parti de remettre son bâton pastoral au pape, espérant qu'il lui serait rendu; mais il se trompait: Grégoire X nomma Jean d'Enghien à ce siége. Henri, furieux de cet acte de justice, s'en vengea en faisant enlever par surprise son rival qu'il fit conduire de Hougerde à l'abbaye de Holseim sur un cheval vicieux qu'on fit galoper exprès pour fatiguer ce prélat dont l'obésité était si grande qu'il mourut presque en mettant pied à terre, le 24 août 1281. Jean IV de Dampierre lui succéda; mais Henri, qui regrettait toujours son évêché, fit, en 1284, des excursions sur le territoire de Franchimont; cette nouvelle tentative lui fut funeste, car il fut repoussé par Thierry l'Ardennais qui le tua et mit ses gens en fuite.

N° 2.

ÉCHEVINS DE COURTRAY. (1199.)

+ SI . . . . . NORVM · CVRTRACENSIVM. *Sceau des échevins de Courtray*. Le saint patron de Courtray, revêtu des habits épiscopaux, tenant la crosse de la main gauche, et donnant la bénédiction de la droite; le saint est vu à mi-corps.

Courtray, capitale de la châtellenie de ce nom, au moyen-âge, est encore aujourd'hui une ville fort importante pour le commerce. Elle était anciennement très fortifiée.

N° 3.

CHAPITRE NOBLE DE LIÉGE. (1333.)

+ SIGILLV̄ · NOBILIS · ECCLESIE · BEATI · LAMBERTI · LEODIENSIS. *Sceau de la noble église de Saint-Lambert de Liége*. Saint Lambert, nimbé et revêtu des habits épiscopaux, assis sur un siége orné de têtes d'animaux. Deux anges soutiennent derrière lui une draperie qui descend jusque sur le marche-pied du siége; à droite et à gauche, un aigle.

L'Église de Liége dont l'origine remonte au IV° siècle, était gouvernée par un évêque élu par un chapitre composé de nobles. L'évêque exerçait les droits régaliens sur toute la province de Liége, qui comprenait la Hasbaie, le comté de Loss, le marquisat de Franchimont, le Condros et l'Entre-Sambre-et-Meuse.

N° 4.

CONON DE BÉTHUNE, SEIGNEUR D'ANDRINOPLE. (1212.)

+ S. . . . . . CONONIS · DE · BETVNIA. *Sceau de Conon de Béthune*. L'écu des armes de Conon de Béthune : de Béthune-Ancien, bandé d'or et d'azur, brisé d'un franc canton, pour brisure de cadet.

Conon de Béthune, cinquième fils de Robert V, dit le Roux, comte de Béthune, avoué d'Arras et de Adeline de Saint-Pol, se croisa, en 1203, avec Guillaume, avoué de Béthune, son frère, et d'autres seigneurs pour accompagner Baudouin, comte de Flandre et de Hainaut, en Palestine. Selon Villehardouin, Conon fut nommé l'un des six chevaliers chargés de négocier avec les Vénitiens pour le transport des croisés. Il fut aussi envoyé en ambassade avec Villehardouin et quatre autres, auprès de l'empereur Alexis, et ce fut Conon de Béthune qui porta la parole. Après la prise de Constantinople par les croisés, Conon eut le commandement d'une partie des troupes qui délivrèrent Andrinople assiégée par les Bulgares. S'étant chargé avec cent hommes d'armes de la garde de la ville d'Andrinople, il en fit réparer les fortifications, et s'en rendit seigneur propriétaire. Selon *Duchesne (Histoire de la maison de Béthune)*, Conon ne revint pas en Europe, et mourut le 17 décembre 1223. Il porta les titres de seigneur de Bergues, de Ruilly, de Clamecy et d'*Andrinople en la Grèce, gouverneur de la ville de Constantinople*. Duchesne dit que Conon de Béthune laissa deux fils, mais il ne donne pas le nom de sa femme.

N° 5.

ROBERT DE BÉTHUNE. (1224.)

+ SIGILLVM · R . . . . . E. Robert de Béthune, armé de toutes pièces, coiffé d'un casque à plate-forme, grillé, portant suspendu au cou un écusson à ses armes : de Béthune-Ancien, bandé d'or et d'azur, coupé, pour brisure de cadet; il tient de la main droite une épée nue, et est monté sur un cheval galopant à droite, sans caparaçon.

Robert de Béthune, frère de Conon de Béthune dont nous venons de parler, et second fils de Robert le Roux, et de Mahaud de Tenremonde, est nommé dans une charte de l'an 1194. Pendant la vie de sa mère, il ne porta que le titre de *Robert de Béthune, chevalier*. En 1213, ce seigneur, qui déjà avait levé bannière et comptait parmi les chevaliers bannerets de Flandre, fut envoyé en ambassade près le roi d'Angleterre, par Ferrant, comte de Flandre. Guillaume, son père, étant mort en 1218, Robert obtint en partage les seigneuries de Tenremonde, de Molembecque et l'avouerie de Husse. En 1223, il hérita de sa mère la seigneurie de Tenremonde, et bientôt après celle de Béthune par la mort sans enfans de Daniel, son aîné. Devenu seigneur de Béthune et chef de sa maison, Robert épousa Isabelle de Moreaumes (1230) dont il n'eut que des filles, Mahaud et Isabeau de Béthune. Ce seigneur mourut en 1248, au moment où il allait partir pour la Terre-Sainte.

N° 6.
GUILLAUME III DE BÉTHUNE. (1236.)

✠ SIGILLVM · WILIMI : DE · BETVNIA : DNI · DE · MVEL-ENBECCA. *Sceau de Guillaume de Béthune, seigneur de Molembecque.* Le sire de Molembecque, armé de toutes pièces, coiffé d'un casque à plate-forme, grillé, portant suspendu au cou un écusson aux armes de Béthune : d'argent à la fasce de gueules (bretessée ou crénelée des deux côtés pour brisure, comme quatrième fils du sire de Béthune). Il tient de la main droite une épée nue levée, et est monté sur un cheval galopant à droite.

Guillaume de Béthune, IIIe fils de Guillaume II, dit le Roux, et de Mahaud de Tenremonde, eut pour partage les seigneuries de Molembecque, de Locres, de Pontrohart, et l'avouerie de Husse. Ce seigneur abandonna les bandes, anciennes armes de Béthune, pour prendre la fasce de Tenremonde, qu'il porta bretessée pour brisure et différence de cadet, parce que la plupart de ses biens venaient surtout de la dot de sa mère, Mahaud de Tenremonde. Guillaume de Béthune épousa Élisabeth de Pontrohart, héritière de la terre de ce nom. Ce seigneur fit la guerre en Allemagne aux hérétiques brémois contre lesquels le pape Grégoire IX avait prêché la croisade. Il mourut l'an 1243, le 24 août. Élisabeth lui donna deux fils et deux filles. On ignore la date de sa naissance.

N° 7.
GÉRARD DE GAND. (1237.)

✠ SIGILLVM GERARDI · DE · GANT. *Sceau de Gérard de Gand.* Gérard de Gand, armé de toutes pièces, coiffé d'un casque à plate-forme, grillé, et portant suspendu au cou un écusson à ses armes : de sable au chef d'argent; il est monté sur un cheval galopant à droite.

Gérard de Gand, de la grande et illustre maison des comtes, châtelains et vicomtes de Gand, dits depuis Vilain de Gand, était fils puîné de Sohier, châtelain de Gand, et seigneur de Bornhein, et de Béatrix, dame de Houdaeng. Gérard de Gand fut surnommé le Diable de Gand; il eut de sa femme Élisabeth de Slote, fille de Lyonnet de Slote, bourgeois de Gand, un autre Gérard surnommé le Diable comme son père, qui ne laissa pas d'enfans.

N° 8.
GÉRARD DE ROTSELAËR. (1288.)

SIGILLVM · GERARDI DAPIFERI BRABANCIE DNI DE RO-CHELLA. *Sceau de Gérard, sénéchal de Brabant, seigneur de Rotselaër.* Le sire de Rotselaër, armé de toutes pièces, coiffé d'un casque grillé, dont le cimier est fait en forme d'éventail, et portant suspendu au cou un écusson à ses armes; d'argent à trois fleurs-de-lis de gueules, posées deux et une. Le sire de Rotselaër tient de la main droite une épée nue, et est monté sur un cheval galopant à droite, dont la tête est couverte d'un ornement semblable à celui d'un casque et dont le caparaçon est brodé à ses armes.

Contre-sceau : ✠ SECRETVm GERARDI DE ROCHELA. *Secret de Gérard de Rotselaër.* L'écu des armes du sire de Rotselaër.

Gérard, sénéchal héréditaire de Brabant, sire de Rotselaër, seigneurie située près de Louvain en Brabant, était le fils aîné d'Arnould, cinquième sire de Rotselaër, et de Béatrice de Forvie. On trouve ce Gérard de Rotselaër mentionné dans des chartes des années 1274, 76, 81, 83, 87, 88, 90, 130 et 1303. En 1288, il porta la bannière comme sire de Rotselaër, à la bataille de Wœringen et épousa la fille de l'avoué de Maëstricht, dont il eut plusieurs enfans. Jean, l'aîné, fut sénéchal de Brabant après son père, qui mourut en 1312.

N° 9.
ÉCHEVINS ET CO-BOURGEOIS DE L'ÉCLUSE. (1399.)

✠ SIGILLVM · SCABINORVM · AC · COBVRGENSIVM · VILLE · D... LV.. AD COTRACTVS. *Sceau pour les contrats des échevins et des co-bourgeois de la ville de L'Écluse.* Dans une rosace, l'écusson des armes de la ville de L'Écluse.

L'Écluse, en latin Slusa ou Clausulæ, est une petite ville forte qui a un port assez important. Sa proximité avec de Bruges faisait de l'Écluse un point très important pour le commerce de cette ville, au moyen-âge.

N° 10.
VILLE DE MONS. (1322.)

✠ S . . . (cas) · STRI · MONTENSIS · IN · HANONIA · *Sceau de Mons, en Hainaut.* Vue des remparts de Mons.

Mons, capitale du Hainaut, fut sans doute organisée en commune en 1200, qui est la date de la réunion en corps des coutumes du Hainaut, par Baudouin II. En 1313, le comte Guillaume ordonna qu'au lieu de sept échevins, Mons en aurait dix, ce qui fait supposer qu'il y avait déjà long-temps que cette ville jouissait de ce privilége.

N° 11.
VILLE DE VALENCIENNES. (1296.)

. . IGILLVM · CASTRI · DE · VALEN . . . *Sceau de Valenciennes.* Vue des remparts de Valenciennes; sur la porte, une bannière aux armes de la ville.

Valenciennes, la seconde ville du Hainaut, eut sans doute une commune au commencement du XIIIe siècle, comme Mons. En 1288, les bourgeois se révoltèrent contre le comte de Hainaut qui voulait leur retirer leurs priviléges. Cette querelle fut apaisée par l'entremise du roi de France.

PLANCHE IX.

N° 1.
ÉCHEVINS ET BOURGEOIS DE BRUGES. (1) (1407.)

✠ SIGILLVM : SCABINORVm : BVRGENSIVM : VILLE : DE : BRVGIS · AD · COTRACTVS. *Sceau pour les contrats des échevins et des bourgeois de la ville de Bruges.* Dans une rosace, un écusson sur lequel paraît le lion des armes de la ville de Bruges. Sur l'écu, un lion, et à droite et à gauche, des lions servant de supports.

(1) Les légendes des sceaux de cette planche (le n° 1 excepté), sont dans le patois flamand qu'on parlait à Bruges au xve siècle; il y a quelque différence dans l'orthographe des mots de cette époque et ceux en usage aujourd'hui dans cette ville.

La charte à laquelle appendaient les dix-sept sceaux de cette planche est du 24 mai 1407; elle porte au dos la suscription suivante : *Lettres de la loi des mestiers et de la communauté de la ville de Bruges, de l'octroi fait à Monsieur et à ses hoirs, comtes de Flandres, de la septième part de toutes cueillettes, levées et revenus de la dite ville, avec ce de faire oïr par ses députés les comptes de la ville chacun an, et aussi d'avoir la moitié des amendes jugées sur ceulx qui se mésuseront au gouvernement des biens de la dite ville.*

A Bruges, comme dans la plupart des villes des Pays-Bas, les corps des métiers prenaient part à l'administration publique de l'État; ils intervenaient dans l'assiette et la répartition des charges locales; ils s'assemblaient, se régissaient par eux-mêmes, élisaient leur chef sous le nom de syndic ou de doyen; avaient un drapeau, un scel et des armoiries, et marchaient en armes sous leur propre étendard. Ces corporations jugeaient elles-mêmes les différends qui s'élevaient dans leur sein ; réglaient les intérêts de chacun, prononçaient des peines et opéraient des radiations définitives. Quand le membre d'une corporation avait à répondre d'un crime ou d'un délit devant une autre juridiction, il fallait, pour valider le jugement, que quelques uns de ses *pairs* y assistassent. Les gentilshommes flamands se faisaient presque toujours inscrire sur les registres de l'un des métiers des grandes communautés. C'est ainsi que Jacques Van Artevelde, qui était d'une famille très noble, s'était fait recevoir dans la corporation des brasseurs.

Cette charte, à laquelle sont appendus cinquante-trois sceaux, est conservée dans les Archives du département du Nord à Lille, où nous avons choisi les dix-sept que nous donnons ici, comme les plus intéressans. Les renseignemens qui précèdent sont dus à M. le docteur Le Glay, archiviste du département du Nord.

N° 2.
Bouchers.

+ Seghel · VAN · DEN · VLEESCH · AMBACHTE · VAN · BRVGGE. *Sceau du métier de la viande de Bruges.* Dans une rosace, un taureau marchant à droite.

N° 3.
Marchands de Poisson.

+ SEGHEL : VAN · DEN . VISC : COPERS : VAN : BRVGGHE. *Sceau des marchands de poisson de Bruges.* Un marchand de poisson debout, préparant un poisson. Dans le champ, à droite et à gauche, un poisson.

N° 4.
Tisserands.

+ : SEGHEL : VAN : DEN : WEVE : AMBOCHTE : EN : BRVGGHE. *Sceau du métier des tisserands de la ville de Bruges.* Le lion couronné des armes de Bruges et trois navettes.

N° 5.
Marchands de Vin.

+ Seghel · VAN · DEN · WIM · AMBOCHTE · VAN · BRVGGHE. *Sceau du métier du vin de Bruges.* Au milieu d'une rosace, un tonneau ; dessous, une tarière.

N° 6.
Boulangers.

+ SEGHEL · VAN · DEN · AMBACHTE · VAN DEN BAKERS VAN BRVGGHE. *Sceau du métier des boulangers de Bruges.* Au milieu d'une rosace, un écusson sur lequel sont placées trois pelles à four, chargées chacune de trois pains ronds.

N° 7.
Chaussetiers.

Seghel · DEN · KOVSSCEPIERS · VAN · BRVGGHE. *Sceau des Chaussetiers de Bruges.* Au milieu d'une rosace et sur un champ losangé, un houseau.

N° 8.
Barbiers.

DER BAER MAKERS SEGHEL BRVGGHE. *Sceau des barbiers de Bruges.* Au milieu d'une rosace, deux paires de ciseaux et un cuir pour les repasser.

N° 9.
Charrons.

+ SEGHEL · DER WIELWERKERS · VAN BRVGGHE. *Sceau des charrons de Bruges.* Au milieu d'une rosace, une roue, et un des outils des ouvriers en voiture.

N° 10.
Tonneliers.

+ SEGHEL · DER · CVPERS · VAN · BRVGGHE. *Sceau des tonneliers de Bruges.* Au milieu d'une rosace, les outils des tonneliers.

N° 11.
Batteurs de Laine.

+ SEGEL : DER : WVLLE SLARES VAN BRVGGHE. *Sceau des batteurs de laine de Bruges.* Dans une rosace, un outil des batteurs de laine.

N° 12.
Potiers d'Étain.

+ Seghel · DER TEIND STOEP MAKERS VAN BRVGGHE. *Sceau des potiers d'étain de Bruges.* Une canette d'étain.

N° 13.
Platriers.

+ Seghel PLAESTERAERS VAN BRVGGHE. *Sceau des plâtriers de Bruges.* Dans une rosace, deux outils des plâtrier.

N° 14.
Remouleurs.

+ SEGHEL DER SCHERPERS VAN BRVGGHE. *Sceau des remouleurs de Bruges.* Au milieu d'une rosace, un écusson portant trois paires de ciseaux.

N° 15.
Marchands de Laine.

+ SEGHEL · VAN · VVL · AMBOCHTE EN BRVGGHE. *Sceau du métier de la laine de Bruges.* Dans une rosace, une paire de peignes à carder, un lévrier et un faucon.

Ce lévrier et ce faucon indiquent sans doute que cette corporation jouissait du droit de chasse, droit qui alors était ordinairement réservé aux seuls gentilshommes.

N° 16.
Cordonniers.

+ SEGHEL · DER · CORDEWANIERS · VAN · BRVGGHE. *Sceau des cordonniers de Bruges.* Une botte et une paire de souliers.

N° 17.
Meuniers.

+ SEGHEL · DER · MVELNAERS VAN BRVGGE. *Sceau des meuniers de Bruges.* Dans une rosace, un moulin à vent.

PLANCHE X.

NORMANDIE.

N° 1.

Rotrou de Warwick, archevêque de Rouen. (1180.)

✠ ROTRODVS DEI GRAtia · RO · · OMAGENSIS · ARCHIE-PIsCOPI. *Rotrou, par la grâce de Dieu, archevêque de Rouen.* Rotrou de Warwick assis, revêtu des habits archiépiscopaux, tenant de la main gauche sa crosse, et donnant la bénédiction de la droite.

Rotrou de Meulan, *dit de Warwick ou de Beaumont-le-Roger*, fils de Henry de Meulan, comte de Warwick en Angleterre, et de Marguerite, sœur de Rotrou, comte du Perche, d'abord archidiacre de Rouen, fut sacré ensuite évêque d'Évreux en 1139, puis obtint l'archevêché de Rouen en 1164. Le pape Alexandre III, l'envoya comme légat auprès de Henri II, roi d'Angleterre en 1170, à l'occasion de la mort de saint Thomas de Cantorbéry. En 1172, sous sa présidence, un concile fut assemblé à Avranches pour donner une seconde absolution à ce prince, pour le meurtre sacrilège de ce saint évêque. La même année, Rotrou de Meulan accompagna le fils de ce même Henry II lors de son passage en Angleterre. Cet évêque mourut en 1183.

N° 2.

George d'Amboise, archevêque de Rouen. (1494.)

SIGILLVM · GEORGII · CARDINALIS · DE · AMBASIA · ROTHOMAgensis · ARCHIEPIscopi. *Sceau de Georges, cardinal d'Amboise, archevêque de Rouen.* Sous un dais gothique, Georges d'Amboise à genoux, les mains jointes, en adoration devant le groupe de la Vierge, tenant le Christ mort. Derrière l'archevêque, un personnage debout, qui doit être un des officiers du prélat. Sous le groupe de la Vierge, un écu aux armes de Normandie surmonté de la croix primatiale. Le duché de Normandie portait : de gueules à deux lions léopardés d'or. Sous le groupe de l'archevêque, un écu aux armes de la maison d'Amboise : pallé d'or et de gueules. Cet écu est surmonté de la croix primatiale et d'un chapeau de cardinal.

Georges d'Amboise, huitième fils de Pierre d'Amboise, seigneur de Chaumont et d'Anne de Bueil, successivement évêque de Montauban en 1484, archevêque de Narbonne et de Rouen en 1493, fut créé cardinal du titre de saint Sixte en 1498 par le pape Alexandre VI, qui l'année suivante lui donna le titre de légat en France. La vie de ce grand ministre est trop connue pour que nous entrions ici dans plus de détails. Il mourut à Lyon le 25 mai 1510 à l'âge de cinquante ans, regretté de toute la France, et fut enterré dans la chapelle de la Vierge de l'église cathédrale de Rouen, où se voit encore son tombeau, qui est une des merveilles de la statuaire du xvi° siècle.

N° 3.

Raoul de Varneville, évêque de Lisieux. (1182.)

RADVLFVS DEI G . . . . OVIENSIS · EPISCOPVS. *Raoul, par la grâce de Dieu, évêque de Lisieux.* L'évêque de Lisieux, vu à mi-corps; il est revêtu des habits épiscopaux, tient la crosse de la main gauche et donne la bénédiction de la droite.

L'évêché de Lisieux, suffragant de Rouen, reconnaît saint Thibaut pour premier prélat.

Raoul de Varneville, d'abord archidiacre et trésorier de Rouen, chancelier d'Angleterre, et trésorier de l'église d'Évreux, succéda dans le siége de Lisieux à Arnoul, en 1177. En 1182, ce prélat renonça à la charge de chancelier d'Angleterre, mais on lui donna à la place des seigneuries et de grands revenus. En 1583, il assista avec d'autres évêques à une assemblée tenue à Saint-Étienne de Caen, dans laquelle fut excommunié Henry, fils de Henry II, roi d'Angleterre. Raoul de Varneville mourut en 1193.

N° 4.

Notre-Dame de Rouen. (1367.)

✠ SIGILLVM · CAPITVLI · ROTHOMAGENSIS · ECCLESIE. *Sceau du chapitre de l'église de Rouen.* Notre-Dame de Rouen, nimbée, assise sur un siége sans dossier, tenant d'une main une fleur-de-lis et de l'autre un livre. Dans le champ, à droite, un astre.

L'église de Rouen, dont l'archevêque prend le titre de *Primat de Normandie*, reconnaît pour premier prélat saint Nicaise, qui vivait au troisième siècle de notre ère. Cette métropole avait pour suffragans les évêchés de Bayeux, d'Avranches, d'Évreux, de Seez, de Lisieux et de Coutances. Le chapitre de Rouen se composait de cinquante chanoines nommés par l'archevêque, et de dix dignitaires, qui étaient le doyen, le chantre, le trésorier, six archidiacres, et un chancelier.

N° 5.

Frères prêcheurs de Rouen. (1243.)

✠ SIGILLVM · FRATRVM · PREDICATORvm · ROTHOMAGĒSIV̄. *Sceau des frères prêcheurs de Rouen.* Un ange, assis sur un fauteuil, écrivant à la manière des écrivains du xiii° siècle, c'est-à-dire sur un pupitre et avec le pinceau et le grattoir.

Les Dominicains étaient appelés aussi *frères prêcheurs*, et vulgairement Jacobins, parce que la principale maison de leur ordre, à Paris, avait été dédiée à saint Jacques, en 1218, quatre ans avant la mort de leur fondateur, saint Dominique. Ces religieux paraissent s'être établis à Rouen vers 1222, sous l'archevêque Thibaut d'Amiens, qui les logea provisoirement dans son manoir de Saint-Matthieu. En 1256, saint Louis leur donna un autre emplacement dans la ville de Rouen, et, par lettres-patentes du 1er août de cette année, donna et concéda *aux frères prêcheurs de Rouen, l'usage et la possession qu'ils ont des murs et tourelles qui sont sur les remparts de notre dite ville de Rouen, depuis la porte Cauchoise jusqu'à la rivière de Seine.* L'église des frères prêcheurs fut dédiée à saint Jacques, le 11 avril 1269; en conséquence, la fête titulaire était celle de saint Jacques. Depuis la canonisation de saint Dominique, sa fête devint celle de l'ordre, et la fête *de fondateur* fut celle de saint Louis. En 1501, Georges d'Amboise fit sortir les Jacobins de Rouen, et mit dans leur couvent des religieux qui suivaient une règle plus sévère.

N° 6.

Abbaye de Saint-Pierre de Jumièges. (xiii° siècle.)

✠ SIGILLVM CAPITVLI SCI PETRI GEOMETICI. *Sceau du chapitre de Saint-Pierre de Jumièges.* Saint Pierre, vu à mi-corps, la tête couverte d'une mitre et nimbée, tenant les clefs de la main gauche et donnant la bénédiction de la droite.

L'abbaye de Saint-Pierre de Jumièges, de l'ordre de Saint-Benoît, diocèse de Rouen, passe pour avoir été fondée par Clovis. Guillaume Longue-Épée, duc de Normandie, restaura cet ancien monastère, et fit reconstruire l'église. Le premier abbé est saint Philibert. Nous ne connaissons pas la date de la charte de ce sceau. D'après la forme des lettres et le travail, on peut le classer parmi ceux du xiii° siècle.

N° 7.

Enguerrand de Marigny, chevalier. (1312.)

✠ SIGILLVM · INGERRANI · DN̄I · DE · MARREGNIACO MILITIS. *Sceau d'Enguerrand, seigneur de Marigny, chevalier.* Enguerrand de Marigny, armé de toutes pièces, coiffé d'un casque fermé, orné de lambrequins et dont le cimier est un animal fantastique. Le sire de Marigny porte, suspendu au cou, un bouclier à ses armes, d'azur à deux fasces d'argent, et tient de la main droite une épée nue levée enchaînée à son armure; il est monté sur un cheval galopant à droite, dont le caparaçon est brodé à ses armes et qui porte sur la tête un ornement semblable à celui du cimier.

Enguerrand de Marigny, IIIᵉ du nom, comte de Longueville, servit long-temps et avec éclat le roi Philippe-le-Bel, qui le fit chambellan de France en 1301, intendant des finances et bâtimens et capitaine du Louvre. A la suite de querelles qu'Enguerrand de Marigny eut avec le comte de Valois, oncle du roi Louis X, successeur de Philippe-le-Bel, il fut accusé de concussion, et pendu au gibet de Montfaucon le 30 avril 1315.

Il était fils de Philippe de Marigny, seigneur d'Ecouys et de Marigny. On ignore le nom de sa mère. Le nom originaire de la famille de ce ministre était *Le Portier*. Ce nom fut quitté par l'aïeul d'Enguerrand III, Enguerrand II, qui prit celui de sa mère, Mahaud, dame de Marigny. Enguerrand III eut trois femmes : Jeanne de Saint-Martin, filleule de la reine Jeanne de Bourgogne, qui lui donna Louis, à qui Louis X rendit une partie des biens confisqués sur Enguerrand, et entre autres la seigneurie de Marigny ; et deux filles. La seconde femme d'Enguerrand fut Hawide, mère de Raoul, de Thomas et d'Alips de Marigny. Sa troisième femme fut Alips de Mons, qui fut accusée de sortilége contre la personne du roi, et resta en prison depuis la mort de son mari jusqu'à l'an 1325. Elle mourut sans lui avoir donné d'enfans.

Nº 8.

Bertrand de Briquebec, maréchal de France. (1338.)

Sigillvm · ROBERTI · BTRANNI · MILITɪs · DÑI (*domini*) · DE BRIQVEBEC · MARESCALLI · FRĀCIE. *Sceau de Robert Bertrand, chevalier, seigneur de Briquebec, maréchal de France.* Le sire de Briquebec, armé de toutes pièces, coiffé d'un casque grillé dont le cimier est un animal fantastique, portant, suspendu au cou, un bouclier à ses armes : d'or au lion de sinople armé, lampassé et couronné d'argent; et tenant de la main droite une épée nue levée, enchaînée à son armure; il est monté sur un cheval galopant à droite, dont le caparaçon est brodé à ses armes, et qui porte sur la tête un ornement semblable au cimier du casque : les armes de ce seigneur sont aussi répétées sur les épaulières.

Robert Bertrand, VIIᵉ du nom, sire et baron de Briquebec et maréchal de France, était fils de Robert Bertrand, VIᵉ du nom, et d'Alix de Neelle. Il fut envoyé, en 1321, par le roi Charles IV, en ambassade près le roi de Bohême. Elevé à la dignité de maréchal de France vers l'année 1325, il prit le commandement de l'armée en Guyenne contre les Anglais, et fut lieutenant-général, pour le roi, de Guyenne et Saintonge. Le roi Philippe VI, étant parvenu à la couronne en 1328, appela le Maréchal de Briquebec pour assister à son sacre. On ignore la date exacte de sa mort, mais il n'existait plus en 1348.

Il avait épousé, en 1318, Marie de Champagne-Sully, fille de Henry IV, sire de Sully. Les deux seuls fils issus de ce mariage furent tués, l'un à Crécy en 1346, et l'autre à Moiron, en Bretagne, en 1351, sans laisser de postérité.

Le sire de Briquebec eut en outre trois filles : Jeanne, l'aînée, héritière de Briquebec, qui épousa Guillaume Paynel, IIᵉ du nom, baron de Hambye ; Philippes, mariée à Gérard Chabot, Vᵉ du nom, et Jeanne, la jeune, mariée à Guy, sire de la Roche-Guyon.

Nº 9.

Jean de Souvré, chevalier. (1544.)

IEAN · DE · SOVVRE. Un écu aux armes de Jean de Souvré : écartelé, d'azur à cinq bandes d'or, qui est de Souvré, et d'or à la croix de gueules, cantonnée de seize alérions d'azur, la croix chargée de cinq coquilles d'argent, qui est de Montmorency-Laval.

Jean Iᵉʳ, seigneur de Souvré et de Courtanvaux, était fils d'Antoine de Souvré et de Françoise Berseau, dame de Courtanvaux. Il rendit aveu au duc de Vendôme, en 1552, et mourut peu de temps après, laissant de Françoise Martel, sa femme, Gilles de Souvré, marquis de Courtanvaux, qui fut maréchal de France, et cinq filles.

La maison de Souvré s'est fondue dans celle de Louvois par le mariage d'Anne de Souvré, marquise de Courtanvaux, fille unique et héritière de Charles de Souvré, mariée, en 1662, à François-Michel Letellier, marquis de Louvois.

Nº 10.

Jean de Miraumont, chevalier. (xvᵉ siècle.)

Scel · IEHAN DE MIRAVMŌT · Seigneur DE HARMANVILLE & PROVVILLE. L'écu des armes du sire de Miraumont, surmonté d'un casque de profil orné du bourrelet de chevalier, timbré d'une couronne ducale; pour cimier deux longues cornes. Les armes de Miraumont sont : d'or à trois tourteaux de gueules.

L'histoire ne nous fournit aucuns détails sur Jean de Miraumont, seigneur de Harmanville et de Prouville, en Normandie. Cependant la couronne ducale dont est timbré le casque du sire de Miraumont, semble indiquer qu'il remplissait les fonctions de gouverneur de province. Cette couronne était aux époques chevaleresques le signe de cette dignité, lorsqu'elle était portée par un noble qui n'avait pas le titre de duc. Voyez, à ce sujet, le *Recueil des Sceaux* de M. le marquis de Migieu, planche IVᵉ, nº 1. Jean de Miraumont vécut au xvᵉ siècle.

Nº 11.

Guillaume, batard de Brézé, chevalier. (1500.)

GVILLAVME Iᵉ (*bâtard*) DE · BRESZÉ. L'écu des armoiries de la maison de Brézé, supporté par deux lions et brisé de la barre de bâtardise : d'azur à l'écusson d'or rempli d'argent, à l'orle de huit croisettes du second. Cet écusson est surmonté d'un casque fermé de profil, surmonté du bourrelet de chevalier, au-dessus duquel est placé le cimier de la maison de Brézé, un lion issant aîlé d'un vol banneret.

Guillaume, bâtard de Brézé, fils naturel de Jacques de Brézé, comte de Maulevrier, le même qui, ayant trouvé sa femme en flagrant délit d'adultère, la tua, ce qui entraîna la confiscation de tous ses biens. Ce bâtard de Brézé était frère naturel de Louis de Brézé, comte de Maulevrier, grand-veneur de France, mari de Diane de Poitiers. Il fut seigneur d'Autheuil, et est mentionné dans un arrêt de l'Échiquier de Normandie, de l'an 1497. Ce seigneur doit être le même qu'un Guillaume, bâtard de Brézé, qualifié chevalier et capitaine de Montivilliers dans les registres de la Cour des aides de Normandie de l'an 1518, et que le Guillaume de Brézé, chevalier, seigneur du Breuil, lequel certifia, en qualité de commissaire, le 13 juin 1517, aux gens des comptes du roi, à Paris, avoir passé en revue dix-neuf hommes de guerre pour servir le roi, en la garde et défense de *Honfleur*. Il fut aussi capitaine du Vieux-Palais de Rouen, et épousa, à ce qu'on croit, Jacqueline Toustain.

Nº 12.

Ville de Rouen. (1262.)

+ SIGILLVM · COMMVNIE · VRBIS · ROTHOMAGI. *Sceau de la commune de la ville de Rouen.* Le lion des anciennes armes de la ville de Rouen.

Rouen, l'ancienne capitale des ducs de Normandie, siége d'un échiquier que Louis XII érigea en parlement sédentaire, eut une commune de très bonne heure. Elle eut une milice bourgeoise en 1567. Rouen, qui porta d'abord pour armes un des lions léopardés de Normandie, comme on le voit sur notre sceau, porte aujourd'hui de gueules à un agneau pascal d'argent à tête contournée, au chef cousu d'azur, chargé de trois fleurs-de-lis d'or.

Nº 13.

Commune de Verneuil. (1228.)

+ SIGILLvM · COMMVNIE · C · · · ELLI · VERNOLII · *Sceau de la commune de Verneuil.* Un lion passant.

Verneuil, petite ville de Normandie, n'est connue que par son érection en duché-pairie pour Henri de Bourbon, fils naturel de Henri IV et de mademoiselle d'Entragues.

Nº 14.

Ville d'Eu. (xvᵉ siècle.)

Une fleur-de-lis. GRAD : SEEL : AUX : CAUSES : PŌ : LA :

MAIRIE : DE : LA VILLE : DE : EV. Un lion passant; à gauche, une étoile.

La ville d'Eu, capitale d'un ancien comté de Normandie, érigé en pairie pour la maison d'Artois, et siége d'une mairie très an-ciennement établie, appartint d'abord à une branche de la maison des ducs de Normandie. Ce comté passa successivement dans les maisons de Brienne, d'Artois, de Bourgogne-Nevers, Lorraine-Guise, puis enfin fut acheté par mademoiselle d'Orléans (la grande Mademoiselle), qui le donna au duc du Maine, d'où il retourna dans la maison actuelle d'Orléans.

PLANCHE XI.

PICARDIE.

N° 1.

CHAPITRE DU PRIEURÉ DE SAINT-PIERRE D'ABBEVILLE. (1311.)

✠ SIGILLvm · CAPITLI · SANCTI · P . . . DE ABBATIS · VILLA. *Sceau du chapitre de Saint-Pierre d'Abbeville.* Saint Pierre debout, tenant d'une main les clefs et de l'autre rattachant les plis de son manteau. Dans le champ, le soleil et le croissant; en bas, l'alpha et l'oméga.

Le prieuré de Saint-Pierre d'Abbeville fut fondé par Guy, comte de Ponthieu, qui donna l'église de Barly aux moines de Cluny. Peu après, en 1075, le roi Philippe Ier confirma ce don, et y ajouta assez de terres pour qu'il fût possible de construire un monastère. Le comte Guy construisit une église en l'honneur des saints Pierre et Paul, et la dota de riches revenus. Le premier prieur fut Varin, moine de Cluny. En 1311, le Prieur de Saint-Pierre d'Abbeville était Nicolas de Gaucourt.

N° 2.

ABBAYE DE CORBIE. (1317.)

. . . GILLvm · CONVENTvs · CORBEIENSIS · ECCLESIe. *Sceau de l'abbaye de Corbie.* Saint Pierre debout, nimbé, tenant d'une main les clefs et de l'autre rattachant son manteau.

L'abbaye de Corbie passe pour avoir été fondée, vers l'an 662, par la reine Bathilde, en l'honneur des saints Pierre et Paul. Cette abbaye est du diocèse d'Amiens, et appartient à l'ordre de Saint-Benoît. Le premier abbé fut *Theodefridus.* En 1317, l'abbé était Henry de Villers, qui fut élu le 6 février 1314, assista au synode de Senlis, et mourut en 1324.

N° 3.

JEAN DE LA GRANGE, ÉVÊQUE D'AMIENS. (1376.)

SIGILLvm · IOHANIS · DEI · GRACIA · ECLesie · AMBIANensis · EPIscopvs. *Sceau de Jean, par la grâce de Dieu, évêque de l'église d'Amiens.* Des arceaux gothiques, dans les niches desquels sont placées, au milieu, la statue assise de la Vierge tenant le Christ enfant; à droite, la statue de saint Firmin, premier évêque d'Amiens; à gauche, une statue de roi ou de saint que nous ne pouvons désigner. Au-dessous, Jean de La Grange, revêtu des habits épiscopaux, tenant sa crosse entre les bras, et joignant les mains. A droite, les armes de l'évêque Jean de La Grange, de gueules à trois merlettes d'argent, au canton d'hermines; à gauche, un écusson chargé d'une croix.

Jean de La Grange, cardinal du titre de Saint-Marcel, dit le cardinal d'Amiens, était frère d'Etienne de La Grange, président au Parlement de Paris. D'abord moine et abbé de Fécamp, ce prélat accompagna en cette qualité Gui, cardinal de Bologne, lorsqu'il fut envoyé en Espagne pour pacifier les rois de Castille et d'Aragon. Dans cette négociation, Jean de La Grange déploya une telle habileté que dès lors il fut un des principaux conseillers du roi Charles V. En 1372, il fut appelé à l'évêché d'Amiens, et trois ans après fut nommé cardinal, à Avignon, par le pape Grégoire XI, qui, en 1379, lui donna l'évêché de Tusculum. Il séjourna quelques années à Avignon, alors résidence des papes, et avant sa mort, fonda des messes pour le repos de l'âme de son maître, le roi Charles V, et pour celui de la sienne, et mourut en 1402.

N° 4.

GÉRARD DE RODES, CHEVALIER. (XIIIe siècle.)

SIGILLVM · GERARDI · DE · RODES. Gérard de Rodes, armé de toutes pièces, coiffé d'un casque à plate-forme et portant suspendu au cou un bouclier dont on ne peut distinguer le blason; il est monté sur un cheval galopant à droite.

La seule généalogie de la maison de Rodes, en Picardie, que nous ayons eue sous les yeux, ne remonte pas assez haut pour que nous ayons pu nous assurer que ce Gérard lui appartient. Peut-être était-il de la maison des anciens vicomtes de Rodez.

N° 5.

ROBERT DE GUINES, CHEVALIER. (1244.)

✠ SIGILLvm · DOMINI · ROBERTI DE GVINES. *Sceau de Monseigneur Robert de Guines.* Robert de Guines, armé de toutes pièces, coiffé d'un casque grillé à plate-forme, et portant, suspendu au cou, un écu à ses armes : vairé contre vairé de menu vair d'or et d'azur; il tient de la main droite une épée nue levée et est monté sur un cheval galopant à droite.
Archives du département du Nord, à Lille.

Robert de Guines, fils d'Arnould IIe du nom, comte de Guines, et de Béatrix de Bourbourg, reçut de son frère Beaudouin II, en 1244, la terre de Bavelinghen, et tout ce qu'il possédait au pays de Guines. On ignore la date de la mort de ce seigneur.

N° 6.

THIBAULT DE SOISSONS-MOREUIL, CHEVALIER. (1428.)

. . . . IEBAVT : DE : SOISSONS · SEIGNEVR DE MO-REVIL. Le sire de Moreuil, assis sur un grand lévrier accroupi, revêtu d'une cotte de mailles, et coiffé d'un casque dont le cimier est une tête de lion béante ailée d'un vol banneret; ce seigneur porte, au bras gauche, un écu à ses armes : semé de France au lion naissant de gueules, et tient de la main droite une massue levée au lieu d'épée.
Archives du département du Nord, à Lille.

Thibaut de Soissons, seigneur de Moreuil et de Cœuvres, chevalier, chambellan du roi Charles VI, et gouverneur de la ville de Soissons pour le duc d'Orléans, était fils de Rogues, seigneur de Moreuil, et de Ade de Montigny. En 1415, Thibaut fut nommé gouverneur de Picardie, conjointement avec le sire de la Vieuville, et ensuite lieutenant-général du pays de Waez en Flandre. En 1417 il attaqua les Anglais qui assiégeaient la ville de Rouen, et fut fait prisonnier; il ne fut relâché qu'à la condition de prêter serment de ne plus servir contre les Anglais. Thibaut de Soissons-Moreuil mourut en 1438, laissant de sa femme Marguerite de Poix, trois fils et deux filles.
La branche de la maison Moreuil, dite de Soissons-Moreuil, était issue de Bernard V, seigneur de Moreuil, et de Yolande de Soissons, vicomtesse de Soissons et dame de Cœuvre. Leur fils Bernard VI fut maréchal de France en 1344.

N° 7.

MAIRE ET COMMUNE D'ABBEVILLE. (1183.)

SIGILLVM : MAIORIS · COMVNIE · ABBATIS VILLE. *Sceau du maire de la commune d'Abbeville.* Le maire d'Abbeville, Gonthier Clabaut, coiffé d'un casque pointu sans visière, revêtu d'une cotte de mailles et portant au bras gauche un bouclier à ses armes : de sinople à l'escarboucle pommetée et accolée à double chaîne en croix et en sautoir; il tient de la main droite une large épée nue levée et est monté sur un cheval marchant à droite.

La commune d'Abbeville fut établie vers l'an 1130, par Guillaume II, dit Talvas, comte de Ponthieu, à la demande des bourgeois. En 1184, comme aucun acte écrit qui fit foi de cette donation de franchises n'avait été gardé, le comte Jean confirma cette commune par une charte conservée dans les archives d'Abbeville. Cette charte, qui est rapportée tout au long dans l'histoire des maïeurs d'Abbeville, de Sanson, établissait un *maïeur* et quatre *échevins*. Le maïeur, ou maire, qui est représenté sur ce sceau, est Gonthier Clabaut, cinquième maïeur, élu en 1188.

N° 8.
VILLE DE CORBIE. (1319.)

SIGILLVM . . . . . . CORBEIE. Un personnage, sans doute le maire, la tête nue, portant derrière le dos un bouclier, et tenant une épée nue de la main droite, monté sur un cheval marchant à droite.

Corbie est une petite ville forte de Picardie, qui n'est connue que par son abbaye et sa prise par les Espagnols, lors des guerres de Louis XIII, avec la maison d'Autriche.

N° 9.
BAILLAGE DE CORBIE. (xive siècle.)

+ SIGILLVM · BAILLIVIE : CORBEIENSIS. *Sceau du bailliage de Corbie.* Dans une rosace, une large épée dont un oiseau reçoit la pointe dans son bec; de chaque côté de cette épée, une clef et une fleur-de-lis.

N° 10.
MAIRE ET COMMUNE DE PÉRONNE. (1336.)

+ SIGILLVM · MAIORIS · ET · COMMVNIE · DE · PERONA. *Sceau du maire et de la commune de Péronne.* Le maire de Péronne, la tête nue, revêtu d'une cotte de mailles, par dessus laquelle il porte une tunique, et tenant une épée nue levée à la main. Derrière le maire, un personnage à pied, portant une épée ou un bâton sur l'épaule, qui est peut-être ici pour rappeler les bourgeois de la commune.

Péronne, petite ville très forte de la Picardie, est une des quelques villes de France qui se glorifient du titre de *pucelle*, pour n'être jamais tombées au pouvoir de l'ennemi. Les Espagnols, surtout, attaquèrent souvent cette place sans pouvoir s'en emparer. La Somme, les marais qui l'entourent, mais surtout l'extrême prolongement de ses ouvrages avancés, en faisaient une des plus fortes villes de France. Aujourd'hui on n'entretient plus ses fortifications.

N° 11.
CHATELLENIE DE CREIL. (1374.)

. . . . . ER (Ces lettres restent seules de la légende de ce sceau très mal conservé). Les remparts du château de Creil; au-dessus, l'écu de France-Ancien soutenu par deux aigles.

Creil est une petite ville située sur l'Oise, qui n'a aucune importance historique.

N° 12.
COMTÉ DE PONTHIEU, SOUS LA DOMINATION ANGLAISE. (1361.)

SIGILLVM DE. OBLIGACOIBVS . . . . . . Au milieu de rinceaux gothiques, un écusson écartelé des armes de France et d'Angleterre, surmonté d'une couronne royale.

Contre-sceau : + CT (*Contra*) SIGILLV̄ · OBLIGACIONVM · PONTINI. *Contre-sceau des obligations de Ponthieu.* Un écu aux armes de Ponthieu, d'or à trois bandes d'azur; dessus, un lion courant.

Le comté de Ponthieu, dont l'érection en comté héréditaire paraît remonter au viie siècle, eut pour premier comte Angilbert, gendre de Charlemagne. En 1361, date de ce sceau, le comté de Ponthieu appartenait à Édouard III, roi d'Angleterre, du chef d'Éléonore de Castille, fille de Ferdinand III, roi de Castille, et de Jeanne de Ponthieu, laquelle Éléonore avait épousé Édouard Ier, roi d'Angleterre.

N° 13.
COMTÉ DE PONTHIEU, SOUS LA DOMINATION FRANÇAISE. (1401.)

+ SCEL · DES · TRES · (*titres*) . . . . . DE LA COMTÉ DE PONTHIEV. Un ange tenant un écu mi-parti de France et de Ponthieu.

Contre-sceau : La légende est remplacée par des ornemens. L'écu des armes de Ponthieu.

La guerre ayant été déclarée en 1368, entre le roi d'Angleterre, Édouard III, comte de Ponthieu, et le roi de France, son suzerain, le Ponthieu fut confisqué et le sire de Dampierre s'empara de ce pays au nom du roi de France, qui, l'année suivante, donna une déclaration expresse, par laquelle il promettait aux habitans d'Abbeville, de ne jamais aliéner ni le Ponthieu, ni Abbeville sa capitale. En 1401, le Ponthieu faisait donc partie du domaine de la couronne de France.

PLANCHE XII.

N° 1.
CLAUDE, ABBÉ DE CLAIRVAUX. (1626.)

FRATER · CLAVDIVS 45 ABBAS CLAROEVALLIS. 1626. *Frère Claude, quarante-cinquième abbé de Clairvaux.* 1626. Sur un nuage, la Vierge assise portant le Christ enfant, qui presse un de ses seins, tandis qu'elle fait jaillir de l'autre du lait sur saint Bernard à genoux devant elle; le Saint est représenté la tête nimbée, vêtu de l'habit de son ordre et tenant la crosse abbatiale. Au-dessous, l'écu des armes de l'abbé Claude l'Argentier surmonté de la mitre abbatiale; cet écu est écartelé aux premier et quatrième quartiers des armes de l'abbaye de Clairvaux : de France à un écusson de Champagne (les comtes de Champagne portaient : d'azur à une bande d'argent accompagnée de deux cotices potencées et contre-potencées d'or); aux deuxième et troisième des armes de l'Argentier de Chapellaine : d'azur à trois chandeliers d'église d'or, l'écu brisé d'un croissant en chef. Sur le tout, un écusson dont on distingue mal le blason, mais qui pourrait bien être une répétition des armes de Champagne, qui paraissent déjà aux deuxième et quatrième quartiers de cet écu.

L'abbaye de Clairvaux, au diocèse de Langres, chef d'ordre, et troi-sième fille de l'abbaye de Cîteaux, fut fondée en 1115 à la prière de saint Bernard, et par les secours de Thibaud, comte de Champagne. Saint Bernard fut le premier abbé de ce monastère.

Claude l'Argentier de Chappellaine, originaire de Troyes, neveu de Denys l'Argentier, quarante-quatrième abbé de Clairvaux, succéda à son oncle en cette qualité en 1624. Il fut d'abord docteur en théologie de la Faculté de Paris, et coadjuteur de Clairvaux. Ce prélat mourut en 1635, et fut enterré dans son monastère (1).

N° 2.
ENGUERRAND DE COUCY, CHEVALIER. (1220.)

SIGILLVM . . . . . . COVCIACI. Enguerrand de Coucy, revêtu d'une cotte de mailles, et portant par dessus une tunique; il porte, suspendu au cou, un écusson à ses armes : fascé de vair et de gueules, et tient une épée nue levée; il est monté sur un cheval galopant à droite.

Enguerrand III dit le Grand, sire de Coucy, fils de Raoul, sire de Coucy,

(1) L'abbaye de Clairvaux étant située en Champagne, ce sceau devrait porter le n° 5, et se trouver par conséquent compris sous le titre : *Champagne.* C'est une de ces erreurs matérielles si difficiles à éviter dans un long ouvrage, qu'il se trouve avec les Sceaux de la Picardie.

et d'Alix de France, hérita de toutes les terres que possédait son père. En 1209 il se croisa avec le comte de Montfort contre les Albigeois, et en 1214, fut un des seigneurs qui contribuèrent le plus au gain de la bataille de Bouvines. Le sire de Coucy accompagna, en 1216, le prince Louis de France, fils de Philippe-Auguste, que les barons anglais avaient appelé pour régner à la place de Jean Sans-Terre, qu'ils avaient déposé. De retour en France, il fit de nouveau la guerre aux Albigeois à la suite du roi Louis VIII. Lors de la mort de ce prince, le sire de Coucy lui fit le serment de reconnaître après sa mort son fils aîné pour roi; mais en 1328, il se laissa entraîner dans la ligue des seigneurs contre la reine régente, Blanche de Castille. Cependant il fit peu après sa soumission, et rentra dans le devoir.

Enguerrand mourut, en 1242, d'une blessure qu'il se fit en tombant de cheval. Il eut trois femmes : 1° Eustachie, fille de Robert, comte de Roucy, dont il se sépara peu de temps après son mariage; 2° Mahaut, fille de Henry le Lion duc de Saxe, dont il n'eut pas d'enfant, et 3° Marie de Montmirail, qui lui donna trois fils, Raoul et Enguerrand, qui lui succédèrent l'un après l'autre, et Jean, seigneur de Chimay; il eut en outre deux filles, Marie, mariée d'abord à Alexandre II, roi d'Écosse, puis à Jean de Brienne, grand boutellier de France, et Alix, femme d'Arnould III, comte de Guynes, dont les enfans firent la seconde branche des sires de Coucy.

Toutes les branches de la maison de Coucy, l'une des plus grandes races féodales de la France, sont éteintes depuis long-temps.

N° 3.

Maire et jurats de Ham. (1223.)

+ SIGILLVM MAIORIS ET IVRATORVM COMMVNIE · HAMENSIS. *Sceau du maire et des jurats de la commune de Ham.* Le maire de Ham, la tête nue, revêtu d'une cotte de mailles, par-dessus laquelle il porte une tunique; il est monté sur un cheval marchant à droite.

Ham, ou Han, en Picardie, petite ville célèbre par son château-fort, appartint long-temps à une famille que l'on croit issue des rois carlovingiens.

CHAMPAGNE.

N° 4.

Guillaume de Champagne, archevêque de Reims. (1195.)

SIGILLVM · WILLELMI · REMENSIS · ARCHIEPISCOPI · *Sceau de Guillaume, archevêque de Reims.* Guillaume de Champagne debout, revêtu des habits archiépiscopaux, tenant la crosse de la main gauche et donnant la bénédiction de la droite.

L'archevêque de Reims, qui s'intitulait premier duc et pair de France, légat-né du Saint-Siége et primat de la Gaule Belgique, avait pour suffragans les évêchés de Soissons, Châlons, comté-pairie, Laon, duché-pairie, Senlis, Beauvais, comté-pairie, Boulogne et Cambray. Tournay et Arras lui furent enlevés au milieu du xvie siècle. Le premier archevêque de Reims fut, dit-on, saint Remy. Ce prélat ayant baptisé et sacré Clovis, ses successeurs jouirent depuis du droit exclusif de sacrer les rois de France, droit qui leur fut confirmé par une bulle papale.

Guillaume de Champagne, dit *aux belles mains*, cardinal et archevêque de Reims, était quatrième fils de Thibaut IV, comte palatin de Champagne et de Brie, et de Mahaud de Carinthie. Ce prélat fut successivement prévôt de l'église de Saint-Quiriace de Provins, de l'église de Soissons, évêque de Chartres, abbé du Mont-Saint-Michel, archevêque de Sens, puis enfin, en 1176, archevêque de Reims. Le pape Alexandre III, qui le fit cardinal en 1179, lui donna un bref pour que nul autre ne pût sacrer et couronner les rois de France. Le 1er novembre 1179, ce prélat sacra dans son église métropolitaine, son neveu, le roi Philippe-Auguste. Cette cérémonie fut la première dans laquelle on ait vu les pairs de France dans un ordre régulier. Quelques historiens assurent

qu'à l'occasion de ce sacre, Louis VII érigea le comté de Reims en duché et pairie, en faveur de cet archevêque; mais on n'a pas de preuves de cette érection, et son successeur Guy Paré est le premier archevêque qui soit mentionné d'une manière certaine comme duc et pair de France. Guillaume de Champagne fut premier ministre de Philippe-Auguste, et, en 1190, lors du passage du roi en Terre-Sainte, il confia à ce prélat la régence du royaume, sous la direction d'Alix de Champagne, sa sœur, mère du Roi. Guillaume mourut au retour d'un voyage à Rome, en 1202.

N° 5.

Chapitre de l'église de Sens. (1213.)

. . . . . . ENSIS · ECCLE. . . . . La légende est presque entièrement effacée. Saint Étienne, patron de la cathédrale de Sens, assis sur un siége sans dossier, tenant d'une main une croix et de l'autre un bâton dont l'extrémité est effacée.

L'archevêque de Sens, une des plus anciennes villes de la Gaule, prenait le titre de primat des Gaules et de la Germanie. Avant l'érection du siége épiscopal de Paris en archevêché, l'évêque de Paris était un des suffragans de l'archevêché de Sens. Le chapitre de l'église de Sens avait neuf dignités et cinq archidiaconés.

N° 6.

Henri de Dreux, archevêque de Reims. (1232.)

. IGILLVM · HENRICI · REMENSIS · ARCHIEPiscopi. *Sceau de Henry, archevêque de Reims.* Henri de Dreux debout, revêtu des habits archiépiscopaux, tenant la crosse de la main gauche et donnant la bénédiction de la droite. Dans le champ, à droite et à gauche, trois fleurs-de-lis disposées perpendiculairement.
Archives du département du Nord, à Lille.

Henri de Dreux, troisième fils de Robert IIe du nom, prince de la maison de France, comte de Dreux et de Brienne, et d'Iolande de Coucy, d'abord évêque de Châlons, fut élu archevêque de Reims, au mois de février 1227. Ce prélat tint des conciles à Saint-Quentin, à Compiègne et à Senlis. Les habitans de la ville de Reims s'étant soulevés contre cet archevêque, leur seigneur temporel en sa qualité de *duc de Reims*, *pair de France*, il les excommunia, et dans une assemblée provinciale, tenue à Senlis en 1225, il fut décidé que le roi Louis IX, n'ayant pas eu égard aux remontrances de l'archevêque sur cette rébellion, les églises de Reims et des évêchés suffragans seraient mises en interdit. Saint Louis ayant ordonné le jugement des coupables, l'interdit fut levé. Henri de Dreux mourut à Courville, le 6 juillet 1240.

N° 7.

Erard de Villehardouin, évêque d'Auxerre. (1271.)

+ SIGILLVM · ERARDI · DEI · GRACIA · EPISCOPI · AVTISSIODORensis. *Sceau d'Erard, par la grâce de Dieu, évêque d'Auxerre.* Erard de Villehardouin debout, revêtu des habits épiscopaux, tenant sa crosse de la main gauche et donnant la bénédiction de la droite. Dans le champ, à gauche, trois colombes et une fleur-de-lys; à droite, trois autres colombes et un astre.

Auxerre, évêché suffragant de Sens, placé par les géographes en Bourgogne, fit pourtant partie du gouvernement de Champagne. Saint Pèregrin passe pour le premier évêque de ce siége. Saint Germain, dit l'*Auxerrois*, n'est regardé que comme le septième prélat de cette ville.

Erard de Villehardouin, dit de Lesigny, de la même maison que le chroniqueur Geoffroy de Villehardouin, était fils de Guillaume de Villehardouin, sire de Lesigny, et de Marguerite de Mello la jeune, et neveu de Guy de Mello, évêque d'Auxerre, auquel il succéda en 1270, après avoir été d'abord doyen du chapitre d'Auxerre. Le pape Nicolas III le fit cardinal et évêque de Palestrine en 1278, et cette année même ce prélat mourut à Rome, où il s'était rendu pour défendre les droits de l'église d'Auxerre; ses restes furent ramenés en France, et il fut enterré à Auxerre dans la cathédrale, avec son oncle, Guy de Mello.

N° 8.

GUILLAUME DE DURFORT, ÉVÊQUE DE LANGRES. (1306.)

SIGILLVM · GVILLELMI · DEI · GRATIA · EPISCOPI · LIN-GONENSIS. *Sceau de Guillaume, par la grâce de Dieu, évêque de Langres.* Sous des arceaux gothiques, Guillaume de Durfort, revêtu des habits épiscopaux, tenant sa crosse de la main gauche et donnant la bénédiction de la droite. En haut, la Vierge assise tenant le Christ enfant; au pied de la colonne de gauche, un écusson aux armes de la duché-pairie de Langres: d'azur à un sautoir de gueules, cantonné de fleurs-de-lis d'or sans nombre; au pied de celle de droite, un écusson qui porte un écartelé; au pied de l'évêque, un autre écusson; celui-ci les porte aux armes de Durfort: d'azur à la bande d'or. L'écusson de droite pourrait être celui de la maison de Gontaut-Biron, maison qui s'est très souvent alliée à celle de Durfort-Duras; les armes de Gontaut sont: écartelé d'argent et de gueules, l'écu en bannière.

Archives du département du Nord, à Lille.

Langres, évêché duché-pairie, était suffragant de Lyon; le premier évêque-pair de ce siége fut Gauthier de Bourgogne, qui assista comme pair de France au sacre de Philippe-Auguste en 1177.

Guillaume de Durfort, quatrième fils de N. de Durfort, seigneur de Clermont-Dessus, et de Hélène, dont on ne connaît pas la maison, d'abord abbé de Moissac en 1293, fut élevé, en 1306, à l'évêché duché-pairie de Langres, par le pape Clément V. En 1309, ce prélat reçut l'hommage de Louis, fils aîné du roi de France, comte de Champagne et de Brie, pour les terres qui mouvaient du duché de Langres. On remarque dans cet acte d'hommage cette clause remarquable : « que lorsque ce prince serait parvenu à la couronne, il ne serait plus obligé » à faire cet hommage en personne, et que comme à sa prière ce prélat » avait bien voulu le recevoir dans l'abbaye du Lys, cela ne pourrait » préjudicier au droit qu'il avait que cet hommage lui fût rendu au lieu » où il avait coutume de le recevoir. » En 1813, on le trouva qualifié vicaire-général du pape; il assista en qualité de duc-pair de France, au jugement rendu contre Robert, comte de Flandres. En 1315, ce prélat fut transféré à l'archevêché de Rouen; il mourut dans cette ville le 24 novembre 1830, et y fut enterré dans la cathédrale.

N° 9.

CHAPITRE DE LA COLLÉGIALE DE SAINT-ÉTIENNE DE TROYES. (xv⁰ siècle.)

SIGILLVM · CAPITVLI · BĪ (*beati*) STEPHANI · TRECN (*Trecensis*). *Sceau du chapitre de Saint-Étienne de Troyes.* Sous des arceaux gothiques, le comte Henri de Champagne, à genoux, la tête nue, revêtu d'un manteau fourré de vair, présentant à un moine, qui lui montre le ciel du doigt, le plan en relief de l'église de Saint-Étienne qu'il fit construire; un séraphin vole au-dessus du plan et semble l'aider à en sou-

tenir le poids. Sous le plan, une banderole sur laquelle on lit : HĔRICvs COMᴇs CAMPANIᴁ. *Henri, comte de Champagne.*

Nous ne connaissons pas la date de ce sceau dont le travail nous paraît appartenir au xv⁰ siècle.

Saint-Étienne de Troyes est une Collégiale fondée en 1157 par Henry-le-Libéral, comte de Champagne. C'était autrefois la Sainte-Chapelle du palais des comtes. Le chapitre était composé de dix dignités et de quatre vingt-sept canonicats.

N° 10.

HUGUES DE MALAUNOY, CHEVALIER. (1209.)

+ SIGILLVM · HVGONIS · DE · MALAVNOI · *Sceau de Hugues de Malaunoy.* Le sire de Malaunoy, armé de toutes pièces, tenant de la main droite une épée nue et monté sur un cheval galopant à droite.

Contre-sceau : l'écu des armes de Malaunoy : trois chevrons et un lambel dont nous ne connaissons pas les émaux. Même légende que sur le sceau.

Nous n'avons pu nous procurer de renseignemens sur ce personnage.

N° 11.

GAUTHIER DE NEMOURS, MARÉCHAL DE FRANCE (1960)

SIGILLVM · GALTERI · DŃI · DE · NEMOSIO · MARESCHALLI · FRANCIE. *Sceau de Gauthier, seigneur de Nemours, maréchal de France.* Gauthier de Nemours, revêtu d'une cotte de mailles, sur laquelle il porte une tunique, portant suspendu au cou un bouclier à ses armes : de sinople à trois jumelles d'argent, à la bordure de gueules. Il tient de la main droite une épée nue levée, et est monté sur un cheval galopant à droite, dont le caparaçon est brodé à ses armes.

Gauthier, III⁰ du nom, seigneur de Nemours, maréchal de France, fut le troisième seigneur revêtu de cette haute dignité, vers l'année 1257. Le maréchal de Nemours était fils de Philippe II, seigneur de Nemours, chambellan du roi saint Louis, et de Marguerite d'Achères. Il mourut sans laisser de postérité de sa femme Alix, dont ou ignore le nom de famille.

N° 12.

PRÉVÔTÉ DE VITRY-LE-FRANÇAIS. (1311.)

+ SIGILLVM · PP̄SITVRE DE VITRIACO. *Sceau de la prévôté de Vitry.* Une grande fleur-de-lys, flanquée à droite d'un écu aux armes de Navarre, et à gauche d'un écu à celles de Champagne.

Contre-sceau : Une couronne ouverte.

Vitry-le-François est une petite ville de la Champagne, reconstruite par François 1ᵉʳ, à qui elle paraît devoir son second nom, à une demi-lieue des ruines de l'ancien Vitry, dit *le brûlé.*

PLANCHE XIII.

N° 1.

ABBAYE DE SAINT-SAUVE DE MONTREUIL. (1286.)

+ SIGILLVM · IOH̄IS · ABB̄IS · BĪ (*beati*) SALVII · DE · MOVSTOLO. *Sceau de Jean, abbé de Saint-Sauve de Montreuil.* L'abbé de Saint-Sauve, la tête nue, revêtu des habits sacerdotaux, tenant la crosse de la main droite et un livre de la gauche. Dans le champ, à droite, deux fleurs-de-lis et le soleil; à gauche, une fleur-de-lis et le croissant.

Saint-Sauve de Montreuil, abbaye de l'ordre de saint Benoît, diocèse d'Amiens, fut fondée, sous Thierry, par saint Sauve, qui la mit sous l'invocation de la Vierge et de saint Pierre. Rameric est le premier abbé de ce monastère mentionné dans le catalogue. Il mourut l'an 1000.

Jean, quinzième abbé de Saint-Sauve, est mentionné par des chartes

de 1276 à 1316. Sous ce prélat, Edouard II, roi d'Angleterre, concéda à l'abbé le droit de haute justice dans ses terres. On ne connaît pas le nom de la famille de cet abbé, ni la date de sa mort.

N° 2.

ENGUERRAND DE CRÉQUY, ÉVÊQUE DE THÉROUANNE.

· · · · · INGERRANNI DEI GRATIA · EPIscopvs · MORI-NENSIs. *Sceau d'Enguerrand, par la grâce de Dieu, évêque de Thérouanne.* Enguerrand de Créquy, revêtu des habits épiscopaux, tenant de la main gauche une crosse et donnant la bénédiction de la droite. Dans le champ, à droite, un écu en losange, sur lequel paraît une fasce : cet écu porte sans doute les armes de Marguerite de Saint-Omer, aïeule d'Enguerrand, qui portait d'azur à la fasce d'or. A gauche, un créquier. Les armes parlantes de la maison de Créquy étaient d'or au créquier de gueules.

Enguerrand de Créquy, quatrième fils de Philippe, sire de Créquy, et d'Alix ou Ide de Picquigny, fut d'abord chanoine de Furnes, puis évêque de Cambrai, en 1275. En 1288, il fut choisi pour arbitre du différend soulevé entre le duc de Brabant et le comte de Gueldres, pour le duché de Limbourg. A la mort de Jacques de Boulogne, il échangea le siège de Cambrai contre celui de Thérouanne, avant l'an 1306. En 1317, il assista au concile de Senlis, et mourut en 1326.

ARTOIS.

N° 3.

GUILLAUME DE FIENNES, CHEVALIER. (1272.)

+ SIGILLVM · DÑI · WILLI · DE · FIENLES. *Sceau de monseigneur Guillaume de Fiennes.* Le sire de Fiennes, couvert d'une cotte de mailles, par-dessus laquelle il porte une tunique ; il est coiffé d'un casque fermé, tient une épée nue levée à droite et porte suspendu au cou un écusson chargé de trois lions, posés deux et un ; il est monté sur un cheval galopant à droite, portant sur la tête un ornement en forme d'éventail et couvert d'un caparaçon aux armes de ce seigneur. La maison de Fiennes portait : d'argent au lion de sable ; cependant, bien que ce seigneur porte trois lions sur son écu, nous n'hésitons pas à croire que c'est le Guillaume II de Fiennes, dont nous donnons la biographie. Le nom de cette maison se trouve écrit dans les anciennes chartes, *Filnes, Fieulnes, Fiennes,* et enfin FIENLES, comme on le trouve sur notre sceau. Quant à la différence des armoiries, on sait que ces changemens étaient très fréquens au XIII° siècle et surtout dans la Flandre. La maison de Béthune, entre autres, nous a fourni plusieurs exemples de ces mutations d'armoiries.

Archives du département du Nord, à Lille.

Guillaume II de Fiennes, baron de Fiennes et de Tingry, fils d'Enguerrand II, sire de Fiennes, et de N. de Condé, assista, en 1267, à la chevalerie de Philippe de France, fils de saint Louis, et en eut les livrées. On sait que lorsqu'un fils de France était fait chevalier, les seigneurs qui assistaient à cette cérémonie recevaient du roi des présens d'habits et d'armes qu'on appelait les livrées. Ce seigneur, dont on connaît les chartes des années 1272, 1274 et 1292, épousa Blanche de Brienne, dame de Loupelande, qui lui donna Jean, baron de Fiennes ; Robert, sire de Roubecq ; Isabeau et Yolande de Fiennes.

N° 4.

CONSEIL DU COMTÉ D'ARTOIS. (1299.)

+ SIGILLVM · CONSILII · COMITATVS · ARTHESIE. *Sceau du conseil du comté d'Artois.* Un écusson aux armes du comté d'Artois : semé de France au lambel de quatre pendans de gueules, chaque pendant chargé de trois châteaux d'or. Autour de cet écusson, des briquets.

Archives du département du Nord, à Lille.

Le comté d'Artois, possédé par deux branches de la maison royale de France, depuis l'an 1254 jusqu'en 1476, était en 1299, date de notre sceau, sous la domination de Robert II, dit l'Illustre. En 1476, l'Artois fut porté dans la maison d'Autriche par le mariage de Marie de Bourgogne avec Maximilien d'Autriche, depuis empereur, mais à la charge de l'hommage envers la France. L'Artois revint définitivement à la France par les traités des Pyrénées (1659) et de Nimègue (1678).

N° 5.

MAIRE ET ÉCHEVINS DE HESDIN. (1228.)

+ SIGILLVM · M (*aioris*) ET SCABINORVM · HESDINII. *Sceau du maire et des échevins de Hesdin.* Un personnage, la tête nue,

couvert d'une armure, sans doute le maire de Hesdin, tenant de la main droite une massue et monté sur un cheval galopant à droite.

Hesdin, petite ville forte du comté d'Artois, l'une des dix-sept provinces des Pays-Bas, fut cédée à la France par la maison d'Autriche, à la paix des Pyrénées, en 1659.

N° 6.

COMMUNE DE SAINT-OMER. (1330.)

+ YMAGO SANCTI · AVDOMARI · EPISCOPI. *Effigie de saint Omer, évêque.* Saint Omer, debout, revêtu des habits épiscopaux, tenant de la main gauche sa crosse et donnant la bénédiction de la droite. Dans le champ, à droite et à gauche, deux fleurs-de-lis.

Contre-sceau : + SIGILLVM · COMMVNIONIS · SANCTI · AVDOMARI. *Sceau de la commune de Saint-Omer.* Les six échevins de la commune de Saint-Omer, assis sur le même banc. Au-dessus, vue des toits de l'Hôtel-de-Ville.

Archives du département du Nord, à Lille.

Saint-Omer, ville forte du comté d'Artois, fut prise par les Français sur les Espagnols en 1677, mais elle ne fut cédée définitivement à la France que par la paix de Nimègue, en 1678.

LORRAINE.

N° 7.

ÉGLISE DE SAINT-PAUL DE METZ. (XIII° siècle.)

SIGILLVM · SANCTI · PAVLI · METENSIS · ECCLESIE. *Sceau de l'église de Saint Paul de Metz.* Saint Paul nimbé, la tête nue, tenant une banderole sur laquelle on lit : SCS PAVLVS METENSIS.

Cabinet de M. A. P. de Longpérier.

N° 8.

CONRAD BAYER, ÉVÊQUE DE METZ. (1420.)

SIGILLV · CONRADI · DEI · ET · SCE · SEDIS · GRACIA · EPISCOPI · METENSIS. *Sceau de Conrad, par la grâce de Dieu et du Saint-Siége, évêque de Metz.* Sous des arceaux gothiques, saint Étienne, patron de la cathédrale de Metz, nimbé, debout, tenant de la main droite une palme et de l'autre un livre. Sous la figure de saint Étienne, dans un médaillon, le buste d'un évêque. A chacune des colonettes gothiques, un écusson aux armes de l'évêque : écartelé : au premier et quatrième d'argent au lion de sable, armé lampassé et couronné d'or qui est Bayer de Boppart ; le blason des deuxième et troisième quartiers est trop confus pour qu'on puisse le reconnaître.

L'église de Metz, dont le patron est saint Étienne, reconnaît saint Clément pour premier évêque.

Conrad Bayer de Boppart, fils de Conrad Bayer de Boppart, et de Marie Paroye, prit possession de l'évêché de Metz le 22 juin 1416. Aussi remarquable par les qualités de l'esprit, que par sa beauté physique, cet évêque s'illustra par la sage administration de son siége, et remplit avec distinction les missions dont il fut chargé dans les villes de Rome, de Constance et de Bâle. En 1424, il tint Jean de Lorraine, fils du roi René, sur les fonts baptismaux, et la même année il racheta à grands frais les domaines épiscopaux aliénés par ses prédécesseurs. Ce prélat assista au concile de Bâle et mourut le 20 avril 1459.

N° 9.

ADHÉMAR DE MONTEIL, ÉVÊQUE DE METZ. (1328.)

SIGILLVM · ADEMARI · DEI · GRACIA · EPISCOPI · METENSIS. *Sceau d'Adhémar, par la grâce de Dieu, évêque de Metz.*

7

Adhémar de Monteil, revêtu des habits épiscopaux, assis; il tient de la main gauche sa crosse et donne la bénédiction de la droite. A droite, à gauche et en bas, trois écussons aux armes de l'évêque.

Adhémar de Monteil, fils de Hugues, seigneur de Monteil, et de Constance de Poitiers, d'abord archidiacre de Reims, succéda dans l'évêché de Metz à Louis de Poitiers, son oncle, en 1327. En 1328, il fit la guerre à Raoul, duc de Lorraine, et profitant de l'absence de ce prince, il assiégea Château-Salins, dont il ne réussit cependant pas à s'emparer. Ce prélat restaura la cathédrale de Saint-Étienne, et y fonda des anniversaires. En 1336, il reçut avec grande pompe l'empereur Charles-Quint à Metz. L'évêque de Metz mourut en 1361, et fut enterré dans la cathédrale. Il était de la même famille que le comte de Grignan, Adhémar de Monteil, gendre de la marquise de Sévigné.

N° 10.

GOBERT D'ASPREMONT, CHEVALIER. (1326.)

+ SIGILLVM · GOBERTI · DÑI · DE · ASPEROMONTE · MILITIS. *Sceau de Gobert, seigneur d'Aspremont.* Le sire d'Aspremont, couvert d'une cotte de mailles, sur laquelle il porte une tunique à ses armes; de gueules à la croix d'argent et coiffé d'un casque fermé orné de lambrequins et d'un cimier

en forme d'éventail; il porte au bras droit un écusson à ses armes et tient de la main droite une épée nue levée; le sire d'Aspremont est monté sur un cheval galopant à droite, dont le caparaçon est brodé à ses armes.

Gobert VI, baron d'Apremont, fils de Gobert V, et d'Isabelle, dame de Kievrain, succéda à son père en 1302. Il épousa Marie de Bar, dont il eut Geoffroy III, à qui il céda la baronnie d'Apremont en 1325. On croit que Gobert VI mourut vers 1390. La maison d'Apremont est une des plus anciennes et des plus nobles de la Lorraine. Le sire d'Apremont obtint de l'empereur Charles IV un diplome par lequel la seigneurie d'Apremont serait affectée à perpétuité aux mâles de cette maison, qui aurait le droit d'anoblir et de battre monnaie. C'était le premier feudataire de l'évêque de Metz.

N° 11.

COMMUNE DE TOUL. (1406.)

· · · VNIVSITATIS TVLL. (*Sceau*) *de la commune de Toul.* Le martyre de saint Étienne, patron de Toul. Un homme lève une massue sur la tête de saint Étienne, à genoux, nimbé.

Toul, ville impériale et épiscopale, enclavée comme Metz dans la Lorraine, sans que ces villes aient jamais été soumises au souverain de ce duché, a été réunie à la France en 1552, en même temps que Metz et Verdun.

PLANCHE XIV.

N° 1.

COMMUNE DE VERDUN. (1343.)

+ SIGILLVM VNIVERSITATIS · VERDVNI. *Sceau de la commune de Verdun.* La porte principale de Verdun, flanquée de deux tours.

Contre-sceau : + SIGILLVM VNIVERSITATIS · VERDVNI. *Sceau de la commune de Verdun.* Une croix semblable à celle des armes des anciens comtes de Toulouse.

Verdun, ancienne ville épiscopale, dont l'évêque prenait le titre de comte de Verdun, fut gouvernée par ses propres lois, sous son évêque, comme ville impériale, jusqu'en 1552, que Henri II, roi de France, s'en empara, ainsi que de Toul et de Metz. Ces trois villes formèrent ce qu'on appelait avant la révolution le gouvernement particulier des Trois Évêchés. Ce gouvernement fut souvent réuni au gouvernement général de Lorraine.

ALSACE.

N° 2.

BOURGEOIS DE LA VILLE DE STRASBOURG. (XIIIᵉ siècle.)

+ SIGILLVM · BVRGENSIVM · ARGENTINENSIS · CIVITATIS. *Sceau des bourgeois de la ville de Strasbourg.* Sous le portail d'une église flanquée de six tours, la Vierge portant le Christ enfant, assise sur un trône, la couronne en tête et le sceptre en main. Au-dessus de sa tête, sur les arceaux, on lit : VGO ROGA PLE Q PLEBE SVA ET VRBE. L'altération que le temps a fait subir aux caractères, ne permettraient pas de déchiffrer dans ces abréviations le vers latin qui suit, s'il n'était cité par Schœflin, dans son *Alsatia illustrata.*

VIRGO ROGA PROLEM QVOD PLEBEM SERVAT ET VRBEM

Vierge, prie ton fils pour qu'il protége le peuple et la ville. Archives du département du Nord, à Lille.

Strasbourg, ancienne ville impériale, dont l'évêque prenait le titre de landgrave d'Alsace, ne fut réunie à la France avec le reste de cette province qu'en 1681.

N° 3.

VILLE DE STRASBOURG. (1632.)

SIGILLVM · SECRETVM · CIVITATIS · ARGENTINENSIS · 1632.

Sceau secret de la ville de Strasbourg. 1632. La Vierge portant le Christ enfant, assise sous un dais; comme sur le sceau précédent, elle a la couronne en tête et tient un sceptre de la main droite. En bas, l'écu des armes de Strasbourg; d'argent à la bande de gueules; les supports sont un dauphin et un sphinx. Au sommet du dais, deux anges agenouillés soutenant la fleur-de-lis, type des monnaies de Strasbourg; la forme de cette fleur-de-lis est imitée de celle des florins de Florence.

N° 4.

COMMUNE DE MULHOUSE. (1549.)

+ SIGILLVM · VNIVERSITATIS · DE · MVLAHVSEN. *Sceau de la commune de Mulhouse.* La roue de meule des armes parlantes de Mulhouse.

Mulhouse, en allemand Mulhausen, ville impériale de l'Alsace, alliée aux cantons Suisses dès 1515, embrassa la religion réformée en 1529, n'a été réunie à la France qu'en 1798.

BOURGOGNE.

N° 5.

JEAN DE CHALON, SIRE D'ARLAY. (1292.)

· · · SIGILLVM · IOHANNIS · · · · ABIL · · · · DOMINI · DE · ARL · · · · *Sceau de Jean de Châlon, sire d'Arlay.* Le sire d'Arlay, armé de toutes pièces, coiffé d'un casque fermé, portant au bras gauche un écu aux armes de Châlon, d'or à la bande de gueules, et monté sur un cheval galopant à gauche, dont la tête est ornée de deux cornes de cerf, et dont le caparaçon est brodé aux armes de ce seigneur. Archives du département du Nord, à Lille.

Jean de Châlon, Iᵉʳ du nom, seigneur d'Arlay, surnommé *Brichemel*, était fils puîné de Jean Iᵉʳ, comte de Bourgogne, et de Laure de Commercy. Il accompagna, en 1304, le roi Philippe-le-Bel au siége de Lille, reçut en 1306 le gouvernement de Bourgogne, et reconnut le tenir du roi, faisant promesse de le rendre à lui ou à ses successeurs lorsqu'il en serait requis. Ce seigneur fut chargé, en 1308, conjointement avec Agnès de France, duchesse de Bourgogne, de ménager une trève entre Jean, dauphin de Viennois, et Aimé, comte de Savoie. On ignore la date de la mort de Jean de Châlon. Il eut deux femmes; 1° Marguerite, fille de Hugues IV, duc de Bourgogne, dont il eut Hugues de Châlon, seigneur d'Arlay, Jean de Châlon, évêque et duc de Langres, et Isabelle de Châlon, mariée à Louis de Savoie, seigneur de Vaud; 2° Alix de Clermont, dont il n'eut qu'une fille, Catherine, morte sans alliance.

N° 6.

JEAN DE MONTAGU, SIRE DE COUCHES. (1435.)

SCEL · IEHAN · DE · MŌTAGV · SIRE · DE · CŌCHES. Le sire de Couches, armé de toutes pièces, coiffé d'un casque dont le cimier est un objet pointu terminé par une boule placée entre deux cornes de cerf; ce seigneur porte un bouclier à ses armes : bandé d'or et d'azur de six pièces, à la bordure de gueules; ces armes sont celles des ducs de Bourgogne de la première maison dont était issu ce seigneur. Le sire de Couches est monté sur un cheval galopant à droite, dont le caparaçon est brodé à ses armes et qui porte sur la tête un ornement semblable à celui qui forme le cimier. Dans le champ, deux rameaux.

Jean de Montagu, II° du nom, seigneur de Couches, d'Éspoisse, etc., fils de Philibert II de Montagu, et de Jeanne de Vienne, descendait directement de Robert, roi de France, père de Robert Ier, duc de Bourgogne, dont l'un des successeurs à ce duché, Hugues III, eut pour fils Alexandre de Bourgogne, tige des seigneurs de Montagu. En qualité de chevalier banneret, le sire de Couches servit sous les ducs de Bourgogne avec deux chevaliers-bacheliers et soixante-huit écuyers. En 1411, il vint à Paris, et on sait qu'il vivait encore en 1438. Jean de Montagu épousa Jeanne de Mello, dame d'Éspoisse, dont il eut Claude, qui lui succéda dans la seigneurie de Couches, et Philippe, mariée à Louis de La Trémouille. On ignore la date de la mort de ce seigneur, dont la postérité légitime s'éteignit en la personne de son petit-fils, Claude de Montagu.

N° 7.

GUILLAUME DE THIANGES. (XIII° siècle.)

SIGILLVM · GVILL̄I · DE · TYENGES · DÑI · DE . . . . · MOTE. *Sceau de Guillaume de Thianges, sire de   mont.* Guillaume de Thianges, armé de toutes pièces, coiffé d'un casque grillé et dont le cimier est en forme d'éventail, portant, suspendu au cou, un écusson à ses armes : d'or à trois trèfles de gueules; il est monté sur un cheval galopant à droite, dont le caparaçon est brodé à ses armes.
Archives du département du Nord, à Lille.

Le généalogiste de la maison de Thienges ou Thianges ne donnant pas les premiers degrés de cette ancienne famille, nous n'avons pu recueillir d'autres renseignemens sur ce personnage que les émaux de ses armes. Il portait d'or à trois trèfles de gueules. Il ne faut pas confondre cette maison de Thienges, avec les marquis de Thianges, qui sont une branche de la maison de Damas.

N° 8.

JEAN, SIRE DE FAUCOGNY. (1307.)

✠ SIGILLVM · IOHANNIS · DOMINI · DE · FACOGNEIO · *Sceau de Jean, sire de Faucogny.* Dans une rosace, dont chaque coin est occupé par une fleur-de-lis au pied coupé, un écu aux armes du sire de Faucogny : d'or à trois bandes de gueules.

Jean, sire de Faucogney ou Faucogny, deuxième fils de Jean, sire de Faucogny, vicomte de Vesoul, et d'Elvis de Joinville, est mentionné, dès 1304, dans une charte où il figure comme exécuteur du testament de Richard, sire de Neufchâtel. Ce seigneur, voulant augmenter ses domaines, s'empara de vive force de la *Maison de Brotte*, qui appartenait à la riche abbaye de Luxeuil. Les moines s'étant plaints de cet acte de violence au roi de France, *gardien de Luxeuil*, le prince manda au gouverneur du comté de Bourgogne de citer devant lui le sire de Faucogny, qui se soumit aux ordres du roi et donna trois de ses chevaliers en otages, comme garans de sa bonne foi. Il avait épousé Catherine de Neufchâtel, dont il eut quatre fils et une fille. On ignore la date de sa mort.

N° 9.

PIERRE, SIRE DE PRÉAUX. (XIV° siècle.)

✠ SIGILLVM · PETRI · DÑI · DE · PRATELLIS · MILITIS · *Sceau de Pierre, sire de Préaux, chevalier.* Le sire de Préaux, armé de toutes pièces, coiffé d'un casque fermé, portant suspendu au cou un bouclier à ses armes : de gueules à l'aigle d'or; il tient de la main droite une épée nue levée, et est monté sur un cheval galopant à droite, dont le caparaçon est brodé aux armes de ce seigneur.

Pierre, seigneur de Préaux, fut le dernier seigneur de cette maison qui se fondit dans une branche de celle de Bourbon. Ce seigneur avait épousé Blanche Crespin, dame de Dangu et de Thury. Elle ne lui donna qu'une fille, Marguerite, héritière de la terre de Préaux, mariée d'abord à Jean, seigneur de la Rivière, premier chambellan du roi Charles V. La dame de Préaux étant devenue veuve, épousa, avant 1397, Jacques de Bourbon, fils du connétable Jacques de Bourbon, comte de la Marche, à qui elle porta les seigneuries de Préaux, de Dangu et de Thury. Elle mourut avant le mois de septembre 1417, après avoir donné à son mari cinq fils et une fille.

N° 10.

LOUIS DE CHALON, COMTE DE TONNERRE. (XIV° siècle.)

✠ SCEL · LOVIS · DE · CHALON · CONTE · DE · TONERRE · EN · SA · TERRE DE · THORY & DE PLISOYE. L'écu des armes de Châlon : d'or à la bande de gueules. La bande est chargée d'ornemens dus au caprice du graveur de ce sceau. Les supports de cet écu ainsi que le cimier sont des lézards.

Louis de Châlon, Ier du nom, comte de Tonnerre, fut fait chevalier au siége de La Charité-sur-Loire, avec Robert d'Alençon, comte du Perche en 1364, et mourut en 1398.

Il était fils de Jean de Châlon, III° du nom, comte d'Auxerre et de Tonnerre, et de Marie Crespin, dame de Louves, et avait épousé Marie de Parthenay, dont il eut Louis II de Châlon, tué à la bataille de Verneuil, et sept autres enfans. Aucun des enfans mâles de Louis Ier de Châlon n'ayant laissé de postérité, sa fille, Marguerite de Châlon, porta le comté de Tonnerre à son mari Olivier, seigneur de Husson, chambellan du roi Charles VII, d'où sont sortis les ducs de Saint-Aignan.

N° 11.

PARLEMENT DE BEAUNE. (1387.)

✠ SIGILLVM · CVRIE · PARLEMENTI · BELNE. *Sceau de la Cour de Parlement de Beaune.* L'écu des armes des ducs de Bourgogne de la seconde maison : écartelés au premier et au quatrième semé de France, à la bordure componée d'argent et de gueules, qui est Bourgogne-Moderne; au deuxième et troisième bandé d'or et d'azur de six pièces qui est Bourgogne-Ancien.

Avant l'érection du parlement de Bourgogne par Louis XI, la haute juridiction de ce duché était concentrée dans les parlemens de Beaune et de Saint-Laurens. En 1361, le roi Jean donna à celui de Beaune le pouvoir de juger souverainement.

N° 12.

COMMUNE DE DIJON. (XIII° siècle.)

✠ SIGILLVM · CŌMMVNIE · DIVIONIS. *Sceau de la commune de Dijon.* Le maire de Dijon, la tête nue, monté sur un cheval galopant à droite. Les têtes des vingt échevins de Dijon, au-dessous de la légende.
Cabinet de France.   (Matrice en bronze.)

Dijon, capitale du duché de Bourgogne, ne fut le siège du parlement de cette province que sous Louis XI, en 1476. Sous les ducs, le parlement siégeait à Beaune. Depuis sa réunion à la couronne, à la mort de Charles-le-Téméraire, Dijon n'a plus cessé d'appartenir à la France.

En 1187, Hugues III, duc de Bourgogne, concéda à la ville de Dijon le droit de commune et de mairie avec la justice et la police. En 1284, Robert II réunit la vicomté à la mairie; depuis cette époque, le maire porta le titre de vicomte-maire ou mayeur. En 1688, Louis XIV réduisit les vingt échevins de Dijon à six.

PLANCHE XV.

NIVERNAIS.

N° 1.

GAUTHIER, ÉVÊQUE DE NEVERS. (1201.)

✛ SIGILLVM · GALTERI · NIVERNENSIS · EPISCOPI. *Sceau de Gauthier, évêque de Nevers.* Gauthier debout, revêtu des habits épiscopaux, tenant de la main droite une crosse et de la gauche un livre.

Nevers, évêché suffragant de la métropole de Sens, a eu pour premier évêque *Tauricianus.* L'évêque, à son entrée solennelle à Nevers, était porté par les barons de Druy, de Poysen, de Cours les Barres et de Givry, premiers barons du Nivernois.

Gauthier, cinquante-deuxième évêque de Nevers, d'abord archidiacre de Troyes, est nommé évêque de Nevers dans des chartes des années 1196 et 1199. Cet prélat mourut le 11 janvier 1202.

N° 2.

CHAPITRE DE L'ÉGLISE DE NEVERS. (1317.)

✛ SIGILLVM · CAPITVLI · . . . . NIVERNENSIS. *Sceau du chapitre de l'église de Nevers.* Un saint, nimbé, couronné, tenant un sceptre, vu à mi-corps.

Le chapitre de l'église de Nevers eut pour premiers patrons saint Gervais et saint Protais; et depuis Charles-le-Chauve, il est sous l'invocation de saint Cyr. Ce chapitre était composé de trente-six chanoines et de sept dignités.

N° 3.

PRIEURÉ DE SAINT-MARTIN DE NEVERS. (XIVᵉ siècle.)

✛ SIGILLVM · PRIORIS · SCI · MARTINI · NIVERNENSIS · *Sceau du prieur de Saint-Martin de Nevers.* Le prieur, la tête nue, revêtu de l'habit de l'ordre de Saint-Augustin, tenant un livre des deux mains.

Saint-Martin de Nevers, abbaye de l'ordre de Saint-Augustin, fut dotée en partie par Henri, baron de Donzy, et par sa femme Mathilde de Courtenay. Cette abbaye reconnaît pour premier abbé Bertrand, vers 1157.

LYONNAIS ET BEAUJOLAIS.

N° 4.

ÉGLISE PRIMATIALE DE LYON. (1307.)

✛ SI GILLVM · SAC . . TE (pour SACRO SANCTÆ) LVGDVNENSIS ECCLESIE. *Sceau de la très sainte église de Lyon.* Personnage, assis sur un trône, revêtu d'une longue robe, la tête ceinte d'une couronne royale ouverte, tenant de la main un sceptre terminé par une fleur-de-lis.

L'église primatiale de Lyon fut consacrée d'abord à saint Étienne, puis fut placée sous l'invocation de saint Jean. Le chapitre se compose de vingt-six chanoines et de neuf dignités; comme l'archevêque, les chanoines de Saint-Jean de Lyon prennent le titre de comtes de Lyon. Ils faisaient autrefois des preuves de noblesse très sévères. Le roi de France était premier chanoine comte de Lyon né. L'archevêque prenait le titre de primat des Gaules. Le premier archevêque est saint Pothin. Les évêchés suffragans de Lyon, sont ceux d'Autun, de Langres, de Châlons et de Mâcon.

N° 5.

LOUIS DE VILLARS, ARCHEVÊQUE-PRIMAT DE LYON (1307.)

SIGILLVM · LVDOVICI · DI · GRATIA · PRIMAS · LVGDV-

NENSIS · ECCE · ARCHIEPIscovvs. *Sceau de Louis, par la grâce de Dieu, archevêque-primat de l'église de Lyon.* Louis de Villars, revêtu des habits archiépiscopaux, tenant la crosse de la main gauche et donnant la bénédiction de la droite, assis sur un siége sans dossier. Au-dessus, un dais gothique sous lequel sont placées la figure de la Vierge assise tenant le Christ enfant sur ses genoux; à gauche, les figures à mi-corps de deux saints. Dans le champ, à droite, un écu aux armes de Villars, bandé d'or et de gueules de six pièces; à gauche, un écu qui porte une croix primatiale. Cet écusson est sans doute ici la marque de la dignité de primat des Gaules.

Louis de Villars, fils d'Humbert IV, seigneur de Villars, d'abord archidiacre de Lyon, succéda, dans l'archevêché de Lyon, à Henri de Villars, son grand-oncle, en 1301. Sous ce prélat, Guichard, sire de Beaujeu, se reconnut feudataire de l'église de Lyon. Louis de Villars mourut en 1308.

N° 6.

PIERRE DE SAVOIE, ARCHEVÊQUE DE LYON. (1312.)

✛ SIGILLVM · PETRI · DE SABAVDIA · DI · GRATIA · PME· (PRIMATIÆ) LVGDVNENSIS · ECCLISIÆ · ARCHIEPIscovvs. *Sceau de Pierre de Savoie, par la grâce de Dieu, archevêque de l'église primatiale de Lyon.* Sous un dais gothique, Pierre de Savoie, assis sur un siége sans dossier, revêtu des habits archiépiscopaux, tenant la crosse de la main gauche et donnant la bénédiction de la droite. En bas, un écusson aux armes de la maison de Savoie : de gueules à la croix d'argent.

Pierre de Savoie, fils de Thomas, prince de Piémont, comte de Maurienne, et de Guyette de Bourgogne, fut fait archevêque de Lyon en 1308. Il entama un traité avec le roi Philippe-le-Bel pour le domaine temporel et la juridiction civile de la cité de Lyon, et des dissensions s'étant élevées entre le chapitre et l'archevêque, le roi intervint en qualité de seigneur suprême, et enfin prétendit que la justice séculière, qui était le point en litige, lui appartenait. Pierre de Savoie, mécontent de cette prétention, commit des hostilités sur les domaines du roi. Louis, roi de Navarre, fils aîné du roi de France, depuis Louis X, envoyé contre ce prélat, s'empara de sa personne et le conduisit à Paris, sous la garde d'Amédée, comte de Savoie. Pierre de Savoie ne fut rendu à la liberté qu'en 1312, à la condition de céder le temporel de la ville. Philippe-le-Long rendit le pouvoir temporel à l'église de Lyon, en se réservant la souveraineté. Pierre de Savoie mourut en 1328, à l'âge de cinquante-trois ans.

N° 7.

HENRI DE VILLARS, ARCHEVÊQUE ET COMTE DE LYON. (1346.)

✛ SIGILLVM · HENRICI · ARCHIEPIscopi · LVGDVNENSIS · LO-CVM TENENS DEL . . . NI · VIENNENSIS. *Sceau de Henri, archevêque de Lyon, lieutenant du dauphin de Viennois.* Dans une rosace, un écusson aux armes de l'archevêque Henri de Villars, bandé d'or et de gueules de six pièces, brisé d'une croix de Saint-Mauris, au pied fiché d'azur. Dans la rosace, trois dauphins.

Henri II, de Villars, fils de Humbert V, seigneur de Villars, et de Léonore de Beaujeu, neveu de Louis, archevêque de Lyon, fut d'abord chanoine de Lyon, puis évêque de Viviers, en 1333. En 1335, Humbert, dauphin de Viennois, le fit gouverneur-général de tous ses fiefs. En 1346, il changea son siége contre celui de Valentinois et de Die. Enfin, ses grandes qualités décidèrent le chapitre de Lyon à le nommer archevêque, en 1332. Ce prélat fut le ministre principal du dauphin, et il ne contribua pas peu à le décider à céder le Viennois au roi de France. Dans l'assemblée générale des États du Viennois, les suffrages du clergé furent pour le pape, ceux de la noblesse pour le roi de France, et ceux du peuple pour le comte de Savoie. L'influence d'Henri de Villars sur l'esprit du dauphin le détermina en faveur de la maison de France. Le roi Jean, en reconnaissance de cet important service, nomma l'archevêque de Lyon gouverneur du Dauphiné, au nom de son fils Charles. Pierre de Villars, qui signa, en 1349, le pacte définitif de cession du Dauphiné, mourut le 2 mai 1357, et fut inhumé dans la chapelle de la Madeleine.

Il ne faut pas confondre cette maison de Villars, qui donna plusieurs prélats à l'église de Lyon, avec celle qui a donné le maréchal de ce nom et cinq archevêques de Vienne en Dauphiné, ni avec celle des ducs de Villars-Brancas.

N° 8.

Charles II, de Bourbon, archevêque de Lyon. (1482.)

Sur une banderolle : SIGILLVM . . . . . . CARDINALIS DE BORBONIO. *Sceau de . . . . cardinal de Bourbon.* Uu écusson, surmonté de la croix primatiale et d'un chapeau de cardinal; les armes du cardinal étaient : de France au filet de gueules mis en bande, brisure de la maison de Bourbon. Archives du département du Nord, à Lille.

Charles, IIe du nom, duc de Bourbon, cardinal, archevêque et comte de Lyon, troisième fils de Charles Ier, duc de Bourbon, et d'Agnès de Bourgogne, naquit vers 1434, et fut d'abord chanoine et chantre de l'église de Lyon. Il fut sacré archevêque de cette ville en 1470. Choisi par le roi Louis XI pour être parrain de son fils, depuis Charles VIII, il négocia la paix entre ce prince et le duc de Bourgogne, ainsi que celle avec François II, duc de Bretagne. Le roi demanda et obtint pour lui le chapeau de cardinal, en 1476. A la mort de son frère aîné, Jean II, Charles de Bourbon prit le titre de duc de Bourbon, mais la duchesse de Beaujeu lui ayant disputé cet héritage, il se contenta du Beaujolais et de 20,000 liv. de pension. Ce prince fit rebâtir le palais archiépiscopal de Lyon, et fonda dans sa métropole une chapelle qui prit le nom de Bourbon. Le cardinal de Bourbon mourut à Lyon, le 13 septembre 1488.

N° 9.

Sibylle de Hainaut, dame de Beaujeu. (1226.)

+ SIGILLVM · SYBILLE . . . NE (*domine*) . . . . . OCI. *Sceau de Sibylle, dame de Beaujeu.* La dame de Beaujeu, la tête nue, revêtue d'une longue robe, montée sur un cheval allant à gauche, et portant l'oiseau au poing. Archives du département du Nord, à Lille.

Sibylle de Hainaut, fille puînée de Baudouin V, comte de Hainaut, et de Marguerite d'Alsace, épousa Guichard III, sire de Beaujeu, vers la fin du xiie siècle, et fut mère de Humbert V, connétable de France. (*Voyez le n° suivant.*)

N° 10.

Humbert de Beaujeu, connétable. (1239.)

. . . . . MBTI · DE BELLOIOCO · DN̄I · MŌTISPĀCERII · CONESTABVLArii · FRA . . . . . *Sceau de Humbert de Beaujeu, seigneur de Montpensier, connétable de France.* Humbert de Beaujeu, revêtu d'une cotte de mailles sur laquelle il porte une tunique, coiffé d'un casque grillé à plate-forme, portant au cou un bouclier à ses armes : d'or au lion de sable, armé et lampassé de gueules, brisé d'un lambel de trois pendans du même, mis en fasce; il tient une épée nue levée de la main droite et est monté sur un cheval galopant à droite, dont le caparaçon est brodé à ses armes.

Humbert V, sire de Beaujeu, connétable de France, fils de Guichard III et de Sibylle de Hainaut, servit sous les rois Philippe-Auguste et Louis VIII, dans la guerre contre les Albigeois, et força le comte de Toulouse à demander la paix. En 1239, il accompagna Baudouin de Courtenay à Constantinople et assista à son couronnement. Ce fut à l'époque de son retour en France qu'il fut pourvu de la charge de connétable. Le connétable ne vivait plus en 1251. Il eut de Marguerite de Baugé, sa femme, Guichard IV, sire de Beaujeu, et quatre filles.

N° 12.

Sceau ordinaire de la commune de Lyon. (1271.)

+ SIGILLVM · COMMVN · VNIV̄SI . . . . . · TAT · LVGDvnensis. *Sceau ordinaire de la commune de la ville de Lyon.* Vue de l'ancien pont de l'Archevêché de Lyon. De chaque côté de la grande croix qui occupe le milieu du pont, une fleur de-lis et un lion.

Lyon, capitale de l'ancien gouvernement du Lyonnais, l'une des plus anciennes villes de France, eut de bonne heure une organisation municipale. Cette ville se gouverna long-temps elle-même, et dans les premiers siècles de la monarchie, le titre de comte qu'a toujours pris le prélat n'était pas un vain mot. Il était souverain de la ville, y battait monnaie et y exerçait presque tous les droits régaliens. En 1312, après diverses contestations, le *domaine utile* de la ville de Lyon qui avait été confisqué sur l'archevêque Pierre de Savoie par Philippe-le-Long, lui fut rendu par ce prince, qui se réserva la souveraineté.

N° 15.

Commune et ville de Lyon. (xiiie siècle.)

. . . . . VNSI . . IS . . . ET . . . VITATIS · LVG. *Sceau de la commune et de la ville de Lyon.* Vue du pont de l'Archevêché de Lyon; au milieu, une grande croix.

N° 13.

Sceau secret de la commune de Lyon. (1320.)

+ Sigillvm · SECRETI · VNIVERSITATIS · LVGDvnensis · *Sceau du secret de la commune de Lyon.* Vue du pont de l'Archevêché de Lyon, prise d'un autre côté qu'au n° 15; au milieu, le lion tenant une fleur-de-lis.

N° 14.

Cour de Villefranche. (xiiie siècle.)

+ C̄Trasigillvm · CVRIE · EXSECVTŌNIS · . . . . · VILLEFRANCHE DN̄I NR̄I REGIS. *Contresceau de la cour de l'exécution de notre sire, le roi, à Villefranche.* Un écusson aux armes de France-Ancien.

Villefranche est une petite ville de la baronnie de Beaujolais, et était autrefois comprise dans le gouvernement général du Lyonnais.

PLANCHE XVI.

ORLÉANAIS.

N° 1.

Manasses de Seignelay, évêque d'Orléans.

+ SIGILLvm · MANASSE AVRELIANENSis EPIscopvs. *Sceau de Manasses, évêque d'Orléans.* Manasses, debout, revêtu des habits épiscopaux, tenant sa crosse de la main gauche et donnant la bénédiction de la droite.

Contre-sceau en losange : + FVGITE PARTES ADVERSE. *Fuyez, ennemis!* Une croix.

L'évêché d'Orléans fut suffragant de Sens, jusqu'à l'érection en archevêché du siége de Paris, en 1622, qu'il fut réuni à cette nouvelle métropole. Le premier évêque d'Orléans est saint Altin.

Manasses de Seignelay était fils de Burcard, seigneur de Seignelay et d'Aanorde, qui était issu de la même famille que saint Bernard, et frère de Guillaume de Seignelay, évêque d'Auxerre. Il fut d'abord archidiacre d'Auxerre et de Sens, et refusa le siége de cette métropole. En 1209, les barons et les évêques ayant été appelés par le roi pour faire partie de l'armée destinée à faire le siége d'une forteresse de Bretagne, Manasses et Guillaume, son frère, refusèrent de partir, et même n'y envoyèrent pas leurs vassaux, alléguant qu'ils n'y étaient obligés que lorsque le roi lui-même marchait à la tête de la noblesse. Cette querelle ayant été apaisée, Manasses se croisa, à l'exemple du roi, contre les Albigeois, en 1211. En 1213, il ceignit la ceinture militaire à Amaury, fils du comte de Montfort. Ce prélat mourut le 28 septembre 1221.

Nº 2.

Henri de Grez, évêque de Chartres. (1244.)

+ SIGILLVM · HENRICI · EPISCOPI · CARNOTENSIS. *Sceau de Henri, évêque de Chartres.* Henri de Grez, debout, revêtu des habits épiscopaux, la mitre en tête, tenant une crosse de la main gauche et donnant la bénédiction de la droite.

L'évêché de Chartres fut suffragant de l'archevêché de Sens jusqu'en 1622, qu'il fut donné à la métropole qu'on venait d'ériger à Paris. Le premier évêque de Chartres est saint Adventus.

Henri de Corbeil, dit de Grez, d'une noble famille qui a donné un évêque d'Auxerre et un maréchal de France, était fils de Barthélemy de Corbeil et d'Hawide, dame de Grez. Ce prélat assista, comme évêque de Chartres, en 1245, au concile de Lyon et à la dédicace de la Sainte-Chapelle de Paris, en 1248. On ignore la date de sa mort, mais il était mort en 1259.

Nº 3.

Jean de Vailly, doyen d'Orléans. (1437.)

SIGILLVM · IOHANNIS DE VAILYACO · DECANVS · AVRELIANENSIS. *Sceau de Jean de Vailly, doyen d'Orléans.* Sous un dais, surmonté d'une croix, le Christ portant sa croix. En bas, un écusson aux armes du doyen; sur cet écu paraît une croix qui semble vairée.

Bien que Blanchard et l'Hermite-Souliers, dans leurs *Éloges des présidents au Parlement de Paris*, donnent pour armes à la famille dont était issu Jean de Vailly, un échiqueté d'argent et de sable, nous n'hésitons pas à assurer que le personnage représenté sur notre sceau est bien celui dont nous donnons la biographie. Le travail du sceau qui est celui du commencement du xvᵉ siècle, époque à laquelle vivait ce personnage, nous confirme encore dans cette opinion. Peut-être cette différence d'armoiries ne tient-elle qu'à un changement adopté par le doyen d'Orléans, comme brisure.

Le doyen de l'église d'Orléans était nommé par le chapitre et confirmé par l'évêque. A cette dignité capitulaire était affecté le plus grand archidiaconat.

Jean de Vailly, fils de Jean de Vailly, président au parlement de Paris, et de Jeanne Gillier des Forges, fut licencié *in utroque jure*, reçu conseiller-clerc au parlement de Paris, alors transféré à Poitiers, le 12 avril 1425, archidiacre de Thouars, diocèse de Poitiers, puis quarante-quatrième doyen d'Orléans, en 1436. En 1438, il fut élu évêque d'Orléans; mais Guillaume Charrier, son compétiteur, l'emporta sur lui, par décision du pape. Jean de Vailly resta donc doyen jusqu'en 1475, qu'il résigna cette dignité. Il mourut presque centenaire, à la fin du xvᵉ siècle.

Nº 4.

Chapitre de l'église d'Orléans. (1218.)

+ SIGILLVM · SCE · CRVCIS · AVRELIANENSis. *Sceau de Sainte-Croix d'Orléans.* Un saint, vu à mi-corps, nimbé, tenant de la main gauche une croix.

L'église cathédrale d'Orléans est dédiée à la Sainte-Croix.

Nº 5.

Gaucher de Chatillon, Connétable de France. (1309.)

SIGILLVM · GALCHeri · D . . . LLIOE · COITIS · PORC . . . . . STABVLARI · FRANCIE. *Sceau de Gaucher de Châtillon, comte de Porcean, connétable de France.* Le connétable de Châtillon, revêtu d'une cotte de mailles, portant par dessus une tunique, coiffé d'un casque fermé dont le cimier

est un animal fantastique; il porte au bras gauche un écusson à ses armes : de gueules à trois pals de vair au chef d'or et une merlette de sable au canton dextre. Les épaules sont protégées par des épaulières armoriées; le connétable tient de la main droite une épée nue levée et est monté sur un cheval galopant à droite, dont le caparaçon est brodé à ses armes. Dans le champ, quatre fleurs-de-lis.

Archives du département du Nord, à Lille.

Gaucher de Châtillon, comte de Porcean, connétable de France, était fils de Gaucher de Châtillon et d'Isabeau de Villehardouin. Il se signala à Courtray, en 1302 ; à l'issue de cette bataille le roi Philippe-le-Bel l'éleva à la dignité de connétable, que la mort de Raoul de Clermont, tué dans le combat, laissait vacante. Le connétable rendit de nouveau de grands services au Roi à la bataille de Mons en Puelle, en 1304. Après la mort du roi Philippe-le-Bel, il continua à avoir une grande part aux affaires sous son successeur Louis X, qui le nomma son exécuteur testamentaire. En 1317, il assista au sacre de Philippe V, et en 1322 à celui de Charles IV, qui le fit aussi un des exécuteurs de son testament. Gaucher de Châtillon contribua au gain de la victoire de Cassel, au commencement du règne de Philippe VI, et mourut en 1329, à l'âge de quatre-vingts ans, après avoir été comblé d'honneurs sous cinq rois. Il avait épousé, en 1281, Isabelle de Dreux, de la maison de France, dont il eut Gaucher de Châtillon, seigneur de La Tour; Jean, seigneur de Châtillon-sur-Marne, Hugues, seigneur de Rosoy; Jeanne, femme de Gautier V, comte de Brienne; Marie, qui épousa Guichard VI, dit le *Grand*, seigneur de Beaujeu; et Isabelle, abbesse de Notre Dame de Soissons. Sa femme étant morte en 1300, le connétable de Châtillon se remaria à Helissende de Vergy, dont il eut Guy, seigneur de Fère en Tardenois. Devenu veuf de nouveau en 1312, il épousa en troisièmes noces Isabeau de Rumigny, dont il n'eut pas d'enfans.

Nº 6.

Isabelle, comtesse de Chartres, dame d'Amboise. (1220.)

. . . . ISABLE · COMITISSE · CARNOTS · DNE · A . . . IE (Ambasie). *Isabelle, comtesse de Chartres, dame d'Amboise.* La comtesse de Chartres, debout, revêtue d'un long manteau, tenant une fleur-de-lis de la main droite.

Elisabeth de Champagne-Blois, seconde fille de Thibaut Iᵉʳ, dit le Bon, comte de Blois et de Chartres, grand-sénéchal de France, et d'Alix de France, fille du roi Louis VII, dit le Jeune, succéda, en 1218, à Thibaut le Jeune, son neveu, mort sans enfans, dans le comté de Chartres. Marguerite, sœur aînée d'Élisabeth, avait eu le comté de Blois en partage. Cette princesse épousa en premières noces Sulpice, sire d'Amboise, dont elle eut Mahaud, héritière du comté de Chartres. Vers 1224, la comtesse de Chartres se remaria à Jean d'Oisy, sire de Montmirail. En 1225, conjointement avec son mari, elle fonda l'abbaye de l'Eau (*Aqua*), au diocèse de Chartres. On ignore la date de sa mort, mais on sait qu'elle ne vivait plus en 1249. Jean d'Oisy mourut vers 1240. Le deuxième mariage de la comtesse de Chartres fut stérile.

Nº 7.

Commune d'Orléans. (1284.)

· IGILLVM · COMVNIS (*sic*) · AVRELIANENSIS. *Sceau commun d'Orléans.* Une grande fleur de-lis.

La ville d'Orléans, qui fut sous la première race de nos rois la capitale du royaume d'Orléans, devint celle du duché-pairie d'Orléans, érigée en 1344, pour Philippe de France, fils de Philippe VI. Ce duché, qui dans ses diverses vicissitudes appartint toujours à des princes de la famille royale, fut donné, en 1660, à Philippe de France, frère de Louis XIV. Depuis, cette pairie n'est point sortie de la dernière maison d'Orléans. Avant la révolution, Orléans était la capitale du grand gouvernement Orléanais, qui, outre l'Orléanais propre, renfermait plusieurs provinces limitrophes.

Nº 8.

Chatellenie de Chartres. (1314.)

+ SIGILLVM · CASTELLANIE · CARNOTENSIS. *Sceau de la

Châtellenie de Chartres. Un écusson semé de France brisé d'une bordure.

Chartres, ville de la Beauce, a eu ses comtes particuliers jusqu'en 1286. A cette époque, ce comté fut vendu au roi Philippe-le-Bel par Jeanne de Châtillon, héritière de cette terre. En 1528, François Ier érigea le Chartrain en duché, en faveur d'Hercule d'Este, duc de Ferrare et de Renée de France sa femme. Après la mort de ces princes, ce duché fit retour au domaine. Il en fut de nouveau détaché pour faire partie de l'apanage de Gaston de France, fils d'Henri IV. Après la mort de ce prince, cet apanage fut donné à Philippe duc d'Orléans, par lettres de 1661, qui érigent ce duché en pairie. Depuis, ce duché est toujours resté dans la maison d'Orléans.

BERRY.

N° 9.

Saint Guillaume de Donjeon, archevêque de Bourges. (1201).

✠ SIGILLVM · WILLMI · BITVRICENSIS · PATRIARCHÆ. *Sceau de Guillaume, patriarche de Bourges.* Guillaume de Donjeon, revêtu des habits archiépiscopaux, tenant la crosse de la main gauche et donnant la bénédiction de la droite.

Bourges, siége d'un archevêché dont le prélat prenait le titre d'archevêque-patriarche de Bourges, primat d'Aquitaine, a eu pour premier archevêque saint Ursin. Les archevêchés qui étaient suffragans de la primatie d'Aquitaine étaient : Auch, Narbonne, Bordeaux et Toulouse. Les évêchés suffragans de l'archevêché de Bourges étaient : Clermont, le Puy, Saint-Flour, Mende, Rodez, Vabres, Castres, Alby (avant l'érection de cette église en archevêché), Cahors, Tulle et Limoges.

Guillaume de Donjeon, issu des comtes de Nevers, oncle de Mathilde, comtesse de Nevers et dame de Donzy, fut d'abord chanoine de Soissons, puis de l'église de Paris. Depuis il fut prieur du monastère de Pontigny, ordre de Cîteaux, et abbé de Charlieu. Enfin, il fut élu archevêque de Bourges vers 1201. Sous ce prélat, le patriarcat de Bourges fut re-

connu par les archevêques de Bordeaux et d'Auch. Ce saint archevêque, qui fut canonisé en 1218, mourut en 1209.

N° 10.

Congrégation de l'Assomption de Bourges. (xviie siècle.)

CONGREGATIO · ASSVMPTÆ · VIRGINIS · CONVICTVS · BITVRICENSIS. *Congrégation de l'Assomption du couvent de Bourges.* L'Assomption de la Vierge.

La Congrégation, monastère de femmes, fut transféré de Saint-Amand à Bourges, à cause des guerres, en 1652.

N° 11.

Louis, comte de Sancerre. (1230.)

✠ Sigillvm · LVDOVI . . . · COMITIS · . . . · SARIO. Le comte de Sancerre, revêtu d'une cotte de mailles, pardessus laquelle il porte une tunique, coiffé d'un casque à plate-forme, et portant suspendu au cou un bouclier à ses armes : de Champagne sans brisure, quoique, selon les généalogistes, ce seigneur portât un lambel de trois pendans de gueules. Il est monté sur un cheval galopant à droite, et tient de la main droite une épée nue levée.

Contre-sceau : ✠ SECRETVM · MEVM. *Mon secret.* Un écu aux armes de Sancerre.

Cabinet de M. le comte Auguste de Bastard.

Louis, fils de Guillaume Ier, comte de Sancerre, et de Marie, dame de Charenton, succéda à son père, en la comté de Sancerre, en 1217. Ce seigneur s'engagea envers le roi Philippe-Auguste à le servir contre Thibault VI, comte de Champagne, son parent, avec tous les vassaux des terres qu'il tenait de lui, en cas qu'il manquât à la fidélité qu'il devait au roi. Il avait épousé Blanche de Courtenay, fille aînée de Robert, seigneur de Courtenay, dont il eut Jean, premier comte de Sancerre, Robert de Sancerre, seigneur de Meneton-Salon, et Isabelle de Sancerre, femme de Gauthier, seigneur de Vignory. Louis de Sancerre eut pour deuxième femme Isabeau, dame de Mayenne, veuve de Dreux de Mello, qui ne lui donna pas d'enfans. Il mourut en 1268. Les comtes de Sancerre étaient une branche de la maison de Champagne.

PLANCHE XVII.

TOURAINE.

N° 1.

Pierre de Lamballe, archevêque de Tours. (1255.)

✠ Sigillvm · PETRI · DE LAMBALLA · ARCHIEPISCOPI TVRONENsis. *Sceau de Pierre de Lamballe, archevêque de Tours.* Pierre de Lamballe, revêtu des habits archiépiscopaux, tenant sa crosse de la main gauche et donnant la bénédiction de la droite; il est assis sur un siége orné de têtes d'animaux.

L'archevêché de Tours, qui reconnaît pour premier prélat saint Gatien, avait pour suffragans les évêchés du Mans, d'Angers, de Nantes, de Rennes, de Vannes, de Cornouailles, de Léon, de Tréguier, de Saint-Brieuc, de Saint-Malo et de Dol.

Pierre de Lamballe fut élu, en 1250, soixante dix-huitième archevêque de Tours. Cette même année, la reine Blanche lui fit remise des droits de régale. En 1253, il convoqua à Saumur un concile provincial, et mourut vers 1255. Ce prélat tirait son nom du lieu de sa naissance.

N° 2.

Vincent de Pirmil, évêque de Tours. (1267.)

✠ Sigillvm · VINCENCII · DI · GRACIA · ARCHIEPISCOPI · TVRONENsis. *Sceau de Vincent, par la grâce de Dieu, archevêque de Tours.* Vincent de Pirmil, revêtu des habits archiépiscopaux, tenant sa crosse de la main gauche, et donnant la

bénédiction de la droite; il est assis sur un trône orné de têtes d'animaux. Dans le champ, à droite et à gauche, une croix et un oiseau.

Contre-sceau : ✠ SANCTVS MAVRICIVS. *Saint Maurice.* Saint Maurice, nimbé, vêtu de la tunique de chevalier, tenant une bannière de la main droite, et s'appuyant de la gauche sur un bouclier sur lequel paraît une croix.

Vincent de Pirmil ou de Pilenis, quatre-vingtième archevêque de Tours, fut élu vers 1257; il donna cette année même un acte d'approbation à l'accord fait entre le comte d'Anjou et l'évêque d'Angers. En 1263, ce prélat convoqua un concile provincial à Château-Gonthier, et l'année suivante un synode à Nantes. Vincent de Pirmil mourut en 1270.

N° 3.

Église de Saint-Maurice de Tours. (1255.)

✠ SIGILLVM · BEATI · MAVRICII · TVRONENSIS. *Sceau de Saint-Maurice de Tours.* Saint Maurice, nimbé, vêtu en chevalier, l'épée nue levée de la main droite, portant au bras gauche un bouclier, et coiffé d'un casque dont la visière est levée; le saint est monté sur un cheval courant à droite.

La cathédrale de Tours, mise par saint Martin sous l'invocation de saint Maurice, y resta jusqu'à la fin du xiiie siècle, où elle porta indistinctement le nom de Saint-Maurice ou de Saint Gatien, premier évêque de Tours; mais ce dernier nom prévalut depuis. Cette église fut brûlée deux fois, en 561 et en 1166. Le chapitre de cette église était un des

5 LIVRAISON.

plus anciens de France. Chalmel, *Histoire de Touraine*, t. III, p. 443, nous apprend que le grand sceau de ce chapitre était un saint Maurice, ce que confirme celui que nous publions; le petit sceau portait un écu d'argent à la croix pattée de gueules.

N° 4.

CHAPITRE DE L'ABBAYE DE SAINT-MARTIN DE TOURS. (1215.)

La légende de ce sceau est illisible. — Saint Martin, assis, revêtu des habits archiépiscopaux, et donnant la bénédiction de la main droite.

Saint-Martin-de-Tours, l'une des plus anciennes et des plus riches abbayes de France, fut d'abord un monastère desservi par des moines, sous la conduite d'un abbé régulier. Outre l'abbé, ce monastère avait un évêque indépendant de celui de la ville de Tours; les abbayes et les seigneuries dépendantes de Saint-Martin composaient le diocèse de ce prélat. En 848, les moines de Saint-Martin se sécularisèrent et eurent des abbés séculiers. Le dernier de ces abbés fut Hugues-le-Grand, père de Hugues Capet. Ce dernier étant monté sur le trône, annexa pour toujours à la couronne la dignité d'abbé de Saint-Martin. En 1096, le pape Urbain II réunit au Saint-Siége le titre d'évêque de Saint-Martin. Depuis cette époque, cette collégiale s'intitula toujours dans ses actes: *Au Saint-Siége apostolique sujette sans moyen.* Les rois étaient chanoines nés de Saint-Martin. Le clergé de Saint-Martin était un des plus nombreux de France. Il y avait vingt-huit chanoines honoraires, onze dignitaires, quinze prévôts et cinquante-un chanoines. Avant l'adoption de *l'oriflamme*, les rois de France faisaient porter devant eux, à la guerre, la chape de saint Martin pour étendard.

N° 5.

CHAPITRE DE L'ABBAYE DE SAINT-MARTIN DE TOURS. (1260.)

. . . . . NIS · MO . . . . . . RON . . . . (La légende de ce sceau est presque entièrement effacée.) Saint Martin, nimbé, revêtu des habits archiépiscopaux, tenant la crosse de la main gauche, et donnant la bénédiction de la droite; il est assis sur un siége orné de têtes d'animaux. Dans le champ: A et Ω; au-dessous: SCS MARTINVS. *Saint Martin;* et plus bas, deux étoiles.

Voyez le n° 4.

N° 6.

PRÉVÔTÉ DE TOURS. (1324.)

✠ SIGILLVM · PREPOSITVRE · TVRONENSIS. *Sceau de la prévôté de Tours.* Vue de l'ancienne porte de Tours, flanqué de trois tours, chacune surmontée d'une fleurs-de-lis.

Tours, capitale de la Touraine, très ancienne ville de France, fut administrée dès 1344 par six, puis par quatre magistrats appelés *élus.* En 1462, Louis XI institua à Tours un maire, vingt-cinq échevins et soixante-quinze pairs à vie. Chalmel, qui, dans son *Histoire de Touraine* donne la liste des baillis et celle des gouverneurs de Tours, ne parle pas de la prévôté.

ANJOU.

N° 7.

CHAPITRE DE SAINT-GEORGES-SUR-LOIRE. (1232.)

✠ SIGILLVM · CAPITVLI · SCI · GEORGII · SVPER · LIGERIM. *Sceau du chapitre de Saint-Georges-sur-Loire.* Saint Georges, armé comme les chevaliers du XIII° siècle, perçant le dragon de sa lance; son cheval est tourné à gauche.

Saint-Georges-sur-Loire était une abbaye de l'ordre de Saint-Augustin, du diocèse d'Angers. Le *Gallia Christiana* ne donne pas la liste des abbés de ce monastère.

N° 8.

CHAPITRE DE SAINT-SERGE D'ANGERS. (1232.)

Ce sceau est sans légende. Saint Serge, assis, tenant de la main gauche une crosse, et donnant la bénédiction de la droite.

L'abbaye de Saint-Serge, située dans le faubourg d'Angers, suivait la règle de Saint-Benoît. Childebert, roi de France, est regardé comme le fondateur de ce monastère. Le premier abbé de Saint-Serge est Théodebert.

N° 9.

MARGUERITE DE POCEY, ABBESSE DE FONTEVRAULD. (1289.)

✠ SIGILLVM · MARGARITE · DI · GRACIA · FONTisEBRAVDi · ABBISSE *Sceau de Marguerite, par la grâce de Dieu, abbesse de Fontevrauld.* Marguerite de Pocey, debout, revêtue du costume de l'ordre de Fontevrauld, tenant de la main droite la crosse abbatiale. Dans le champ, à droite et à gauche, une fleur-de-lis, et au-dessous, trois besans posés deux et un.

L'abbaye de Fontevrault, chef d'ordre, et mère de plusieurs monastères, appartenait à des religieuses qui suivaient la règle de Saint-Benoît. Ce célèbre monastère fut fondé vers l'an 1100. La première abbesse de Fontevrault fut Hersendis de Champagne.

Marguerite de Pocey, quatorzième abbesse de Fontevrault, fut trésorière et grande-prieure avant son élection à la dignité abbatiale, qui eut lieu en 1284. Cette abbesse mourut en 1301.

N° 10.

ALIÉNOR DE BRETAGNE, ABBESSE DE FONTEVRAULD. (1306.)

SIGILLVM · ALIENORDIS · DEI · . . . . . . BATISSE · FONTIS : EBRAVDI. *Sceau d'Aliénor, par la grâce de Dieu, abbesse de Fontevrauld.* Sous des arceaux gothiques, Aliénor de Bretagne-Dreux, debout, tenant la crosse abbatiale de la main droite. Dans le champ, à droite, un écusson aux armes de Dreux-Bretagne: échiqueté d'or et d'azur, au franc quartier d'hermines; à gauche, un écusson dont le blason est effacé.

Contre-sceau: Un écu aux armes de l'abbesse; il n'y a pas de légende.

Aliénor de Dreux-Bretagne, fille de Jean II, duc de Bretagne, et de Béatrix d'Angleterre, naquit en Angleterre en 1275. Elle prit l'habit de religieuse avec son aïeule maternelle en 1275, dans le monastère d'Armbresbury. Rappelée en France par le duc son père, Aliénor de Bretagne fut élue abbesse de Fontevrault en 1304, et mourut en 1342.

N° 11.

BÉATRIX, DAME DE CRAON. (1323.)

. . . . · DAME · DE · CRA . . . (La légende est presque entièrement effacée.) Béatrix de Roucy, debout, revêtue d'un long manteau fourré de vair, tenant sur le poing gauche un faucon. Dans le champ, à droite, un écu aux armes de Roucy: d'or au lion d'azur; à gauche, un écu à celles de Craon: losangé d'or et de gueules.

Béatrix de Roucy, fille de Jean IV, comte de Roucy, et de Jeanne de Dreux, dame de la Suze, par donation de Béatrix de Montfort, son aïeule, du mois de juin 1311, fut la seconde femme d'Amaury III, sire de Craon, sénéchal héréditaire d'Anjou, mort en 1332. On ignore la date de la mort de la dame de Craon, qui donna à son mari quatre fils et sept filles.

N° 12.

COMTÉ D'ANJOU. (1303.)

SIGILLVM · COMITATVS · ANDEG . . . . *Sceau du comté d'Anjou.* . . . . . Un écusson aux armes d'Anjou : de France-

Ancien à la bordure de gueules. L'écu a pour supports deux animaux fantastiques.

Le comté d'Anjou, érigé en pairie en 1301, était possédé en 1302,

par Charles III, comte de Valois. L'Anjou fut réuni à la couronne en 1480, à la mort de René d'Anjou. Voyez *Tableau historique des grands fiefs de la couronne*, TRÉSOR DE NUMISMATIQUE, à la fin de la *Collection des Sceaux des Grands Fendataires*.

PLANCHE XVIII.

BRETAGNE.

N° 1.

GEOFFROY IV, SIRE DE CHATEAUBRIENT, CHEVALIER. (1249.)

SIGILLVM · GAVFRIDI · DNĪ · DE · CASTRO. . . . . *Sceau de Geoffroy, sire de Châteaubrient.* Le sire de Châteaubrient, armé de toutes pièces, monté sur un cheval galopant à droite; il porte suspendu au cou un écusson aux armes de Châteaubrient : de gueules, semé de fleurs-de-lis d'or sans nombre ; il tient de la main droite une épée nue levée.

Contre-sceau : + S . . . . GAVFRIDI · DE · CASTROBRI . . . . MILITis · *Sceau de Geoffroy de Châteaubrient, chevalier.* Un écusson aux armes de Châteaubrient.

La maison de Château-Brient, dont le nom s'écrit aujourd'hui Chateaubriand, est une des plus anciennes de la Bretagne. Augustin Du Paz, dans ses *Généalogies des plus illustres familles de Bretagne*, la fait descendre des comtes de Penthièvre, qui, eux-mêmes, étaient issus des souverains de Bretagne. Le nom de cette baronnie lui vient de Brient, fils d'Eudo, comte de Penthièvre, qu'on regarde comme la tige de cette famille. La branche aînée de Chateaubrient étant tombée en quenouille, Louise de Chateaubrient, porta la baronnie à Guy, baron de Laval ; mais la branche cadette, dite des *Roches-Baritaut*, continua de porter le nom et les armes de Chateaubriand. Ces armes sont encore portées de nos jours par l'illustre représentant de cette grande maison.

Geoffroy, IVᵉ du nom, baron de Chateaubrient, fils puîné de Geoffroy II, naquit vers 1216. Il succéda dans la baronnie de Chateaubrient à son oncle Geoffroy III, en 1233. En 1249, ce seigneur fit le voyage de la Terre-Sainte avec le roi saint Louis et le duc de Bretagne son souverain. Le 8 février, le baron de Chateaubrient fut fait prisonnier à la célèbre bataille de la Massoure, avec le roi et le duc Pierre Mauclerc ; il resta prisonnier des Sarrasins quelques années, et ne fut délivré que lorsque les pères de la Rédemption eurent payé sa rançon. Sibylle, sa première femme, étant morte de la joie que lui causa le retour inopiné de son mari, il se remaria à Amaurie de Thouars. On rapporte que saint Louis, voulant reconnaître les services militaires du baron de Chateaubrient et le récompenser de *sa valeur au fait des armes*, lui permit de mettre sur son écu des fleurs-de-lis d'or, au lieu des pommes de pin d'or qu'il portait en champ de gueules. En reconnaissance de son rachat, il fonda une église priorale pour les religieux de la Rédemption. Geoffroy IV mourut en 1263, laissant plusieurs enfans, entre autres Geoffroy qui lui succéda, Brient, Sybille et Marquise.

N° 2.

GEOFFROY DE CHATEAUBRIENT, CHEVALIER. (1269.)

SIGILLVM · GAVFRIDI · DOMINI · DE · CASTROBR. . . MILITIS. *Sceau de Geoffroy, seigneur de Châteaubrient, chevalier.* Le sire de Châteaubrient, armé de toutes pièces, coiffé d'un casque fermé, portant suspendu au cou un bouclier à ses armes, et tenant de la main droite une épée nue levée ; il est monté sur un cheval galopant à droite, dont le caparaçon est brodé à ses armes.

Geoffroy, Vᵉ du nom, fils de Geoffroy IV et de Sybille sa première femme, naquit l'an 1237. A l'âge de vingt-six ans il hérita de cette baronnie et de celle de Condé que son père avait achetée de Guillaume de Thouars. Le baron de Chateaubrient eut pour première femme Belleassez de Thouars, qui lui donna Geoffroy, Jean, Brient, Aliénor et Sybille.

Sa seconde femme fut Marguerite de Lusignan, veuve du comte de Toulouse et du vicomte de Thouars, qui ne lui donna pas d'enfans. Geoffroy V mourut en 1284.

N° 3.

EMME, DAME DE LAVAL. (1256.)

+ SIGILLVM · EMME · DNE · DE · LAVAL . . . COMITISSE. DALENSON. *Sceau d'Emme, dame de Laval, comtesse d'Alençon.* La comtesse d'Alençon, debout, revêtue d'un long manteau fourré de vair, tenant l'oiseau sur le poing gauche.

Emme de Laval, fille de Guy VI, dit le *Jeune*, sire de Laval, et d'Havoise de Craon, hérita de la baronnie de Laval, de Guyonet son frère, mort en bas âge vers 1213. En 1214, avec la permission du roi Philippe-Auguste, la dame de Laval épousa Robert III, comte d'Alençon, qui, avant de prendre possession de cette importante succession, paya au roi le droit de rachat. Robert mourut en 1217, laissant sa femme enceinte d'un fils qui porta le même nom que lui. Ce fils, successeur de son père au comté d'Alençon, étant mort, en 1219, sa mère se remaria, en 1221, au connétable de Montmorency, Matthieu, IIᵉ du nom. De ce second mariage naquit Guy de Montmorency, qui hérita de sa mère, la terre de Laval, en prit le nom, et fut ainsi la tige de la branche de Montmorency-Laval. Le connétable de Montmorency étant mort en 1230, le roi saint Louis conseilla à Emme, sa veuve, de choisir un troisième mari, qui pût défendre ses terres des entreprises de ses voisins. Emme de Laval suivit le conseil du roi, et épousa Jean de Choisy, baron de Tocy, sire de Puisaye, qui était allié aux maisons de Bourbon, de Dampierre et de Mello. La dame de Laval donna à son troisième mari une fille, Jeanne, mariée à Thibaut II, comte de Bar.

N° 4.

L'ABBÉ ET LE COUVENT DE PRÉMONTRÉ. (1225.)

+ SIGILLVM · ABBATIS · ET · ECCLĪE · PREMONSTRATI. *Sceau de l'abbé et du couvent de Prémontré.* L'abbé de Prémontré, la tête nue, assis sur un siége orné de têtes d'animaux, tenant de la main gauche un livre et la crosse abbatiale de la droite.

L'abbaye de Prémontré, chef d'ordre, suivait la règle des chanoines de Saint-Augustin. Cette abbaye fut fondée en 1120 par saint Norbert. On ne sait pas d'une manière précise quel était l'abbé de Prémontré en 1225.

N° 5.

ÉTATS DE BRETAGNE. (XVIIIᵉ siècle.)

SEAV · DES · ESTATZ · DES · PAYS · ET · DVCHE · DE · BRETAGNE. Une hermine passant à droite. Le champ est semé de mouchetures d'hermines.

Sceau en argent du Cabinet de France.

Le duché de Bretagne fut réuni à la couronne par suite des mariages d'Anne, dernière duchesse, avec les rois Charles VIII et Louis XII, mais ce ne fut qu'en 1532 que les lettres-patentes de cette réunion furent enregistrées au parlement de Paris et au conseil de Bretagne. La Bretagne, comme tous les *pays d'états*, avait de grands priviléges. Les états s'assemblèrent d'abord tous les ans ; mais depuis 1630 ils n'ont plus été assemblés que tous les deux ans, si ce n'est dans des circonstances très graves.

POITOU ET SAINTONGE.

N° 6.

Hugues de Châteauroux, évêque de Poitiers. (1263.)

+ Sigillvm · HVGONIS · DEI · GRACIA · EPIscopvs . PIC-VAVENSIS. *Sceau de Hugues, par la grâce de Dieu, évêque de Poitiers.* Hugues de Châteauroux, debout, revêtu des habits épiscopaux, tenant la crosse de la main gauche et donnant la bénédiction de la droite. Dans le champ, à droite, une fleur-de-lis; à gauche, deux clefs.

Poitiers, évêché suffragant de l'archevêché de Bordeaux, a eu pour premier évêque Libère.

Hugues de Châteauroux, élu soixante-douzième évêque de Poitiers en 1259, approuva cette année même un échange entre Agathe, vicomtesse de Châtellerault et Radegonde de Conflans. Ce prélat mourut en 1271, après avoir occupé le siége épiscopal douze ans et quelques semaines.

N° 7.

Sénéchaussée de Poitou. (1292.)

Sigillvm · SENESCALLIE · PIC . . . . PVD · PICtavivm. *Sceau de la sénéchaussée de Poitou, séant à Poitiers.* Une porte fortifiée; sous l'arc de la porte, un écu aux armes de France-Ancien.

Le comté de Poitiers avait déjà fait retour à la couronne en 1292. Il fut détaché depuis du domaine, mais seulement pour former des apanages à des princes de la maison de France. Le dernier apanagiste de cette pairie fut Charles, dauphin de Viennois, qui, parvenu au trône sous le nom de Charles VIII, réunit le Poitou à la couronne. Depuis, cette province n'a plus été séparée du domaine royal.

N° 8.

Sibylle, dame de Surgères. (1243.)

+ SIGIL . . . . . . ILLE · DOMINE · SVRGERIARVM · *Sceau de Sibylle, dame de Surgères.* La dame de Surgères, debout, vêtue d'un long manteau fourré de vair, portant l'oiseau au poing.

Contre-sceau : + SIGILLVM · SIBILLE · DOMINE · SVRGE-RIARVM. *Sceau de Sibylle, dame de Surgères.* Un écusson aux armes de Surgères : de gueules fretté de vair.

Sibylle, dont on ne connaît pas la maison, fut la femme de Guillaume Maingot, V° du nom, sire de Surgères et de Dampierre-sur-Voutonne. La dame de Surgères devint veuve en 1239, suivant une charte citée par Du Chesne, *Histoire généal. de la maison des Châteigners.* En 1243, en qualité de dame de Surgères, ayant le bail de ses enfans, elle reconnut par lettres données à Paris en 1243, conservées au Trésor des Chartes, avoir fait hommage à Alphonse, comte de Poitiers, d'un fief mouvant de Taunay-Voutonne, et s'être accordée pour le rachat dudit fief de lui payer 200 livres. Ce sont les sceaux qui pendaient à ces lettres que nous donnons ici. La dame de Surgères donna à son mari trois enfans, Guillaume Maingot, qui succéda à son père, Hugues et Geoffroy. La maison de Surgères est une des plus anciennes du Poitou.

N° 9.

Sédile, dame de Dampierre. (1231.)

+ Sigillvm · SIDILLE · DNE · DE · DMÑO PETRO SVPer VO-TONA · *Sceau de Sédile, dame de Dampierre-sur-Voutone.* Sidile ou Sédile de Chevreuse, debout, revêtue d'un long manteau fourré de vair, portant l'oiseau sur le poing. A droite, un écusson sur lequel paraît une croix cantonnée de quatre aiglons, et à gauche, un écusson aux armes de Surgères.

Les premières armes des anciens seigneurs de Chevreuse dont était issue la dame de Surgères et de Dampierre, étaient : d'argent à la croix de gueules, cantonnée de quatre lionceaux d'azur. Mais ils les changèrent d'assez bonne heure, car Guy, sire de Chevreuse, porte déjà quatre aiglons sur un sceau de 1207.

Sedile ou Sidile de Chevreuse, fille de Guy II de Chevreuse, et d'Hélissende de la Roche-Guyon, fut la seconde femme de Guillaume Maingot, VI° du nom, sire de Surgères et de Dampierre-sur-Voutonne, à qui elle apporta plusieurs terres en Poitou. Les enfans de Sedile de Chevreuse et de Guillaume, sire de Surgères, furent : Guillaume VII, Hugues et Létice de Surgères. Louis Vialart, *Hist. généal. de la maison de Surgères*, p. 53 et 54, donne un sceau de cette dame, qui est semblable à celui que nous publions, pour les armes et la représentation de la dame de Surgères, mais dont la légende est tout-à-fait différente. Sur celui gravé dans l'ouvrage de Vialart, la légende est : SIGILLVM · SEDILIE · DOMINE · SVRGERIARVM · ET · CAPROSIÆ. *Sceau de Sedile, dame de Surgères et de Chevreuse.* Sedile de Chevreuse ne mourut pas avant 1284.

N° 10.

Geoffroy de Saint-Briçon, évêque de Saintes. (1281.)

+ Sigillvm · GAVFRIDI · DEI · GRAtia · XANTONENsis · EPIscopvs. *Sceau de Geoffroy, par la grâce de Dieu, évêque de Saintes.* Geoffroy de Saint-Briçon, debout, revêtu des habits épiscopaux, tenant une crosse de la main gauche et donnant la bénédiction de la droite. Dans le champ, de chaque côté, quatre fleurs-de-lis.

Saintes, évêché suffragant de Bordeaux, reconnaît saint Eutrope pour premier évêque.

Geoffroy de Saint-Briçon, quarantième évêque de Saintes, fut élevé à l'épiscopat vers l'an 1281. On ignore la date de la mort de ce prélat, mais son siége était déjà occupé par Geoffroy d'Archiac, en 1293.

PLANCHE XIX.

AUNIS.

N° 1.

Commune de La Rochelle. (1427.)

+ SIGILLVM · MAIORIS . . . . . . ELLA. *Sceau du maire . . . . de La Rochelle.* Le maire de La Rochelle, la tête nue, revêtu d'une cotte de mailles, sur laquelle il porte une tunique, monté sur un cheval marchant à droite; le maire tient une massue en guise d'épée.

Contre-sceau : SIG . . . . . MVNIE · DE · ROCHELLA. *Sceau de la commune de La Rochelle.* Un vaisseau.

La Rochelle, capitale de l'Aunis, posséda une commune dès 1149 Henri II, roi d'Angleterre, en qualité de duc de Guyenne, permit aux habitans d'élire un maire, un sous maire et soixante seize pairs. Robert de Montmirail fut le premier maire de La Rochelle. Cette dignité, que l'opiniâtre résistance du maire Guiton illustra, lors du siége de ce chef-lieu du calvinisme en France, fut abolie par Louis XIII, en 1627, après la reddition de la place.

N° 2.

Sénéchaussée de Saintonge. (1273.)

+ Sigillvm · SENESCALLIE · XANCTONENSIS · APVD · RVPELLA. *Sceau de la sénéchaussée de Saintonge, séant à La Rochelle.* Au milieu d'une rosace, un écu aux armes de France-Ancien.

La sénéchaussée de Saintonge était possédée par un sénéchal d'épée, dont le siége était à Saintes. Il avait 50 livres de gages, assignées sur l'état des charges du domaine.

AUVERGNE.

N° 3.

ROBERT D'AUVERGNE, ÉVÊQUE DE CLERMONT. (1212.)

+ SIGILLvm · ROTBERTI · ARVERNORvm · EPIscopi. *Sceau de Robert, évêque de Clermont, en Auvergne.* Robert d'Auvergne, debout, revêtu des habits épiscopaux, tenant de la main gauche uue crosse, et donnant de la droite la bénédiction.

Clermont, évêché suffragant de Bourges, a eu pour premier évêque saint Austremoine, qui vécut au IV° siècle de notre ère.

Robert d'Auvergne, troisième fils de Robert IV, comte d'Auvergne, et de Mathilde de Bourgogne, fut élevé à l'évêché de Clermont en 1195; il était alors doyen d'Autun. En 1197, une rupture éclata entre les deux frères, Guy, comte d'Auvergne, et Robert, évêque de Clermont. Le prélat excommunia son frère, mit ses terres en interdit, et prit à sa solde des Basques et des Cottereaux, qui dévastèrent l'Auvergne pendant plus de deux ans. En 1201 les deux frères se réconcilièrent, et cette paix fut alors si sincère, qu'en 1202, le comte donna en garde à Robert son frère *sa ville et ses sujets de Clermont.* Quatre ans après, les brouilleries recommencèrent entre les deux frères, la mort du comte arrivée en 1224 y mit seule fin. En 1227, Robert d'Auvergne échangea le siége de Clermont contre l'archevêché de Lyon, et mourut dans cette métropole le 6 janvier 1233.

N° 4.

COMMUNE DE CLERMONT. (1255.)

+ SIGILLVM · REIPVBLICE · CLAROMONTENSIS. *Sceau de la commune de Clermont.* La Sainte-Vierge, nimbée, vue à mi-corps. Dans le champ, à droite : SCA · M · (*Sancta Maria*); à gauche, une fleur-de-lis.

Clermont, capitale de l'Auvergne, dont les comtes ont long-temps pris le titre de comtes de Clermont, était le siége d'un évêché et d'une cour des aides. C'est à Clermont que fut tenu, en 1095, le célèbre concile où le pape Urbain II fit décider la croisade.

N° 5.

CHAMBONIE DE CHAMBON, COMTESSE D'AUVERGNE. (1232.)

SIGILLvm · CAMB . . . . . D . . . MONTIS. *Sceau de Chambonie, comtesse de Clermont.* La comtesse de Clermont, l'oiseau au poing, montée sur un cheval allant à gauche.

Chambonie, fille d'Amélie, seigneur de Chambon et de Dalmatie, appelée Pernelle par les bénédictins, auteurs de l'*Art de vérifier les Dates*, et Bertrande par Burkens, nous paraît avoir porté le premier de ces noms plutôt qu'aucun autre: Chambonie épousa Guy II, comte d'Auvergne, dont elle eut Guillaume VI, qui succéda au comté d'Auvergne en 1232, deux autres fils et filles. On ignore la date de la mort de la comtesse d'Auvergne.

L'original du sceau que nous publions est appendu à une donation faite en 1232.

GUYENNE.

N° 6.

COMMUNE D'AGEN. (1324.)

+ · SIGILLVM · COMVNITATIS · CIV . . . .

INNI. *Sceau de la commune et de la ville d'Agen.* Un aigle tenant dans ses serres un *volume.*

Contre-sceau : + SIGIL . . . . . CIVITATIS · AGENNI · *Sceau . . . . . . de la ville d'Agen.* Vue des remparts de la ville d'Agen, au XIII° siècle.

Agen, ville de la Guyenne, est fort ancienne, comme presque toutes les villes du Midi de la France. Elle était le siége d'un évêché, d'une sénéchaussée et d'un présidial.

LANGUEDOC.

N° 7.

COMMUNE DE FOIX. (1228.)

+ SIGILLVM · CAPITVLI · FVRXIENSIS. *Sceau du capitoulat de Foix.* Saint Gorgonius (martyr), à cheval, armé et équipé comme les chevaliers du XIII° siècle, tenant de la main droite un pennon de banneret, et portant au bras gauche un écu chargé d'une croix; le cheval marche à droite.

Foix, ancienne ville qui a donné son nom au comté de Foix, dont elle était la capitale, bien que Pamiers lui ait toujours contesté ce titre. Cette ville, dont les magistrats consulaires, comme ceux de Toulouse, étaient nommés capitouls, était anciennement le siége du sénéchal du comté.

N° 8.

PIERRE AMELLI, ARCHEVÊQUE DE NARBONNE. (1229.)

+ SIGILLVM · PETRI · NARBONENSIS · ARCHIEPIscopi · *Sceau de Pierre, archevéque de Narbonne.* Pierre Amelli, debout, revêtu des habits archiépiscopaux, tenant de la main gauche une crosse et donnant la bénédiction de la droite.

Narbonne, archevêché, dont les suffragans étaient : Béziers, Agde, Nîmes, Maguelonne (depuis Montpellier), Carcassonne, Lodève, Uzès, Saint-Pons de Tomières et Alet, reconnaissait saint Paul pour premier évêque.

Pierre Amelli, d'abord chanoine et archidiacre de Narbonne, puis notaire apostolique sous le pontificat de Grégoire IX, succéda, en 1225, à Arnauld, trente-neuvième archevêque de Narbonne. En 1226, ce prélat assista à la réconciliation du comte de Foix avec le roi de France. En 1228, on trouve Pierre Amelli mentionné parmi les chefs de l'armée des chrétiens contre les infidèles. En 1237, il mena au secours du roi d'Aragon, attaqué par les Maures, une troupe de Français. Pierre Amelli mourut en 1245.

N° 9.

GUILLAUME CHRISTOPHORI, ÉVÊQUE DE MAGUELONNE. (1246.)

. . . GVILLEMI · MAGALONENSIS · EPIscopi · *Sceau de Guillaume, évêque de Maguelonne.* Guillaume Christophori, debout, revêtu des habits épiscopaux, tenant de la main gauche sa crosse, et donnant la bénédiction de la droite.

L'évêché de Maguelonne, suffragant de Narbonne, reconnaît Ætherius pour premier prélat.

En 1536, la ville de Maguelonne étant presque entièrement abandonnée par les habitans, à cause de l'insalubrité de l'air, le pape transféra le siége épiscopal à Montpellier.

Guillaume Christophori, originaire de Montpellier, était archidiacre et chanoine de Maguelonne, lorsqu'il fut élevé à ce siége en 1256. Ce prélat, à qui ses vertus avaient gagné l'affection de son diocèse, fut choisi par les consuls de Montpellier pour arbitre de leurs querelles avec le roi d'Aragon. En 1258, le roi d'Aragon vint à Montpellier, et accorda aux habitans une charte d'amnistie en présence et à la considération de l'évêque de Maguelonne et de quelques autres prélats voisins. Guillaume Christophori assista, la même année, au concile provincial de Narbonne, et mourut en 1262.

10

N° 10.

CONSULS DE TARASCON. (1231.)

✠ SIGILLVM · CONSVLVM · TARASCONI. *Sceau des consuls de Tarascon.* La porte de Tarascon. Au-dessous, la tarasque.

C'est par une erreur matérielle que ce sceau d'une ville de Provence se trouve parmi ceux du Languedoc.

Tarascon, ville de la Provence, était le chef-lieu d'une viguerie. L'église collégiale était dédiée à Sainte-Marthe, dont on conservait les reliques dans une châsse d'or, qui passait pour une des plus riches du royaume. On prétendait que Clovis était venu pour honorer cette Sainte dans cette église et que les chanoines possédaient le dragon qu'elle dompta par ses prières. Ce dragon, qui figure sur le sceau que nous publions, est aussi célèbre dans les légendes locales sous le nom de *tarasque* que la *gargouille* de Rouen l'est en Normandie.

PLANCHE XX.

N° 1. (Sur la planche, n° 4.)

BERNARD SAISSETTE, ÉVÊQUE DE PAMIERS. (1269.)

SIGILLVM · BERNARDI · PERMISSIONE · DIVINA · EPISCOPVS · APPAMIENSIS. *Sceau de Bernard, par la permission divine, évêque de Pamiers.* Bernard Saissette, revêtu des habits épiscopaux, debout, tenant une crosse de la main droite et donnant la bénédiction de la gauche. Dans le champ, à droite et à gauche, une fleur-de-lis.

Pamiers, la principale ville du comté de Foix, ne fut érigée en évêché qu'au XIII° siècle, par le pape Boniface VIII. Cet évêché fut d'abord suffragant de l'archevêché de Narbonne, mais le pape Jean XXII ayant érigé Toulouse en archevêché, Pamiers fut attribué à ce nouveau siége archiépiscopal.

Bernard Saissette était abbé du monastère de Saint-Antonin de Pamiers, lorsque Boniface VIII, en 1295, érigea en même temps ce monastère en église cathédrale et le bourg de Pamiers (*villa*) en cité (*civitas*). La même bulle instituait pour premier évêque de Pamiers, l'abbé de Saint-Antonin. On ne sait rien de plus sur ce prélat, dont le successeur fut Louis d'Anjou-Sicile.

N° 2 (n° 1).

CONSULS DE PAMIERS. (1267.)

✠ SIGILLVM · CONSVLVM · APAMIE. *Sceau des consuls de Pamiers.* Vue de la principale porte de Pamiers et des tours dont elle était défendue.

Contre-sceau : ✠ SIGNVM · PASSIONIS · SANCTI · ANTONINI. *Représentation du martyre de saint Antonin.* Saint Antonin abandonné dans un navire, priant. Sur l'avant et sur l'arrière, un oiseau.

Pamiers était la plus importante ville du comté de Foix; c'était la seule de ce petit état qui possédât un évêque, aussi disputa-t-elle toujours la prééminence à la ville de Foix. Saint Antonin, patron de Pamiers, paraît être le même que saint Antonin d'Apamée de Syrie, l'analogie des noms latins de ces deux villes a sans doute donné lieu aux légendes qui firent de ce saint le patron de Pamiers.

N° 3 (n° 2).

COMMUNE DE BAYONNE. (XIII° siècle.)

SIGILLVM · COMVNIE · CIVITATIS · BAIONE. *Sceau de la commune de la ville de Bayonne.* Vue des remparts et de Notre-Dame de Bayonne. Dans le champ, au-dessus de l'église : S̄C̄A (*sancta*) MARIA.

Contre-sceau : BENEDICTVS · QVI · VENIT · IN · NOMINE · DOMINI. *Béni soit celui qui vient au nom du seigneur.* Un chêne et un lion passant couronné.

Bayonne, ville épiscopale, ne passe pas pour être très ancienne. Elle eut des vicomtes depuis 1060 jusqu'en 1205, que Jean Sans Terre, roi d'Angleterre et duc de Guyenne, réunit ce vicomté au duché de Guyenne.

N° 4 (n° 3).

CONSULS DE LA VILLE DE NÎMES.

✠ . . . . GILLVM · CONSVLVM · CIVITATIS · NEMAVSIE.

Sceau des consuls de la ville de Nîmes. Les quatre consuls de Nismes, debout, la tête nue, revêtus de l'habit de leur dignité.

Nismes, dont les *Arènes, la Maison carrée*, et tant d'autres restes de monumens romains, attestent l'antique importance, était le siége d'un évêché, d'une sénéchaussée et d'un présidial. Cette ville fut sous la domination des comtes de Toulouse, jusqu'en 1226. A cette époque, voulant éviter le traitement fait à celles qui avaient embrassé le parti des Albigeois, elle se soumit à Louis VIII, roi de France. Depuis lors, Nismes a toujours été du domaine de la couronne.

N° 5.

ARMAND DE POLIGNAC, ÉVÊQUE DU PUY EN VELAY. (1256.)

✠ SIGILLVM · ARMANDI · ELECTI · ANICIENSIS. *Sceau de Armand, élu du Puy.* Armand de Polignac, debout, la tête nue, revêtu de l'habit monastique et tenant un livre à la main.

Les prélats élus par les chapitres ne prenaient le titre d'évêque et ne revêtaient les habits de cette dignité que lorsqu'ils avaient reçu leurs bulles du pape; jusque là, ils se contentaient du titre d'élu, *electus*; quelquefois cependant ils prenaient celui d'*évêque-élu*.

Le Puy en Velay reconnaît saint Georges pour premier évêque. L'évêque qui, en qualité de comte de Velay, jouissait du pouvoir temporel et du droit de battre monnaie, ne reconnaissait aucun métropolitain, et malgré les protestations constantes de l'archevêque de Bourges, il ne relevait au spirituel que du saint siége, et revêtait en officiant le *pallium*, qui ordinairement était réservé aux archevêques, aux primats et aux patriarches.

Armand de Polignac, issu de l'illustre et noble maison des vicomtes de Polignac en Velay, fils de Pons, IV° du nom, vicomte de Polignac, et d'Alcine de Montlaur, était abbé de Saint-Pierre de la Tour, lorsqu'il fut élu évêque du Puy, comte de Velay, en 1255. Ce prélat, qui enrichit de ses dons les églises de son diocèse, mourut le 17 mai 1257.

N° 6.

JEAN DE CUMENIS, ÉVÊQUE DU PUY EN VELAY. (1305.)

. . . IOHANNIS · DE . . . . RA · EPÍSCOPVS · ANICIENSIS. *Sceau de Jean, par la grâce de Dieu, évêque du Puy.* Jean de Cumenis, debout, revêtu des habits épiscopaux, tenant sa crosse de la main gauche et donnant la bénédiction pastorale de la droite.

Ce sceau qui est celui dont l'évêque du Puy, comte de Velay, se servait pour tout ce qui tenait à l'épiscopat, est en forme de vessie de poisson, et se différencie par là du sceau rond dont il faisait usage pour les actes où il agissait comme comte de Velay. (Voyez n° 7.)

Jean de Cumenis, soixante-troisième évêque du Puy, comte de Velay, était abbé de Saint-Germain-des-Prés de Paris, lorsqu'il fut appelé à l'épiscopat en 1297. Cette même année, il admit le roi Philippe-le-Bel au *pariage* de la ville du Puy. On entendait par paréage ou pariage, la parité des droits sur une terre possédée par indivis. En 1307, il transigea avec le roi, d'accord avec son chapitre, de tous ses droits sur le comté de Bigorre, qu'il céda moyennant une pension de 300 livres. Ce prélat mourut en 1308, et fut enterré dans la chapelle de l'archange Michel qu'il avait fait construire.

N° 7.

JEAN DE CUMENIS, ÉVÊQUE ET COMTE DU PUY EN VELAY.
(1305.)

SIGILLVM · IOHANNIS · DI · GRAcia · EPIscopi · ANICIENsis · ET · COM . . . . . AVIE. *Sceau de Jean, par la grâce de Dieu, évêque du Puy, et comte du Velay.* Jean de Cumenis, évêque du Puy et comte de Velay, revêtu des habits épiscopaux, la mitre en tête, tenant de la main gauche la crosse épiscopale, et de la droite tenant une épée nue en signe de juridiction séculière.

Voyez le n° précédent.

N° 8.

GUILLAUME ARNALDI, ÉVÊQUE DE CARCASSONNE. (1248.)

+ SIGILLVM · GVILLI · DI · GRAcia · EPIscopi · CARCAS-SONE. *Sceau de Guillaume, par la grâce de Dieu, évêque de Carcassonne.* Guillaume Arnaldi, debout, revêtu des habits épiscopaux, tenant de la main gauche sa crosse et donnant la bénédiction de la droite.

Carcassonne, évêché suffragant de Toulouse, reconnaît pour premier prélat saint Guimera.

Guillaume Arnaldi, trente-quatrième évêque de Carcassonne, n'est connu que par deux chartes de 1248 et de 1249. Il mourut en 1255.

N° 9.

COUR DU VIGUIER DE TOULOUSE. (1419.)

+ SIGILLVM · CVRIE · VICARII · THOLOSE. *Sceau de la cour du Viguier de Toulouse.* Un semé de fleur-de-lis.

Le Viguier de Toulouse était le successeur des vicomtes; cette charge était dans l'origine une fonction militaire; mais comme il avait aussi une juridiction, il y eut souvent des contestations pour la justice criminelle de Toulouse, entre les capitouls et le viguier. En 1283, le roi Philippe fit, sur ce sujet, un règlement portant : que le viguier et les capitouls rendraient dorénavant la justice conjointement, et que toutes les exécutions se feraient par l'autorité du viguier. Le viguier faisait sa demeure au château Narbonnais dont il était gouverneur. En 1557, le cardinal Bertrand promit aux capitouls de réunir à leur justice la viguerie, en supprimant la cour du viguier et cette charge; mais la mort le surprit avant l'exécution de ce projet, qui ne fut pas réalisé depuis. En 1419, *noble et puissant seigneur*, Pierre Folcaudi, était viguier de Toulouse. Les Annales de Toulouse nous apprennent qu'il exerça cette charge depuis 1408 jusqu'en 1422.

N° 10.

DURAND, ÉVÊQUE D'ALBY.

+ SIGILLVM · DVRANDI · ALBIENSIS · EPIscopi. *Sceau de Durand, évêque d'Alby.* Durand, revêtu des habits épiscopaux, debout, tenant la crosse de la main gauche et de la droite donnant la bénédiction.

L'évêché d'Alby, qui ne fut érigé en archevêché que sous Louis XIV, lors de l'épiscopat d'Hyacinthe Serroni, était suffragant de Bourges. Son premier évêque fut saint Clair.

Durand, d'abord archidiacre de Bourges, fut élevé à l'évêché d'Alby en 1229. On sait qu'il fit une transaction avec le comte de Toulouse en 1232, et qu'en 1248 il fit un pacte avec le même prince, pour le droit de battre monnaie à Alby. En 1243, il assiégea avec l'archevêque de Narbonne et le sénéchal de Carcassonne une place du diocèse de Toulouse occupée par les hérétiques. Ce prélat mourut vers 1250.

PLANCHE XXI.

PROVENCE.

N° 1.

JEAN DE BAUSSAN, ARCHEVÊQUE D'ARLES. (1243.)

+ SIGILLVM · IOHIS · QVINTI · ARELATENSIS · ARCHIEPIscopi. *Sceau de Jean, cinquième (du nom) archevêque d'Arles.* Jean de Baussan, assis, revêtu des habits épiscopaux, tenant la crosse de la main gauche et donnant la bénédiction de la droite.

Contre-sceau : Une croix et cette inscription en sept lignes : SIGILLVM · SANCTI · TROPHIMI · IHV · XPI · (*Jesu Christi*) DISCIPVLI. *Sceau de saint Trophime, disciple de Jésus-Christ.* En bas, un astre.

Jean de Baux ou de Baussan, car on ne sait pas son nom d'une manière plus précise, fut d'abord archidiacre de Marseille en 1222, puis évêque de Toulon, et enfin transféré à l'archevêché d'Arles. Ce prélat tint deux conciles provinciaux pour la discipline ecclésiastique. Il eut de longs démêlés avec les bourgeois d'Arles, démêlés qui ne furent apaisés que par la médiation du pape et du comte de Provence. Jean de Baussan mourut en 1257.

Bien que les auteurs du *Gallia Christiana* appellent cet archevêque, Jean III⁰ du nom, il passait pour constant dans l'église d'Arles qu'il était le cinquième évêque de ce nom. On comptait deux Jean que ne reconnaît pas la *Gallia Christiana*, mais qui cependant étaient inscrits sur les diptyques de l'église. Aussi est-il désigné cinquième archevêque du nom, dans la légende de son sceau.

N° 2.

EUSTACHE DE LÉVIS, ARCHEVÊQUE ET PRINCE D'ARLES. (1480.)

+ SIGILLVM · EVSTACHII · ARCHIEPISCOPI · ET · PRINCIPIS · ARELATENSIS. *Sceau d'Eustache, archevêque et prince d'Arles.* Portique d'un temple grec, soutenu par deux colonnes. Au milieu, sur un piédestal, le groupe de la Vierge et du Christ enfant; à gauche, saint Trophime, patron d'Arles, nimbé, tenant le plan en relief d'une église; à droite, Eustache de Levis tenant la croix patriarcale. En bas, un prêtre à genoux en prières; à droite et à gauche, un écusson aux armes de la maison de Levis : d'or à trois chevrons de sable, chargé d'un lambel pour brisure de cadet. Ces écussons sont tous deux posés sur la croix patriarcale.

Eustache de Lévis, troisième fils d'Eustache de Lévis, seigneur de Cousan et de Lugny, et de Alix de Cousan, fut abbé de Saint-Pierre Mont-Majour-lès-Arles, puis succéda, en 1476, dans l'archevêché d'Arles, à son frère aîné, le cardinal Philippe de Lévis. En 1479, il reçut dans sa cathédrale le roi Charles VIII qui passait à Arles. Il mourut le 22 avril 1489.

N° 3.

CHAPITRE DE LA SAINTE-ÉGLISE D'ARLES. (XIIIᵉ siècle.)

+ SIGILLVM · CAPITVLI · SCE · ARELATENSIS · ECCLIE. *Sceau du chapitre de la Sainte Église d'Arles.* Une rosace, dont chacune des parties est occupée par la représentation à mi-corps d'un chanoine. Aux quatre coins, un aigle.

L'archevêché d'Arles avait pour suffragans Marseille, Saint-Paul-Trois-Châteaux, Toulon, Orange, Avignon, Carpentras, Cavaillon et Vaison. En 1475, lors de l'érection d'Avignon en siége archiépiscopal, on ôta à Arles les villes de Carpentras, de Cavaillon et de Vaison, qui formèrent le nouvel archevêché. La cathédrale est dédiée aux saints Trophyme et Étienne. Le chapitre était composé d'un prévôt, d'un archidiacre, d'un sacristain, d'un archiprêtre et de treize chanoines. L'archevêque prenait le titre de primat et celui de prince d'Arles ou plutôt de Montdragon.

N° 4.

Odilon de Tournel, évêque de Mende. (1256.)

✠ Sigillvm · ODILONIS · DEI · GRAtia GVABALLITANORvm · EPIscopvs. *Sceau de Odilon, par la grâce de Dieu, évêque de Mende.* L'évêque de Mende, revêtu des habits épiscopaux, tenant de la main gauche sa crosse, et donnant la bénédiction de la droite. Dans le champ, deux astres.

Mende, capitale du Gévaudan, est un ancien évêché suffragant d'Alby. L'évêque prenait le titre de seigneur et comte du Gévaudan. La cathédrale est sous l'invocation de la Vierge et de saint Privat. Le chapitre était composé d'un prévôt, d'un archidiacre, d'un précenteur et de quinze chanoines.

Odilon de Tournel, vingt et unième évêque de Mende, succéda à Odilon de Mercœur. En 1266, il fit un traité avec le roi saint Louis pour le château de Gredon et d'autres fiefs. On ne sait rien de plus sur la vie de ce prélat qui mourut vers 1274.

N° 5.

Philippe, archevêque d'Aix. (1255.)

✠ Sigillvm · PHILIPPI · DI͞ · GRAtia · AQVĒSIS · ARCHIEPIscopi. *Sceau de Philippe, par la grâce de Dieu, archevêque d'Aix.* Le prélat revêtu des habits archiépiscopaux, tenant la crosse de la main gauche et donnant la bénédiction de la droite.

L'archevêché d'Aix avait pour suffragans Apt, Gap, Fréjus, Riez et Sisteron. L'archevêque était premier conseiller clerc, au parlement de Provence, et président-né des États. La cathédrale est dédiée au Sauveur transfiguré. Le chapitre est composé de deux dignitaires, qui étaient, le prévôt et l'archidiacre, d'un sacristain, d'un capiscole et de seize chanoines.

Philippe, trente-quatrième archevêque d'Aix, dont on ignore le nom de famille, était cité dans une charte de 1251. En 1253, il rendit une sentence par laquelle il restitua à Guillaume d'Esparron, une partie du domaine de Montpezat. L'archevêque Philippe mourut en 1256.

N° 6.

Pierre Turturelli, évêque de Digne. (1445.)

SIGILLVM DOMINI PETRI EPISCOPI DIGNENSIS. *Sceau de messire Pierre, évêque de Digne.* Sous un dais gothique, la mort et l'assomption de la Vierge. En bas : la Vierge nimbée, couchée, entourée des douze apôtres ; l'un d'eux tient un goupillon qu'il va tremper dans un seau d'eau bénite tenu par un autre; à droite, un apôtre tenant une torche; à gauche, un autre tenant un lis; enfin, un autre tenant un encensoir. Le champ est semé d'étoiles. En bas, Jean Turturelli agenouillé, priant. A droite et à gauche, un écusson aux armes de l'évêque, posé sur la crosse épiscopale. Cet écusson porte trois tourterelles posées deux et une, tenant dans leur patte un rameau; armes parlantes qui font allusion au nom de l'évêque et rappellent en même temps la colombe de l'arche.

Ce sont ces armes parlantes qui nous permettent d'affirmer que ce sceau qui nous est parvenu sans date est bien celui de Pierre Turturelli, et non celui de Pierre de Verceil, qui vécut dix ans avant.

Pierre Turturelli, de l'ordre des Dominicains, était déjà évêque de Digne en 1445. On a quelques statuts de cet évêque, de 1460, et leur confirmation date de 1464. Il mourut le 22 juillet 1466.

N° 7.

Gonot des Barres, vicomte de Raymond. (Fin du xiii° siècle.)

SCEL GONOT DES BARRES VISCONTE DE RAYMOND. Le vicomte de Raymond, armé de toutes pièces, coiffé d'un casque timbré d'une couronne et surmonté d'un demi vol; il porte au bras gauche un écusson à ses armes : d'or à la croix nilée de sable, et tient de la main droite une épée nue levée ; il est monté sur un cheval galopant à droite, dont le caparaçon est brodé à ses armes. Dans le champ, des rameaux et deux roses.

Gonot des Barres, vicomte de Raymond, est un gentilhomme de Provence, dont les histoires de cette province ne font que citer le blason. Cette maison n'est pas mentionnée dans l'*Histoire héroïque de Provence* d'*Artfeuille*, non plus que dans celle de *Nostradamus*.

N° 8.

Ville de Marseille. (1237.)

✠ ACTIBVS · IM͞ENSIS · VRBS · FVLGET · MASSILIENSis. *De grands fachs resplent la cioutat de Marseille.* Les remparts de Marseille ; sur les créneaux, deux sentinelles.

Contre-sceau : ✠ MASSILIAM · VERE · VICTOR · CIVESQVE TVERE. *Victor deffend verauoment Marseille et lous cioutadans.* Saint Victor, représenté comme les chevaliers du xiii° siècle, terrassant le démon; sur son bouclier, la croix des armes de Marseille. La ville de Marseille porte: d'azur à la croix d'argent.

Nous empruntons la traduction de ces légendes en ancien patois provençal à l'*Histoire de Marseille*, de Ruffi. C'était un ancien dicton populaire, dont nous avons cru devoir conserver le texte même. On sait que saint Victor était particulièrement honoré à Marseille, et que jusqu'à la révolution il y eut tous les ans à Marseille une *course de saint Victor*, célébrée avec solennité.

Marseille, l'une des plus anciennes villes de la Gaule, et aujourd'hui l'une des plus importantes de la France, avait un évêché suffragant d'Arles. Cette ville fut long-temps sous la domination des comtes de Provence, qui pourtant n'y exerçaient pas tous les droits de la souveraineté.

N° 9.

Ville d'Avignon. (xiii° siècle.)

✠ SIGILLVM · COMVNIS · (*sic*) AVINIONENSIS. *Sceau commun d'Avignon.* Vue de la ville et du pont d'Avignon.

Contre-sceau : ✠ A·Q·V·I·L·A. (*sic*) L'aigle des anciennes armes d'Avignon. Cet aigle rappelle que la ville d'Avignon était une cité impériale. Les armes modernes d'Avignon empruntées aux souvenirs des deux autorités impériale et pontificale sont : de gueules à trois clefs d'or mises en fasce, soutenues d'un aigle de même.

Avignon, d'abord soumise aux comtes de Forcalquier et de Toulouse, obtint des empereurs le privilége de se gouverner et le titre de République. En 1251, Avignon, quoique conservant ses privilèges en partie, reconnut la souveraineté des comtes de Provence. Jeanne, comtesse de Provence et reine de Sicile, vendit cette ville, en 1348, au pape Clément VI. Cette ville, qui, comme on sait, servit de résidence à sept papes, dut à cette circonstance le surnom de *Seconde Rome*; elle resta sous la domination pontificale jusqu'à la révolution française. Les habitans jouissaient, en France, de tous les droits des régnicoles.

PLANCHE XXII.

N° 1.

Guillaume de Laudun, archevêque de Vienne. (1323.)

Sigillum · FRIS · GVIL . . . . . ARCHIEP . . . . *Sceau de Frère Guillaume, archevêque de Vienne.* Guillaume de Laudun, assis sur une chaise placée sous une sorte de dais gothique, tenant de la main gauche une croix, emblème du patriarcat, et donnant la bénédiction de la droite. En bas, un écusson aux armes de Guillaume de Laudun.

L'église de Vienne, dont l'archevêque prenait le titre de primat des Gaules, a joui long-temps du droit de suzeraineté sur les dauphins de Viennois. Le chapitre, qui était sous l'invocation de saint Maurice, était composé de vingt chanoines, y compris les dignités de doyen, de capiscole, sacristain, chancelier et archidiacres.

Guillaume de Laudun, ainsi nommé du lieu de sa naissance, religieux dominicain, était docteur en théologie de la Faculté de Paris, lorsqu'il fut élevé au siége archiépiscopal de Vienne en 1321. En 1328, il fut transféré de ce siége à celui de Toulouse. En 1333, il fonda dans sa métropole quatre canonicats sous le nom de *Prébendes de saint Dominique*. Étant devenu aveugle en 1347, Guillaume de Laudun abdiqua en faveur de Raymond de Canillac, à la charge d'une pension.

N° 2.

RAYMOND DE MONT-DRAGON. (1263.)

+ SIGILLVM · RAIMVNDI · DE · MONTE · DRACONE. *Sceau de Raymond de Mont-Dragon.* Raymond de Mont-Dragon, revêtu entièrement d'une cotte de mailles, coiffé d'un casque rond à nasal, l'épée au côté, agenouillé devant un personnage debout, revêtu d'une longue robe, entre les mains duquel il prête hommage.

La terre de Montdragon, soumise à la suzeraineté de l'archevêque d'Arles, comme prince de Montdragon, a donné le nom à une ancienne maison dont était le personnage dont nous gravons le sceau. Ce Raymond de Montdragon rendit hommage à Florent, archevêque d'Arles, en présence de l'évêque d'Orange et de Pons, archidiacre d'Arles, le 5 février 1263. C'est sans doute cette cérémonie qui est représentée sur le sceau. Nous croyons y voir le prélat dépouillé de ses attributs pontificaux et revêtu d'une robe comme seigneur temporel.

SUPPLÉMENT.

N° 3.

HUMBERT, DAUPHIN DE VIENNOIS. (1343).

SIGILLVM · HVMB . . . . *Sceau de Humbert.* . . . (La légende de ce sceau est entièrement effacée.) Humbert, dauphin de Viennois, armé de toutes pièces, coiffé d'un casque grillé, dont le cimier est un animal fantastique, portant suspendu au cou un bouclier à ses armes, d'or au dauphin d'azur, et tenant de la main droite une épée nue levée, enchaînée à son armure; il est monté sur un cheval galopant à droite, dont le caparaçon est brodé à ses armes; sur la tête du cheval, un animal fantastique semblable à celui du casque.

Ce sceau du Dauphin est appendu à la même charte que celui de la ville de Vienne, à qui il sert de contre-sceau.

Humbert II, dauphin de Viennois, fils de Jean II, et de Béatrix de Hongrie, succéda à son frère Guignes VIII, mort en 1333 sans laisser d'enfans. Le 16 juillet 1349, Humbert fit au roi de France cession de tous ses biens en faveur de Jean, duc de Normandie, ou de l'un de ses enfans, en stipulant que le prince qui en serait investi porterait le nom de Dauphin de Viennois et les armes du Dauphiné écartelées avec celles

de France. Le lendemain de cette cession, Humbert prit l'habit de Saint-Dominique. En 1352, le Roi le fit pourvoir de l'administration de l'archevêché de Reims, et le nomma, en 1354, évêque de Paris. Humbert renonça peu après à ces dignités et mourut à Clermont, en Auvergne, le 22 mai 1355. Il avait épousé, en 1332, Marie des Baux, qui mourut en 1347, deux ans avant qu'il n'entrât dans les ordres. De ce mariage il n'eut qu'André, dauphin, mort en bas âge d'un accident.

N° 4.

VILLE DE VIENNE. (1343.)

La légende de ce sceau est indéchiffrable. Vue de la ville de Vienne. En bas, un écusson aux armes du Dauphiné; cet écusson coupe en deux le mot : VIENA.

La ville de Vienne, long-temps sous la domination de son église, n'y fut soustraite qu'en 1451, que Louis XI y établit le siége du bailliage du Viennois. Les Dauphins faisaient hommage au chapitre tous les ans à la fête de saint Maurice, et les premiers dauphins, fils du Roi de France, le firent également, jusqu'à ce que l'empereur Frédéric IV donnât le vicariat impérial dans les royaumes de Bourgogne et d'Arles au Dauphin, depuis Charles VI.

N° 5.

COMMUNE DE VERDUN, EN LANGUEDOC. (1242.)

+ SIGILLVM VNIVERSITATIS VERDVNI. *Sceau de la commune de Verdun.* La porte fortifiée de Verdun.

Contre-sceau : + SIGILLVM · VNIVERSITATIS · VERDVNI. *Sceau de la commune de Verdun.* Une croix semblable à celle des armes de Toulouse.

Verdun, en Languedoc, est une petite ville qui ressortissait au parlement de Toulouse. Elle est située sur la Garonne, à cinq lieues de Toulouse, et appartenait aux comtes de Toulouse.

N° 6.

CAPITOULS ET CONSULS DE TOULOUSE. (1242.)

. . . PITV . . . VM · TOLOS . . . . . *Sceau des capitouls de Toulouse.* L'agneau paschal.

Contre-sceau : . . . . CONSVLVM · VI . . . TOLOSE. *Sceau des consuls de la ville de Toulouse.* Le château Narbonnais et le Capitole de Toulouse.

Toulouse, capitale du Languedoc, archevêché, et siége du second parlement du royaume, ne fut réunie à la couronne qu'à la mort d'Alphonse de France, comte de Toulouse et de Poitiers, frère de saint Louis. L'université de cette ville a toujours été fort célèbre. Saint Saturnin fut le premier évêque de Toulouse, en 252.

N° 7.

CONCILE DE L'ÉGLISE GALLICANE. (1423.)

SIGILLVM : CONCILII : ECCLESIE : GALLICANE · FACTUM · ANNO · M·CCCC·XXIII. *Sceau du concile de l'Église gallicane fait l'an 1423.* L'assemblée du clergé de France. En haut, le Saint-Esprit, sous la forme d'une colombe.

Ce sceau, comme l'indique la légende, fut fait pour les assemblées du clergé de France. Le mot *concilium* est pris ici dans son sens général, qui est *assemblée*.

PLANCHE XXIII.

N° 1.

ARCHAMBAULD, COMTE DE PÉRIGORD. (1281.)

+ SIGILLVM · ARCAMBALDvs · COMES · PETRAGORDII *Sceau d'Archambauld, comte de Périgord.* Un écusson aux armes de la maison de Périgord : de gueules à trois lions couronnés d'or.

Archambauld III, comte de Périgord, fils et successeur de Hélie VI, et de Gaillarde, sa seconde femme, hérita de ce comté vers 1251. En

1277, Archambauld III confirma son cousin, Hélie Talleyrand, sire de Grignols, dans la possession de cette terre. Cette charte est encore aujourd'hui conservée en original dans les archives de la maison de Périgord. En 1281, Archambauld vendit à Pierre, comte d'Alençon, une maison nommée Hosteriche, qu'il avait à Paris. En 1286, il traita avec les habitans du Puy-Saint-Frond (faubourg de Périgueux), de leurs droits respectifs. On voit par cet acte, qu'il prétendait avoir le haut domaine sur eux. Il mourut le 13 avril 1266 et fut inhumé aux Jacobins de Périgueux. C'est ce comte qui fonda le monastère de Sainte-Claire de cette ville. Ce seigneur épousa d'abord Marguerite de Limoges, veuve d'Aimeri VIII, vicomte de Rochechouart, morte le 9 septembre 1259. Hélie VII, successeur d'Archambauld III, fut le seul mâle issu de ce mariage. De sa seconde femme, Marie de Gévaudan d'Anduze, veuve du vicomte de Lomagne, Archambauld III eut Boson, seigneur d'Estissac; Archambauld, abbé de Saint-Astier, et Jeanne, mariée d'abord à Pierre de Bordeaux, puis à Bertrand de Hautefort.

N° 2.

Cité de Périgueux. (1204.)

✠ SIGILLVM · MAIORIS · CONFRATRIE · PETRAGORIensis. *Sceau du maire de la commune de Périgueux.* Un aigle les ailes éployées.

La ville de Périgueux, comme beaucoup de villes dont l'existence municipale remonte à l'occupation des Gaules par les Romains, fut long-temps divisée en deux parties entièrement distinctes, la Cité et le Bourg. La Cité, appelée sous les Romains Vésone, et depuis Cité Périgourdine *Civitas Petracoricensis;* le Bourg ou ville du *Puy Saint-Frond* (*montagne de Saint-Frond*), le patron du Périgord. Sous les Romains, le Bourg s'appelait *Castrum Podü Sancti-Frontonis.* Il avait été construit pour tenir la Cité en respect. Séparés par un simple fossé, la Cité et le Bourg furent long-temps en guerre, et eurent un sceau distinct jusqu'en 1250, qu'un traité d'union fut fait entre les parties rivales. Ce sont les différens sceaux de la Cité et du Bourg que nous donnons ici. Ils nous ont été communiqués, ainsi que les renseignemens que nous y joignons, par M. Dessales, des Archives du Royaume.

N° 3.

Bourg du Puy Saint-Frond. (1223.)

· IGILLVM · BVRGENSIVM · DE · PETRAG . . . . . . *Sceau des bourgeois de Périgueux.* Un homme, marchant à droite, coiffé d'un casque à plate-forme, revêtu d'une cotte de mailles, portant au cou un bouclier ovale, chargé d'une croix et tenant de la droite une large épée nue.

Contre-sceau : SECRETVM : DE PETRAGORIS. *Secret de Périgueux.* Un évêque vu à mi-corps, décoré du pallium, tenant de la main gauche une crosse, et donnant la bénédiction de la droite. Cet évêque est sans doute saint Frond, premier évêque et patron de la cathédrale de Périgueux, ou peut-être la maison du consulat.

N° 4.

La Cité et le Bourg de Périgueux [après la réunion.] (1250.)

. . VS · PETRAQ . . . *Sceau du consulat de Périgueux.* Sur un fond de losanges, semé de fleurs-de-lis, vue des remparts et du beffroi de Périgueux.

N° 5.

Contre-sceau de la Cité et du Bourg réunis.

. . . NIVERSIT . . . *Sceau de la commune de Périgueux.* Sur un champ semé de losanges, saint Frond, assis, revêtu du costume épiscopal, posant les pieds sur un monstre.

N° 6.

Ranulfe d'Aubusson. (xiiie siècle.)

✠ SIGILLVM · RAMNVLFI · ALBVCONIS. *Sceau de Ranulphe d'Aubusson.* Le donjon d'Aubusson. Dans le champ : ALBUSIO. *Aubusson.*

Contre-sceau : Lion marchant à droite.

Ranulfe d'Aubusson, second fils de Rainaud VI, vicomte d'Aubusson, eut en partage les seigneuries de la Borne, du Monteil, du Vicomte, de la Feuillade, etc. On connaît de ce seigneur différens actes des années 1256, 1260, 1265 et 1277. Il épousa Séguine de Pierre-Buffière, dont il eut postérité. De ce Ranulfe, descendent les ducs de la Feuillade, pairs de France.

N° 7.

Cité du Pont a Mousson.

✠ SCEL · DOV · TABELLION · DE LA · PREVOSTEL · DE ·

LA CITEI · DOV · PONT. Sur un pont, protégé par deux tourelles, un homme casqué, la visière levée, le cou protégé par des mailles, revêtu d'une armure, portant au bras gauche un écusson aux armes du duché de Bar, et tenant de la main droite une lance. Dans le champ, deux étoiles.

Pont-à-Mousson, belle ville du duché de Bar, qui tire son nom de la montagne de Mousson et du pont qui est au pied sur la Moselle. Les armes modernes de la ville sont évidemment empruntées à l'ancien sceau que nous publions. On les blasonne ainsi : de gueules au pont d'argent de cinq arches, flanquées de deux tours carrées d'argent, sur la rivière de sinople, à l'écusson mouvant des armes de Bar, l'écu bordé d'or.

N° 8.

Commune de Moissac. (1243.)

✠ SIGILLVM · COMVNICONSILIO · MO . . . *Sceau de la commune de Moissac.* Vue de la ville de Moissac.

Contre-sceau : ✠ SIGILLVM · DE · VICO · SANCTI · PETRI. *Sceau du bourg de Saint-Pierre.* Un écusson chargé d'une croix presque semblable à celle de Toulouse; de chaque côté, une clef.

Moissac est une petite mais fort ancienne ville du Quercy; son abbaye, fondée par Clotaire II, fut sécularisée au xiiie siècle. On remarquera ici la même distinction de Cité et de Bourg que pour Périgueux.

N° 9.

Commune de Penne. (xiiie siècle.)

✠ SIGILLVM · COMVNIS · PENNE · AGENENSIS. *Sceau de la commune de Penne en Agénois.* La principale porte et le beffroi de Penne. Sur les remparts, deux plumes qui font allusion au nom latin de la ville : *Penna, plume.*

Penne est une très petite ville du Languedoc, dont la justice ressortissait au parlement de Toulouse.

N° 10.

Un prieur de l'ordre de Saint Jean de Jérusalem. (xiiie siècle.)

✠ SIGILLVM · PRIORIS · HOSPITAL . . . IHRL . . GL. *Sceau du prieur des Hospitaliers de Jérusalem . . . . .* (de la langue d'Angleterre?) Le chef de saint Jean-Baptiste, Dans le champ, à droite, le soleil; à gauche, le croissant.

L'ordre des Hospitaliers de Saint-Jean-de-Jérusalem doit son origine aux croisades. Il a pris naissance au sein de l'ordre de Saint-Benoît. Il fut long-temps appelé l'ordre de Rhodes, et ne prit celui de Malte que lorsqu'ayant perdu l'île de Rhodes en 1523, il fut investi de l'île de Malte par l'empereur Charles-Quint. En 1800, sous le magistère de Ferdinand de Homspech, l'ordre perdit l'île de Malte, qui passa au pouvoir de l'Angleterre. Le siége de l'ordre est aujourd'hui à Catane, en Sicile.

N° 11.

Ordre du Temple. (xiiie siècle.)

SIGILLVM · MILITVM · CHRISTI. *Sceau des chevaliers du Christ.* L'ancien emblème de l'ordre du Temple, deux chevaliers sur un seul cheval.

L'ordre du Temple, qui paraît être plus ancien que celui de Malte, avait une institution très analogue. Depuis 1118 jusqu'en 1312, époque de sa destruction, cet ordre, le plus puissant de tous, ne cessa d'accroître sa puissance et ses richesses, qui démentaient l'humble emblème représenté sur le sceau.

N° 12.

Commanderie de Saint-Quentin (Ordre de Malte).

SCEL · DE LA COMMANDERIE · DE S.^T QVENTIN. Un chevalier de Saint-Jean-de-Jérusalem, à genoux aux pieds de saint Jean qui porte l'*agnus Dei.* Au milieu, un arbre.

Voyez n° 10.

PLANCHE XXIV.

Pour terminer la série des Sceaux ecclésiastiques, nous donnons une suite de bulles de plomb dont les papes se servaient pour sceller leurs actes.

Ces bulles dont nous devons la communication à l'obligeance de M. N. de Wailly, sont toutes tirées des Archives du Royaume.

N° 1.
Nicolas Iᵉʳ. (863.)

+ NICOLAI. On voit dans le centre un ornement en forme d'étoile enfermé dans un cercle autour duquel est la légende. Contre-sceau : + PAPAE. Les bulles de plomb de la plûpart des papes, antérieures au xiiᵉ siècle, sont à peu près conformes à celle de Nicolas Iᵉʳ. Sur le premier côté on lit le nom du pape au génitif et sur le revers le mot *papa* aussi au génitif. Le nom du pape est écrit tantôt en cercle, tantôt partagé en deux ou trois lignes horizontales. Pour traduire le sens de la légende il faut sous-entendre *bulla* ou *sigillum* : *bulle* ou *sceau de Nicolas, pape.*

Cette bulle de plomb est suspendue à un diplôme sur papyrus de l'an 863. (*Archives du Royaume.*)

Nicolas Iᵉʳ, Romain, fut élu pape en 858 et mourut le 13 novembre 867.

N° 2.
Pascal II. (1114.)

+ PASCHALIS PaPa II. *Pascal (deuxième du nom), pape.* Contre-sceau : Sanctvs PAVlvs · Sanctvs PETrvs. *Saint Paul. Saint Pierre.* En dessous de la légende on voit les têtes de saint Pierre et de saint Paul, entourées d'une nimbe grossièrement figurée par des points et séparées par une croix. Pascal II n'est pas le premier qui ait fait graver les têtes des apôtres au revers de sa bulle. Mabillon a publié un sceau de Paul Iᵉʳ (757-767), sur lequel on voit d'un côté le nom du pape, en grec et au génitif, de l'autre, les bustes des deux apôtres, mais sans inscription. Au xiᵉ siècle, Léon IX employa un sceau dont le revers est exactement semblable à celui de Pascal II ; mais le premier côté ne porte pour inscription que le nom du pape au nominatif et les lettres PP, sans y ajouter le chiffre IX. Ce chiffre paraît, au contraire, sur un autre sceau de Léon IX où le mot *Leonis* est gravé en cercle, comme dans le sceau de Nicolas Iᵉʳ ; le chiffre III, placé au-dessus du chiffre V, occupe le centre du sceau ; au revers, le mot *papae* est inscrit en cercle. Les successeurs de Léon IX, jusqu'à Victor III, ont eu des sceaux tout-à-fait exceptionnels ; mais Urbain II se contenta de faire graver d'un côté son nom et de l'autre ceux des apôtres, sans cependant y ajouter leur image. Pascal II, son successeur, imita exactement l'exemple de Léon IX, et sa bulle de plomb peut être considérée comme ayant servi de type, toutes celles qui ont été employées dans la suite.

Raynier, né à Bléda, fut élevé au pontificat le 13 août 1099, sous le nom de Pascal II, et mourut au mois de janvier 1118.

N° 3.
Eugène III. (1147.)

EVGENIVS PaPa III. *Eugène (troisième du nom), pape.*

Bernard, né à Pise, fut élu pape le 27 février 1145, et prit le nom de Eugène III. Il mourut à Tivoli, le 8 juillet 1153.

N° 4.
Innocent III. (1199.)

INNOCENTIVS PaPa III. *Innocent (troisième du nom), pape.* Les formes gothiques commencent à se montrer dans quelques unes des lettres de la légende : on pourra observer le progrès dans les sept bulles suivantes.

Lothaire, de la famille des comtes de Segny, né en 1161, fut élu pape le 8 janvier 1198, sous le nom de Innocent III. Il mourut le 17 juillet 1216.

N° 5.
Alexandre IV. (1255.)

ALEXANDER PaPa IIII. *Alexandre (quatrième du nom), pape.*

Reinald, de la même famille que le pape Innocent III, fut élu le 12 décembre 1254, sous le nom de Alexandre IV, et mourut à Viterbe, le 25 mai 1261.

N° 6.
Grégoire X. (1275.)

GREGORIVS PaPa Xᵛˢ (*decimus*). *Grégoire (dixième du nom), pape.*

Théalde ou Thibaut, de la famille des Visconti, de Plaisance, élu pape le 1ᵉʳ septembre 1271, prit le nom de Grégoire X, et mourut à Arrezzo, le 12 janvier 1276.

N° 7.
Honorius IV. (1285.)

HONORIVS PaPa IIII. *Honorius (quatrième du nom), pape.*

Jacques Savelli, Romain, fut élu pape le 2 avril 1285, sous le nom de Honorius IV, et mourut en 1287.

N° 8.
Boniface VIII. (1296.)

BONIFATIVS PaPa VIII. *Boniface (huitième du nom), pape.* Contre-sceau : L'inscription est la même que dans le contre-sceau de Pascal II ; mais le travail est extrêmement grossier : sous ce rapport, les sceaux des successeurs de Boniface VII, jusqu'à Pie II inclusivement, ne présentent pas d'amélioration sensible.

Benoît Caïetan, né à Ascagni, fut élu pape le 24 décembre 1294, et prit le nom de Boniface VIII. Il mourut le 11 octobre 1302.

N° 9.
Sceau du Pape dans le Comtat Venaissin. (1305.)

+ SIGILLVM DOMINI PAPE. *Sceau du seigneur pape.* La tête représentée sur le premier côté du sceau est tonsurée : c'est probablement celle du pape. L'auteur de l'histoire du Dauphiné, M. de Valbonnais, cité par les Bénédictins (*Nouveau Traité de Diplomatique*, tome IV, page 313), donne ce sceau comme celui de Clément V, et comme l'avoir vu attaché à un acte de 1305. Nous n'avons entre les mains qu'une empreinte et nous ne pouvons affirmer que l'original était en plomb, mais tout porte à le croire.

Contre-sceau : IN COMITATV VENAYSINI. *Dans le Comtat de Venaissin.* Cette inscription fait suite à celle du premier côté du sceau. Dans le champ, les clefs de l'Église romaine passées en sautoir.

Bertrand de Goth, né à Villandran, diocèse de Bordeaux, fut élu pape à Pérouse, le 5 juin 1305, sous le nom de Clément V. Clément est le premier pape qui fixa sa résidence à Avignon, il mourut le 20 avril 1314.

N° 10.
GRÉGOIRE XI. (1371.)

GREGORIUS PAPA XI. *Grégoire (onzième du nom), pape.*

Pierre Roger, né au château de Maumont, en Limousin, fut élu pape le 30 décembre 1370 ; prit le nom de Grégoire XI et mourut à Rome, le 27 mars 1378.

N° 11.
MARTIN V. (1421.)

MARTINUS PAPA V. *Martin (cinquième du nom), pape.*

Othon Colonne, Romain, de la maison de Colonne, fut élu pape par le concile de Constance, le 11 novembre 1417, sous le nom de Martin V. Il mourut le 21 février 1421.

N° 12.
EUGÈNE IV. (1432.)

✠ **EVGENIVS PAPA IIII.** *Eugène (quatrième du nom), pape.* Eugène IV, successeur immédiat de Martin V, est le premier pape du xve siècle qui ait employé dans la légende de sa bulle de plomb les caractères romains de la renaissance : ce changement a été suivi par tous ses successeurs.

Gabriel Condolmèro, Vénitien, élu pape au mois de mars 1421, prit le nom de Eugène IV, et mourut le 23 février 1447.

N° 13.
PIE II. (1460.)

✠ **PIVS PAPA II.** *Pie (deuxième du nom, pape).*

Æneas Silvius Piccolomini, élu pape le 29 août 1458, sous le nom de Pie II, mourut à Ancône, le 16 avril 1464.

N° 14.
PAUL II. (1464.)

PAVLVS PAPA II. *Paul (deuxième du nom), pape.* Le pape assis et revêtu des habits pontificaux ; en face de lui, un cardinal et des prêtres agenouillés ; derrière son trône, un cardinal assis.

Contre-sceau : SANCTVS PAVLVS · SANCTVS PETRVS. *Saint Paul. Saint Pierre.* Saint Paul, assis et nimbé, tient une épée de la main droite ; en face de lui, saint Pierre, assis et nimbé, tient une clef de la main droite et un livre de la main gauche. Cette bulle de plomb s'éloigne complètement du type suivi par presque tous les papes des siècles précédens : c'est une exception curieuse qui atteste l'influence que les arts avaient acquise dans la seconde moitié du xve siècle. Les successeurs de Paul II ont préféré conserver l'ancienne forme des bulles de plomb, mais les têtes des apôtres représentées sur leurs contre-sceaux furent gravées avec une pureté remarquable.

Pierre Barbo, né à Venise, en 1417, élu pape le 31 août 1464, prit le nom de Paul II, et mourut le 28 juillet 1471.

N° 15.
SIXTE IV. (1471.)

Ce contre-sceau représente les têtes des apôtres avec l'inscription ordinaire ; mais les lettres de la légende sont disposées verticalement.

François d'Albescola de la Rovère, élu pape le 9 août 1471, sous le nom de Sixte IV, mourut le 13 août 1484, âgé de soixante-onze ans.

N° 16.
JULES II. (1505.)

On voit en bas de ce contre-sceau les glands qui rappellent les armes de la maison de la Rovère : d'azur au chêne d'or. Quoique dès le xiie siècle on trouve des armes sur le revers de quelques sceaux ecclésiastiques, le premier pape qui ait imité cet exemple est probablement Clément VI (1342-1352) ; mais c'est au xvie siècle seulement que cet usage devint ordinaire à la cour de Rome.

Julien de la Rovère fut élu pape le 1er novembre 1503 et prit le nom de Jules II ; il mourut le 21 février 1513.

N° 17.
LÉON X. (1513.)

LEO PAPA X. *Léon X (deuxième du nom), pape.* Le champ est semé de tourteaux : ce sont les armes des Médicis.

Contre-sceau : On y retrouve aussi les armes de Léon X.

Jean de Médicis, pape le 11 mars 1513, sous le nom de Léon X, mourut le 1er décembre 1521, à l'âge de quarante-quatre ans.

N° 18.
CLÉMENT VII. (1527.)

On voit dans le bas de ce contre-sceau l'écusson des Médicis. L'inscription est disposée d'une autre manière ; elle doit se lire ainsi : SANCTVS PAVLVS · PETRVS SANCTVS.

Jules de Médicis fut élu pape le 19 novembre 1523, prit le nom de Clément VII et mourut le 26 septembre 1534, âgé de cinquante-six ans.

N° 19.
PAUL III. (1534.)

PAVLVS PAPA III. *Paul (troisième du nom), pape.* La légende est surmontée de six fleurs-de-lis, posées trois deux et une : ce sont les armes des Farnèse. Il y a en outre une fleur-de-lis au commencement et une autre à la fin de chaque ligne de la légende.

Alexandre Farnèse, né à Rome, en 1466, fut élu pape le 13 octobre 1534, sous le nom de Paul III, et mourut le 10 novembre 1549.

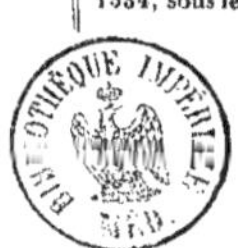

FIN DES SCEAUX DES COMMUNES, COMMUNAUTÉS, ÉVÊQUES, ABBÉS ET BARONS.

CORRECTIONS ET ADDITIONS.

Pl. I, N° 2, Lig. 3 : Du XIIIe siècle... *lisez* : XIIe siècle. — *Après* croix fleurdelisée, et avant la notice, ajoutez ce petit alinéa.

Ce sceau doit être le premier sceau de l'abbaye de Saint-Victor, qui fut fondée au milieu du XIIe siècle.

— 7, 9 : LES CORPS DE VILLE... *lisez* : LE CORPS DE VILLE.

— 8, 2-3 : Une porte de ville... *lisez* : le Châtelet de Paris.

II, 1, 2 : Élus (échevins)... *lisez* : jurés.

— 1, Au titre : 1243... *lisez* : 1263.

— 3, Supprimer l'S du commencement. — *Après* TIO... *ajoutez* : (pour CONGREGATIOnis).

— 4, *Supprimer l'alinéa qui commence par* : Nous ne connaissons pas, et le remplacer par les mots :

Bien qu'on ne connaisse pas la date précise de ce sceau, on peut affirmer qu'il est au plus tard de 1169, puisqu'ou le trouve aux *Archives du Royaume*, appendu à un titre non daté à la vérité, mais qui porte le nom de Eudes abbé. Or, les abbés de saint Denis de ce nom qui se suivirent immédiatement et furent successeurs de Suger, portèrent la crosse abbatiale de 1151 à 1169.

Pl. II, N° 6, Lig. 1 : *Balliviaci...* *lisez* : ballivie.

— 6, 2 : Contre-sceau. *Après* sur lequel... *lisez* : on distingue des pals. — Supprimer depuis, *malgré la mauvaise*, jusqu'à la fin de l'*alinéa*.

— 11, (Anglter?)... *lisez* : ANGLICANE.

— 13, 1 : SAM... *lisez* : SAMPI. — *Supprimer tout l'alinéa et le remplacer par ces mots* : Jean de Sampi fut bailli de Senlis en 1322. L'histoire ne nous apprend rien de plus sur ce personnage.

III, 1, 1 : Caprosia... *lisez* : Chevreuse.

Pl. III, N° 11, Lig. 5 : Marine... *lisez* : mairie.

— 6 : Châtellerie... *lisez* : châtellenie.

IV, 8, 2 : du second alinéa de la notice. *Après* évêque. *Supprimer la fin de cet alinéa et le remplacer par ces mots*...... Antoine Grisel fut abbé du Saint-Sépulcre de Cambray, de 1517 à 1572. Il fut le successeur de Nicolas Grisel son parent.

— 10, Au titre (1063)... *lisez* : (1293).

VI, 2, 19 : En 1190, date de la charte... *lisez* : en 1290.

VIII, 11, 1 : Notice. *Après* bâtard de Brézé... *ajoutez* : était.

XIII, 7, Au lieu du titre : Église de Saint-Paul de Metz... *lisez* : chapitre de Saint-Paul de Metz.

— 7, 3 : SCS PAVLVS METensis... *lisez* : MAGNvs DOG PAVLVS. *Après la description ajoutez* :

La cathédrale de Metz était sous l'invocation de saint Étienne, mais comme la *mense* de chapitre était séparée de celle de l'évêque, on donna à celle de l'évêque le nom de *Ban de Saint Étienne*, et à celle du chapitre celui de *Ban de Saint Paul*. De là vient que l'image de saint Paul est représentée sur le sceau du chapitre. L'évêché de Metz était du diocèse de Trèves.

Pl. XIII, N° 11, Lig. 2 : Le martyre... *lisez* : la lapidation. *Après* un homme... *Supprimer la fin de la description et la remplacer par ces mots* : Tenant des pierres dans un pli de sa robe, va en lancer une à saint Étienne qui est à genoux et nimbé. Le champ est semé d'étoiles.

XIV, 3, *Après* FIENLES... *ajoutez* : MILITIS.

XVIII, 4, C'est par erreur que le sceau de Prémontré, monastère de l'Ile de France, se trouve placé dans les sceaux de Bretagne.

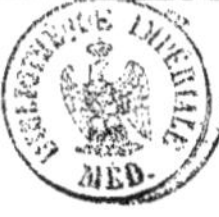

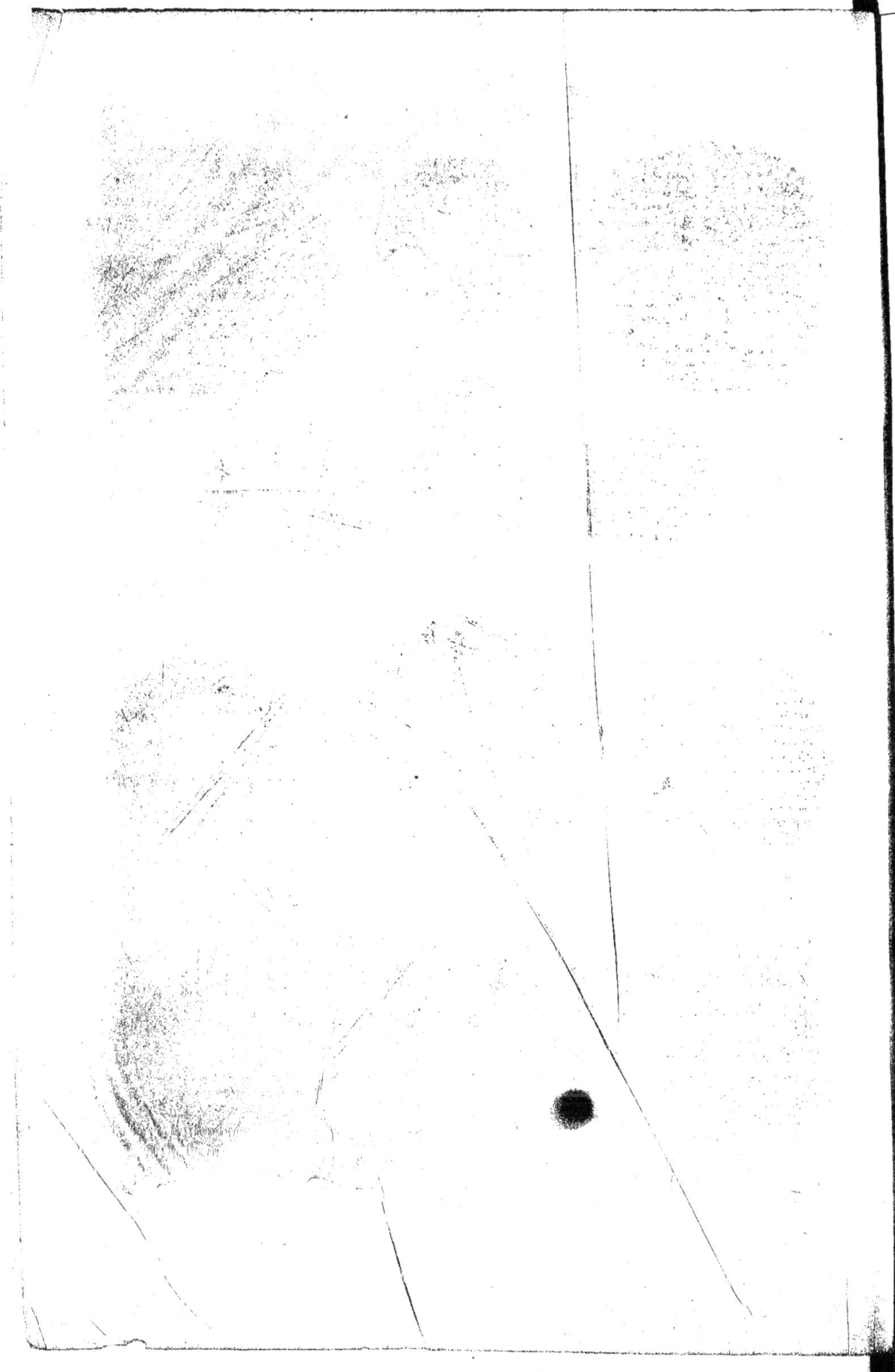

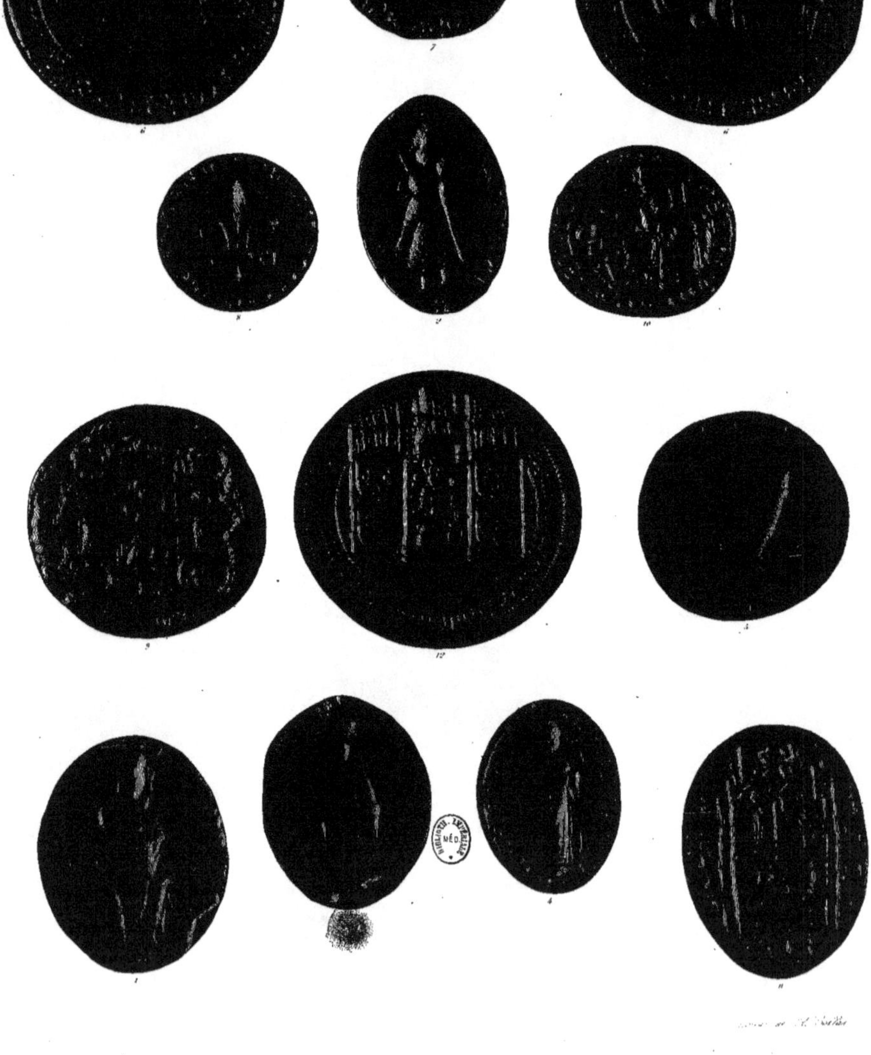

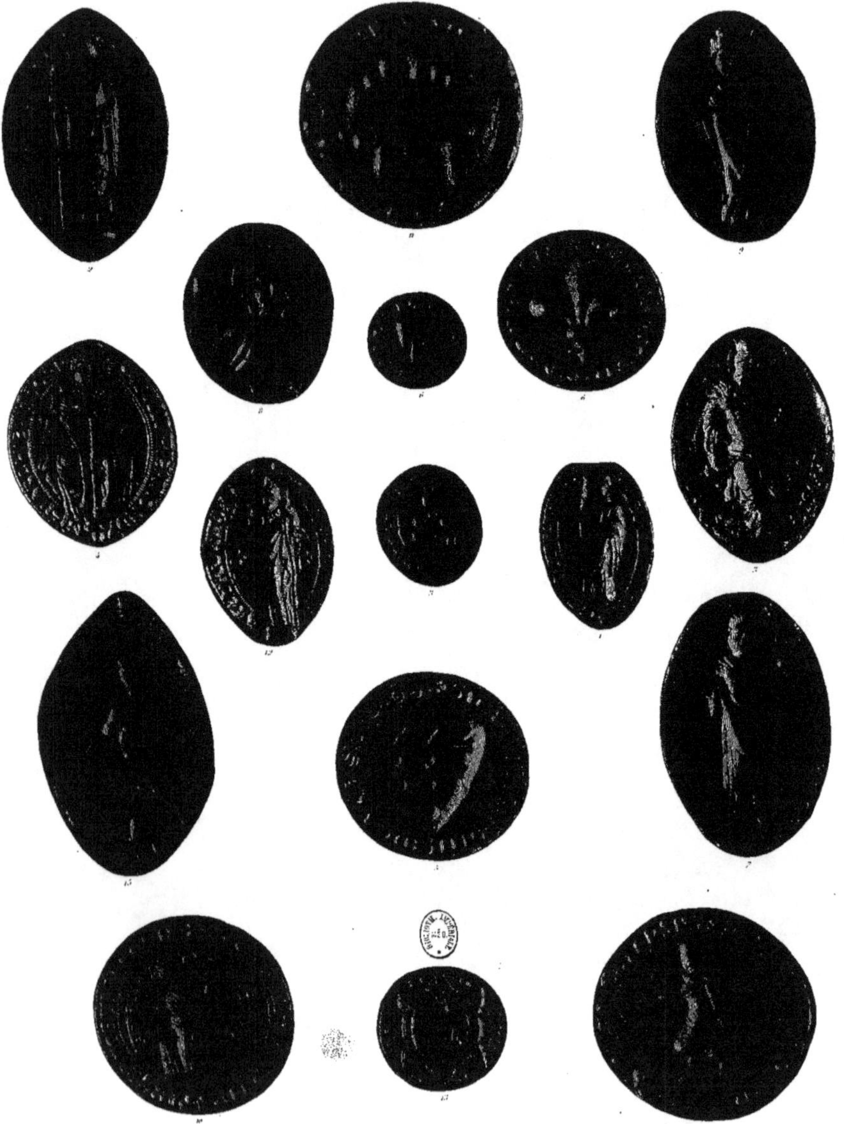

PL. III.

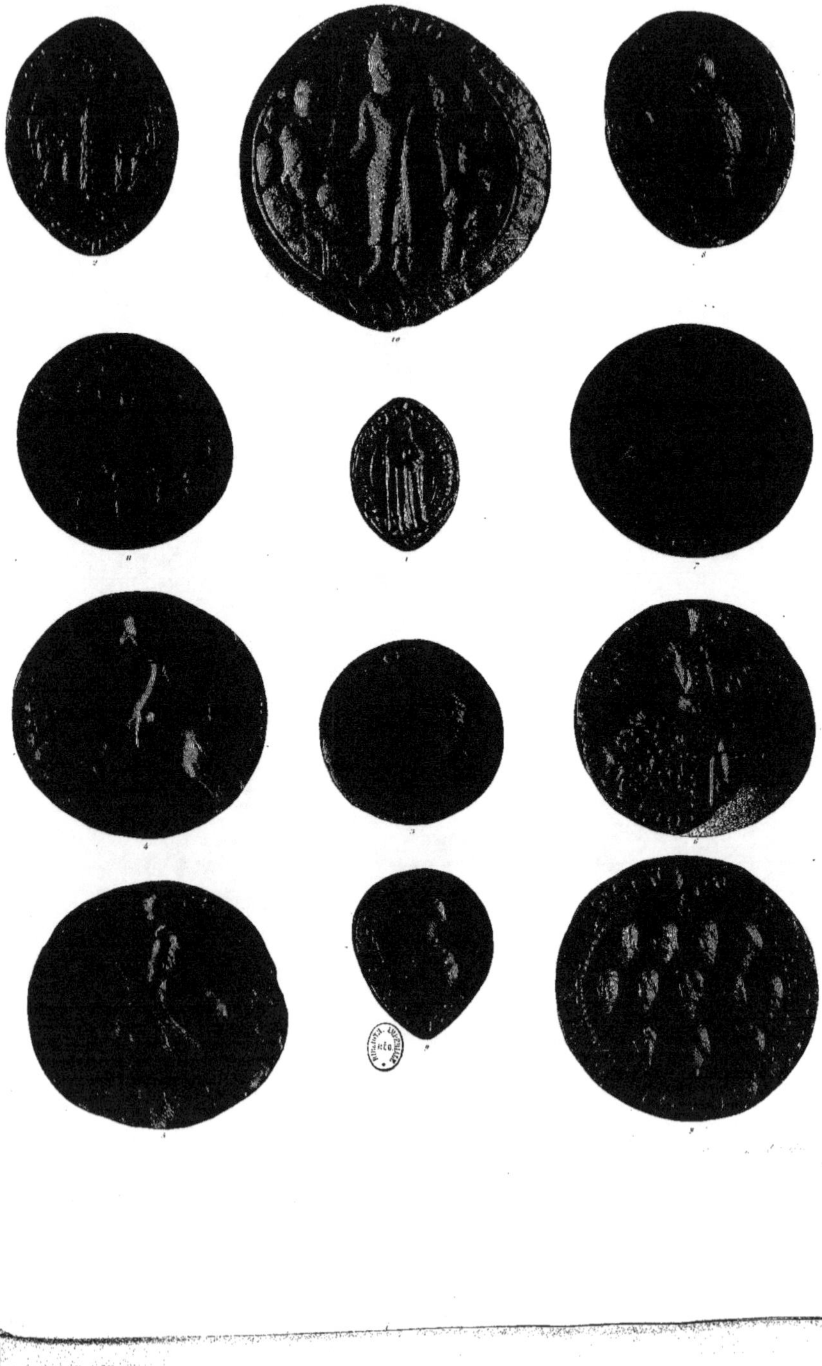

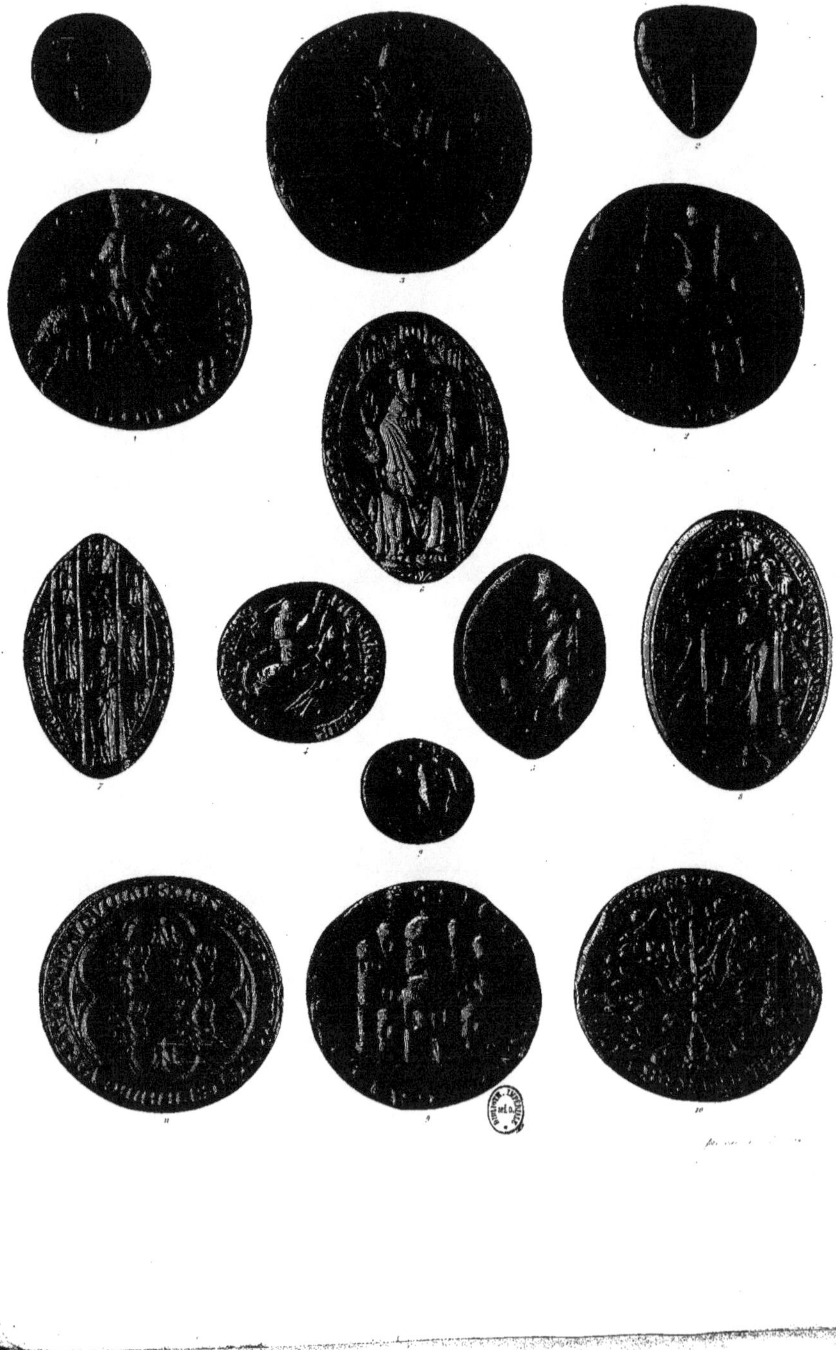

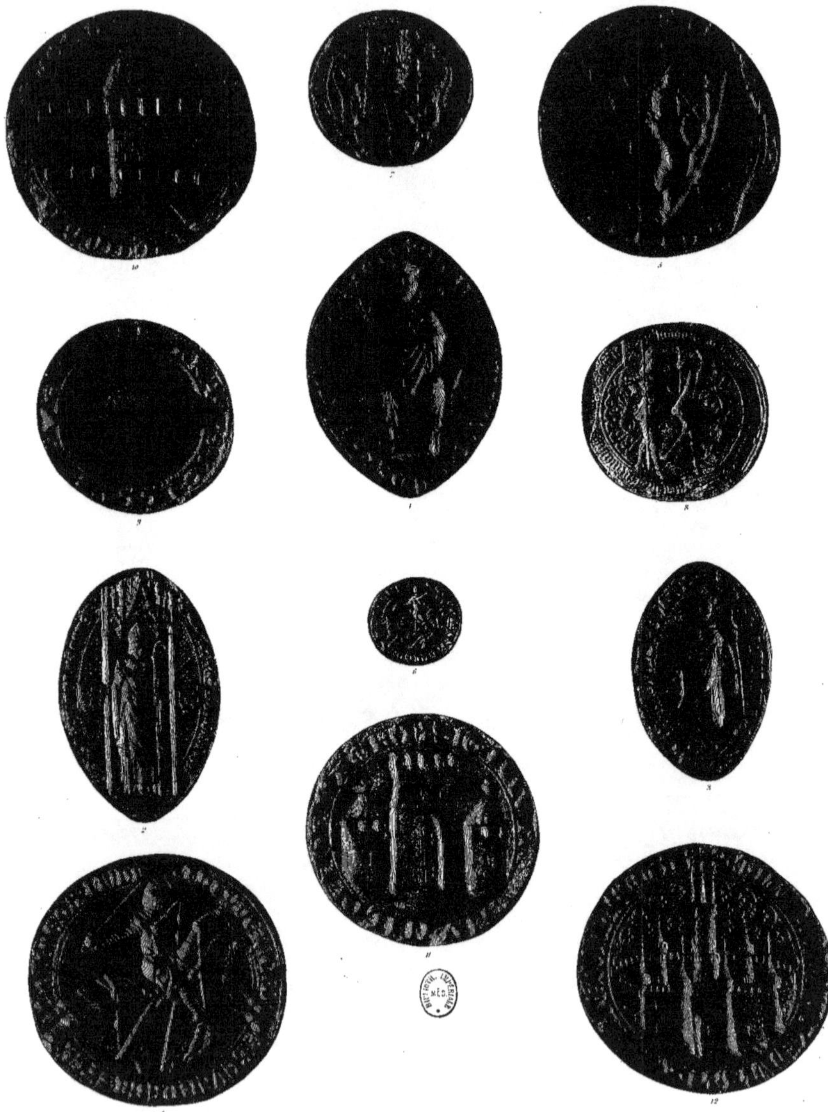

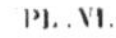

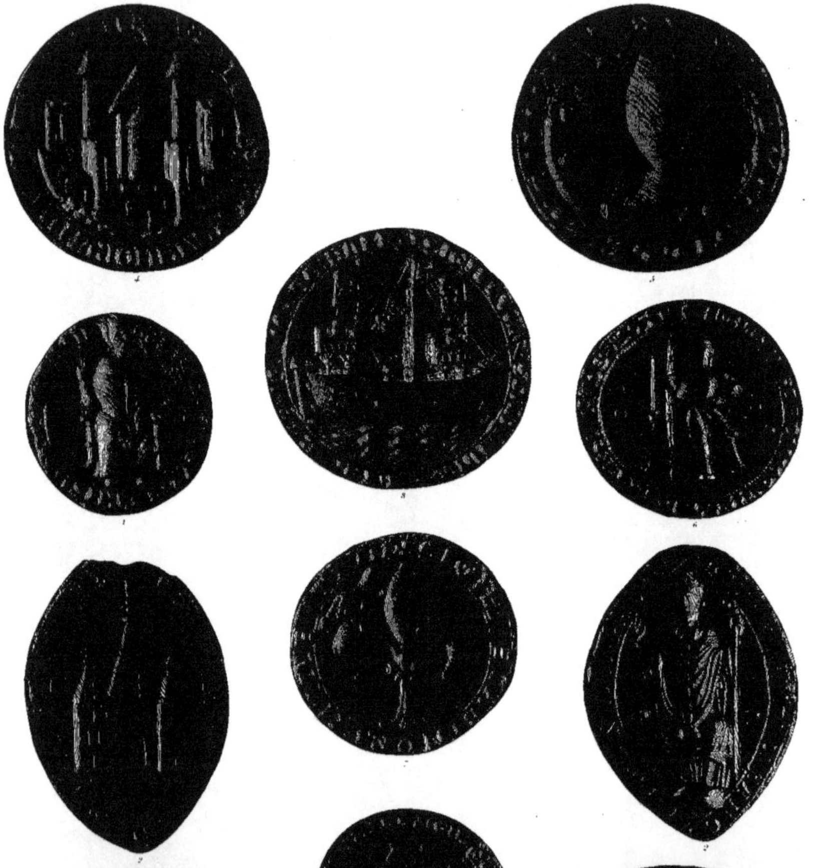

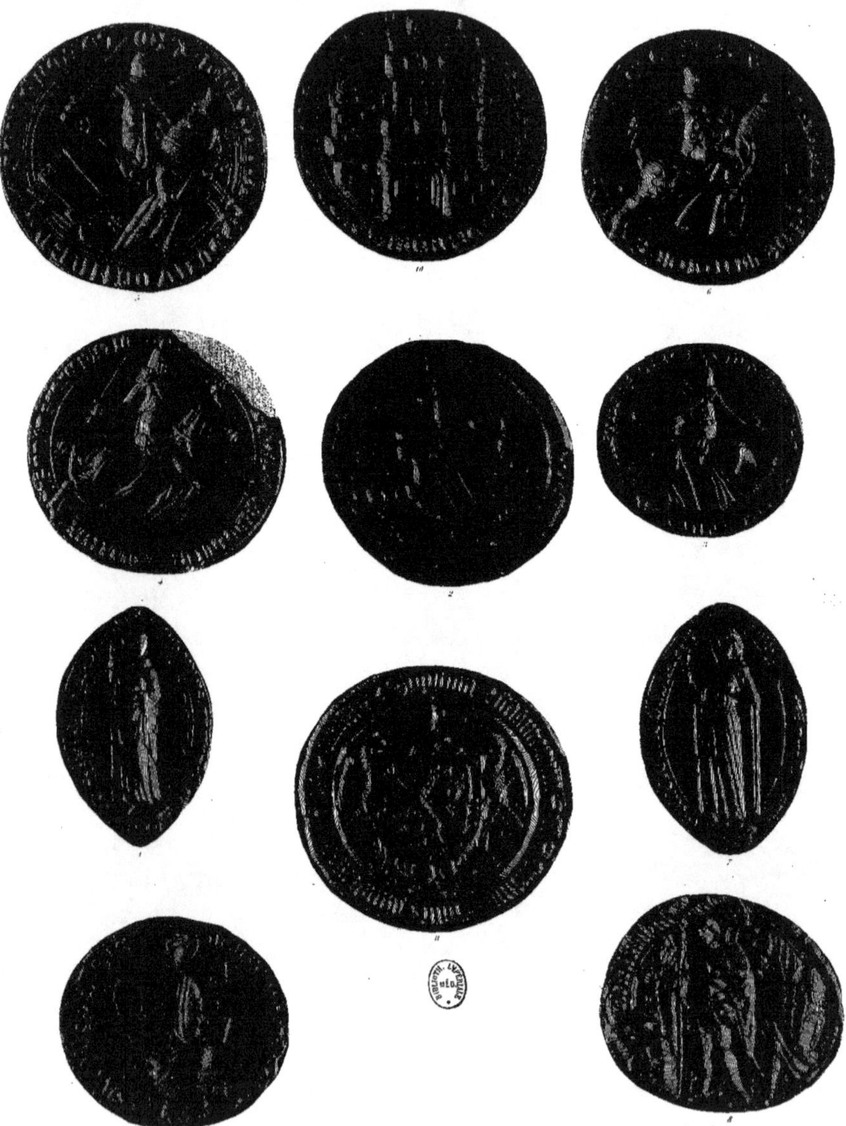

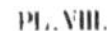

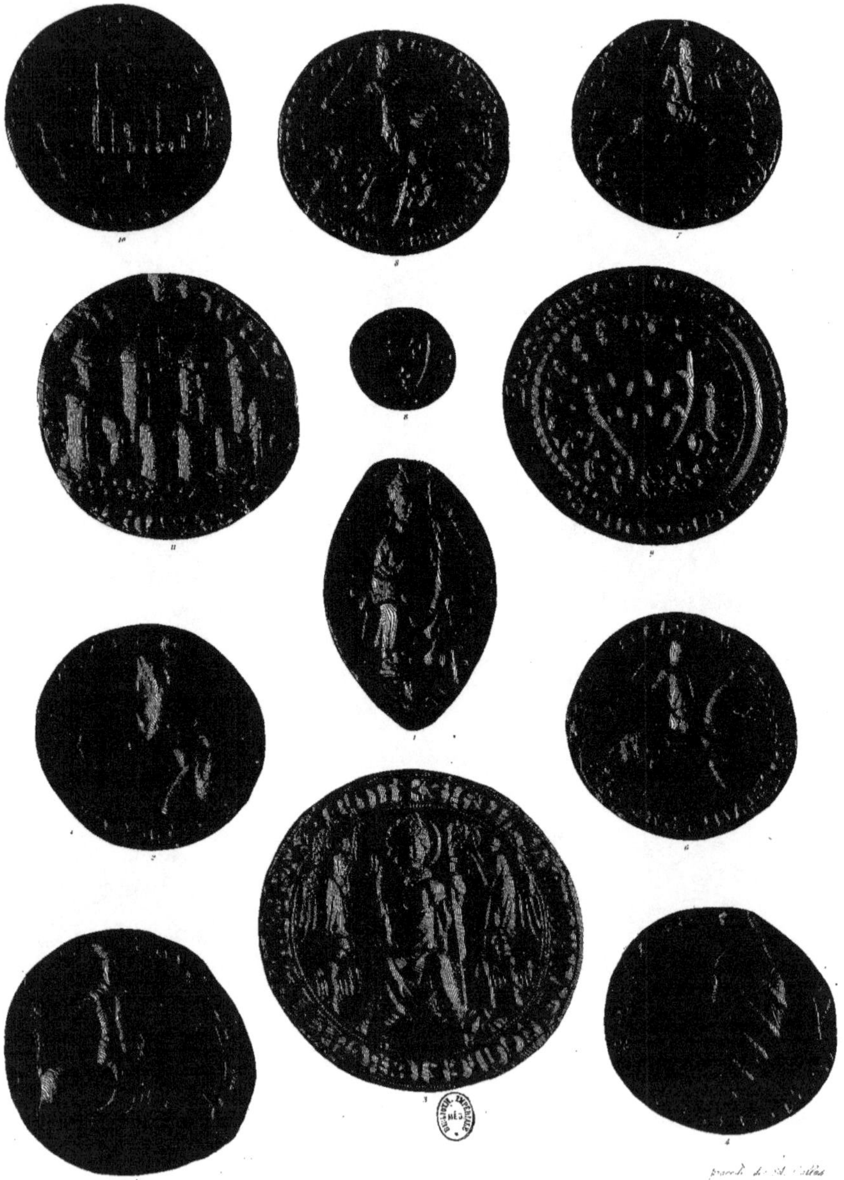

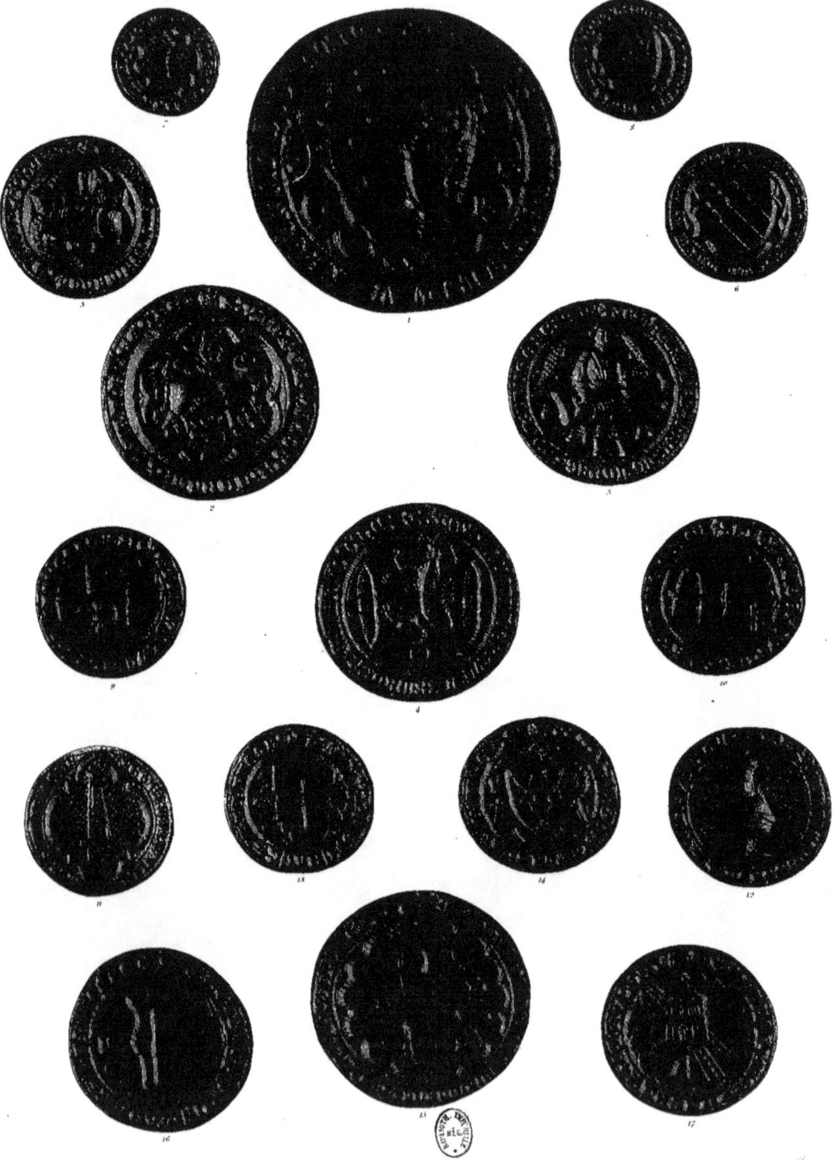

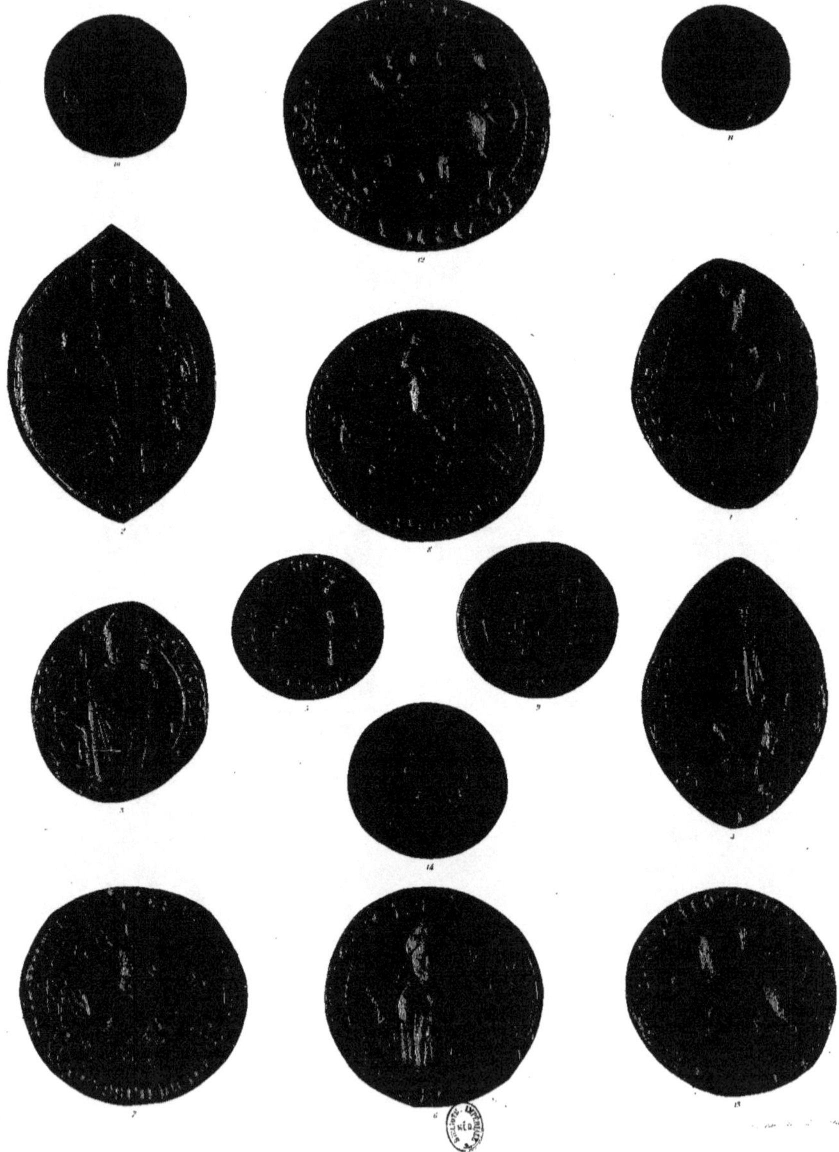

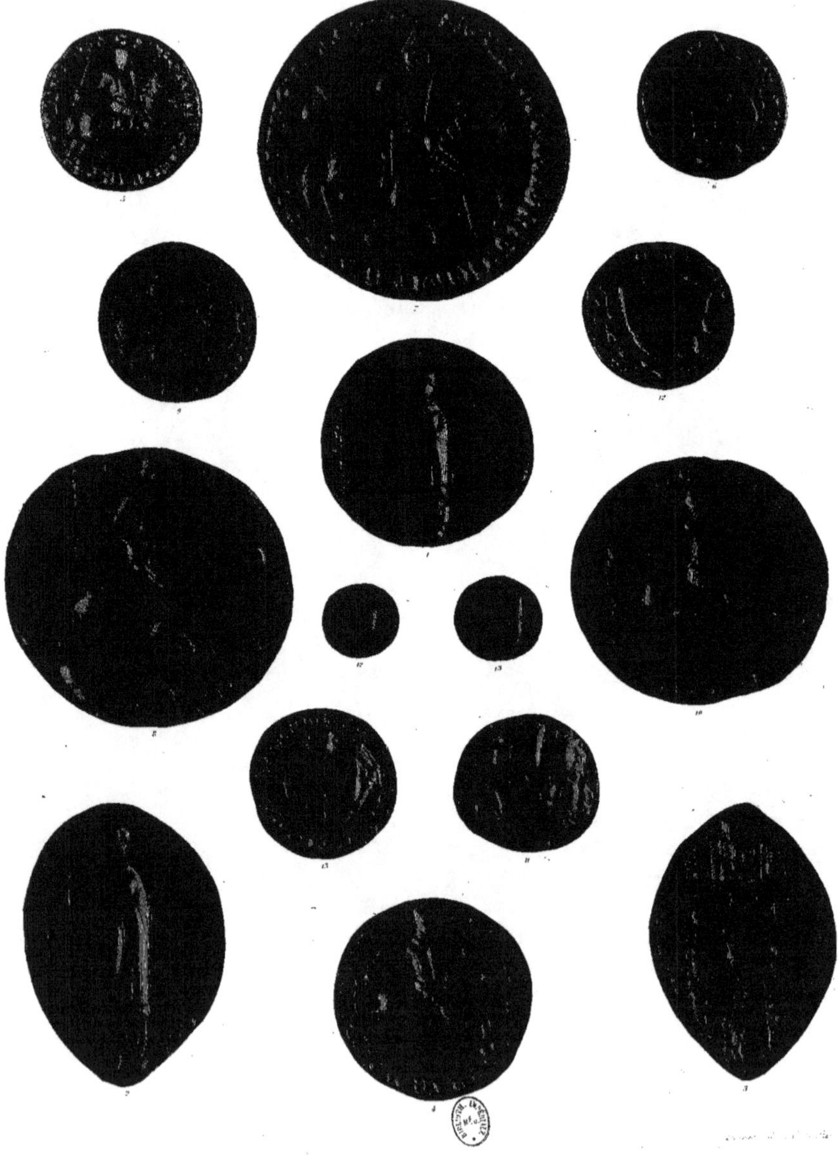

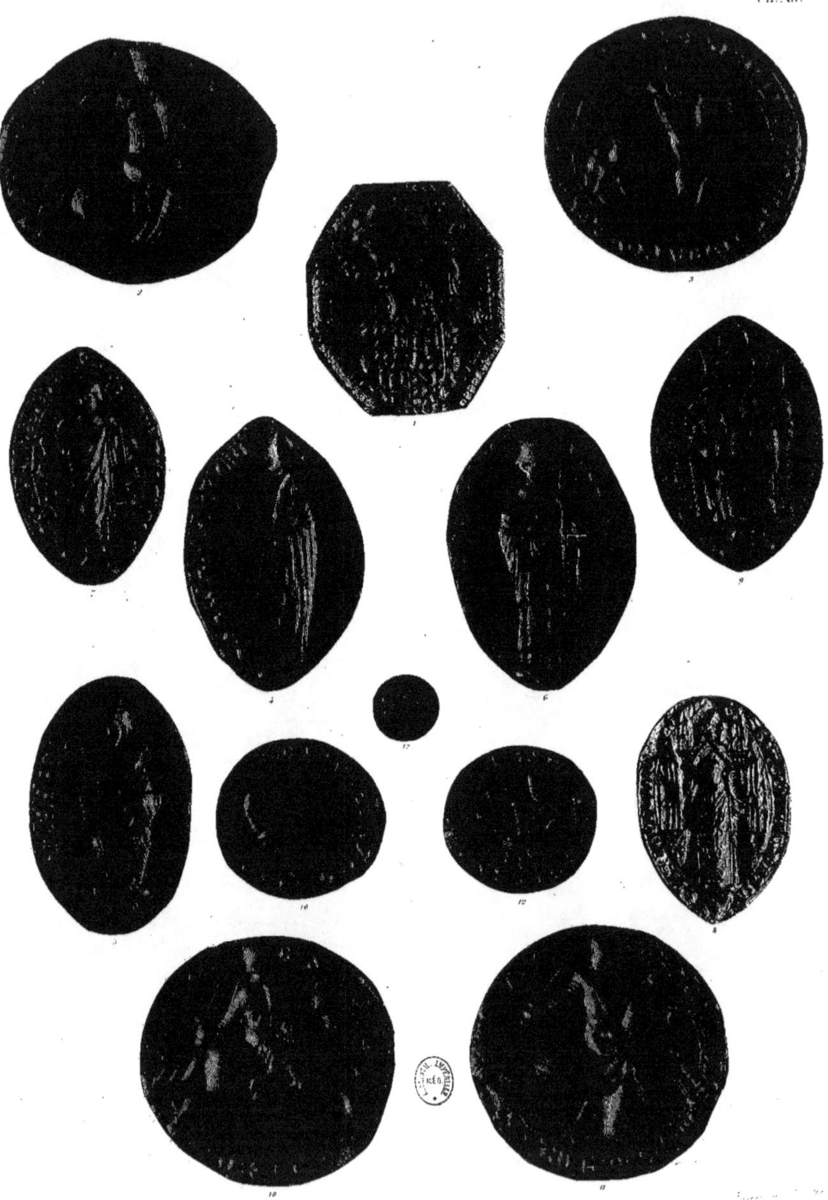

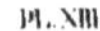

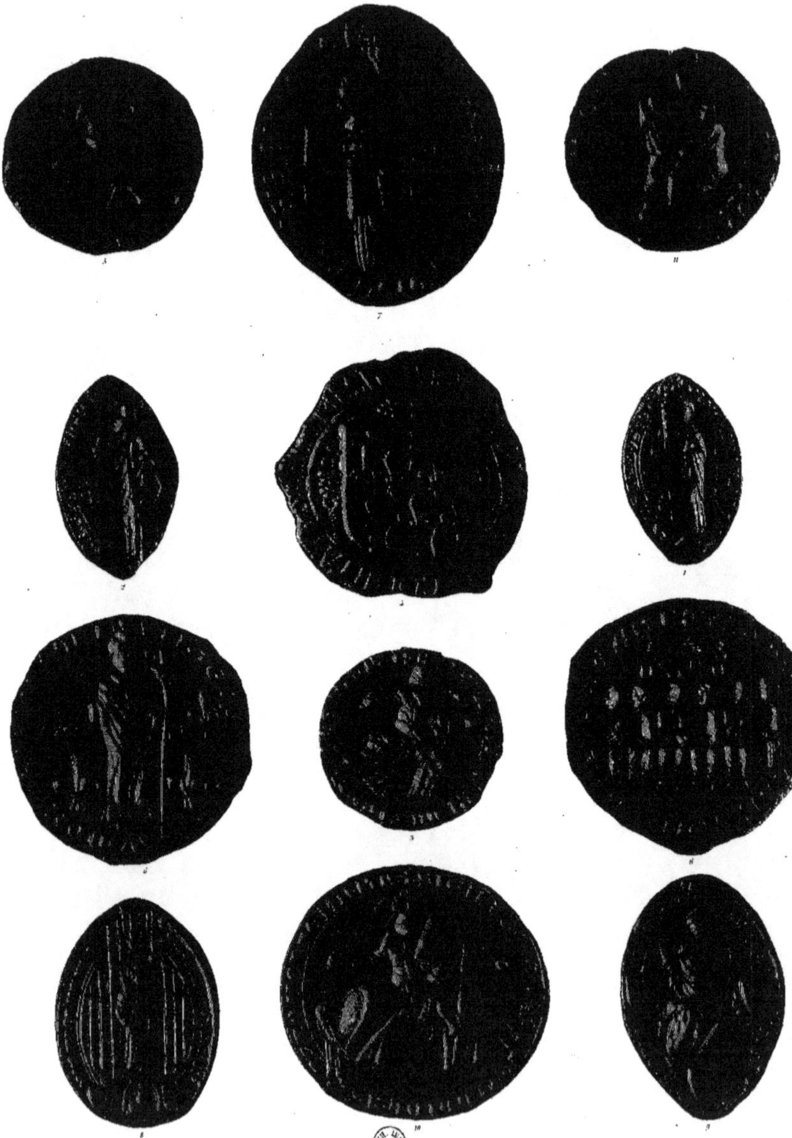

PL. XIV.

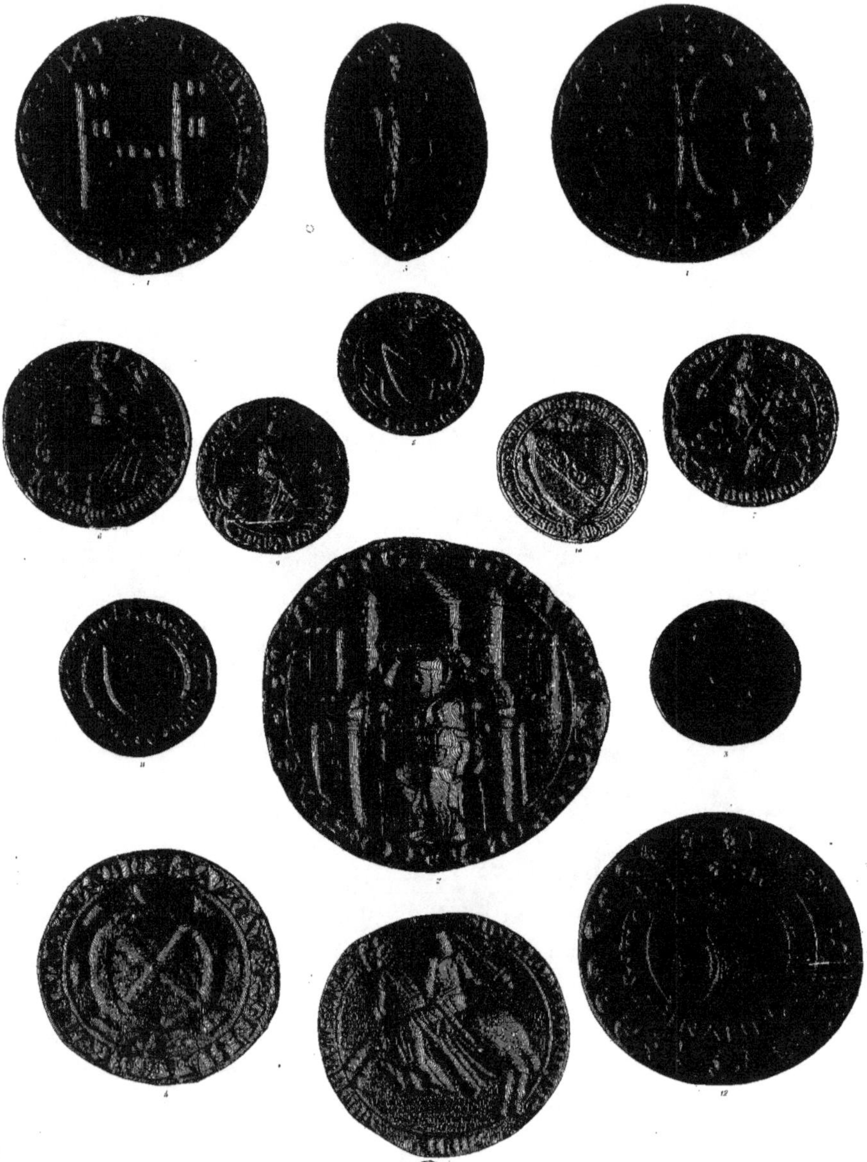

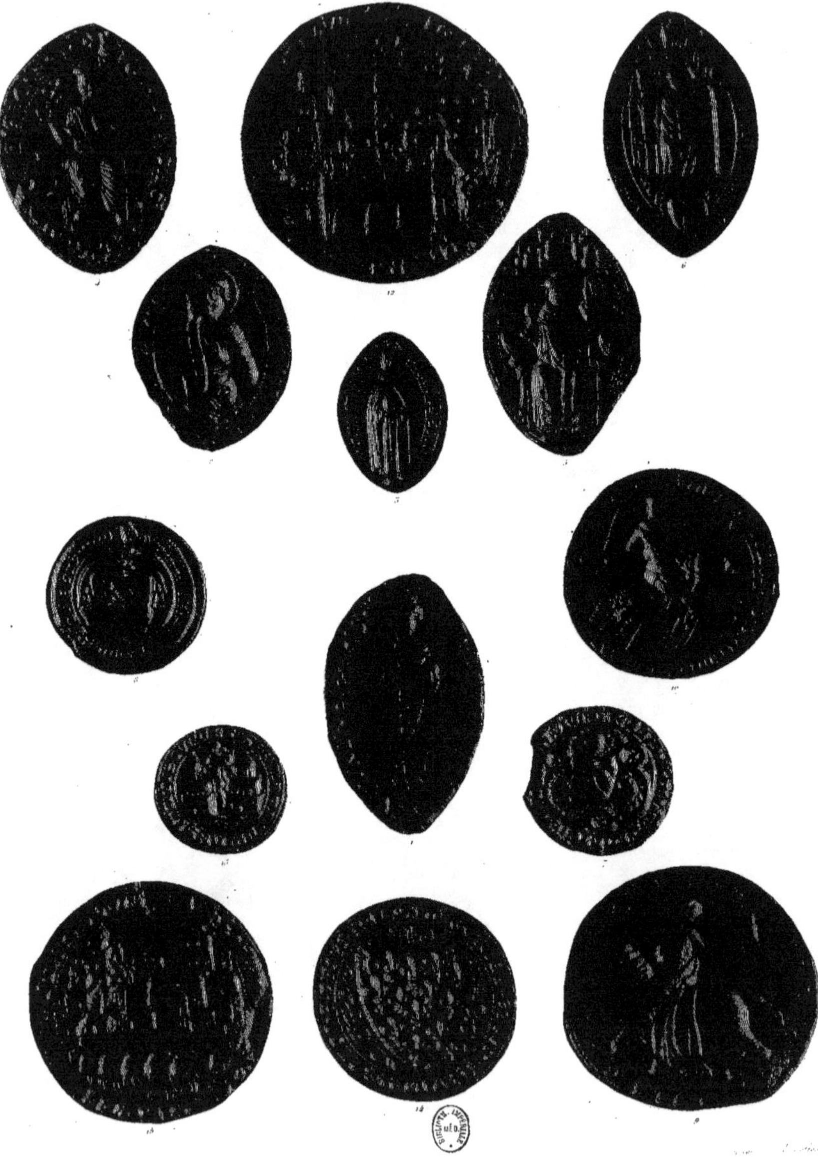

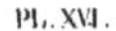

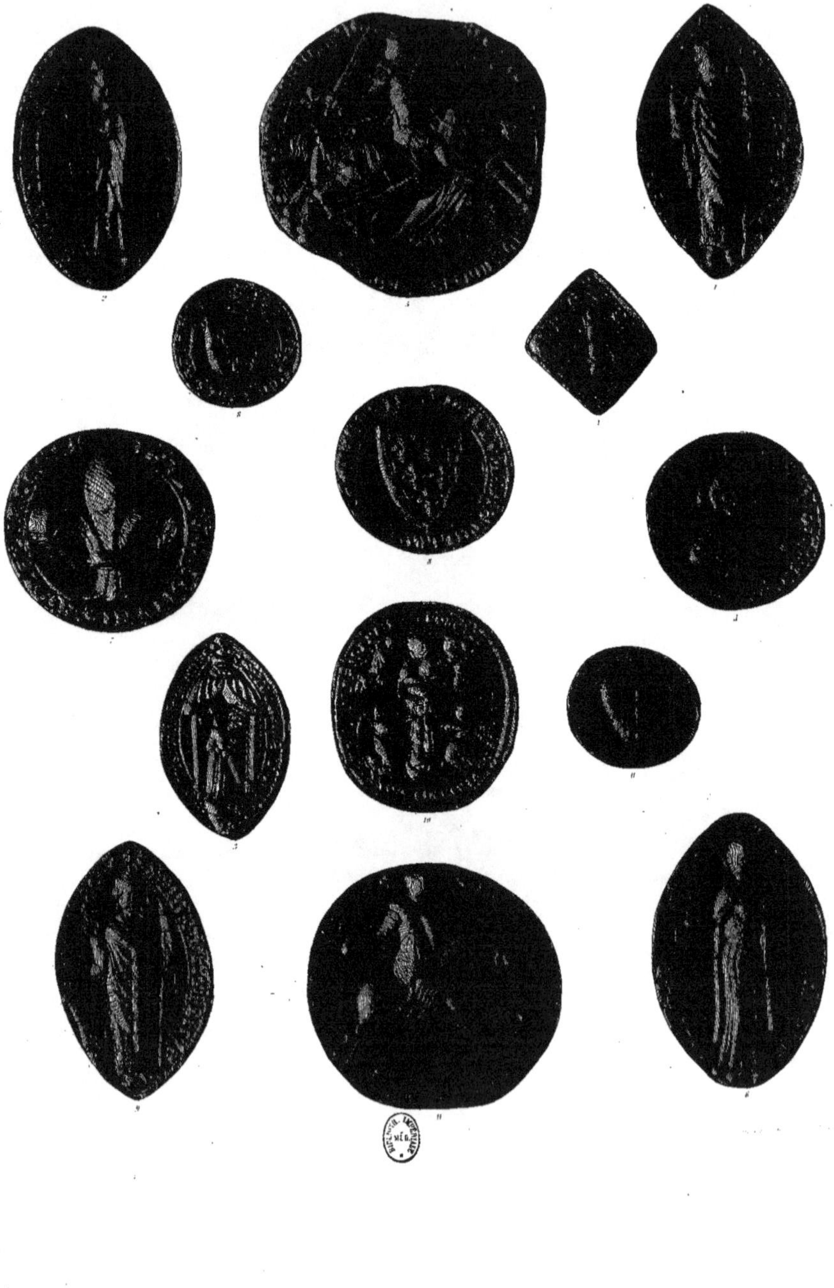

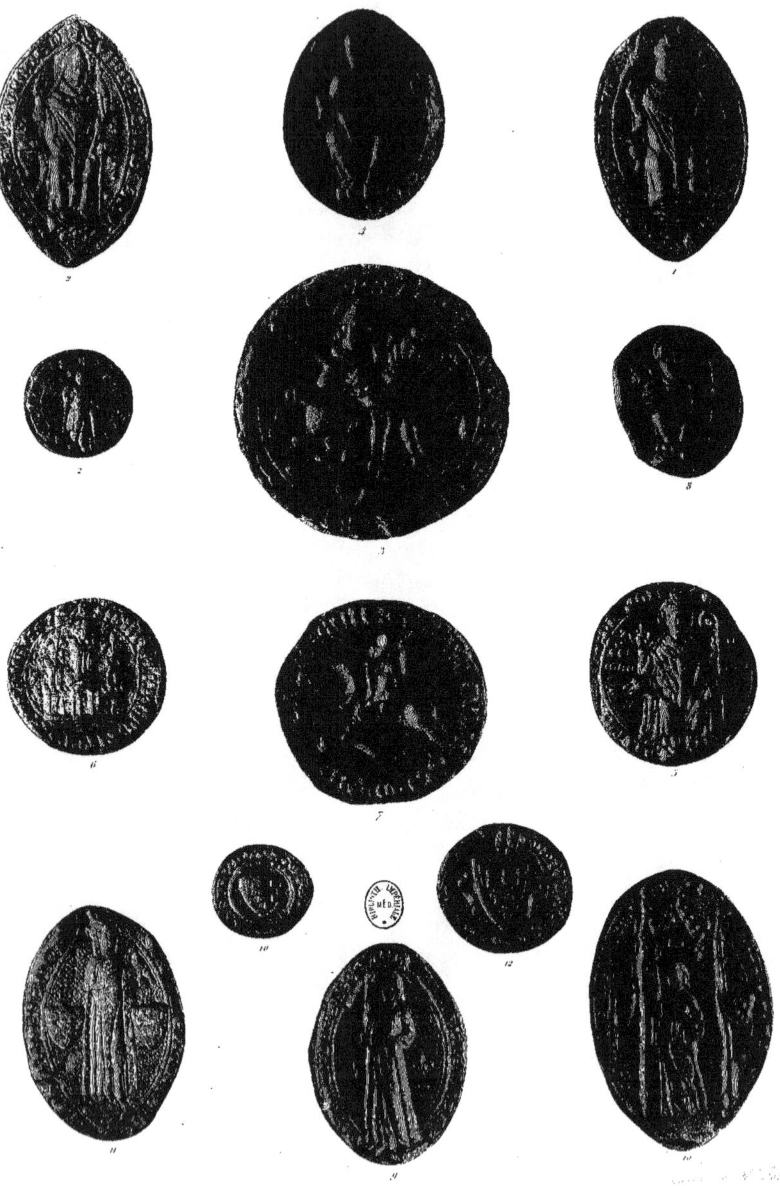

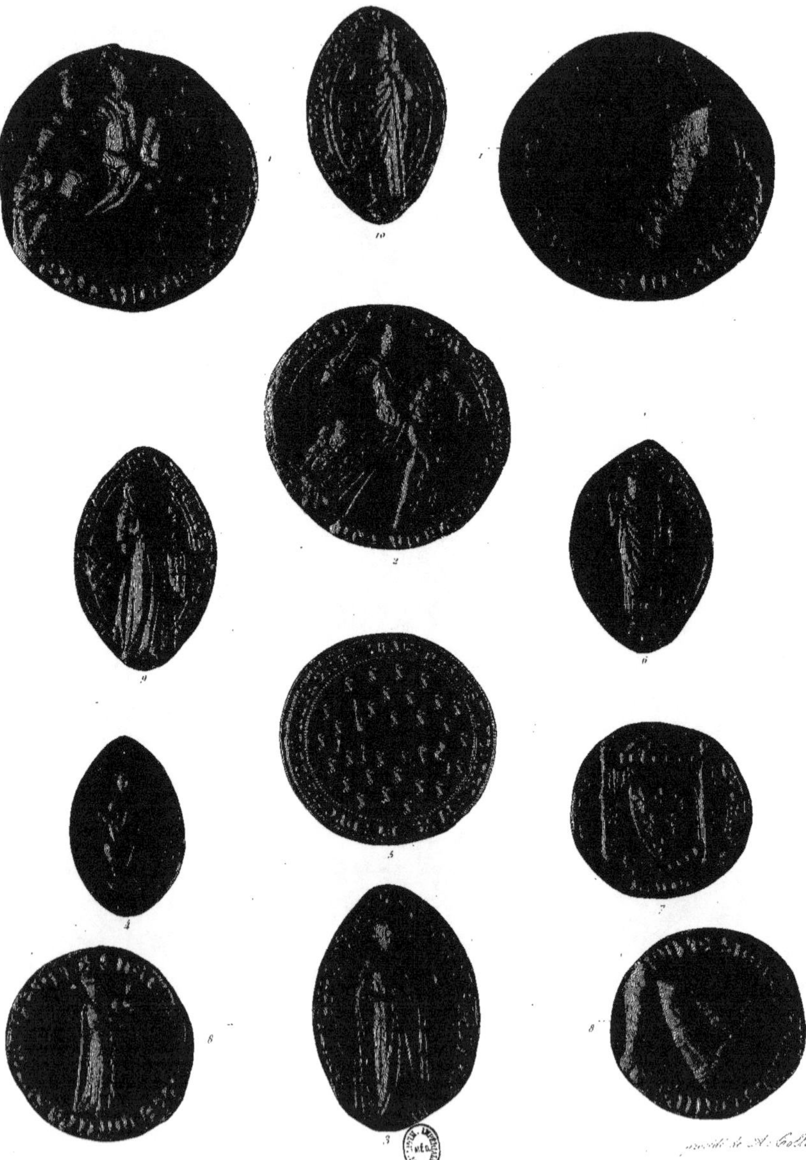

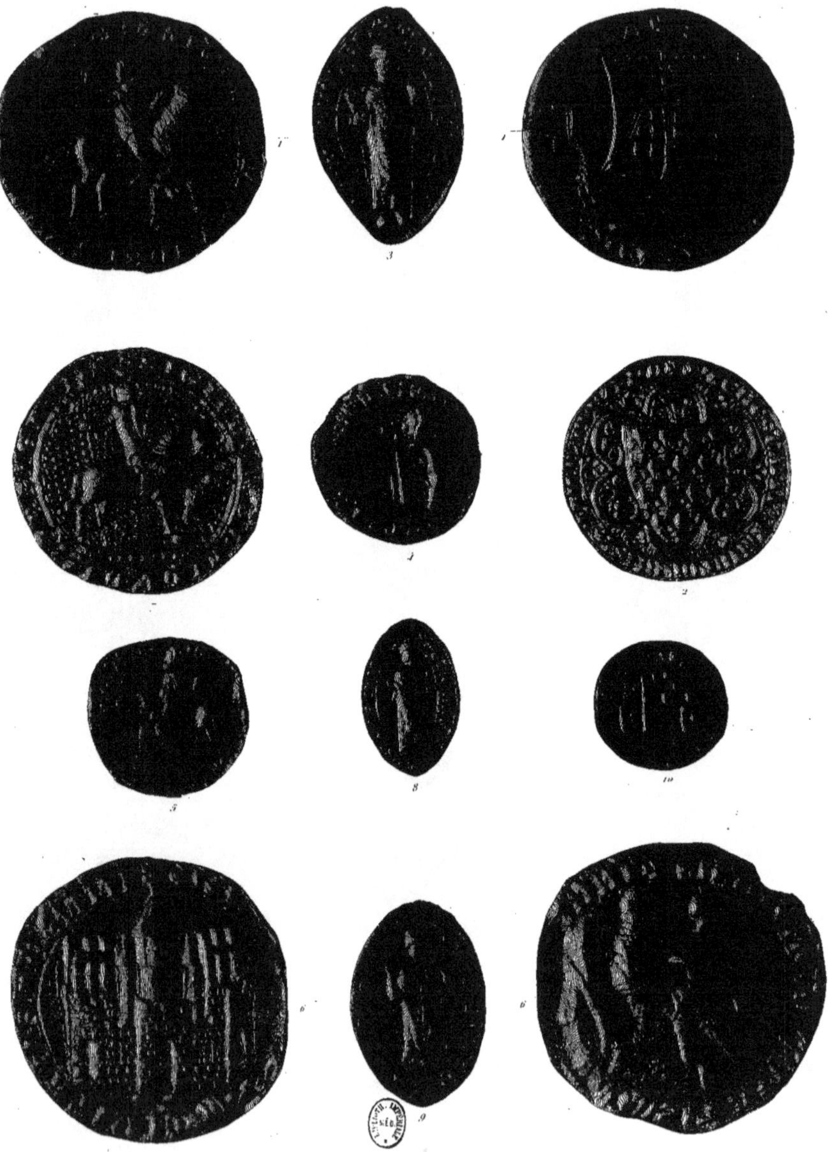

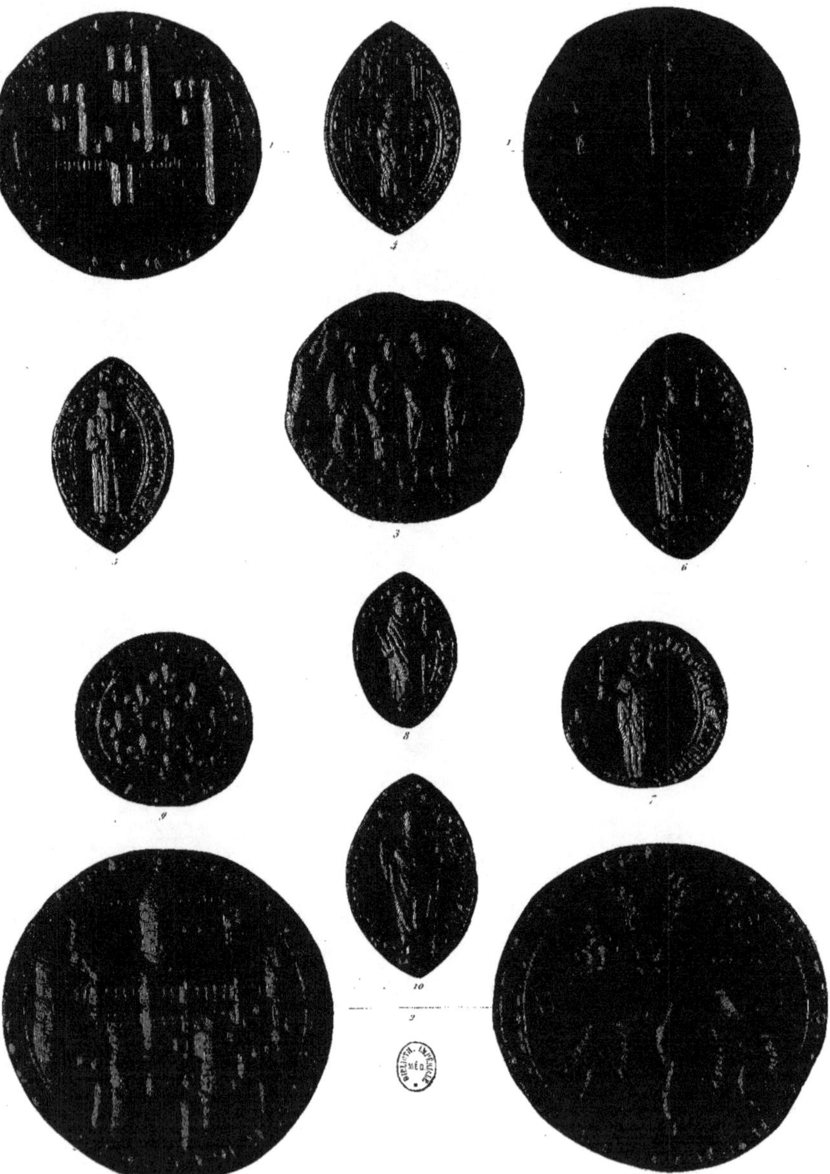

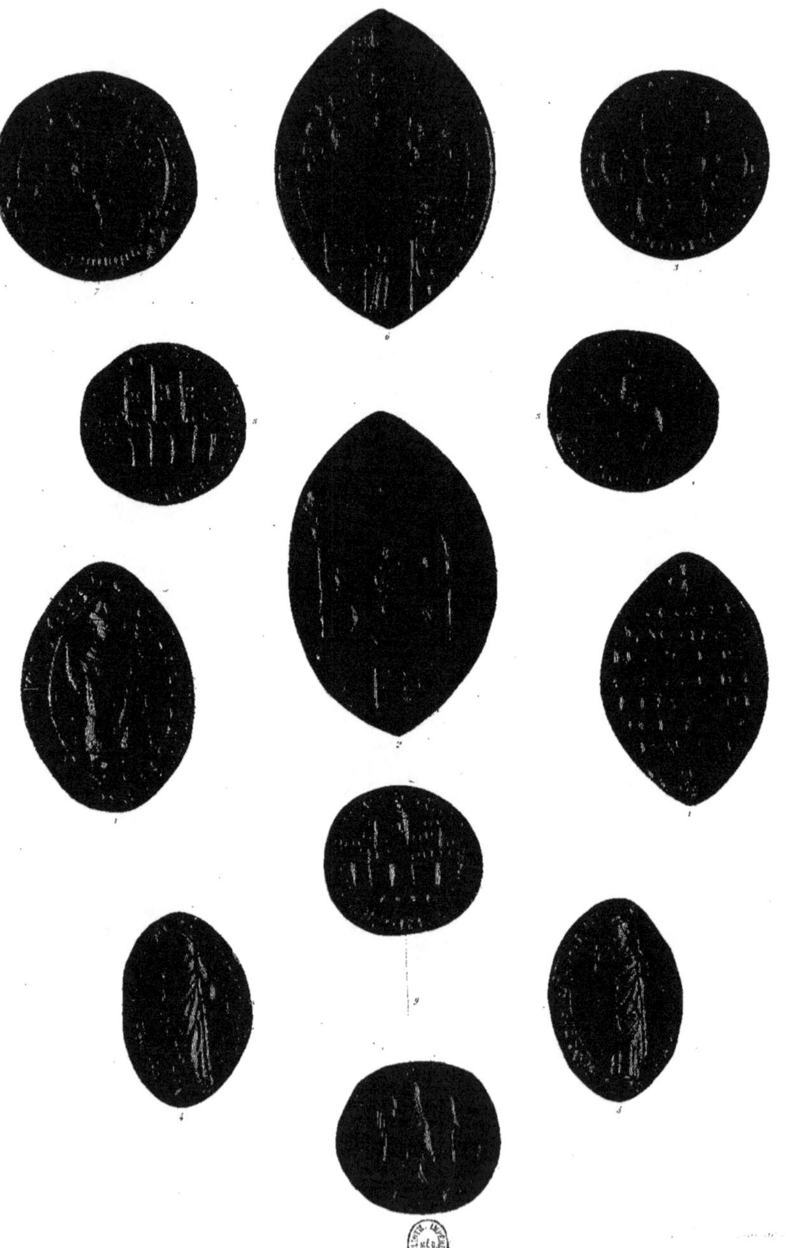

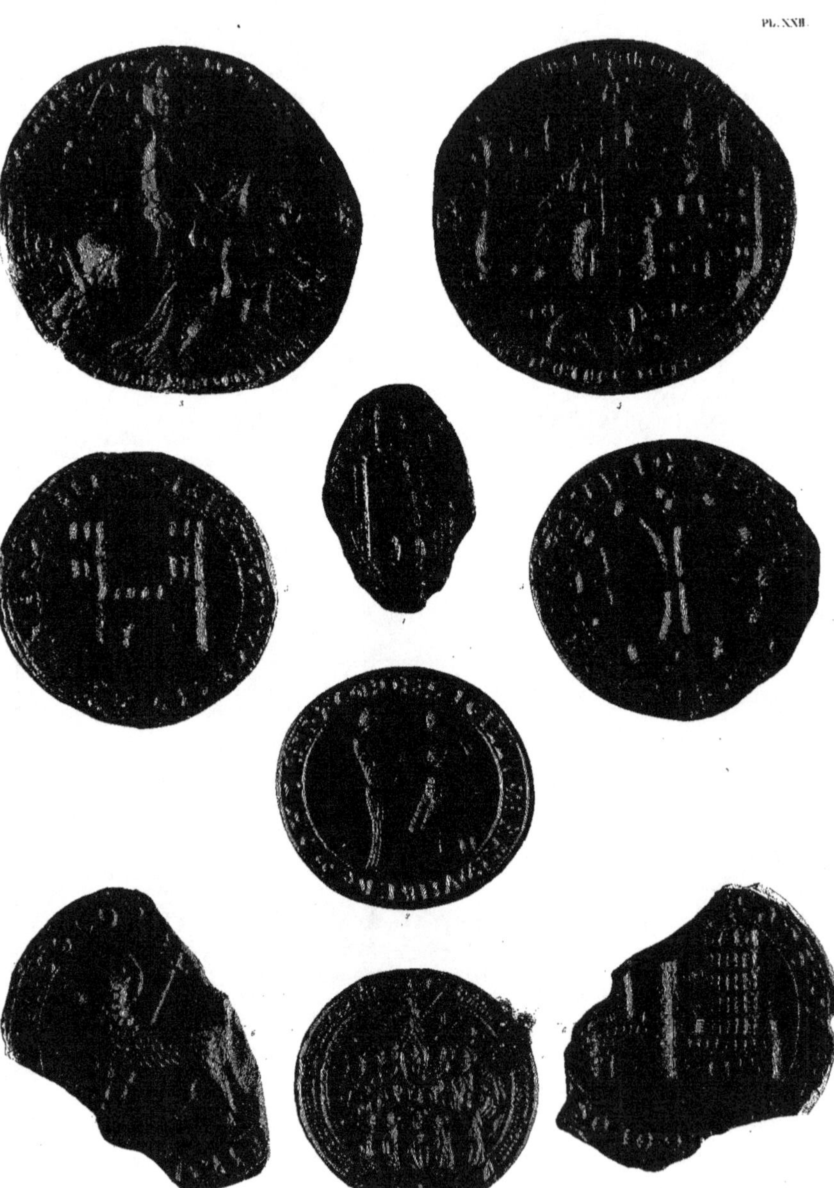

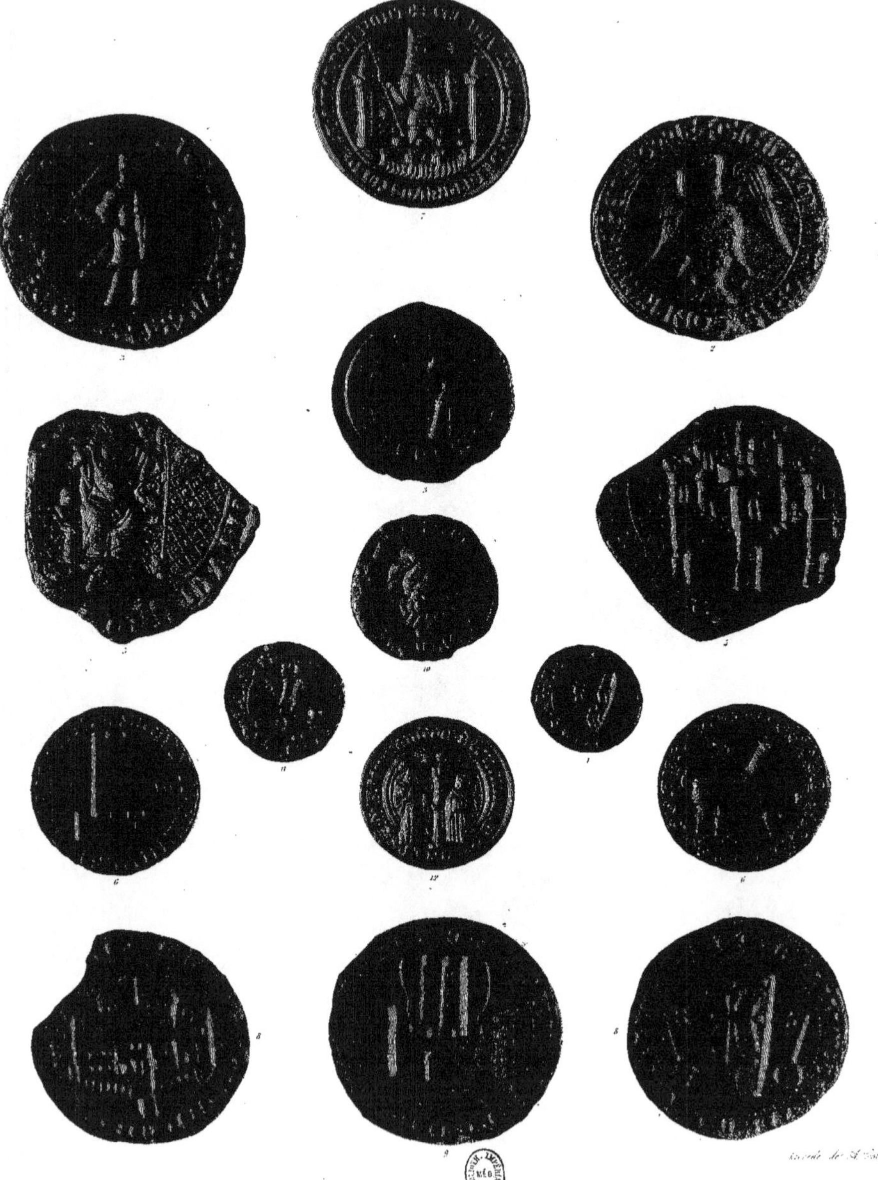

Imprimé chez A. Salmon

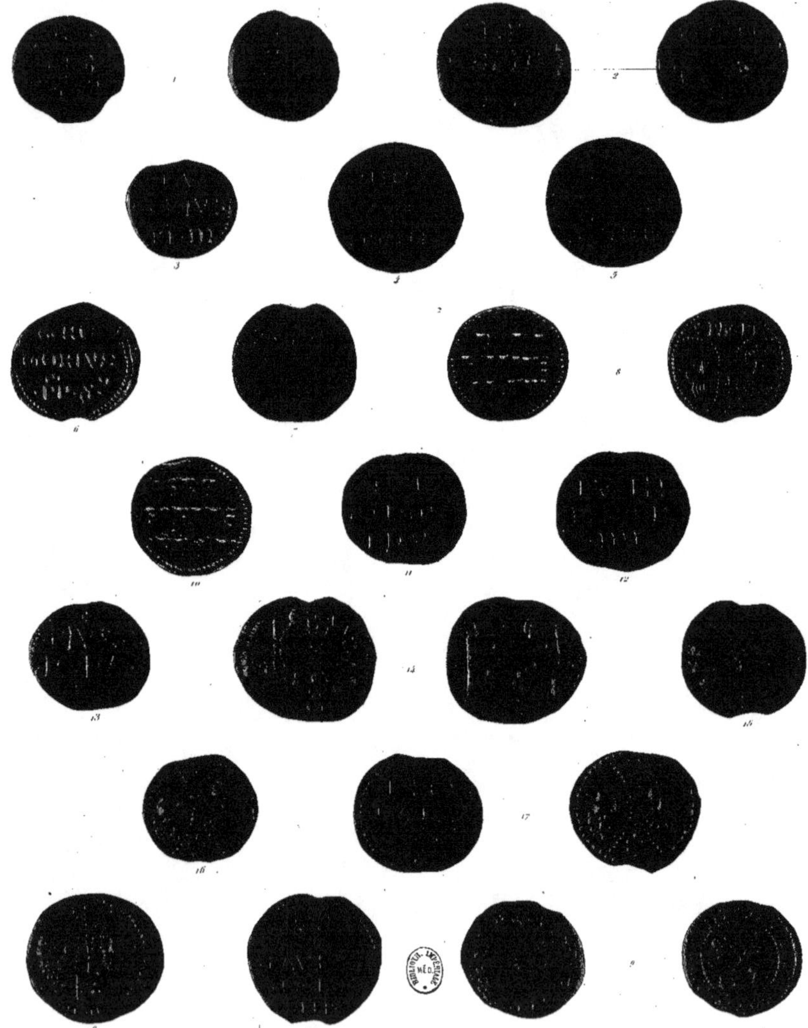

www.ingramcontent.com/pod-product-compliance
Lightning Source LLC
Chambersburg PA
CBHW061551080726
47597CB00002BA/492